取引別／業種区分別

消費税の課否チェックリスト

—簡易課税・申告書記載例—

岩下忠吾［著］

税務経理協会

は し が き

日本の消費税は，非課税売上を限定して課税ベースを広くし，単一税率，事業者免税点を高く，中小企業者への事務負担に配慮した簡易課税制度及び限界控除制度，さらに課税売上割合95％以上の事業者の仕入税額の全額控除というゆがみをもった制度としてスタートしました。

その後，平成3年には非課税対象の拡大と簡易課税制度の事業区分の拡大，平成6年改正による税率の引き上げ（平成9年4月1日以後適用）と地方消費税の創設，平成15年には基準期間の課税売上高の金額を1,000万円に，簡易課税制度の適用上限を5,000万円にそれぞれ引き下げ，平成22年には調整対象固定資産を取得した場合の事業者免税点の見直しが行われ，平成23年度の改正はその課税期間の課税売上高が５億円超の事業者及び課税売上割合が95％未満の事業者について，仕入税額控除額を制限する見直しが行われました。

本書は，平成23年度の改正を踏まえて，消費税の基礎事項からスタートして，すべての経済取引についての消費税の課否判定と仕入税額の用途区分，さらに簡易課税制度における事業区分，これらを踏まえた申告書作成までを図表，算式及び計算書を使ってわかりやすく理解できるよう記述しました。

特に本書では，平成24年4月1日から適用がスタートした95％ルールの適用に対応できるようにという思いを込めて，課税仕入れの個別項目ごとに「課税売上げにのみ要するもの」「非課税売上げに要するもの」及び「共通に要するもの」に区分し，これをアミ掛けにより示しました。

この課税仕入れの用途区分については，自計化している事業者が課税仕入れの都度判定をし，処理しなければならない重要項目であり，また税理士事務所が会計業務を含めて業務を請け負っている場合には，顧問先の原始帳票書類を確認しながらこれらの用途区分を判断し，会計処理をしなければなりません。

消費税の前段階税額控除のポイントとなる仕入税額の用途区分の判定は，直接納税額を左右する最重要項目といっても過言ではありません。

以上を踏まえた本書が一般企業の経理部門で活用され，さらに税理士事務所において日常業務の伴侶として利用され，すべての経理にかかわる皆さんの業務の一助になればと心から祈念致しております。

本書は，当事務所のパブリッシング担当の岩本友理が編集，校正を担当し作成しました。

最後に本書の上梓にご尽力頂きました税務経理協会の堀井裕一氏をここに記して謝意を申し上げます。

平成24年6月

税理士　岩下　忠吾

目　次

はしがき

第１部　消費税の基礎

第１章　消費税の特徴と仕組み……3

Ⅰ　特　　徴……3

1　課税対象の範囲を広くすることにより課税ベースが大きいこと……4

2　単一の低税率であること……4

3　事業者免税点が高く設定されていること……5

4　簡易課税制度が設けられていること……5

Ⅱ　仕組み……6

第２章　納税義務……8

第１節　納税義務者……8

Ⅰ　国内取引……8

1　原　　則……8

2　特　　例……11

Ⅱ　輸入取引……12

第２節　納税義務者の免税の特例……13

Ⅰ　小規模事業者に係る納税義務の免除……13

1　小規模事業者の納税義務の免除……13

2　前年又は前事業年度等における課税売上高による納税義務の免除の特例……14

3　課税事業者の選択……20

第３節　相続・合併・分割の場合の納税義務の免除の特例……22

Ⅰ　相続があった場合の納税義務の免除の特例……22

1　その年に相続があった場合……22

2　その年の前年又は前々年に相続があった場合……22

Ⅱ　合併があった場合の納税義務の免除の特例……23

1　吸収合併があった場合の合併事業年度……23
2　吸収合併があった場合の合併事業年度の翌事業年度又は翌々事業年度……24
3　新設合併があった場合の合併事業年度……25
4　新設合併があった場合の合併事業年度の翌事業年度又は翌々事業年度……25
Ⅲ　分割等があった場合の納税義務の免除の特例……27
1　新設分割子法人の分割事業年度の判定……27
2　分割等が新設分割子法人の事業年度前１年以内に行われた場合における新設分割子法人の納税義務の判定……27
3　分割等が新設分割子法人の直前事業年度以前に行われた場合における新設分割子法人の納税義務の判定……28
4　分割等が新設分割親法人の直前々事業年度以前に行われた場合における新設分割親法人の納税義務判定……28
5　吸収分割があった場合における分割承継法人の納税義務の判定……28
6　吸収分割が分割承継法人の直前事業年度に行われた場合における分割承継法人の納税義務の判定……29
Ⅳ　基準期間のない法人の納税義務の免除の特例……30
第３章　課税対象……31
第１節　国内取引……32
Ⅰ　資産の譲渡等の定義……33
1　事業者が事業として行う取引……34
2　対価を得て行う取引……34
3　資産の譲渡・貸付け及び役務の提供の意義等……36
4　役務の提供……38
第２節　輸入取引……39
1　原　　則……39
2　特許権等の無体財産権……40
3　保税地域からの引取りとみなす場合……40
第３節　内外判定……41
1　資産の譲渡又は貸付け……41

2　役務の提供……42

第4章　非課税……44

Ⅰ　国内取引に係る非課税……45

1　土地等の譲渡及び貸付け……45
2　有価証券及び支払手段の譲渡……45
3　金融取引等……46
4　郵便切手類，印紙，証紙又は物品切手等……46
5　国又は地方公共団体等の行政サービス及び国際郵便為替等……48
6　社会保険診療等に係る療養・医療等についての非課税……48
7　社会福祉等についての非課税……49
8　助　　産……50
9　埋葬料又は火葬料……50
10　身体障害者用物品……50
11　学校教育……50
12　教科用図書……50
13　住宅家賃……51

Ⅱ　非課税貨物……52

第5章　輸出免税……53

Ⅰ　輸出免税の要件……54

Ⅱ　輸出免税等の範囲……54

Ⅲ　輸出証明……56

1　貨物の輸出の場合(船舶及び航空機の貸付けを除く。)……56
2　国際運輸，国際通信及び国際郵便……57
3　その他の輸出取引……57

Ⅳ　輸出物品販売場における輸出物品の譲渡に係る免税……57

第6章　資産の譲渡等の時期・帰属……58

第7章　課税標準と税率……60

第1節　国内取引……60

Ⅰ　課税標準の原則……60

Ⅱ　価格表示（商法63の2）と課税標準……61

1　販売価額……61

2　課税標準額の計算……62

Ⅲ　課税標準額の基礎となる対価の額……63

1　代物弁済に係る対価の額……63

2　負担付き贈与による資産の譲渡……63

3　現物出資（金銭以外の資産の出資）……63

4　事後設立……65

5　資産の交換……65

6　物品切手等……65

7　課税資産と非課税資産を一括譲渡した場合の対価区分……65

8　低額譲渡及びみなし譲渡……66

9　課税標準の計算における留意点……67

第2節　輸入取引……71

第3節　税　　率……71

第4節　売上げに係る消費税額……72

Ⅰ　課税資産の譲渡等に係る消費税額……72

Ⅱ　売上げに係る対価の返還等をした場合の消費税額の控除……73

1　売上げに係る対価の返還等をした場合の消費税額の控除……73

2　売上げに係る対価の返還等に含まれるもの……74

3　書類の保存……75

Ⅲ　貸倒れに係る消費税額の控除等……76

1　貸倒れが発生した場合……76

2　貸倒れの範囲……77

3　貸倒処理済み債権を回収した場合……77

4　相続等があった場合における貸倒れ等の処理……78

5　書類の保存……78

第8章　仕入税額控除……79

第1節　仕入税額控除の概要……79

第2節　課税仕入れ等と仕入税額……80

1　課税仕入れ……80

2　課税仕入れに係る支払対価の額……81

3　課税仕入れに係る消費税額……82

4　課税貨物に係る消費税額……83

第3節　仕入税額控除……84

Ⅰ　概　　要……84

Ⅱ　原則課税方式を選択した事業者……84

1　課税売上高5億円以下で，かつ，課税売上割合95％以上の事業者……85

2　課税売上高5億円超の事業者又は課税売上割合95％未満の事業者……86

3　帳簿及び請求書等の保存義務……101

4　帳簿の記載事項……101

5　請求書等の記載事項……102

6　非課税資産の輸出等を行った場合の消費税額の控除の特例……104

7　仕入れに係る対価の返還を受けた場合の仕入れに係る消費税額の控除の特例……106

8　課税売上割合が著しく変動した場合の消費税額の調整……108

9　調整対象固定資産を転用した場合の消費税額の調整……110

10　免税事業者が課税事業者になった場合等……113

第9章　簡易課税……115

Ⅰ　適用要件と対象者……115

Ⅱ　簡易化税制度の適用を受ける課税期間の判定……115

Ⅲ　簡易課税制度による消費税額の計算……116

Ⅳ　事業の区分とみなし仕入率……117

1　事業の区分……117

2　事業の区分の取扱い……120

3　事業の区分及び区分記載の方法……122

4　簡易課税方式と原則課税方式の選択判定表……124

Ⅴ　みなし仕入率の適用と仕入税額控除額……126

1　一の事業を専業として行っている場合のみなし仕入率と仕入税額控除額……126

2　２以上の事業を営む場合のみなし仕入率と仕入税額控除額……126

Ⅵ　簡易課税制度の取りやめ……130

Ⅶ　災害等があった場合の簡易化税制度の届出の特例……131

1　簡易課税制度を必要とする場合の特例……131

2　簡易課税制度を不必要とする場合の特例……132

3　申請手続等……132

Ⅷ　簡易課税制度を選択した場合において適用除外となる規定……133

第10章　申告及び納付……135

第1節　課税期間……135

Ⅰ　個人事業者の課税期間……136

1　原　　則……136

2　課税期間の特例……136

Ⅱ　法　　人……137

1　原　　則……137

2　課税期間の特例……137

Ⅲ　課税期間の特例選択届出の効力……137

Ⅳ　課税期間の特例選択の取りやめ等……137

第2節　中間申告……138

Ⅰ　課税資産の譲渡等についての中間申告……138

1　直前の課税期間の前年税額が4,800万円を超える事業者の中間申告……138

2　直前の課税期間の前年税額が400万円を超え4,800万円以下の事業者の中間申告……139

3　直前の課税期間の前年税額が48万円を超え400万円以下の事業者の中間申告……139

4　直前の課税期間の確定消費税額……140

5　中間申告書に記載すべき事項……140

6　吸収合併法人に係る中間申告の特例……140
7　新設合併法人に係る中間申告の特例……141
Ⅱ　仮決算をした場合の中間申告の特例……142
Ⅲ　中間申告書の提出がない場合の特例……142
第3節　確定申告……143
Ⅰ　課税資産の譲渡等についての確定申告……143
1　提出義務者・提出要件・提出期限及び提出先……143
2　申告書の記載事項……143
3　確定申告書への添付書類……146
4　相続等があった場合の提出期限及び納期限……146
第4節　還付を受けるための申告……147
第5節　納付等……148
Ⅰ　納　　付……148
Ⅱ　還　　付……148
1　仕入税額控除額等の選付……148
2　中間納付額の還付……148
第6節　輸入取引に係る申告・納付……149
Ⅰ　原　　則……149
1　申告納税方式が適用される課税貨物……149
2　賦課課税方式が適用される課税貨物……149
Ⅱ　納期限の延長……150
1　個別延長制度……150
2　包括延長制度……150
第7節　納税地……150
Ⅰ　納税地の意義……150
Ⅱ　国内取引……151
1　個人事業者……151
2　法　　人……151
3　納税地の指定……152
Ⅲ　輸入取引……152

Ⅳ　輸出物品販売場において購入した物品を譲渡した場合の納税地……………152

第11章　国・地方公共団体等に対する特例……………153

Ⅰ　国等が行う事業の課税単位と納付すべき消費税額……………153

Ⅱ　国等の資産の譲渡等についての課税時期……………154

Ⅲ　国等が行う特別会計に係る消費税額の控除……………154

Ⅳ　仕入税額控除の計算の特例……………154

1　適用対象となる法人等……………155

2　特定収入の意義等……………156

3　特定収入がある場合の仕入税額控除の特例……………157

第12章　雑　　則……………159

Ⅰ　小規模事業者の納税義務の免除か適用されなくなった場合等の届出……………159

Ⅱ　帳簿の備付け等……………160

1　概　　要……………160

2　記帳すべき事項……………160

3　保存の期間・場所・方法……………161

第2部　課否判定

第1章　概　　要……………165

第2章　課否判定表……………166

第1節　資産の譲渡等　166

売　　上／166

内外判定／167

土地及び土地の上に存する権利の譲渡／174

土地及び土地の上に存する権利の貸付け／176

住宅の貸付け／180

1　集合賃貸住宅に係る賃貸料又は共益費の課税関係／181

2　賃料とは別に次の名目で賃貸人が収受する金銭の取扱い／183

有価証券の譲渡／187

金銭債権／195

支払手段の譲渡／195
手形の買取り／196
金融取引・保険等の非課税／197
郵便切手等／198
印紙等／199
物品切手等／200
行政手数料・外国為替業務等／202
公的医療／203
社会福祉事業等／206
社会福祉事業／209
助　　産／215
埋葬・火葬／215
身体障害者用物品／216
学校教育／216
教科用図書／217
宗教法人／218
公益法人／219

第2節　損益計算書　221

Ⅰ　売上げ　221
課税対象／221
個人事業者／231
法人と役員の取引／232
共同企業体／233
課税対象／234
課税標準／236
売上対価の返還等240

Ⅱ　仕入れ　243
仕入れ／243
仕入の対価の返還等／249

Ⅲ　販売費及び一般管理費　251
給　　与／251
給与負担金／256
外交員報酬等／256
労働者派遣量／257
法定福利費／257
福利厚生費／257
広告宣伝費／262
荷造運賃／267
販売促進日／268
賃借料／270
旅費交通費／275
通信費／279
水道光熱費／281
備品・消耗品費／281
修繕費／282
償却費／282
租税公課／283
保険料等／284
保証料／285
会議費／285
交際費／285
寄附金／288
会費・負担金等／289
教育研修費／293
支払手数料／295
解約手数料その他／299
信託報酬／301
報酬・料金等／301
特許権使用料等／302
貸倒損失／303
引当金等の繰入率／303
雑　　費／303

Ⅳ　営業外収益　304
受取利息・割引料／304

受取配当金等／306
受取地代等／308
仕入割引／308
販売奨励金等／308
有価証券売却益／309
過年度償却債権取立益／309
引当金の戻入れ等／309
雑収入／309
受贈益／311
Ⅴ　営業外費用　312
支払利息・割引料／312
評価損／312
償還差損／313
負担金／313
雑損失／313
Ⅵ　特別損益　313
固定資産売却益／313
補助金等／314
対価補償金等／314
立退料／314
損害賠償金／315
債務免除益／316
保険金／316
固定資産売却損／316
資産除却損／316
雑損失／317
第3節　輸出入取引　318
Ⅰ　輸　　入　318
輸　　入／318
Ⅱ　輸　　出　322
輸　　出／322
保税地域における譲渡／325
国際輸送／325
外航船舶等の貸付け又は修理等／326
外国貨物の荷役・運送等／327
無体財産権等の非居住者に対する譲渡又は貸付け／328
非居住者に対する役務の提供／328
第4節　貸借対照表　331
Ⅰ　流動資産　331
流動資産／331
Ⅱ　有形固定資産　335
固定資産／335
有形固定資産／336
Ⅲ　無形固定資産　338
無形固定資産／338
Ⅳ　投　　資　341
投　　資／341
Ⅴ　繰延資産　343
繰延資産／343

第3部　簡易課税の事業区分

第1章　日本標準産業分類からみた簡易課税の事業区分……347

Ⅰ　事業区分と定義……347
Ⅱ　事業者が行う事業の区分……348
Ⅲ　性質及び形状を変更しないことの意義……350
Ⅳ　第3種事業の範囲……351
Ⅴ　第5種事業の範囲……352
Ⅵ　加工賃その他これに類する料金を対価とする役務の提供の意義……353
Ⅶ　複数の事業を行っている場合の事業区分……353

第2章　日本標準産業分類による事業区分……355

Ⅰ　大分類A－農業……355
1　耕種農業及び養畜農業の定義と範囲……355
2　日本標準産業分類による農業又は林業と他産業との関係……356
Ⅱ　大分類A－林業……358
Ⅲ　大分類B－漁業……358
Ⅳ　大分類C－鉱業，採石業，砂利採取業……360
Ⅴ　大分類D－建設業……362
1　建設業の定義と範囲……362
2　建設業における事業所……362
3　日本産業分類による建設業と他産業との関係……362
Ⅵ　大分類E－製造業……366
1　製造業の定義と範囲……366
2　日本標準産業分類による製造業と他産業との関係……367
3　卸売業，小売業との関係……367
4　サービス業(他に分類されないもの)との関係……368
Ⅶ　大分類F－電気・ガス・熱供給・水道業……382
Ⅷ　大分類G－情報通信業……383

1　製造業との関係……383
2　運輸業との関係……383
3　卸売・小売業との関係……384
4　サービス業との関係……384
Ⅸ　大分類Ｈ－運輸業，郵便業……386
Ⅹ　大分類Ｉ－卸売・小売業……388
1　卸売・小売業の定義と範囲……388
Ⅺ　大分類Ｊ－金融・保険業……403
Ⅻ　大分類Ｋ－不動産業，物品賃貸業……405
XIII　大分類Ｌ-学術研究，専門・技術サービス業……407
XIV　大分類Ｍ－宿泊業，飲食サービス業……408
1　サービス業……408
2　宿泊業……408
XV　大分類Ｎ－生活関連サービス業，娯楽業……411
XVI　大分類Ｏ－教育，学習支援業……412
XVII　大分類Ｐ－医療，福祉業……413
1　医療，福祉業の定義と範囲……413
2　日本産業分類による医療，福祉と他産業との関係……413
XVIII　大分類Ｑ－複合サービス事業……415
XIX　大分類Ｒ－複合サービス業(他に分類されないもの)……415
1　農林漁業との関係……416
2　鉱業との関係……416
3　製造業との関係……416
4　運輸業との関係……417
5　卸売・小売業との関係……417
6　金融・保険業，不動産業との関係……417
7　専門・技術サービス業との関係……417
XX　大分類Ｓ－公務(他に分類されるものを除く)……420

第4部　経理処理と税額計算

第1章　経理処理……423

Ⅰ　税抜経理処理と税込経理処理……423
Ⅱ　税抜経理方式……423
1　税抜経理方式の根拠と特徴……423
2　税抜経理処理による仕訳例……424
3　仮受消費税等勘定及び仮払消費税等勘定の記入内容……425
Ⅲ　税込経理方式……426
1　税込経理方式の根拠と特徴……426
2　税込経理処理による仕訳例……426

第2章　経理方式の適用……427

Ⅰ　経理方式の選択……427
1　選択と組み合わせ……427
2　期末一括税抜経理処理……428
Ⅱ　税込経理方式による場合の消費税等の損金算入・益金参入の時期……428
Ⅲ　個人事業者の消費税等の経理処理……430
1　原　則……430
2　特　例……430
3　譲渡所得がある場合の経理処理……430
Ⅳ　簡易課税制度の適用を受ける場合における経理処理……431
1　税抜経理方式の場合……431
2　税込経理方式の場合……431
Ⅴ　資産の取得価額等と税抜経理方式と税込経理方式……431
Ⅵ　税抜経理方式による場合の会計処理……432
1　取引実態と合わせた消費税等の会計処理……432
2　税抜経理処理による消費税額等の清算……433
3　控除対象外消費税額等の処理……436

第3章　税額計算……443

I　課税標準額と消費税額等の計算……443
1　事業者間取引で外税方式により販売する場合……443
2　消費者に対する総額表示義務(内税方式)による場合……444
II　課税仕入れに係る消費税額……445
1　原　　則……445
2　税抜経理処理を行っている場合……446

第5部　消費税申告書の書き方

第1章　消費税申告書及びその付表の種類……451

第2章　申告書作成のための資料整理……453

第1節　消費税の課税標準額及び消費税額の計算書……453
I　消費税の計算書1……453
1　課税売上について……453
2　輸出免税売上高……454
3　売上対価の返還等……455
4　貸倒関係……455
5　計算書1の記入要領……456
II　課税売上割合計算書2……459
III　課税仕入れ等に係る消費税額の計算書3……461
1　課税仕入れ等に関する経理処理……461
2　課税仕入れの区分……461
3　課税仕入れに係る消費税額の計算書3の記入例……463
IV　調整対象固定資産の調整計算書4……466
1　課税売上割合が著しく変動した場合の調整……466
2　調整対象固定資産の転用……466

Ⅴ　免税事業者から課税事業者となった場合又は課税事業者から免税事業者となった場合の棚卸資産に係る消費税額の調整……469
Ⅵ　付表及び申告書の記入例……469
第3章　申告書作成事例……483
【ケース1】　一般法人（原則課税：課税売上割合95%以上）税抜経理処理……483
【ケース2】　一般法人（原則課税：課税売上割合95%未満）税抜経理処理……490
【ケース3】　一般法人（簡易課税制度）税抜経理処理……500
【ケース4】　公益法人（特定収入割合5%超：課税売上割合95%以上）……508
【ケース5】　公益法人（特定収入割合5%超：課税売上割合95%未満）……523

第1部

消費税の基礎

第1章 消費税の特徴と仕組み

I 特　徴

税は，その最終的な負担者を誰に求めるかにより直接税と間接税に区分されます。「直接税」は，法律上の納税義務者が最終的に税を負担する者となることを立法者が予定している税をいい，所得税，法人税，相続税などがこれに当たります。一方「間接税」は，法律上の納税義務者は税を財貨又はサービスの価格に乗せて転嫁し，実質的な負担者とはならず，その財貨又はサービスの最終的購入者が負担者となることを立法者が予定している税をいい，消費税，酒税，たばこ税などがこれに当たります。この分類基準によれば，消費税は，最終消費者を負担者とすることが立法者により予定されていることから間接税に分類されます。

この消費税は，事業者を納税義務者，消費者を最終負担者とし，商品やサービスに広く薄く課税する間接税でその商品やサービスが消費される国において課税するという「内国消費税」です。

日本の消費税は，広く薄く負担を求めるものであり，その仕組みは簡素でわかりやすく，取引慣行にも配慮したものであり，納税者・税務職員等税務関係者の事務負担に配慮し，さらに産業経済に中立的であり，また国際的に摩擦を招かないものであるという基準で導入されたものです（昭和63年4月28日「税制改正についての中間答申」）。

この基本的な基準により構築された消費税は，次のような特徴を持っています。

1　課税対象の範囲を広くすることにより課税ベースが大きいこと

非課税対象を土地の譲渡・賃貸，金融・保険，医療，教育，福祉，住宅家賃等13項目に限定し，課税対象の範囲を広く設定しています。

2　単一の低税率であること

国税の消費税は４％（創設当時は３％），地方消費税は１％であり，合わせて５％の税率であり，次表のとおり付加価値税を導入している国のうちカナダ，台湾と同じ低税率となっています。

【付加価値税率（標準税率）の国際比較】

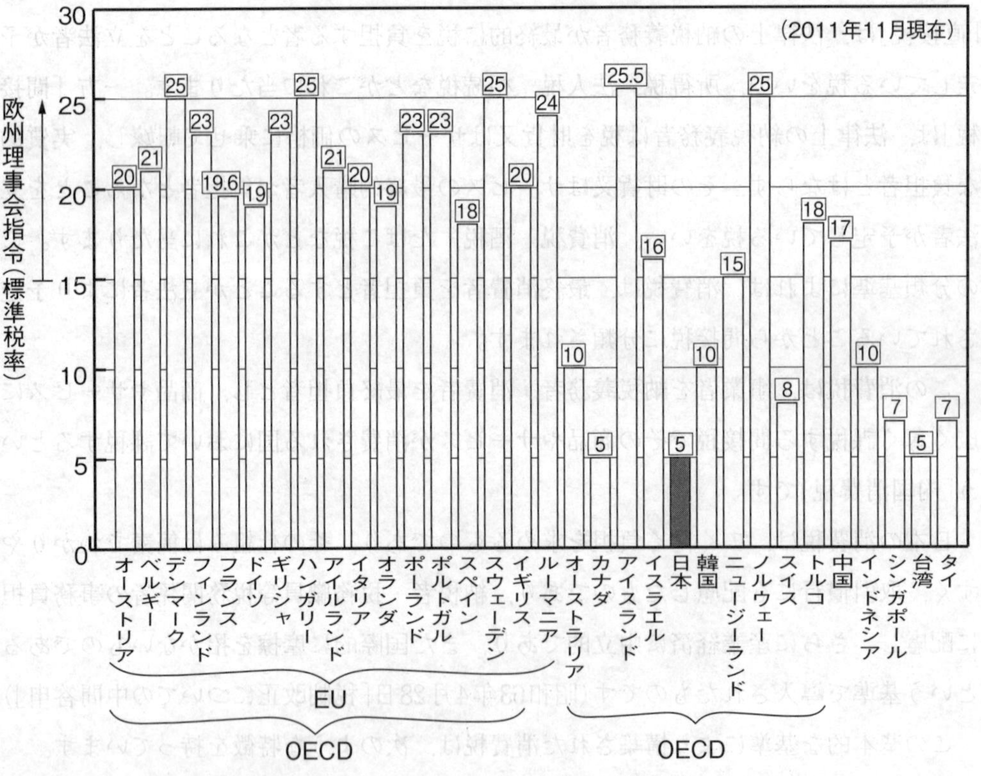

（備考）1.　日本の消費税5%のうち1%相当は地方消費税（地方税）である。

2.　カナダにおいては，連邦の財貨・サービス税（付加価値税）の他にほとんどの州で州の付加価値税等が課される（例：オンタリオ州8%）

3.　アメリカは，州，郡，市により小売売上税が課されている（例：ニューヨーク州及びニューヨーク市の合計8.875%）

（出所）各国大使館聞き取り調査，欧州連合及び各国政府ホームページ等による。

3　事業者免税点が高く設定されていること

消費税は，その納税義務者に事業者を予定しており，事業者が行う課税資産の譲渡等に含まれる消費税がその譲渡等を通じて消費者に転嫁することが課税上設計されていますが，小規模零細事業者にこれを求めることが困難であるなどの理由により，事業者免税点を諸外国と比較して高く設定してこれに対応することとしています。

4　簡易課税制度が設けられていること

簡易課税制度は，仕入控除税額を実際の課税仕入れの税額ではなく，売上げに係る消費税額に法定のみなし仕入率を乗じて計算する制度です。これは，納税事務の簡素化とコストの軽減のために中小企業者からの要望に応えて採用したものです。

【事業者免税点と簡易課税の適用上限の国際比較】

	日　本	フランス	ドイツ	イギリス
事業者免税点	基準期間の課税売上高1,000万円以下	当暦年の実績売上高1,004万円，かつ，前暦年の売上高913万円以下	当暦年の売上見込額560万円，かつ，前暦年の売上高196万円	当月直前1年間の課税売上高917万円以下又は当月以後1年間の課税売上見込額891万円以下
簡易課税制度	基準期間の課税売上高5,000万円以下	なし	前暦年の売上高667万円	1年間の課税売上見込額1,965万円

（出典）　財務省　邦貨換算レートは，1ポンド＝131円，1ユーロ＝112円（裁定外国為替相場：平成22年（2010年）11月中における実勢相場の平均値）。

Ⅱ　仕組み

複雑多岐にわたる経済取引の中で，消費税は，商品，製品などの資産の販売，資産の賃貸，サービスの提供などの売上げに係る消費税額から商品，製品その他の仕入れ等の際に支払った消費税額を控除して納付税額を計算する仕組みとなっています。

次図は，現実の経済取引を単純化して事業者間において転嫁された税金を消費者が負担するまでの流れを示したものです（地方消費税を含めて５％の単一税率）。

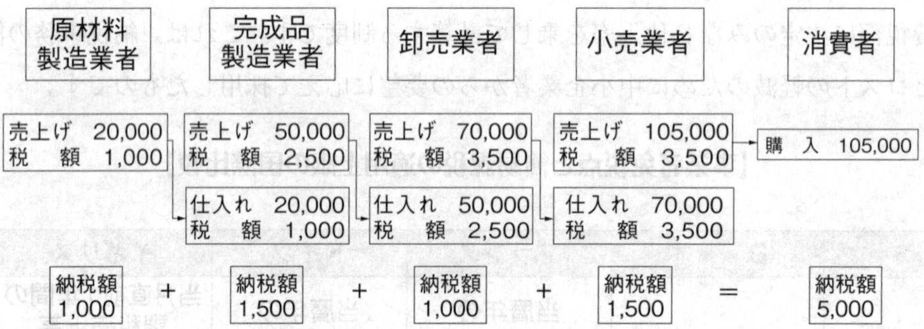

この図表では，取引の流れに沿って順次消費税が転嫁され，最終的には消費者が負担するようになっています。しかし，消費税には課税取引のほか非課税取引や課税対象外取引があり，事業者が行う経済取引のすべてに消費税が課税されるわけではありません。したがって，実際の経済取引においては，消費税の転嫁が図表のようにスムーズに行われないケースが生ずるため消費税の課税設計どおりに機能しないという欠点があります。

消費税では，課税対象となる売上取引や仕入取引が一般の企業会計における売上げと仕入れ及び販売管理費の範囲と違っていますので，課税対象となる取引かどうかの判定を含めその計算は相当難解であるといえます。つまり，企業会計においては，棚卸資産の販売は売上高に計上し，雑収入は営業外収益に，固定資産の譲渡損益は純額で特別損益に計上することとされていますが，消費税では課税対象に該当する棚卸資産の売上げ，雑収入や固定資産の譲渡については，すべて取引金額の総額で課税売上高に計上することとされています。

また，商品等の棚卸資産の取得や販売管理費などの支出，建物や備品，機械装置，車両運搬具などの減価償却資産の取得も消費税ではすべて仕入れに該当し，消費税額込みの金額で課税仕入れに計上し，これに含まれる消費税額を控除することとされています。

これらの取引に係る売上金額及び仕入金額，これらの税額を対比すると，事業者が行う経済取引を企業会計上の収益・費用及び資産の取得と消費税の課税対象取引（課税取引と非課税取引）及び課税対象外取引に区分して対比すると次表のようになります。

企業会計上の収益					
	消費税の課税対象取引	課税売上高	商品等の売上げ 請負収入金額 サービス売上高 受取手数料 受取家賃（課税分） 固定資産譲渡収入 雑収入等	売上げに係る消費税額	納付税額
		非課税	土地譲渡，地代収入， 有価証券譲渡収入 受取利息		
		対象外	受取配当金， 保険金収入， 無償取引		

企業会計上の費用・資産の取得等				
	消費税の課税対象取引	課税仕入れ等	商品等仕入材料， 外注加工賃，包装費， 運賃，家賃，修繕費， 備品消耗品費， 水道光熱費， 広告宣伝費等 設備投資	仕入れに係る消費税額
		非課税	土地・有価証券， 支払利息・保険料， 印紙・商品券等	
		対象外	給料・賞与・会費， 損害賠償金， 税金・寄付金等	

上図から事業者の納付する消費税額を計算で示すと次のとおりです。

課税売上高×４％ － 課税仕入れ等の税込支払対価の額 × $\frac{4}{105}$ ＝納付すべき消費税額

第2章 納税義務

第１節　納税義務者

消費税の納税義務者は，国内において資産の譲渡等を行う事業者と外国貨物を保税地域から引き取る者をいい，具体的には次に掲げる者をいいます。

I　国内取引

１　原　　則

(1)　**納税義務者**(消法９①)

事業者は，国内において行った課税資産の譲渡等につき，消費税の納税義務があります(消法５)。ただし，その課税期間の基準期間における課税売上高が1,000万円以下の事業者は，自ら課税事業者を選択した場合を除き，納税義務が免除されます(消法9①)。したがって，基準期間の課税売上高が1,000万円を超える事業者は，常に消費税の納税義務者となります。

ここで，事業者とは，個人事業者及び法人(人格のない社団等を含む。)をいい(消法2①四)，自己の計算において独立して事業を行う者をいいます(消基通１－１－１)

このことから，法人は事業遂行を目的に組織されたものですからすべて事業者に該当します。これに対して，個人は，生産と消費の両面をかね備えていることから，その個人が事業者かどうかは，対価を得て課税資産の譲渡等を反復，継続，独立して行っているかどうかにより判定します。

(2)　基準期間とその課税売上高

①　基準期間（消法２①十四）

納税義務者の判定の基礎となる基準期間とは，個人事業者については，その年の前々年，法人については，その事業年度の前々事業年度（その前々事業年度が１年未満である法人については，その事業年度開始の日の２年前の日の前日から同日以後１年を経過する日までの間に開始した各事業年度を合わせた期間）をいい，具体的な基準期間は次のとおりです。

【納税義務判定の基準期間】

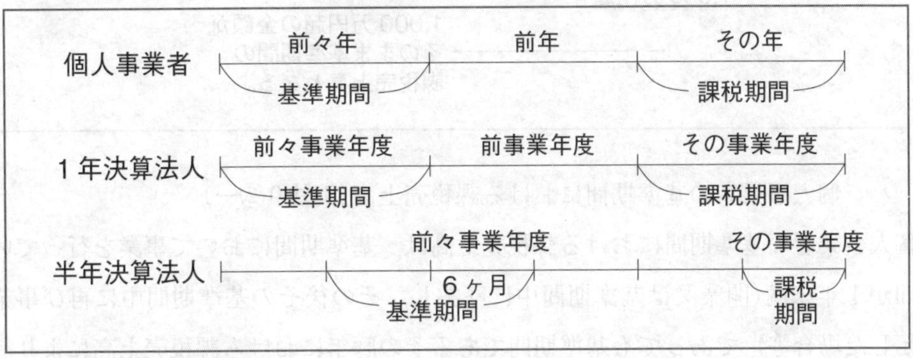

②　基準期間の課税売上高

イ　基準期間の課税売上高（消法９②）

基準期間における課税売上高は，基準期間中に国内において行った課税資産の譲渡等の対価の額（消費税の課税標準に定める対価の額をいう。）の合計額から，次のⓐに掲げる金額からⓑに掲げる金額を控除した金額の合計額（「売上げに係る税抜対価の返還等の金額の合計額」という。）を控除した残額をいいます。

ⓐ　基準期間中に行った内税売上対価の返還等の金額（消法38①）

ⓑ　基準期間中に行った売上対価の返還等に係る消費税額(※) × $\frac{125}{100}$

※地方消費税額を含まない

なお，貸倒れが発生した場合には，貸倒れが返品，値引き等の売上金額の減少又は修正ではないことから貸倒金額は売上げに係る対価の返還等の金額には含みません。

ロ　基準期間が免税事業者である事業者の課税売上高

基準期間である課税期間において免税事業者であった事業者については，その基準期間である課税期間中に国内において行った課税資産の譲渡等については消費税が課されていません。このことから，次図に示すとおり免税事業者であった基準期間中の課税売上高はすべてその売上金額によって課税事業者になるかどうかを判定します（消基通１－４－５）。

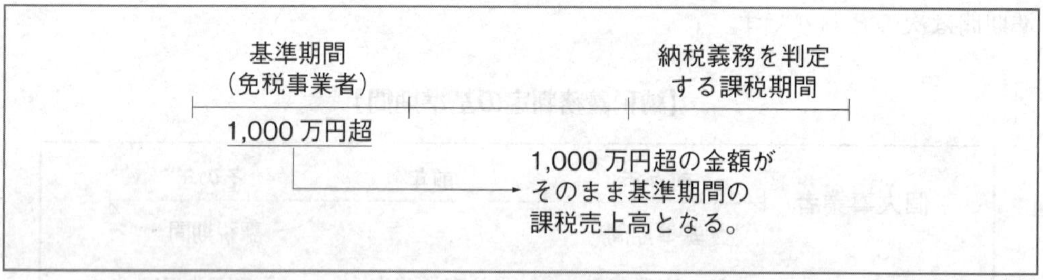

ハ　個人事業者の基準期間における課税売上高（消法9②一）

個人事業者の基準期間における課税売上高は，基準期間において事業を行っていた期間が１年未満（開業又は基準期間中に廃業し，その後その基準期間中に再び事業を開始した場合等）であっても基準期間であるその暦年における課税売上高により計算した金額とします。

ニ　基準期間が１年である法人の基準期間における課税売上高（消法9②一）

基準期間が１年である法人の基準期間における課税売上高は，個人事業者と同じくイにより計算した金額です。

ホ　基準期間が１年でない法人の基準期間における課税売上高（消法9②二）

基準期間が１年でない法人については，その基準期間について計算した税抜課税売上高を基礎として次の算式により計算した年換算額をその基準期間における課税売上高とします。

$$\left(\begin{array}{c}\text{その基準期間}\\\text{における}\\\text{税抜課税売上高}\end{array} - \begin{array}{c}\text{同期間における}\\\text{税抜売上対価の}\\\text{返還等の金額}\end{array}\right) \times \frac{12}{\begin{array}{c}\text{基準期間に含まれる}\\\text{事業年度の月数}\end{array}}$$

（注）算式の分母の月数は，暦に従って計算し，１月未満の端数は１月とします（法９③）。

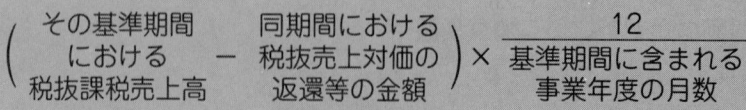

2 特　　例

消費税において，法人はすべて事業者として納税義務者となりますから，株式会社，合名会社，合資会社，合同会社，各種協同組合をはじめ，国，地方公共団体，公共法人，公益法人，人格のない社団等及び非居住者となる外国法人も納税義務者となります。

⑴　国・地方公共団体等

消費税は，国内において課税資産の譲渡等を行う事業者に課税することとしているので，国，地方公共団体，公共法人，公益法人が国内において課税資産の譲渡等を行う場合には，消費税の納税義務者となります。

また，人格のない社団等は消費税法上法人とみなすこととなっている（消法3）ので，事業者に該当し，国内において課税資産の譲渡等を行う場合には消費税の納税義務者となります。

⑵　非居住者・外国法人

消費税は，国内において課税資産の譲渡等を行う事業者に課税することとしているので，非居住者及び外国法人であっても国内において課税資産の譲渡等を行う限り消費税の納税義務者となります。

⑶　その他

①　従業員団体に係る資産の譲渡等

事業者の役員又は使用人をもって組織した団体が，これらの者の親睦，福利厚生に関する事業を主として行っている場合において，その事業経費の相当部分をその事業者が負担しており，かつ，別に定める事実のいずれか一の事実があるときは，その従業員団体の合理的な運営を図るため，その団体の事業をその法人の事業の一部として認め，原則として，その団体の事業の全部をその事業者が行ったものとして消費税の計算を行うこととなっています（消基通１－２－４）。

②　共同事業に係る納税義務

共同事業（人格のない社団等又は匿名組合が行う事業を除く。）に属する課税資産の譲渡等又は課税仕入れについては，その共同事業の各構成員がその共同事業の持分の割合又は利益の分配割合に対応する部分につき，それぞれ課税資産の譲渡等又は課税仕入れを行ったものとして消費税の計算を行います。この取扱いは，外国貨物の引取りにも適用します（消基通１－３－１）。

③　匿名組合に係る消費税の納税義務

匿名組合の事業に属する資産の譲渡等若しくは課税仕入れ又は外国貨物の引取りについては，商法第535条(匿名組合)に規定する営業者が単独で行ったこととして消費税を適用します(消基通1－3－2)。

Ⅱ　輸入取引

外国貨物については，これを保税地域から引き取る者が消費税の納税義務者となります(消法5②)。

したがって，外国貨物については国内取引における課税事業者のほか，免税事業者及び消費者たる個人が保税地域から引き取る場合にも納税義務者となります。

なお，保税地域から引き取られる外国貨物に係る納税義務者は，その外国貨物を保税地域から引き取る者であり，この場合の「引き取る者」は関税法における輸入者とその範囲は同じです。

関税法における「輸入者」とは，貨物を輸入する者，すなわち輸入申告書に記載した名義人をいい，例えば，商社が通関業者としてメーカーの通関業務を代行する場合には，その商社は単に通関業務の委託を受けただけにとどまることから，輸入者はメーカーとなり，メーカーが納税義務者となります。ただし，商社が輸入者として外国貨物を引き取るときは，商社が納税義務者となります。

第2節　納税義務の免税の特例

I　小規模事業者に係る納税義務の免除

消費一般に幅広く負担を求めるという消費税の課税の趣旨及び産業経済に対する税の中立性の確保という観点からは，いわゆる免税事業者は極力設けないことが望ましいのですが，他方，小規模零細事業者の納税義務負担や税務執行面について配慮をする必要があることから，一定の事業規模以下の事業者については，次のとおり納税義務を免除されています。

1　小規模事業者の納税義務の免除(消法9①)

事業者のうち，その課税期間に係る基準期間における課税売上高が1,000万円以下である者については，その課税期間中に国内において行った課税資産の譲渡等については，消費税の納税義務が免除されます。

この基準期間における課税売上高が1,000万円以下である事業者及び個人の新規開業者，資本又は出資の額が1,000万円未満の新規設立の法人など基準期間における課税売上高がない事業者については，その課税期間について課税事業者選択届出書を提出した場合を除いて，たとえその課税期間の課税売上高が1,000万円を超えていても納税義務は免除され(消基通１－４－６)，かつ，消費税の申告書の提出も必要ありません(消法45①カッコ書)。

これに対して，基準期間における課税売上高が1,000万円を超えている場合には，その課税期間の課税売上高が1,000万円以下であっても納税義務の免除の適用はなく(消基通１－４－１)，また消費税の申告書も提出しなければなりません。

なお，この納税義務の免除は国内取引について適用されるものであり，課税貨物の保税地域からの引取りには適用がありません。

２　前年又は前事業年度等における課税売上高による納税義務の免除の特例

消費税の基準期間による免税点制度を利用した２年ごとの設立及び解散による消費税の負担回避，また組織再編による法人の設立，さらに個人事業者の法人成りなど実質的な事業継続にもかかわらず２年間の納税義務の免除が合法的に行われており，これらに対処するために前年又は前事業年度の期首から６カ月間の課税売上高による納税義務の判定の特例が設けられています。

⑴　課税売上高による判定と適用（消法９の２①）

個人事業者のその年又は法人のその事業年度につき１の事業者免税点制度の適用を受ける事業者で，その個人事業者又は法人（消費税課税事業者選択届出書を提出して課税事業者となる者は除く。）のうち，次に掲げる期間（特定期間という。）の課税売上高が1,000万円を超える事業者は，個人事業者のその年又は法人のその事業年度における消費税について課税事業者となります。

①　個人事業者のその年の前年１月１日から６月30日までの期間の課税売上高

②　法人のその事業年度の前事業年度（７月以下（短期事業年度という。）のものを除く。）開始の日から６月間の課税売上高，つまり前事業年度が７カ月超の場合には，期首から半年間の課税売上げ。

③　法人のその事業年度の前事業年度が短期事業年度の場合で，その事業年度の前々事業年度があるときは，その前々事業年度の開始の日から６月間の課税売上高（前々事業年度が５月以下の場合には，その前々事業年度の課税売上高）

⑵　課税売上高の計算（消法９の２②）

⑴の①から③における課税売上高とは，その特例期間における税抜による課税資産の譲渡等の対価の額の合計額から税抜売上対価の返還等の金額（輸出取引に係るものを含む。）の合計額を控除して計算します。

⑶　支払給与の額による判定（消法９の２③）

⑴の適用に当たって，事業者のその特定期間に係る課税売上高の算定について，年の途中で売上高を把握することが困難な零細事業者等に配慮し，課税売上高により難

い場合には，イの課税売上高の金額に代えて所得税法に規定する給与等（所規則11条の２①一）の支払額の金額を用いることができます。この場合における給与等には，特定期間中の未払分を除いて給料，賃金，賞与などの従業員に対する給与等のほか役員報酬，パート，アルバイトなどの雑給も含めて計算します。

給与等の額を課税売上高に代えることの意味は，卸・小売業や製造業をこの免税事業者の特例の対象から除くことです。つまり，人材派遣業におけるコストのうち人件費の占める割合は70％から80％であり，売上高が1,500万円前後の場合には1,000万円を超える人件費を支出しているが，一方卸小売業や製造業におけるコストのうち人件費の占める割合は卸売業約7.2％，小売業14.4％（中小企業経営指標）であり，売上高が1,500万円前後であっても人件費が1,000万円を超えることはないことから，卸売業や小売業で1,000万円を超える売上高から支給できる給与等の額は，1,000万円を超えることがないことから特定期間の課税売上高が1,000万円を超えていても特定期間の給与等の総額に置き換えることにより免税事業者にしようということです。

【基準期間の課税売上高が１,０００万円以下の場合の判定】

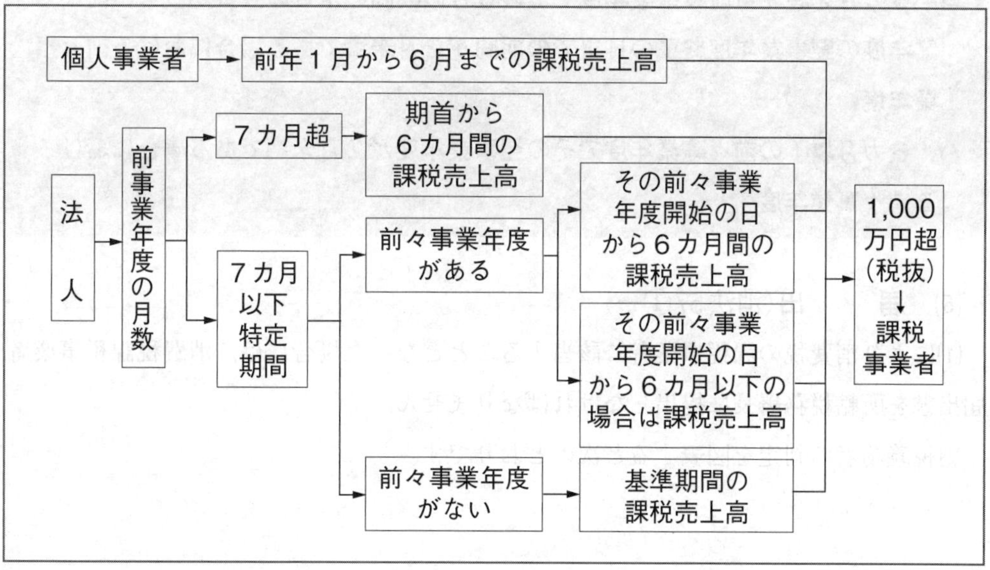

（注）図表の課税売上高に代えて判定期間に支給した給与等によることができます。

(4)　納税義務の判定のための特定期間（消令20の5，20の6）

①　個人事業者の特定期間

前年の１月１日から６月30日までの期間

② 法人で前事業年度が7カ月超の場合の特定期間

法人で前事業年度が7カ月超の場合の特定期間は，その前事業年度開始の日以後6月の期間，つまりその前事業年度の期首から6カ月の末日までの期間をいいます。ただし6月の期間の末日がその月末でない場合には，その前月の末日までの期間をいいます。

なお，前事業年度が7カ月を超える場合であっても，前事業年度の月数が8カ月未満の場合には，次の③による特定期間によります。

③ 法人で前事業年度が7カ月以下(短期事業年度)の場合の特定期間

法人で前事業年度が短期事業年度の場合の特定期間は，その事業年度の前々事業年度開始の日以後6月の期間をいい，前々事業年度が6月以下の場合には，その前々事業年度の期間をいいます。

法人の前々事業年度が次に該当する場合には，前々事業年度から除くこととされています。

イ　前々事業年度がその事業年度の基準期間に含まれる場合

ロ　6カ月を超える前々事業年度でその6月の期間の末日の翌日からその前々事業年度の翌事業年度終了の日までの期間が2月未満である場合における前々事業年度

ハ　6カ月以下の前々事業年度でその翌事業年度が2月未満である場合における前々事業年度

(5) 届　　出(消法57①一)

(1)により消費税の課税事業者に該当することとなった場合には，消費税課税事業者届出書を所轄税務署長に提出しなければなりません。

納税義務者の判定を図表すると次のとおりです。

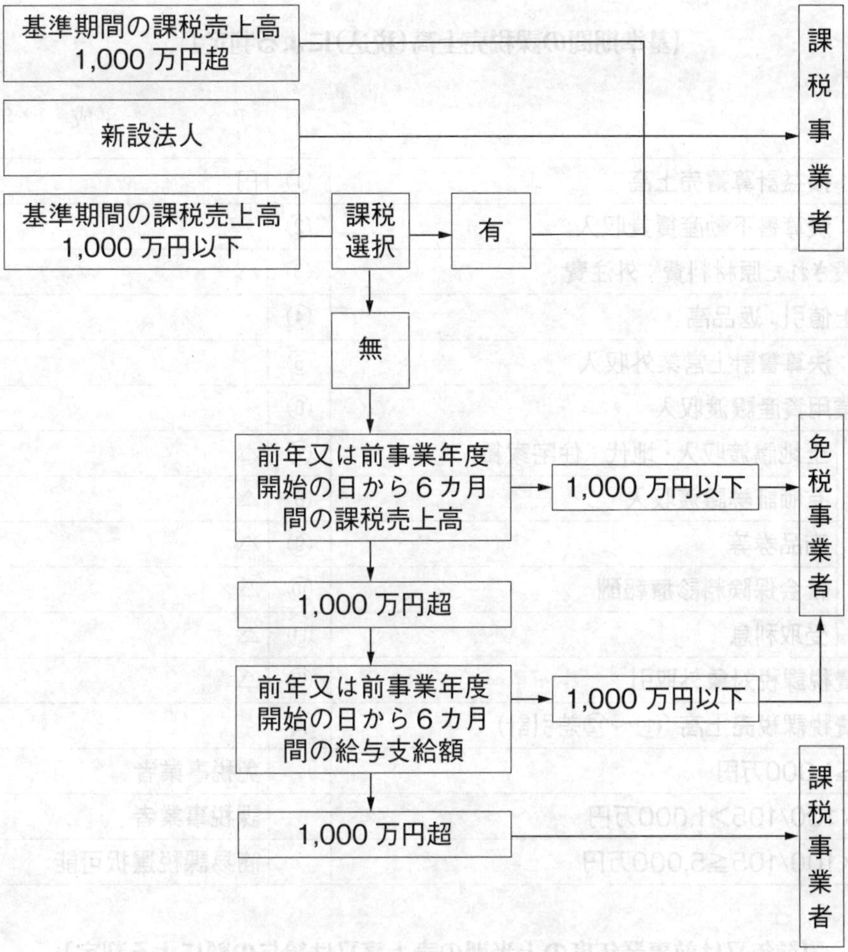
基準期間の課税売上高
1,000万円超
新設法人
基準期間の課税売上高
1,000万円以下
課税
選択
有
無
前年又は前事業年度
開始の日から6カ月
間の課税売上高
1,000万円以下
1,000万円超
前年又は前事業年度
開始の日から6カ月
間の給与支給額
1,000万円以下
1,000万円超
課税事業者
免税事業者
課税事業者

【基準期間の課税売上高（税込）による判定】

平成　　年

PL：損益計算書売上高	①	円
PL：決算書不動産賃貸収入	②	
相殺された原材料費：外注費	③	△
売上値引：返品高	④	
PL：決算書計上営業外収入	⑤	
事業用資産譲渡収入	⑥	
土地譲渡収入・地代：住宅家賃	⑦	△
有価証券譲渡収入	⑧	△
商品券等	⑨	△
社会保険料診療報酬	⑩	△
受取利息	⑪	△
消費税課税対象外取引	⑫	△
消費税課税売上高（①～⑫差引計）	A	
A≦1,000万円		免税事業者
A×100/105＞1,000万円		課税事業者
A×100/105≦5,000万円		簡易課税選択可能

【前年又は前事業年度の上半期の売上高又は給与の額による判定】

基準期間の課税売上高1,000万円以下の免税事業者		該当
前年又は前事業年度の上半期の課税売上高1,000万円超	1	該当　非該当
前年又は前事業年度の上半期の給与等支給総額1,000万円超	2	該当　非該当
１及び２の双方に該当⇒納税義務者	１又は２のいずれかに該当⇒免税事業者	

3　課税事業者の選択（消法9④）

消費税の仕組みとして，免税事業者は売上げに係る消費税の納税義務を免除される一方，仕入れの際に負担した消費税額（仕入税額）の控除を受けることができないこととなっています。

これに対して，課税義務者は売上げに係る消費税額から仕入税額を控除することができます。

そこで，輸出専業の事業者，多額な設備投資を行った事業者，資本金1,000万円未満の新規設立の法人・新規開業の個人事業者で開業準備のため多額の課税仕入れを行っているものは，課税義務者を選択すれば仕入税額の控除を受けることができ，仕入税額が売上げに係る消費税額を超えることとなるときは税額の還付を受けることができます。この税額の還付を可能とするために課税事業者の選択の制度を設けています。

⑴　課税事業者の選択（消法9④，消令20）

消費税において，事業者のうちその基準期間における課税売上高が1,000万円以下である課税期間について，消費税課税事業者選択届出書を提出した場合においては，原則としてその届出書を提出した日の属する課税期間の翌課税期間から国内において行う課税資産の譲渡等について，消費税の課税事業者になります。

その消費税課税事業者選択届出書を提出した日の属する課税期間が新たに事業を開始した課税期間である場合その他の次に掲げる課税期間である場合には，その課税期間（「相続等に係る課税期間」という。）から課税事業者となります。

① 事業者が国内において課税資産の譲渡等に係る事業を開始した日の属する課税期間
② 個人事業者が相続により消費税の課税事業者を選択していた被相続人の事業を承継した場合における相続があった日の属する課税期間
③ 法人が吸収合併により消費税の課税事業者を選択していた被合併法人の事業を承継した場合における合併があった日の属する課税期間
④ 法人が吸収分割により消費税の課税事業者を選択していた分割法人の事業を承継した場合における吸収分割があった日の属する課税期間

ここで注意したいのは，これらの事業者が免税事業者に該当する場合には，その課税期間の翌課税期間から課税事業者を選択することができるということです（消基通1－4－14）。

なお，課税事業者選択届出書若しくは簡易課税選択届出書又は課税事業者選択不適用届出書若しくは簡易課税選択不適用届出書をその適用を受けようとする課税期間の開始の日の前日までに提出できなかったことについて震災，風水害その他やむを得ない事情がある場合には，その事情がやんだ日から２カ月以内にその届出書を提出し，その提出できなかった課税期間の翌課税期間からの適用について税務署長の承認を受けたときは，その適用を受けようとする課税期間からこれらの規定の適用を受けることができることとなっています（消基通1－4－16）。（P.130を参照。）

(2)　課税事業者選択不適用届出書の提出（消法９⑤⑥）

消費税課税事業者選択届出書を提出した事業者は，次に掲げる事実に該当することとなった場合には，その旨を記載した届出書（消費税課税事業者選択不適用届出書）を納税地の所轄税務署長に提出しなければなりません。

①　課税事業者の選択適用を任意にやめようとするとき

この場合には，課税事業者選択適用届出書を提出した事業者は，事業を廃止した場合を除いて，課税事業者選択適用届出書を提出して納税義務者となった課税期間の初日から２年間は，消費税課税事業者選択不適用届出書を提出することができません。

②　事業を廃止した場合

(3)　課税事業者を選択して，調整対象固定資産を取得した場合の課税事業者選択不適用届出書の提出の制限（消法９⑦，消令20の3）

(1)により消費税の課税事業者選択届出書を提出した事業者が，その提出した課税期間の翌課税期間の初日から同日以後２年を経過する日までの間に開始した各課税期間（簡易課税制度の適用を受ける課税期間を除く。）中に国内において調整対象固定資産の仕入れ等を行った場合には，事業を廃止した場合を除き，調整対象固定資産の仕入れ等の日の属する課税期間の初日から３年を経過する日の属する課税期間の初日以後でなければ，課税事業者選択不適用届出書を提出することができないこととなっています。つまり，課税事業者を選択し，調整対象固定資産を取得した場合には，その調整対象固定資産を取得した課税期間から３年は免税事業者に戻れないということです。

なお，調整対象固定資産の仕入れ等を行った課税期間には，(1)の①から④までの新たに事業を開始した課税期間を含むこととされています。

この場合において，調整対象固定資産の仕入れ等の日の属する課税期間の初日から調整対象固定資産の仕入れ等の日までの間に課税事業者選択不適用届出書をその納税地を所轄する税務署長に提出しているときであっても，その届出書の提出はなかったものとみなされます。したがって，免税事業者が課税事業者を選択して調整対象固定資産を取得した場合には，取得した課税期間から3年間は消費税の課税事業者として消費税が適用されることとなります。

第3節　相続・合併・分割の場合の納税義務の免除の特例

Ⅰ　相続があった場合の納税義務の免除の特例

1　その年に相続があった場合（消法10①）

消費税の課税事業者であった被相続人の死亡により，その年の基準期間における課税売上高が1,000万円以下である相続人（消費税課税事業者選択届出書を提出し又は前年の課税売上高による納税義務の特例により消費税の課税事業者となっている相続人を除く。次の**2**において同じ。）が，その被相続人の事業を承継したときは，その相続人のその相続のあった日の翌日からその年12月31日までの間における課税資産の譲渡等について消費税の納税義務者となります。つまり，被相続人が年末まで事業を行っていたならば負担する消費税を事業承継者である相続人に承継させるためのものです。

2　その年の前年又は前々年に相続があった場合（消法10②）

その年の前年又は前々年において，相続により被相続人の事業を承継した相続人のその年の基準期間における課税売上高が1,000万円以下である場合において，その相続人と被相続人のそれぞれその基準期間における課税売上高の合計額が1,000万円を超えるときは，その相続人はその年における課税資産の譲渡等について，消費税の納税義務者となります。

次図では，相続人と被相続人の平成24年及び25年におけるそれぞれの基準期間である平成22年及び平成23年の相続人及び被相続人のそれぞれの課税売上高の合計額が平成22年は1,150万円，平成23年は1,750万円です。したがって，相続人の平成24年及び25年の消費税については，納税義務者となります。

【前年・前々年に相続があった場合の特例】

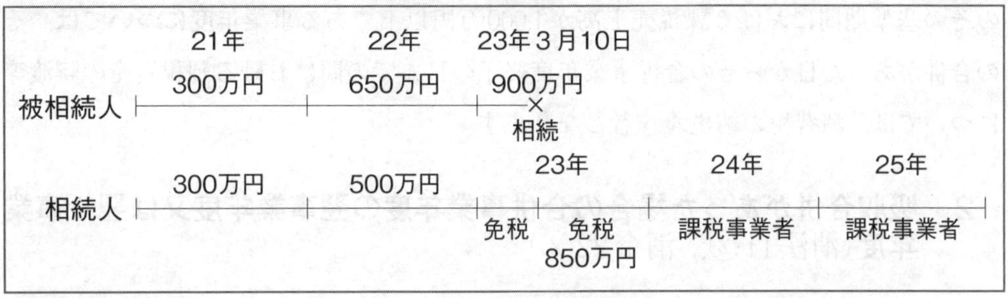

Ⅱ　合併があった場合の納税義務の免除の特例

法人が合併した場合において，合併法人及び被合併法人の各課税期間に係る基準期間における課税売上高が1,000万円を超えているときは，合併法人は消費税の納税義務者となります。これに対して基準期間における課税売上高が1,000万円以下の法人が基準期間における課税売上高が1,000万円超の法人を吸収合併することにより消費税の納税義務の免除を受けたり，また基準期間における課税売上高が1,000万円を超える２以上の法人が合併して，基準期間のない法人を設立して消費税の納税義務の免除の適用を受けるなど，合併制度を利用して消費税の課税を回避することが予想されることから，合併があった場合における消費税の公平な課税を図るために納税義務の免除の特例制度が設けられています。

なお，この納税義務の免除の特例制度は，合併法人の合併後の課税資産の譲渡等に関するものであり，合併により資産を移転する被合併法人のその資産の移転については，いわゆる被合併法人の権利義務の包括移転であることから消費税の課税対象外となります。また，合併法人の承継する資産も被合併法人の権利義務の包括承継によるものですから課税仕入れに該当しないことに注意したい。

１　吸収合併があった場合の合併事業年度（消法11①，消令22①）

吸収合併があった場合において，合併法人の合併事業年度の基準期間に対応する被合併法人の課税売上高として計算した金額（被合併法人が２以上ある場合には，いずれかの被合併法人に係る金額）が1,000万円を超えるときは，その合併法人（消費税の課税事業者選択届出書を提出し又は前事業年度の課税売上高による納税義務の特例により消費税の課税事業者となっている合併法人を除く。以下２及び４において同じ。）のその基準期間における課税売上高が1,000万円以下である事業年度については，その合併があった日からその合併事業年度終了の日までの間における課税資産の譲渡等については，消費税の納税義務者となります。

２　吸収合併があった場合の合併事業年度の翌事業年度又は翌々事業年度（消法11②，消令22②）

合併法人のその事業年度の基準期間の初日の翌日からその事業年度開始の日の前日までの間に吸収合併があった場合において，その合併法人のその基準期間における課税売上高とその基準期間に対応する期間におけるその合併に係る被合併法人の課税売上高として計算した金額（被合併法人が２以上ある場合には，それぞれの被合併法人に係る金額）との合計額が1,000万円を超えるときは，その合併法人のその基準期間における課税売上高が1,000万円以下であるその事業年度における課税資産の譲渡等については，消費税の納税義務者となります。

【参　考】

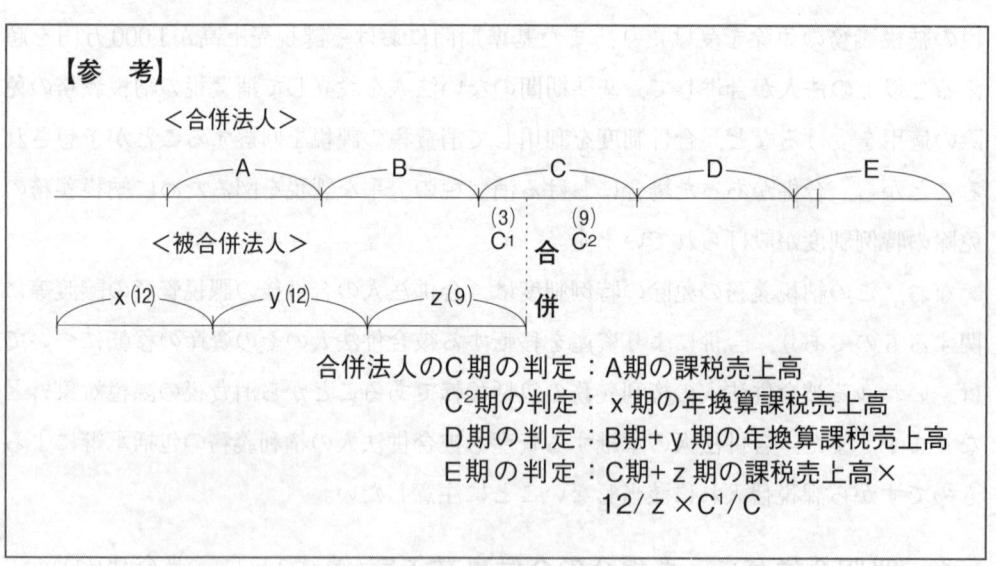

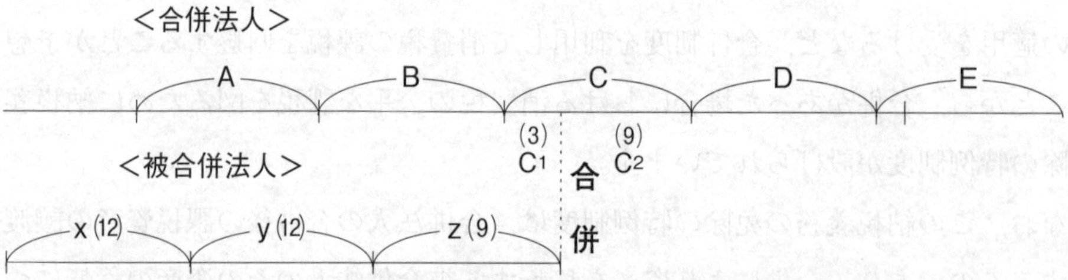

合併法人のC期の判定：A期の課税売上高

C^2期の判定：ｘ期の年換算課税売上高

D期の判定：B期＋ｙ期の年換算課税売上高

E期の判定：C期＋ｚ期の課税売上高×12/ｚ×C^1/C

３　新設合併があった場合の合併事業年度（消法11③，消令22③）

新設合併があった場合において，合併法人の合併事業年度の基準期間に対応する被合併法人の課税売上高として計算した金額で被合併法人のいずれかが1,000万円を超えるときは，その合併法人（消費税の課税事業者選択届出書を提出したものを除く。）のその合併があった日の属する事業年度については，消費税の納税義務者となります。

４　新設合併があった場合の合併事業年度の翌事業年度又は翌々事業年度（消法11④，消令22④⑤⑥）

合併法人のその事業年度開始の日の２年前の日からその事業年度開始の日の前日までの間に新設合併があった場合において，その合併法人のその事業年度の基準期間における課税売上高（年換算しない金額）とその基準期間に対応する期間におけるその合併に係る各被合併法人の課税売上高として計算した金額（基準年間課税売上高という。）との合計額（その合併法人のその基準期間における課税売上高がない場合には，各被合併法人の課税売上高の合計額）が1,000万円を超えるときは，その合併法人のその基準期間における課税売上高が1,000万円以下であるその事業年度における課税資産の譲渡等については，消費税の納税義務者となります。

【参考】

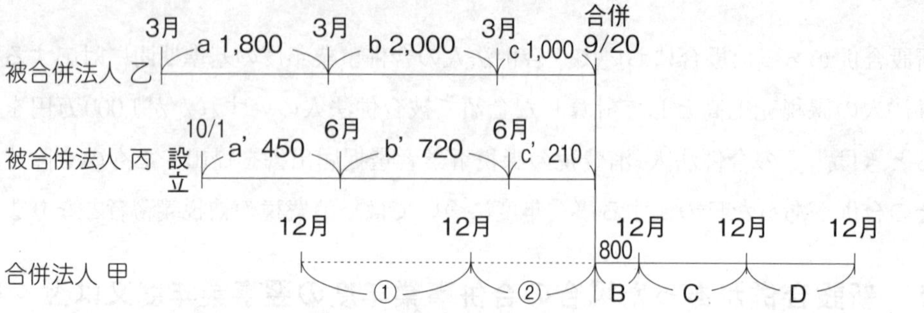

合併法人のB期　(乙のａ期の課税売上高(年換算額))と
(丙のａ'の課税売上高(年換算額))のいずれか高い金額で判定

合併法人のC期　合併法人は，基準期間がないので，①期に対応する被合併法人の年換算額により判定

$$乙のa期1,800万円 \times \frac{12}{a期の月数} + 丙のa'の期450万円 \times \frac{12}{a'期の月数}$$

合併法人のD期　原則として，合併法人のD期の基準期間であるB期の課税売上高(年換算しない額)で判定

その計算はB期の課税売上高と乙及び丙の②期に対応する課税売上高(年換算額)との合計額での判定も必要

<table>
<tr><td colspan="2">(②に対応する課税売上高＋合併後の課税売上高B）で判定</td></tr>
<tr><td>被合併法人乙の課税売上高</td><td rowspan="2">合併法人の課税売上高B</td></tr>
<tr><td>被合併法人丙の課税売上高</td></tr>
</table>

Ⅲ　分割等があった場合の納税義務の免除の特例

会社法における会社分割制度と消費税の基準期間における課税売上高を組み合わせた消費税の課税回避に対処するため，会社分割があった場合には，分割親法人の基準期間の課税売上高が1,000万円を超える場合又は分割子法人の基準期間の課税売上高が1,000万円を超える場合には，それぞれ分割子法人又は分割親法人の消費税の納税義務について免除しないこととし，特定要件が継続している場合には，継続して消費税の納税義務者とします。

1　新設分割子法人の分割事業年度の判定（消法12①，消令23①）

分割等があった場合において，新設分割子法人（その分割等により設立された又は資産の譲渡を受けた法人をいう。4までにおいて同じ。）の分割等事業年度の基準期間に対応する新設分割親法人（その分割等を行った法人をいう。4までにおいて同じ。）の課税売上高として計算した金額（新設分割親法人が2以上ある場合には，いずれかの新設分割親法人に係るその金額）が1,000万円を超えるときは，その新設分割子法人（消費税の課税事業者選択届出書を提出しているものを除く。）のその分割等があった日からその分割等があった日の属する事業年度終了の日までの間における課税資産の譲渡等については，消費税の納税義務者となります。

2　分割等が新設分割子法人の事業年度前1年以内に行われた場合における新設分割子法人の納税義務の判定（消法12②，消令23②）

新設分割子法人の事業年度開始の日の1年前の前日からその事業年度開始の日の前日までの間に分割等があった場合において，その新設分割子法人のその事業年度の基準期間に対応する新設分割親法人の課税売上高として計算した金額（新設分割親法人が2以上ある場合には，いずれかの新設分割親法人に係るその金額）が1,000万円を超えるときは，その新設分割子法人（消費税の課税事業者選択届出書を提出し又は前事業年度の課税売上高による納税義務の特例により消費税の課税事業者となっている法人を除く。以下3から6までにおいて同じ。）のその事業年度における課税資産の譲渡等については，消費税の納税義務者となります。

3　分割等が新設分割子法人の直前事業年度以前に行われた場合における新設分割子法人の納税義務の判定（消法12③，消令23③④）

新設分割子法人のその事業年度開始の日の１年前の日の前々日以前に分割等（新設分割親法人が２以上ある場合のものを除く。**4**において同じ。）があった場合において，その事業年度の基準期間の末日において新設分割子法人が特定要件（新設分割子法人の発行済株式又は出資（自己株式又は出資を除く。）の総数又は総額の50％超の数又は金額の株式又は出資が新設分割親法人及びその新設分割親法人と特殊な関係にある者の所有に属する場合その他一定の事由をいう。**4**において同じ。）に該当し，かつ，新設分割子法人のその事業年度の基準期間における課税売上高として計算した金額とその新設分割子法人のその事業年度の基準期間に対応する新設分割親法人の課税売上高として計算した金額との合計額が1,000万円を超えるときは，その新設分割子法人（消費税の課税事業者選択届出書を提出しているものを除く。）のその基準期間における課税売上高が1,000万円以下である事業年度における課税資産の譲渡等については，消費税の納税義務者となります。

4　分割等が新設分割親法人の直前々事業年度以前に行われた場合における新設分割親法人の納税義務の判定（消法12④）

新設分割親法人のその事業年度開始の日の１年前の日の前々日以前に分割等があった場合において，その事業年度の基準期間の末日において新設分割子法人が特定要件に該当し，かつ，新設分割親法人のその事業年度の基準期間における課税売上高と新設分割子法人のその新設分割親法人のその事業年度の基準期間に対応する期間における課税売上高として計算した金額（消令23⑤）との合計額が1,000万円を超えるときは，新設分割親法人（消費税の課税事業者選択届出書を提出しているものを除く。）のその基準期間における課税売上高が1,000万円以下である事業年度における課税資産の譲渡等については，消費税の納税義務者となります。

5　吸収分割があった場合における分割承継法人の納税義務の判定（消法12⑤）

吸収分割があった場合において，分割承継法人の吸収分割があった日の属する事業年度の基準期間に対応する分割法人の課税売上高として計算した金額（分割法人が２以上ある場合には，いずれかの分割法人に係るその金額（消令23⑥））が1,000万円を超えるときは，その分割承継法人のその吸収分割があった日の属する事業年度（その基準期間における課税売上高が1,000万円以下である事業年度に限る。）のその吸収分割があった日からその吸収分割があった日の属する事業年度終了の日までの間における課税資産の譲渡等については，消費税の納税義務者となります。

6　吸収分割が分割承継法人の直前事業年度に行われた場合における分割承継法人の納税義務の判定（消法12⑥）

分割承継法人のその事業年度開始の日の１年前の日の前日からその事業年度開始の日の前日までの間に吸収分割があった場合において，その分割承継法人のその事業年度の基準期間に対応する分割法人の課税売上高として計算した金額（分割法人が２以上ある場合には，いずれかの分割法人に係るその金額（消令23⑦））が1,000万円を超えるときはその分割承継法人のその基準期間における課税売上高が1,000万円以下である事業年度における課税資産の譲渡等については，消費税の納税義務者となります。

Ⅳ　基準期間のない法人の納税義務の免除の特例（消法12の2）

その事業年度の基準期間がない法人（社会福祉事業法第22条に規定する社会福祉法人を除く。）のうち，その事業年度開始の日における資本又は出資の金額が1,000万円以上である法人（以下「新設法人」という。）については，その新設法人の基準期間がない事業年度（課税事業者選択届出書を提出により，又は前事業年度の課税売上高による納税義務の特例，新設合併，又は会社分割の規定により消費税の課税事業者となっている法人を除く。）における課税資産の譲渡等については，消費税の納税義務者となります。

なお，新設法人が，その基準期間がない事業年度に含まれる各課税期間（簡易課税制度の適用を受ける課税期間を除く。）中に調整対象固定資産の仕入れ等を行った場合には，新設法人の調整対象固定資産の仕入れ等の日の属する課税期間からその課税期間の初日以後３年を経過する日の属する課税期間までの各課税期間（その基準期間における課税売上高が1,000万円を超える課税期間及び課税事業者択届出書の提出により，又は前事業年度の課税売上高による納税義務の特例，新設合併，会社分割等若しくは新設法人に係る納税義務の規定により課税事業者となる課税期間を除く。）における課税資産の譲渡等については，消費税の納税事業者となります。

第３章
課税対象

消費税の課税対象は，国内取引と輸入取引です。国内取引については「国内において事業者が行う資産の譲渡等」（消法4①）が課税対象となり，輸入取引については「保税地域から引き取られる外国貨物」（消法4②）が課税対象となります。

消費税の課税対象の全体構造と取引分類を示すと次のとおりです。

【消費税の課税・非課税・対象外の区分】

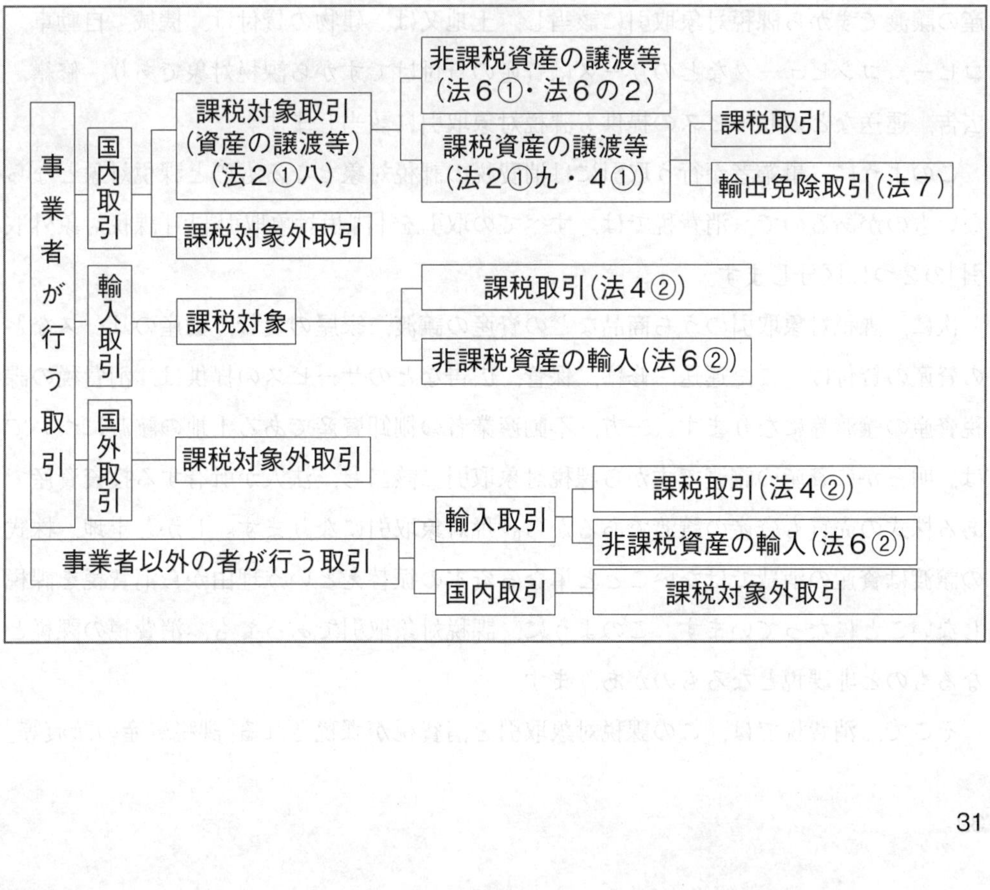

第１節　国内取引

消費税は，納税義務者とその負担者が異なる間接税と位置付けられている租税で，国内における資産の譲渡や貸付け又はサービスの提供と外国貨物の輸入に対して課税することとなっています。

消費税の国内取引に係る課税対象は資産の譲渡等ですが，事業者の行う取引がすべて消費税の課税対象になるわけではありません。例えば，銀行預金に現金を預け入れることは会計処理上では取引ですが，消費税では課税対象になりません。また保険金収入，配当金収入は会計上収益に該当しますが，消費税では資産の譲渡等の対価ではないので課税対象外取引となります。

また，寄附金の支出，試供品，見本品の提供はいずれも無償による資産の供与であり，対価性がないので課税対象外取引に該当します。さらに給与は労務の対価ですが，事業者への支払いではないから，課税対象外取引になります。

一方，商品，製品などの棚卸資産の販売，土地，株式，機械，備品などの売却は資産の譲渡ですから課税対象取引に該当し，土地又は，建物の貸付け，機械，自動車，コピー，コンピュータなどのリースは資産の貸付けですから課税対象であり，修繕，広告，運送などのサービスの提供も課税対象取引に該当します。

このように，事業者が行う取引には消費税の課税対象となるものと課税対象とならないものがあるので，消費税では，すべての取引を「課税対象取引」と「課税対象外取引」の２つに区分します。

次に，課税対象取引のうち商品などの資産の譲渡，家屋の賃貸，動産のリースなどの資産の貸付け，また運送，修繕，保管，広告などのサービスの提供は，消費税の課税資産の譲渡等になります。一方，不動産業者の棚卸資産である土地の譲渡については，明らかに資産の譲渡ですから課税対象取引に該当し，法人が所有する投資資産である株式の売買も資産の譲渡であるから課税対象取引になります。しかし土地，株式の譲渡は資産の消費ではないことと単なる資本の振替えという理由から消費税を課税しないことになっています。このように，課税対象取引であっても，消費税の課税となるものと非課税となるものがあります。

そこで，消費税では，この課税対象取引を消費税が課税される「課税資産の譲渡等」

と，消費税の非課税となる「非課税資産の譲渡等」に区分します。

課税資産の譲渡等に該当する取引については，４％の税率が適用されるものと0%の税率が適用される輸出取引及び輸出類似取引に区分します。課税資産の譲渡等のうち４％の税率が適用される取引について売上げに係る消費税額が計算され，これに対して輸出取引及び輸出類似取引に係る取引金額は海外において消費されることから０％が適用されます。

Ⅰ　資産の譲渡等の定義

国内取引における課税対象である資産の譲渡等の定義は，「国内において事業者が事業として対価を得て行う資産の譲渡及び貸付け並びに役務の提供」です(消法２①八)。つまり，国内取引については，次のすべての項目に該当する取引が課税対象となります。

⑴　国内において行われた取引であること。
⑵　事業者が事業として行う取引であること。
⑶　対価を得て行う取引(有償取引)であること。
⑷　資産の譲渡，貸付け又は役務の提供(資産の譲渡等)であること。

したがって，上記の要件の１つでも欠ければ消費税の課税対象となりません。したがって，この４要件のいずれかが欠落している取引は，消費税の課税対象とならず，この要件を満たさない取引を「課税対象外取引」といいます。この「課税対象外取引」とされるものは，次のいずれかに該当する取引をいいます。

⑴　国外において行う取引
⑵　消費者の立場で行う取引
⑶　無償取引
⑷　資産の譲渡等に該当しない取引

1　事業者が事業として行う取引

消費税では，事業者を消費税の納税義務者とし（消法5），事業者を個人事業者（事業を行う個人）と法人（消法2①三，四）に区分しており，居住者，非居住者であるかどうかを問いません。そして，法人には次に掲げる者を含みます。

⑴　**国，地方公共団体**（消法60①，②）
⑵　**公共法人，公益法人**（消法60③，消法別表第3）
⑶　**人格のない社団等**（消法3）
⑷　**協同組合等**
⑸　**普通法人**

消費税において，「事業者」とは，自己の計算において独立して事業を行う者をいい（消基通1－1－1），「事業として」とは，一定の目的をもって同種の行為を反復，継続，かつ，独立して遂行すること（消基通5－1－1）をいい，営利を目的としているかどうか及びその規模を問わないとされています。

法人は事業を行うことを目的として組織され事業活動を行っていますから，その行為はすべて事業者が行う取引に該当します。これに対して，個人事業者は事業者の立場と消費者の立場とをかね備えていますから，消費税の課税対象は事業者の立場で事業として行う取引に限定されます。

2　対価を得て行う取引

⑴　有償取引課税の原則

消費税の課税対象の国内取引の課税要件の1つは，「対価を得て行う」資産の譲渡等です。したがって，この「対価を得て行う取引＝有償取引」が課税対象となります。この場合の「対価を得て」について，消費税では「資産の譲渡等に際して反対給付を受けること」をいうと明示しています（消基通5－1－2）。

したがって，代物弁済による対価は，消滅した債務であるから課税対象（消基通5－1－4）となり，負担付き贈与の場合には，その承継した債務が対価となります（消基通5－1－5）。また，現物出資により法人を設立する場合において，金銭以外の資産そのものを出資したときには，その現物出資は消費税の課税対象（消令２①二）となり，この場合の対価の額は，現物出資により受ける株式の時価をいいます。

資産の譲渡等に対して対価を得ることが課税要件ですが，その対価の額が時価よりも著しく低額である場合や時価よりも著しく高額な場合であっても対価を得ている限り，法人税の課税における時価と対価との差額についての認定課税のようなことはなく，消費税では実際に授受する対価の額を基礎として課税を行います。

⑵　無償取引に対する考え方

消費税は，上記のように「対価を得て行う」取引が課税対象ですから，原則として，「無償による資産の譲渡及び貸付け並びに役務の提供」は課税対象外取引（消法2①八，消基通５－１－２）となります。つまり，事業者間取引の中間において無償取引があった場合には，その無償取引については消費税を課税しません。

この無償取引に対して消費税を課税しないのは，流通の各取引段階において課税する仕組みを持つ消費税では，ある取引段階で無償取引が行われでも，次の取引段階において正常な取引価額で取引が行われれば，前段階の無償取引に係る消費税が有償取引段階で取り戻せるからです。つまり，消費税では，取引の最終負担者までの段階で課税が確保できれば，取引の途中の段階において無償であってもよいということになります。

⑶　みなし譲渡

消費税では，対価を得ないで行う取引は課税対象外取引としていますが，この例外として個人事業者の棚卸資産又は棚卸資産以外の資産の家事消費又は使用，法人の役員に対する資産の贈与は，無償取引ですが最終消費であること及び売上税額から控除された仕入税額を取り戻すことを目的として資産の譲渡とみなして消費税を課税することとしています。

①　**個人事業者**（消法4④一・28②一）

個人事業者が棚卸資産又は棚卸資産以外の資産で事業の用に供していたものを個人事業者又はその者と生計を一にする親族の用に消費し，又は使用した場合には，その消費又は使用は，対価を得て行われた資産の譲渡とみなされて消費税が課税されます。

②　**法人の役員への贈与等**（消法4④二・28②二）

法人が資産をその役員に対して贈与した場合には，その贈与は対価を得て行われた資産の譲渡とみなされて消費税の課税対象となります。また，法人がその資産を役員に対して低額譲渡した場合において，その対価の額がその譲渡時の価額に比して著しく低いとき(おおむね時価の50%未満)は，その時価を対価として課税することとなっています。

３　資産の譲渡・貸付け及び役務の提供の意義等(消法2①八)

(1)　資産の意義

消費税の課税対象は，対価を得て行う資産の譲渡，貸付け又は役務の提供ですが，この場合の｢資産｣とは，取引の対象となる一切の資産をいいます。したがって，棚卸資産又は固定資産のような有形資産のみならず，権利その他の無形資産も含まれます(消基通５－１－３)。

(2)　資産の譲渡

資産の譲渡とは，資産につき同一性を保持しつつ，他人に移転させることをいいます(消基通５－２－１)。したがって，経済的に観察した場合において，資産の譲渡の対価を収受したと認められるときであっても，その資産についてその同一性を保持しつつ，他人に移転するという事実がないときは，消費税法において資産の譲渡があったことにならないことから，その取引は消費税の課税対象外となります。例えば，公有水面埋立法の規定に基づいて公有水面が埋め立てられ，漁業権又は入漁権が消滅した場合において支払われる対価補償金は，所得税法等においては資産の譲渡の対価の額として課税所得の計算の対象とされますが，消費税では漁業権又は入漁権という資産が対価補償金の支払者へそのまま移転しないことから，消費税の課税対象外取引となります。

また，資産の譲渡は，その原因を問わないから，売買，交換，負担付き贈与，現物出資などによる資産の処分権(所有権)を他人に移転するほか，例えば，他の者の債務の保証を履行するために資産を譲渡する場合又は強制換価手続により換価される場合の譲渡又は換価は資産の譲渡に該当します(消基通５－２－２)。

(3)　資産の貸付け

資産の貸付けは，一般的には賃貸借，使用貸借，消費貸借その他これらに類する契約により，資産を他人に貸付け若しくは利用させ又は預け入れることをいいます。

この資産の貸付けには，消費税において「資産に係る権利の設定その他の者に資産を使用させる一切の行為」(消法2②)を含むこととなっています。

この場合の資産に係る権利の設定とは，不動産，無体財産権その他の資産を他人に使用させる場合等，その資産の上に実施権，使用権等一定の権利を設定することをいい，具体的には，土地に係る地上権若しくは地役権の設定，土地の賃貸借契約に基づく借地権の設定，特許権等の工業所有権等に係る実施権若しくは使用権又は著作物に係る出版権の設定があります。(消基通5－4－1)。

また他人に資産を使用させる一切の行為とは，不動産，動産，無体財産権その他の権利を他人に使用させることをいいます(消基通5－4－2)。

(4)　資産の譲渡等に類する行為(消法2①八)

すでに述べたとおり，資産の譲渡はその原因を問わないから，売買，交換，代物弁済，資産の譲渡その他対価を得て行われる資産の譲渡若しくは貸付け又は役務の提供に類する次に掲げる行為は資産の譲渡等に含まれます(消令2)。

①　代物弁済による資産の譲渡

代物弁済による資産の譲渡は，債務者が債権者の承諾を得て，約定された弁済の手段に代えて他の給付をもって弁済する場合の資産の譲渡，例えば金銭消費貸借において金銭による弁済契約であったものを債務金額相当額以上の金銭以外の物をもって弁済する場合のその資産の譲渡をいいます(消基通5－1－4)。

②　負担付き贈与による資産の譲渡(消令2①一)

その贈与に係る受贈者に一定の給付をする義務を負担させることをいい，例えば，親子間で土地の贈与を行う場合において，土地の所有者である親がその土地を贈与し，あわせて親の債務である借入金を負担させる場合がこれに該当します。そして，その借入金の負担額を対価として資産の譲渡が行われたこととなります。

③　金銭以外の資産の出資(現物出資)(消令2①二)

現物出資は，その資産の所有権が移転することから資産の譲渡に該当します。したがって，会社設立，会社分割等による新会社への現物出資は資産の譲渡に該当します。これに対して，財産引受け又は事後引受けに該当する変態現物出資は，現物出資には含まれず，その対価の額により譲渡が行われたこととなります(消基通5－1－6)。

④　法人課税信託に係る資産の譲渡等(消令2①三)

法人税法第2条第29号ハに規定する特定受益証券発行信託又は同条第29号の2に規定する法人課税信託(投資信託，証券投資信託，国内公募等投資信託及び外国投資信託を除く。)の委託者が，その有する金銭以外の資産の信託をした場合におけるその資産の移転及び信託の受益者(みなし受益者を含む。）が，その信託財産に属する資産を有するものとみなされる信託が法人課税信託となった場合について出資とみなされるものをいいます。

⑤　**貸付金その他の金銭債権の譲受けその他の承継**(消令2①四)

これは，金銭消費貸借契約に係る債権である貸付金又は債券等の譲渡(債務者を変更することなく，債権者が変更されることにより，新たな債権者が債務者へ対して貸付けを行うこと）があった場合において，その利子を対価とする金銭債権の譲受けをいいます。

なお，包括承継である相続，合併，会社分割により承継した場合には，金銭債権の貸付者としての地位を承継しているので，資産の譲渡等に含めないこととしています。

⑥　**土地収用法等に基づく所有権等の権利の収用による補償金の取得**(消令2②)

事業者が，土地収用法その他の法律の規定に基づいてその所有権その他の権利を収用され，かつ，その権利を取得する者からその権利の消滅に係る補償金を取得した場合には，対価を得て資産の譲渡を行ったものとされて，課税の対象となります。

この補償金は，補償金の収授によって権利者の権利が消滅し，かつ，権利の取得者から支払われる対価補償金に限られることから，次に掲げる補償金は対価補償金に該当しないこととなるので，課税対象外となります(消基通5－2－10)。

イ　事業について減少することとなる収益又は生ずることとなる損失の補墳に充てるものとして交付を受ける補償金(収益補償金)

ロ　休廃業等により生ずる事業上の費用の補填又は収用等による譲渡の目的となった資産以外の資産について実現した損失の補填に充てるものとして交付を受ける補償金(経費補償金)

ハ　資産の移転に要する費用の補填に充てるものとして交付を受ける補償金(移転補償金)

ニ　その他対価補償金たる実質を有しない補償金

4　役務の提供

役務の提供とは，土木工事，修繕，運送，保管，印刷，媒介，仲介，宿泊，飲食，技術援助，情報提供，イベントの主催，医療，保険，代理，保証，広告，出演，著述等請負契約，運送契約，委任契約，寄託契約等に基づく労務，使益その他のサービスの提供で資産の譲渡及び貸付けに該当しないものをいい，また弁護士，公認会計士，税理士，作家，スポーツ選手，映画監督.棋士等による専門的知識，技能等に基づく役務の提供も含まれます(消基通5－5－1)。

これらの役務の提供に係る対価は次のとおりです。

① 請負契約　工事請負代金，修繕料，宿泊料，出演料，広告料
② 委任契約　委任報酬，情報提供料
③ 運送契約運送料
④ 寄託契約　保管料
⑤ その他　仲介料，技術援助料等

NHKの地上波放送，BS放送によるテレビ放送については，不特定かつ多数の者によって直接受信されることを目的とする無線通信の送信で，法律により受信者がその締結を行わなければならないこととされている契約によるものであり，これに基づき受信料を徴収して行われるものは，資産の譲渡等に該当します(消令2①六)。

第2節　輸入取引

1　原　　則(消法4②)

保税地域から引き取られる外国貨物は，すべて消費税の課税対象です。

消費税は，資産の譲渡，資産の貸付け又は役務の提供を課税対象としており，その消費を行う場所，すなわちその消費される国で課税する内国消費税ですから，輸出取引については消費税を輸出しないということから免税とし，一方外国からの貨物の輸入については輸入の段階で消費税を課税し，国内の消費者に負担を求めることとしています。

すなわち，保税地域から引き取られる外国貨物は，有償取引であるか無償取引であるかを問わず，また引き取る者が事業者であるか，事業者以外の者であるかを問わず，すべて消費税の課税対象として，その外国貨物を引き取った者に消費税を課税することとなっています(消基通5－6－2)。

2　特許権等の無体財産権

特許権等の無体財産権の使用の対価を支払う外国貨物を保税地域から引き取る場合には，その外国貨物のみが課税対象となり，その場合の課税標準は，その外国貨物に対する関税の課税価格に関税額及び消費税以外の消費税等(国税通則法第2条第3号(定義)に規定する消費税等をいう。)の額を加算した金額です。

すなわち，保税地域から引き取られる外国貨物が消費税の課税対象であることから，外国から特許権等の無体財産権の譲受け又は貸付けを併せて受ける場合であっても，その譲受け又は貸付けが輸入取引の条件となっていないときは，その無体財産権は保税地域から引き取られる外国貨物に該当しないことから，消費税の課税対象とはなりません。

3　保税地域からの引取りとみなす場合(消法4⑤)

消費税は内国消費税として，その消費地において課税することとなっていますが，保税地域にある外国貨物を本邦に引き取らずに消費又は使用をする場合において，その消費又は使用に対して消費税を課税しないと国内における通常の消費又は使用に対する消費税の課税との均衡が保てないこととなることから，保税地域内の消費又は使用を課税対象としています。ただし，外国貨物を課税貨物の原料等として使用した場合には，完成品等を本邦に引き取ったときに外国貨物に含めて課税できることになるので，その消費又は使用は課税しないこととなっています。

第3節　内外判定

1　資産の譲渡又は貸付け(消法4③一，消令6①)

資産の譲渡又は資産の貸付けについては，原則として，その譲渡又は貸付けが行われる時におけるその資産の所在場所が国内であれば国内取引(課税対象)に該当し，国外であれば課税対象外取引となります。この場合において，その「譲渡又は貸付けが行われる時」とは，その譲渡又は貸付けの目的物の引渡しの時をいいます。

資産の所在場所については，次のとおり定められています。

資　　産		判　定　基　準
船舶	登録又は船籍票の交付を受けたもの	船舶の登録又は船籍票の交付をした機関の所在地。 ただし，居住者が行う日本船舶の貸付けにあっては，その貸付けを行う者の住所地(住所又は本店若しくは主たる事務所の所在地をいう。)
	上記以外の船舶	その譲渡又は貸付けを行う者の譲渡又は貸付けに係る事務所等(事務所，事業所その他これらに準ずるものをいう。)の所在地
航空機		航空機の登録をした機関の所在地。登録を受けていない航空機にあっては，譲渡又は貸付けを行う者の譲渡又は貸付けに係る事務所の所在地
鉱業権，租鉱権又は採石権等		鉱業権に係る鉱区若しくは租鉱権に係る租鉱区又は採石権等に係る採石場の所在地
特許権，実用新案権，意匠権，商標権，回路設置利用権又は育成者権(これらの利用権を含む。)		これらの権利の登録をした機関の所在地。同一の権利について2以上の国において登録をしている場合には，これらの権利の譲渡又は貸付けを行う者の所在地
著作権(出版権及び著作隣接権その他これらに準ずる権利を含む。)又はノウハウ及びこれらに準ずるもの		著作権等の譲渡又は貸付けを行う者の住所地
営業権又は漁業権若しくは入漁権		これらの権利に係る事業を行う者の住所地

資　　産		判　定　基　準
有価証券	有価証券（ゴルフ権利用株式等を除く。）	その有価証券が所在していた場所
有価証券	登録国債等	登録国債等の登録をした機関の所在地
有価証券	合名会社，合資会社又は有限会社の持分	その持分に係る法人の本店又は主たる事務所の所在地
有価証券	抵当証券	その抵当証券が所在していた場所
有価証券	貸付金，預金，売掛金等の金銭債権	その金銭債権に係る債権者の譲渡に係る事務所等の所在地
有価証券	ゴルフ場利用株式等又は金銭債権	そのゴルフ場の施設所在地
上記以外の資産でその所在していた場所が明らかでないもの		その資産の譲渡又は貸付けを行う者の譲渡又は貸付けに係る事務所等の所在地 (注)　利子を対価とする金銭の貸付け等で次のものについては，貸付け等に係る事務所等の所在地が国内にあるかどうかによって判定します（消令６③） ①　利子を対価とする金銭の貸付け ②　預貯金の預入れ ③　合同運用信託，証券投資信託 ④　相互掛金，定期預金の払込み ⑤　無尽掛金の払込み ⑥　利子を対価とする抵当証券の取得 ⑦　償還差益を対価とする抵当証券の取得 ⑧　手形の割引 ⑨　金銭債権の買取り

２　役務の提供（消法４　③二，消令６②）

役務の提供については，原則として，役務の提供が行われた場所が国内であるときは，国内取引となります。

ところで，役務の提供が国内取引に該当するかどうかの判定に当たって，次に掲げるものについてはそれぞれ次に掲げる場所が国内にある場合には，その役務の提供は国内取引に該当します。

役　　務	判 定 基 準
国内及び国内以外の地域にわたって行われる旅客又は貨物の輸送（国際運輸）(注1)	その旅客又は貨物の出発若しくは発送地又は到着地
国内及び国内以外の地域にわたって行われる通信（国際通信）(注1)	発信地又は受信地
国内及び国内以外の地域にわたって行われる郵便（国際郵便）(注1)	差出地又は配達地
保　　険	保険に係る事業を営む者（保険契約の代理店等を除く。）の保険契約の締結に係る事務所等の所在地
情報の提供又は設計	情報の提供又は設計を行う者の情報の提供又は設計に係る事務所等の所在地
専門的な科学技術に関する知識を必要とする調査，企画，立案等に係る役務の提供で，建物，鉱工業生産設備等の建設又は製造に関するもの(注2)	その生産設備等の建設又は製造に必要な資材の大部分が調達される場所
上記以外の役務の提供でその行われた場所が明らかでないもの	その役務の提供を行う者の役務の提供に係る事務所の所在地

（注１）国内及び国内以外の地域にわたって行われる旅客若しくは貨物の輸送，通信又は郵便については，国内を出発若しくは発送地，発信地又は差出地とするもの及び国内を到着地，受信地又は配達地とするものすべてが国内において行われた課税資産の譲渡等に該当し，国際運輸，国際通信又は国際郵便に係る輸出免税の適用対象となります（消基通５－７－13）。

（注２）生産設備とは，次のものをいう。（消令６②六，消規２）

①　建物（その附属設備を含む。）又は構築物（②に掲げるものを除く。）

②　鉱工業生産施設，発電及び送電施設，鉄道，道路，港湾設備その他の運輸施設又は漁業生産施設

③　変電及び配電施設，ガス貯蔵及び供給施設，石油貯蔵施設，通信施設，放送施設，工事用水道施設，上水道施設，下水道施設，汚水処理施設（これに準ずる施設を含む），農業生産施設，林業生産施設，船舶，鉄道用車両又は航空機

第4章 非課税

消費税は，生産，流通の過程を経て事業者から消費者に対して提供される財貨，サービスの流れに着目し，事業者の売上げを課税対象とすることにより間接的に消費者に負担を求めるものです。したがって，消費税の対象となる取引は，国内におけるすべての財貨の販売，貸付け，サービスの提供及び外国貨物の輸入とされています。

これらの財貨，サービスの中には消費者に負担を求める消費税の性格から本来課税の対象に馴染まないもの，さらに社会政策的目的から課税することが適当でないものがあることから，次に掲げる取引を非課税としています。

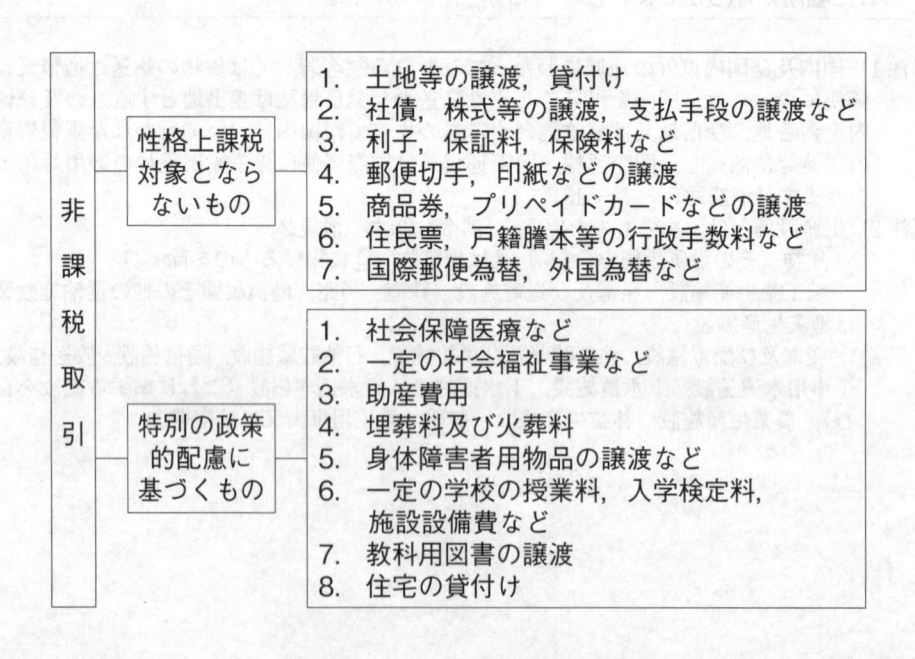

非課税取引

- 性格上課税対象とならないもの
  1. 土地等の譲渡，貸付け
  2. 社債，株式等の譲渡，支払手段の譲渡など
  3. 利子，保証料，保険料など
  4. 郵便切手，印紙などの譲渡
  5. 商品券，プリペイドカードなどの譲渡
  6. 住民票，戸籍謄本等の行政手数料など
  7. 国際郵便為替，外国為替など
- 特別の政策的配慮に基づくもの
  1. 社会保障医療など
  2. 一定の社会福祉事業など
  3. 助産費用
  4. 埋葬料及び火葬料
  5. 身体障害者用物品の譲渡など
  6. 一定の学校の授業料，入学検定料，施設設備費など
  7. 教科用図書の譲渡
  8. 住宅の貸付け

Ⅰ 国内取引に係る非課税

1 土地等の譲渡及び貸付け(消法別表第一・一，消令8)

土地(土地の上に存する権利を含む。)の譲渡及び貸付け(土地の貸付けの期間が1カ月未満の場合及び駐車場その他の施設の利用に伴って土地が使用される場合を除く。)は，消費税は非課税であり，その対価は譲渡の対価，権利金，更新料，名義書換料，地代等です。

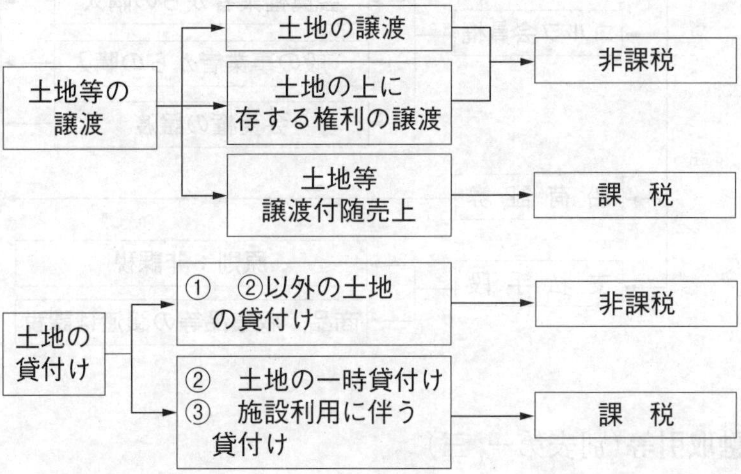

2 有価証券及び支払手段の譲渡(消法別表第一・二，消令9)

金融商品取引法第2条に規定する有価証券その他これに類するもの(ゴルフ場その他の施設の利用に関する権利に係るもので一定のものを除く。)及び外国為替及び外国貿易法第6条第1項第7号に規定する支払手段(収集品その他一定のものを除く。)その他これに類するものの譲渡が非課税となり，その対価はこれらの譲渡対価です。

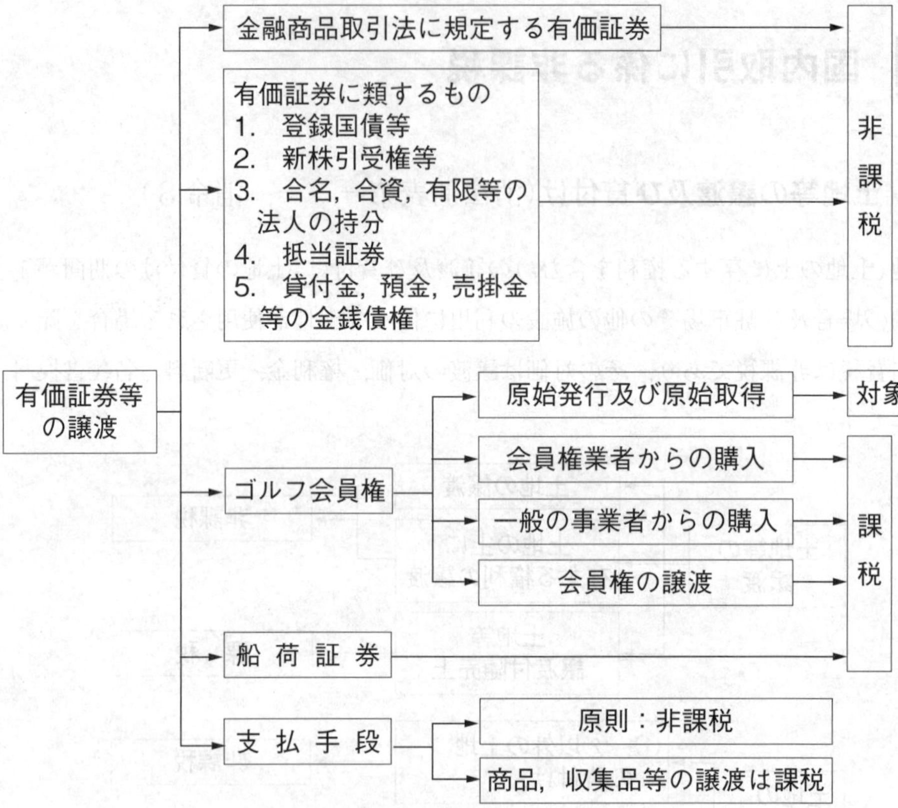

3　金融取引等(別表第一, 三)

利子を対価とする貸付金その他の資産の貸付け, 信用保証としての役務の提供, 合同運用信託又は公社債投資信託に係る信託報酬を対価とする役務の提供及び保険料を対価とする役務の提供(事務的費用として別記されているものを除く。) その他これらに類するものが非課税であり, その対価は利子, 保証料, 信託報酬, 保険料などです。

4　郵便切手類, 印紙, 証紙又は物品切手等(別表第一, 四)

郵便事業株式会社が行う郵便切手類, 印紙の譲渡, 郵便局株式会社の承認販売所における郵便切手類等, 印紙の譲渡及び地方公共団体又は売りさばき人が行う証紙の譲渡が非課税であり, その対価はこれらの対価の額です。

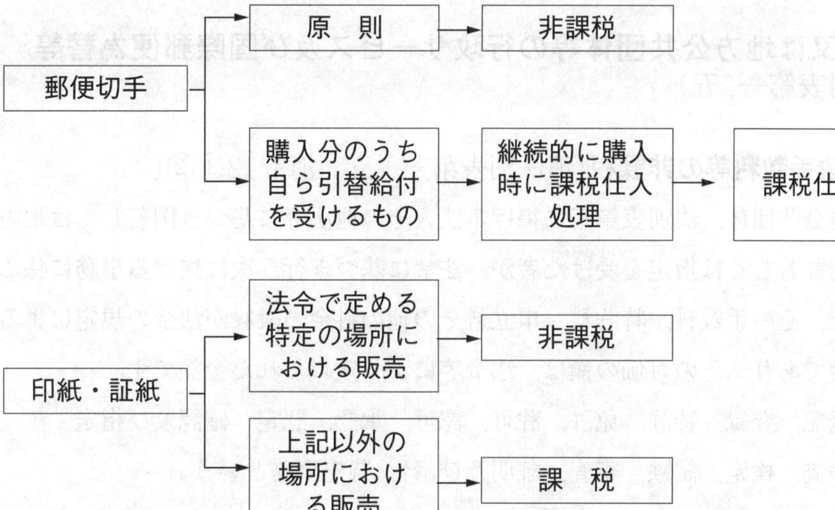

物品切手(商品券その他名称のいかんを問わず，物品の給付請求権を表彰する証書をいう。) その他これに類するものの譲渡は非課税であり，対価の額は券面金額です(消基通10－1－9⑴)。

なお，物品切手等の非課税は，「物品切手等の譲渡等」であるので，事業者が物品切手を発行し，交付した場合において，その交付に係る相手先から収受する金品は，資産の譲渡等に係る対価にはなりません。つまり，物品切手等の原始発行は，消費税の課税対象外となります(消基通6－4－5)。したがって，物品切手等の発行時に受領した代金は，消費税の課税対象外として経理され，その後商品やサービスの提供を行ったときに課税対象として資産の譲渡等が行われ，課税売上げとなります。

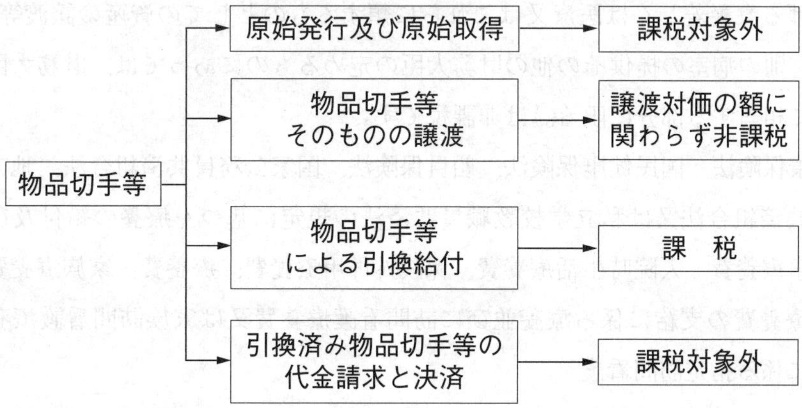

5　国又は地方公共団体等の行政サービス及び国際郵便為替等（別表第一, 五）

(1)　行政手数料等の非課税（消法別表第一・五, 消令12①②）

国, 地方公共団体, 法別表第三に掲げる法人その他法令に基づき国若しくは地方公共団体の委託若しくは指定を受けた者が, 法令に基づき行う次に掲げる事務に係る役務の提供で, その手数料, 特許料, 申立料その他の料金の徴収が法令の規定によるものは非課税であり, その対価の額は, 法令等により定められた金額です。

①　登記, 登録, 特許, 免許, 許可, 認可, 承認, 認定, 確認及び指定

②　検査, 検定, 試験, 審査, 証明及び講習（特定事務という。）

③　公文書の交付（再交付及び書換交付を含む。）, 更新, 訂正, 閲覧及び謄写

④　裁判その他の紛争の処理

⑤　裁判所の執行官, 公証人の手数料を対価とする役務の提供

(2)　国際郵便為替等の非課税（消法別表第一・五, 消令13, 消規3）

①　国際郵便為替又は国際郵便振替に係る役務の提供

②　国際為替業務に係る役務の提供

③　対外支払手段（信用状, 旅行小切手）の発行に係る役務の提供

④　両替商が行う旅行小切手の発行に係る役務の提供

6　社会保険診療等に係る療養・医療等についての非課税（消法別表第一・六）

次に掲げる療養若しくは医療又はこれらに類するものとしての資産の譲渡等（これらのうち特別の病室の提供その他の財務大臣の定めるものにあっては, 財務大臣の定める金額に相当する部分に限る。）は非課税です。

(1)　健康保険法, 国民健康保険法, 船員保険法, 国家公務員共済組合法, 地方公務員等共済組合法又は私立学校教職員共済法の規定に基づく療養の給付及び入院時食事療養費, 入院時生活療養費, 保険外併用療養費, 療養費, 家族療養費又は特別療養費の支給に係る療養並びに訪問看護療養費又は家族訪問看護療養費の支給に係る指定訪問看護

(2)　高齢者の医療の確保に関する法律の規定に基づく療養の給付及び入院時食事療

養費，入院時生活療養費，保険外併用療養費，療養費又は特別療養費の支給に係る療養並びに訪問看護療養費の支給に係る指定訪問看護

(3) 精神保健及び精神障害者福祉に関する法律の規定に基づく医療，生活保護法の規定に基づく医療扶助のための医療の給付及び医療扶助のための金銭給付に係る医療，原子爆弾被爆者に対する援護に関する法律の規定に基づく医療の給付及び療養費又は一般疾病医療費の支給に係る医療並びに障害者自立支援法の規定に基づく自立支援医療費，療養介護医療費又は基準該当療養介護医療費の支給に係る医療

(4) 公害健康被害の補償等に関する法律の規定に基づく療養の給付及び療養費の支給に係る療養

(5) 労働者災害補償保険法の規定に基づく療養の給付及び療養の費用の支給に係る療養並びに同法の規定による社会復帰促進事業として行われる医療の措置及び医療に要する費用の支給に係る医療

(6) 自動車損害賠償保障法の規定による損害賠償額の支払いを受けるべき被害者に対するその支払いに係る療養

(7) (1)から(6)までに掲げる療養又は医療に類するもの

7 社会福祉等についての非課税（消法別表第一・七）

(1) 介護保険法の規定に基づく居宅介護サービス費の支給に係る居宅サービス（訪問介護，訪問入浴介護その他の特定のものに限る。），施設介護サービス費の支給に係る施設サービス（特定のものを除く。）その他これらに類するもので一定のもの

(2) 社会福祉法第２条（定義）に規定する社会福祉事業及び更正保護事業法第２条第１項に規定する更正保護事業として行われる資産の譲渡等（社会福祉法第２条第２項第４号若しくは第７号に規定する障害者支援施設若しくは授産施設若しくは同条第３項第４号の２に規定する地域活動支援センターを経営する事業又は同号に規定する障害福祉サービス事業（障害者自立支援法第５条第６項，第14項又は第15項（定義）に規定する生活介護，就労移行支援又は就労継続支援を行う事業に限る。）において生産活動としての作業に基づき行われるものその他一定のものを除く。）

⑶　⑵に掲げる資産の譲渡等に類するもので一定のもの

８　助　　産（消法別表第一・八）

医師，助産師その他医療に関する施設の開設者による助産に係る資産の譲渡等は非課税です。

９　埋葬料又は火葬料（消法別表第一・九）

墓地，埋葬等に関する法律第２条第１項に規定する埋葬に係る埋葬料又は同条第２項に規定する火葬に係る火葬料を対価とする役務の提供は，消費税の非課税です。

10　身体障害者用物品（消法別表第一・十）

身体障害者用物品に係る資産の譲渡等は非課税ですが，その範囲は，次に掲げるとおりです。

⑴　身体障害者用物品の譲渡
⑵　身体障害者用物品の貸付け
⑶　身体障害者用物品の製作の請負
⑷　身体障害者用物品の修理のうち厚生労働大臣が財務大臣と協議して指定するもの

11　学校教育（消法別表第一・十一）

非課税とされる学校教育に係る役務の提供は，学校教育法に規定する教育に関する役務の提供（授業料，入学金及び入園料，設設備費，入学又は入園検定料，在学証明書等手数料を対価として行われる役務の提供に限る。）です。

12　教科用図書（消法別表第一・十二）

学校教育法の規定により小学校，中学校，高等学校，盲学校，聾学校及び養護学校において使用しなければならないとされている文部科学大臣の検定を経た教科用図書又は文部科学省が著作の名義を有する教科用図書の譲渡は，消費税の非課税です。

したがって，学校が指定した参考書，問題集等の補助教材であっても非課税になりません。また，教科用図書の供給業者が教科用図書の配送等を対価として収受する手数料は，教科用図書の譲渡そのものではないから非課税になりません。

13 住宅家賃(消法別表第一・十)

住宅の貸付け(居住用に供することが契約において明らかにされているものに限り，一時的に使用させる場合等を除く。)については，消費税の逆進性を緩和するという政策目的からの非課税です。

(1) 住宅の範囲

住宅とは，人の居住の用に供する家屋又は家屋のうち人の居住の用に供する部分をいい，「人の居住の用に供する家屋」とは，人の居住の用に供するものとして建築された建物をいい，一戸建ての住宅，アパート，マンション，社宅，寮，貸間等が該当します。

(2) 貸付けの範囲

① 契 約 要 件

非課税となる住宅の貸付けは，その貸付けに係る契約において人の居住の用に供することが明らかにされているものに限られます。したがって，居住用のために建築された住宅の貸付け，例えば賃貸マンションの貸付けであっても，当事者間の契約において事務所等として貸し付けられているものは，非課税とはなりません(消基通6－13－8)。

② 貸付けの範囲

住宅の貸付けには，庭，塀その他これに類するもので，通常，住宅に付随して貸し付けられるもの及び家具，じゅうたん，照明器具，冷暖房設備その他これらに類するもので住宅の付属設備として，住宅と一体となって貸し付けられると認められるものが含まれます(消基通6－13－1)。これに対して，プール，アスレチック施設等及び駐車場等のうち別に貸し付けられたと認められるものについては，含まれません(消基通6－13－2)。

③ 短期間の貸付け等

住宅の貸付けのうち一時的に使用させる場合等，すなわち貸付期間が1カ月未満である場合(日，週等1カ月未満の期間を単位として行われるもの－貸別荘，ウィークリーマンション等)，またその貸付けが旅館業法に規定する旅館業に係る施設の貸付けに該当する場合(ホテル，旅館，貸別荘，リゾートマンション，マンスリーマンション等)は非課税とはなりません(消基通6－13－4)。

④　**転貸の場合**

住宅用の建物を賃貸する場合において，賃借人が自ら使用しない場合であっても，その賃貸借に係る契約において，賃借人が住宅として転貸することが明らかな場合には，その住宅用の建物の貸付けは，住宅の貸付けに含まれます。つまり，その転貸が住宅用であることが契約において明示されて転貸する場合には，当初の賃貸及び転貸のいずれも非課税となります(消基通6－13－7)。

⑤　**貸間業等**

一の契約で住宅の貸付けと食事の提供等を約している場合において，例えば，有料老人ホーム，ケア付住宅，食事付きの貸間，食事付きの寄宿舎等については，その契約に係る対価の額を住宅の貸付けに係る対価の額と役務の提供に係る対価の額に合理的に区分しなければなりません(消基通6－13－6)。

⑥　**店舗等併用住宅の場合**

住宅と店舗又は事務所等の事業用施設が併設されている建物を一括して貸し付けている場合には，住宅の部分が非課税となりますが，その区分は契約内容，使用する建物の床面積等により合理的に区分することが必要となります(消基通6－13－5)。

Ⅱ　非課税貨物(消法6②，別表第二)

輸入する外国貨物のうち次に掲げるものは，国内取引の非課税との均衡を図るために消費税の非課税貨物とされています。

(1)　**有価証券等**
(2)　**郵便切手類**
(3)　**印紙**
(4)　**証紙**
(5)　**物品切手等**
(6)　**身体障害者用物品**
(7)　**教科用図書**

第5章 輸出免税

消費税をはじめEU諸国の付加価値税は，内国消費税であり，資産の譲渡，貸付け又は役務の提供が行われた国，つまり消費が行われる国において課税することを原則としています。これを消費税及び付加価値税において仕向地主義又は消費地課税主義といいます。

そこで，輸出取引及び輸出類似取引については，その資産の生産地，役務の提供国の消費税又は付加価値税を免税とし，そしてその輸出取引及び輸出類似取引のための国内における仕入れに係る消費税額を還付します。この仕入れに係る消費税額を還付することにより輸出価額に消費税を転嫁させないこととしています。これを輸出免税といい，この仕組みを国境税調整といいます。

この輸出免税における計算は，輸出事業者はその輸出売上高に0%の税率を掛けて税額０円を計算し，この輸出売上げのための国内の仕入れに係る消費税額を控除することにより行います。したがって，輸出売上に係る税額０円から仕入れに係る税額は控除できないため控除不足額が還付されることになるわけです。

輸出売上高×０％−輸出売上げに係る仕入税額＝還付税額

一方，輸入取引については，消費地課税主義により輸入の時に外国貨物を輸入する者に消費税を課税し，国内における最終消費の時点で消費税を消費者に負担してもらうこととなります。

Ⅰ　輸出免税の要件（消法７①）

課税事業者が国内において行う課税資産の譲渡等のうち，輸出取引及び輸出類似取引については，消費税が免除されます。これを「輸出免税」といいます。この輸出免税制度は，次に掲げるすべての要件に該当する場合において適用があります（消基通７－１－１）。

１　その資産の譲渡等は，課税事業者によって行われるものであること。

２　その資産の譲渡等は，国内において行われるものであること。

３　その資産の譲渡等は，非課税資産の輸出等を行った場合の仕入れに係る消費税額の控除の特例の制度の適用がある場合を除き，課税資産の譲渡等に該当するものであること。

４　その資産の譲渡等は，輸出取引又は輸出類似取引に該当するものであること。

５　その資産の譲渡等は，輸出取引又は輸出類似取引に該当することにつき，証明がなされたものであること。

Ⅱ　輸出免税等の範囲

輸出免税の対象となる輸出取引等の範囲は次のとおりです。

１　本邦からの輸出として行われる資産の譲渡又は貸付け（消法７①一）

２　外国貨物の譲渡又は貸付け（１に該当するものを除く。）（消法７①二）

内国貨物と外国貨物の輸出免税との関係は次のとおりです。

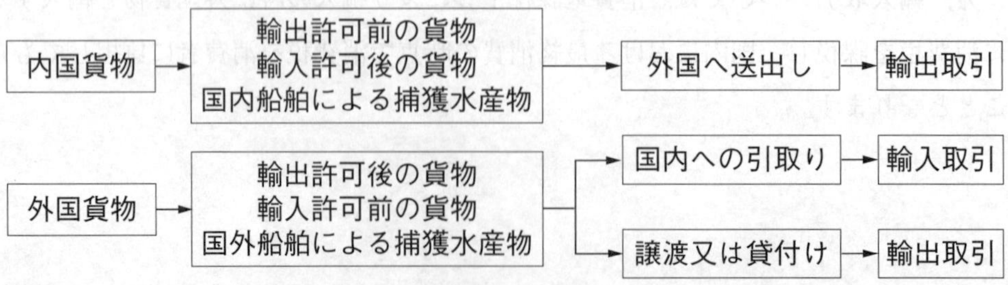

3　国際輸送又は国際通信(消法7①三)

4　国際輸送の用に供される船舶又は航空機の譲渡若しくは貸付け又は修理(消法7①四)

5　輸出類似取引(消法7①五)

次に掲げる取引は，輸出類似取引として輸出免税の対象となります。

(1)　専ら国内以外の地域間で行われる旅客又は貨物の輸送の用に供される船舶又は航空機(専ら国内及び国内以外の地域にわたって行われる旅客又は貨物の輸送に供される船舶又は航空機と併せて，以下「外航船舶等」という。)の譲渡若しくは貸付け又は修理

(2)　国際輸送用コンテナーの船舶運行事業者等に対する譲渡，貸付け又はこれらの者の求めに応じて行われる修理

(3)　外航船舶等の水先，誘導その他入出港若しくは離着陸の補助又は入出港，離着陸，停泊若しくは駐機のための施設の提供に係る役務の提供その他これらに類する役務の提供(外航船舶等の清掃，廃油の回収，汚水処理等をいい，その施設の貸付けを含む。)で外航船舶運行事業者等に対して行われるもの

(4)　外国貨物の荷役，運送，保管，検数，鑑定その他これらに類する外国貨物に対する役務の提供(外国貨物に係る検量，港湾運送関連事業に係る業務又は輸入貨物に係る通関手続若しくは青果物のくんじょう等)，指定保税地域，保税蔵置場，保税展示場及び総合保税地域における内国貨物に係る荷役，保管，検数，鑑定，検量又は通関手続等の役務の提供

(5)　国際通信又は国際郵便

(6)　採石権等，特許権等，著作権等又は営業権等の譲渡又は貸付けで非居住者に対して行われるもの

(7)　非居住者に対して行われる役務の提供で次に掲げるもの以外のもの

①　国内に所在する資産に係る運送又は保管

②　国内における飲食又は宿泊

③　①及び②に準ずるもので，次に掲げるような国内において直接便益を受けるもの(消基通7－2－16)

イ　国内に所在する不動産の管理や修理

ロ　建物の建築請負

ハ　電車，パス，タクシー等による旅客の輸送

ニ　理容又は美容

ホ　医療又は療養

ヘ　劇場，映画館等の興業場における観劇等の役務の提供

ト　国内間の電話，郵便

チ　日本語学校等における語学教育等に係る役務の提供

Ⅲ　輸出証明

輸出免税については，その取引が輸出取引等に該当するものであることの証明が必要であり，その輸出証明は次に掲げる書類又は帳簿をその輸出取引を行った課税期間の末日の翌日から2カ月(清算中の法人は１カ月) を経過した日から７年間納税地又は事務所等の所在地に保存する義務があります。

１　貨物の輸出の場合(船舶及び航空機の貸付けを除く。)

(1)　輸出の許可を受ける貨物の場合

輸出許可書

(2)　20万円超の郵便物の場合

税関長の証明書。

(3)　20万円以下の郵便物の場合

その事実を記載した帳簿(輸出年月日，資産の品名，数量及び価額，受取人の氏名又は名称及び住所等の記載のあるもの)又は物品受領書(輸出事業者の氏名又は名称及び住所，輸出年月日，仕向地及び受取年月日の記載のあるもの)。

(4)　出国者が出国に際して携帯輸出する物品を保税蔵置場の許可を受けた者が出国者に譲渡する場合

税関長の証明書。

(5)　海外旅行者が出国する際に携帯する物品で海外で使用又は贈与するものの輸出の場合

税関長の証明書。

(6)　外国製の船舶又は航空機に内国貨物を積み込むための資産の譲渡の場合

船（機）用品積込承認書。

⑺　船舶又は航空機の貸付けの場合

契約書等（譲渡事業者名，譲渡年月日，資産の内容，譲渡対価の額，相手方氏名又は名称及び住所が記載されているもの）。

２　国際運輸，国際通信及び国際郵便

役務提供年月日，役務の内容，対価の額及び相手方の氏名又は名称及び住所を記載した帳簿又は書類。

３　その他の輸出取引

取引の相手方との契約書その他の書類に，事業者の氏名又は名称及び住所，譲渡年月日，資産又は役務の内容，対価の額，相手方氏名又は名称及び住所を記載した帳簿又は書類。

Ⅳ　輸出物品販売場における輸出物品の譲渡に係る免税（消法８）

輸出物品販売場，いわゆる免税ショップにおけるツーリストである非居住者への物品の譲渡は輸出免税とすることとなっています。

この免税制度は，非居住者が土産品等として購入し本国（日本国外）へ持ち帰ることは，実質的には輸出と同じであることから設けられたものであり，非居住者が購入したものであるから輸出免税とするのではなく，最終的に携帯その他の方法で日本国外へ持ち出されることを前提に輸出免税とします。

第6章
資産の譲渡等の時期・帰属

消費税の納税義務の成立時期は，課税資産の譲渡等をした時とされています（通則法15②七）。

消費税では，延払基準及び工事進行基準の適用を受ける場合を除き，資産の譲渡，資産の貸付け又は役務の提供をした時が資産の譲渡等の時期です。つまり，消費税は課税資産の譲渡等が行われる各取引段階で順次転嫁されていき，最終的に消費者が負担するというものですから，消費税はそれぞれの取引段階で税額が転嫁される都度課税を行うこととされています。

なお，資産の譲渡等の時期について，所得税又は法人税の課税所得金額の計算における総収入金額又は益金の額に算入すべき時期に関して，別に定めがある場合には，それによることができることとなっています（消基通９－６－２）。

また，消費税と所得課税である税目，例えば法人税との違いは，法人税では費用収益対応の原則により課税所得金額を求めることとされているのに対して，消費税は費用収益を対応させることなく課税標準及び税額を計算することとなっていることです。

消費税における資産の譲渡等の時期を示すと次のとおりです。

販売形態		成立時期の原則
棚卸資産の販売		商品等の引渡日
固定資産		引渡しの日
工業所有権等の譲渡又は実施権の設定		譲渡又は実施権の設定に関する契約効力発生の日
請負	ものの引渡しを要するもの	目的物の全部を完成して引き渡した日
	ものの引渡を要しないもの	役務の提供を完了した日
人的役務の提供		その役務の提供を完了した日
資産の貸付け		契約又は慣習により支払日が定められているものはその支払日，その支払日が定められていないときはその支払いを受けた日（請求があったときに支払うべきものとされてものについては，その請求の日）

所得税法及び法人税法においては，収益，費用の計上時期について上記に示した原則的な取扱いのほか，次のような特例制度を設けています。これらの制度は，一般の会計慣行を尊重し，これとの調和を図るとともに，代金の分割回収等による納税資金への配慮から課税売上げの計上時期の特例制度を設けているのです。

消費税においても，実務の複雑化を避けるため，また所得税及び法人税における取扱いとの統一性を保持するとの観点からこれらの資産の譲渡等の帰属について特例制度を設けているのです。

１　長期割賦販売等（所法第65条第２項又は法人税法第63条第２項に定めるリース譲渡を除く。）に係る資産の譲渡等の時期の特例（消法16）

２　工事の請負に係る資産の譲渡等の時期の特例（消法17）

これらの特例制度については，所得税又は法人税においてこれらの特例制度による経理基準を適用している場合に限って消費税の計算でもその適用を認めることになっています。つまり，所得税及び法人税においてこれらの特例制度による経理基準の適用を受けていれば，消費税においては，これらの特例制度の適用も受けられ，また一括引渡基準によることもできることとなります。なお，消費税において，これらの特例制度の適用を受ける場合には，消費税の確定申告書にその旨を記載します。反対に所得税及び法人税においてこれらの特例制度の適用を受けていないとき，つまり引渡基準によっている場合には，消費税も引渡基準を適用しなければなりません。

第7章 課税標準と税率

消費税の課税標準は，国内取引については課税資産の譲渡等の対価の額（その課税資産の譲渡等につき課されるべき消費税及び地方消費税相当額を除く。つまり税扱価額）であり，対価の額は，原則として，当事者間で授受することとした価額をいい，いわゆる市場における取引価額である時価ではありません。また，課税標準には，酒税・たばこ税等の個別間接税を含めます。

一方，輸入取引については，関税課税価格に消費税及び地方消費税以外の個別消費税及び関税の額を加算した金額が課税標準となります。

第1節　国内取引

Ⅰ　課税標準の原則（消法28①）

課税資産の譲渡等に係る消費税の課税標準は，課税資産の譲渡等の対価の額です。ここに「対価の額」とは，対価として収受し，又は収受すべき一切の金銭又は金銭以外の物若しくは権利その他経済的な利益の額をいい，課税資産の譲渡等につき課されるべき消費税額及び消費税額を課税標準として課されるべき地方消費税額（以下「消費税額等」という。）に相当する金額を含まないものをいいます。

つまり，金銭で貰った場合のその金銭の額，物若しくは権利等で貰った場合のその時価相当額をいい，税抜きの対価の額をいう。

また，「収受すべき」とは，役員への低額譲渡，贈与等についての特別の定めを除き，その課税資産の譲渡等を行った場合のその課税資産等の価額，つまり時価をいうのではなく，その譲渡等に係る当事者間で授受することとした対価の額をいいます(消基通10－1－1)。

Ⅱ　価格表示(消法63の2)と課税標準

1　販売価額

(1)　課税事業者の場合

平成16年4月1日以後販売価額は内税の総額表示となっていますが，この内税表示は消費者が値札等を見れば「消費税額等相当額を含む支払総額」が一目で分かるようにするためのものです。

そこで，課税事業者が一般の消費者に対して消費税の課税対象となる資産の譲渡，貸付け又はサービスの提供を行う場合には，あらかじめその販売価格，賃貸料又はサービス価格を表示するときには，消費税及び地方消費税の合計５％を含めた価格(内税価格)により販売することとされました。

この消費税等の内税による総額表示の具体的内容は，次のとおりです。

①　総額表示方式適用事業者

イ　課税事業者であること

ロ　不特定多数の者(消費者)に価格を表示する者であること

ハ　販売価格，提供価格をあらかじめ表示すること

②　総額表示の対象

イ　値札，商品陳列棚，店内表示，商品カタログ等への価格表示

ロ　商品のパッケージへの印字，貼付した価格表示

ハ　新聞折り込み広告，ダイレクトメールなどにより配付するチラシ

ニ　新聞，雑誌，テレビ，インターネットホームページ，電子メール等の媒体を利用した広告

ホ　ポスターなど

③　総額表示の対象とならない価格表示

イ　口頭による価格の表示

ロ　代金の決済時点(レシート等)での価格の表示

ハ　店頭等に価格を表示していない場合(すし屋の時価表示，メニューのみの表示)

④　免税事業者の場合

免税事業者における価格表示は，消費税の「総額表示義務」の対象とされていませんが，仕入れに係る消費税額等相当額を織り込んだ消費者の支払うべき価格を表示することが適正な表示です。

(2)　事業者間取引における価格表示

総額表示は対消費者への販売価額について適用することとされていることから，事業者への販売価額については税抜価格による表示が認められています。

2　課税標準額の計算

消費税の課税売上高は，対価を得て行う資産の譲渡，貸付け及び役務の提供のうち課税取引に該当するものの金額で，消費税及び地方消費税の額を除いた金額をいい，課税標準額は，課税期間における課税売上高の合計額をいいます。

そして，上記1による販売価額を基礎として，事業者間取引における税抜価額の合計額と総額表示の価額の合計額の税抜価額との合計額が課税標準額となります。

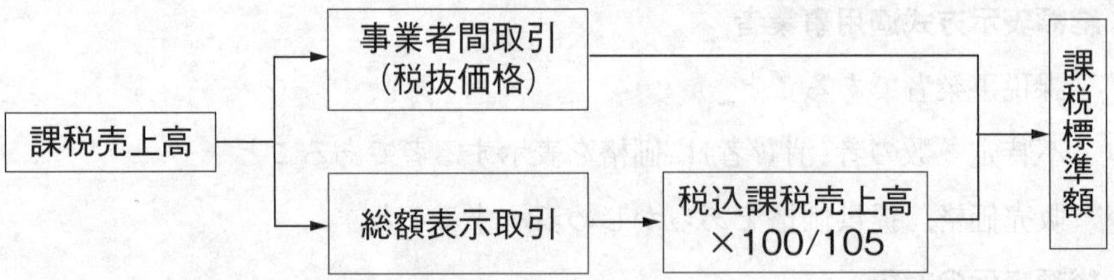

Ⅲ　課税標準額の基礎となる対価の額

1　代物弁済に係る対価の額(消令45②一)

金銭の給付に代えて現物により債務を弁済する代物弁済が行われた場合には，代物弁済は資産の譲渡に該当することから，その代物弁済による資産の譲渡に係る対価の額は，その代物弁済により消滅する債務の金額であり，その代物弁済により譲渡される資産の価額が，その債務の額を超えるときにその超える額について金銭等の支払いを受ける場合には，その支払いを受ける金額を債務の金額に加算した金額となります。

【例】

ケース	1	2	3
債務金額	2,000万円	2,000万円	2,000万円
代物資産の時価	2,000万円	1,800万円	2,200万円
金銭の授受	なし	200万円支払	200万円受領
譲渡対価の額	2,000万円	1,800万円	2,200万円

2　負担付き贈与による資産の譲渡(消令45②二)

負担付き贈与による資産の譲渡に係る対価の額は，その負担付き贈与に係る負担額です。

3　現物出資(金銭以外の資産の出資)(消令45②三)

現物出資(金銭以外の資産の出資)は，消費税法上，資産の譲渡等に該当し(消令2①二)，その対価の額はその出資により取得する株式(出資を含む。)の取得の時における価額に相当する金額(時価)とされています。

【例】

現物出資資産	時　価	帳簿価額
売上債権	4,000万円	5,000万円
減価償却資産	3,000万円	4,500万円
土地	13,000万円	1,200万円
その他（課税資産）	5,000万円	6,000万円
買掛金	3,500万円	3,500万円
借入金	1,500万円	1,500万円

【計　算】

１　現物出資により取得した株式の価額

（資産の時価）　（負　債）
25,000万円－5,000万円＝20,000万円

２　課税資産の譲渡等の対価の額

$$20{,}000\text{万円}\times\frac{8{,}000\text{万円}}{25{,}000\text{万円}}=6{,}400\text{万円}$$

３　非課税資産の譲渡等の対価の額

$$20{,}000\text{万円}\times\frac{17{,}000\text{万円}}{25{,}000\text{万円}}=13{,}600\text{万円}$$

４　課税標準額

$$6{,}400\text{万円}\times\frac{100}{105}=60{,}952{,}380\text{円}$$

５　消 費 税 額

60,952,000円×４％＝2,438,080円

4　事後設立

現物出資に対して，事後設立(金銭出資により新会社を設立し，その出資した金銭を対価として事業(資産) を譲渡すること) が行われた場合には，一般の譲渡として取り扱うこととし，その対価の額は，現実に対価として収受し，又は収受すべき金額によります。

5　資産の交換

資産の交換による資産の譲渡に係る対価の額は，その「交換により取得する資産」の取得時の価額(時価)をいい，交換譲渡資産の価額と交換取得資産の価額との差額を補うため金銭の授受があった場合においては，金銭を取得したときは交換取得資産の価額に加算し，金銭を支払うときは交換取得資産の価額から控除します。

なお，交換の当事者が交換に係る資産の価額を定め，相互に等価であるとして交換した場合において，その定めた価額が通常の取引価額と異なるときであっても，その交換がその交換に至った事情に照らし正常な取引条件により行われたものであると認められるときは，その当事者間で合意した価額によりその資産の譲渡の対価の額とします(消基通10－1－8)。

6　物品切手等

非課税資産の譲渡等に定める物品切手等の価額は，券面金額(券面金額のない場合には，取得のために通常要する価額)によります(消基通10－1－9⑴)。

7　課税資産と非課税資産を一括譲渡した場合の対価区分(消令45③)

事業者が土地建物など課税資産と非課税資産を一括して同一人に対して譲渡した場合においては，その譲渡対価の額を課税部分と非課税部分に合理的に区分する必要です。この対価区分については，所得税又は法人税の土地の譲渡等に係る課税の特例の計算(注) による区分をしているとき，つまり土地の譲渡対価の額が合理的に区分されており，かつ，その譲渡契約書において明らかにされているとき(建物の譲渡対価の額から明らかにできるときを含む。)には，その処理が認められます(消基通10－1－5)。

しかし，その譲渡対価の額が合理的に区分されていない場合には，その課税資産の譲渡等に係る消費税の課税標準の基となる金額は，次の算式によって計算します。

$$\text{資産の譲渡対価の合計額} \times \frac{\text{課税資産の時価}}{\text{課税資産の時価} + \text{非課税資産の時価}}$$

（注）　なお，土地・建物を同一人に対して同時譲渡した場合において，それぞれの対価につき，次に掲げる所得税又は法人税の土地の譲渡等に係る課税の特例の計算における取扱いにより区分しているときは，その区分したところによります（消基通10－1－5）。これらの通達では，土地等の譲渡対価の額とした金額が譲漉契約書により明らかにされていることが適用要件となっている点に注意したい。

①　租税特別措置法関係通達（所得税編）28の4・28の5共－31（建物，土地等を同時に譲渡した場合における土地等の対価の額の計算）から28の4・28の5共－33（同時に取得した新築の建物と土地等を同時に譲渡した場合の対価の計算の特例）までの規定

②　租税特別措置法関係通達（法人税編）62の3(2)－3（建物，土地等を同時に譲渡した場合における土地等の対価の計算）から62の3(2)－5（同時に取得した新築の建物と土地等を同時に譲渡した場合の対価の計算）まで，63(2)－3（建物，土地等を同時に譲渡した場合における土地等の対価の計算）から63(2)－5（同時に取得した新築の建物等と土地等を同時に譲渡した場合の対価の計算）までの規定

8　低額譲渡及びみなし譲渡（消法28①②）

(1)　低額譲渡

法人が資産を役員に対して譲渡した場合において，その対価の額がその資産の時価と比較して著しく低いときは，その資産の価額（時価）を対価の額とみなして消費税を課税します。この場合において，「資産の価額に比し著しく低い価額」とは，その対価の額が通常他に販売する価額のおおむね50％未満である場合をいいます。しかし，その資産が棚卸資産である場合において，その資産の譲渡対価の額が次に掲げる要件のいずれも満たしているときは，低額譲渡に該当しないものとして取り扱うこととなっています。

①　その資産の課税仕入れの金額以上であること。

②　通常の販売価額のおおむね50％以上の金額であること。

(2)　みなし譲渡

消費税は，有償取引に対して課税することが原則ですが，例外的に無償取引のうちの個人事業者の資産の家事消費又は家事使用及び法人の役員に対する資産の贈与については，資産の譲渡を行ったものとみなして消費税を課税することとしています。こ

のみなし譲渡に係る対価の額は次のとおり時価によることとなっています。

① 個人事業者が棚卸資産又は棚卸資産以外の資産で事業の用に供していたものを家事のために消費し，又は使用した場合においては，その消費又は使用の時におけるその資産の価額(時価)

② 法人が資産をその役員に対して贈与をした場合においては，その贈与の時におけるその資産の価額(時価)

なお，上記の自家消費又は使用及び贈与に係る資産が棚卸資産である場合においては，その資産の譲渡対価の額が次に掲げる要件のいずれも満たしているときは，その対価の額を課税標準として認めることとなっています(消基通10－1－18)。

① その資産の課税仕入れの金額以上であること。

② 通常の販売価額のおおむね50％以上の金額であること。

この場合における対価の額は消費税込みの金額となるので課税標準額の計算に当たっては，その対価の額の105分の100を乗じて計算します。

９　課税標準の計算における留意点

⑴　印紙税等に充てられるために受け取る金銭等(消基通10－1－4)

事業者が課税資産の譲渡等に関連して受け取る金銭等のうち，その事業者が国又は地方公共団体に対して本来納付すべきものとされている印紙税，手数料等が含まれている場合であっても，その印紙税，手数料等に相当する金額は，課税資産の譲渡等の対価の額に含めます(消基通10－1－4)。

これに対して，課税資産の譲受け等をする者が本来納付すべきものとされている登録免許税，自動車重量税，自動車取得税及び手数料等について受け取ったことが明らかなものは，課税資産の譲渡等の対価の額に含みません。

⑵　未経過固定資産税等の取扱い等(消基通10－1－6)

その保有に対して固定資産税，自動車税が課税される土地建物又は自動車などを譲渡した場合において，売り手側がすでに負担した租税公課のうち未経過分を買い手側に請求して授受することがあります。この金銭授受である未経過固定資産や自動車税等は納税義務に基づくものではありませんが，資産の譲渡に伴って授受されるものから資産の譲渡等の対価として課税対象となります。

(3)　外貨建取引に係る対価（消基通10－1－7）

外貨建ての取引に係る資産の譲渡等の対価の額は，所得税又は法人税の課税所得金額の計算において外貨建ての取引に係る売上金額その他の収入金額につき円換算して計上すべきこととされている金額によります。

この場合において，外貨建債権債務に係る為替換算差損益又は為替差損益は，資産の譲渡等の対価の額又は課税仕入れの支払対価の額に含めません。

(4)　個別消費税の取扱い（消基通10－1－11）

消費税の課税標準額には，酒税，たばこ税，揮発油税，石油税，石油ガス税等が含まれます。これらの税は，製造コスト，販売コストと考えられ，納税義務者は消費者ではなく，これらの製品等の製造者である。このため，これらの税が消費税の課税標準額に含められ，いわゆるタックス・オン・タックスとなります。

これに対して，軽油引取税，ゴルフ場利用税，入湯税は，利用者等が納税義務者となっているから，課税標準額には含めないこととされています。しかし，これらの税額が明確に区分されていないときは，課税標準額に含めることとされています。

(5)　委託販売等に係る手数料（消基通10－1－12）

委託販売その他業務代行等（委託販売等という。）に係る資産の譲渡等を行った場合の資産の譲渡等に係る対価は次によります。

① 委託販売等に係る委託者については，委託した商品の受託者における資産の譲渡等に係る対価が委託者における資産の譲渡等に係る対価となります。この場合において，受託者における資産の譲渡等に係る対価の額から，その受託者に支払う委託手数料を控除した残額を委託者における資産の譲渡等に係る対価の額としているときは，この処理は認められます。

② 委託販売等に係る受託者については，委託者から受ける委託販売手数料があるときは，その委託販売手数料が役務の提供の対価となります。

なお，受託者が委託された商品等の譲渡等に伴い収受した又は収受すべき金額を課税資産の譲渡等の金額とし，委託者に支払う金額を課税仕入れに係る金額としても差し支えありません。

(6)　源泉所得税がある場合の課税標準（消基通10－1－13）

事業者が課税資産の譲渡等によって収受する金額が源泉徴収の対象となる場合において，その収受した金額が源泉徴収金額を控除した残額であるときであっても，源泉領収前の金額により消費税の課税関係を判定します。

⑺　**資産の貸付けに伴う共益費**（消基通10－1－14）

建物等の資産の貸付けに際し賃貸人がその貸付先から収受する電気，ガス，水道料等の実費に相当するいわゆる共益費（例えば，建物全体について電気の供給契約が一契約であり，オーナーがその建物全体の電気料を支払っているときは，各賃借人から集金する電気料は電力会社へ支払った電気料という経費の支弁として受けるもの）は，その建物全体の建物等の資産の貸付けに付随して行われる資産の譲渡等の対価ですから，資産の貸付けに係る対価に含まれます。

⑻　**返品，値引等の処理**（消基通10－1－15）

事業者が課税資産の譲渡等につき返品を受け，又は値引き若しくは割戻しをした場合には，売上げに係る対価の返還等を行ったものとして，その返還対価の額の105分の4の金額を売上げに係る消費税額から控除することとなっています。しかし，課税資産の譲渡等につき返品を受け，又は値引き若しくは割戻しをした場合において，当初の売上高からその返品額又は値引額若しくは割戻額を控除し，その控除後の金額をその課税資産の譲渡等に係る対価の額とする経理処理を継続して行っているときは，この処理が認められます。なお，この経理処理を行っている場合には，上記の売上げに係る対価の返還等をした場合の消費税額の控除の適用はありません。

⑼　**別途収受する配送料等**（消基通10－1－16）

事業者が，課税資産の譲渡等に係る相手先から，他の者に委託する配送等に係る料金を課税資産の譲渡等の対価の額と明確に区分して受け，その対価を預り金又は仮受金として処理している場合には，その料金はその事業者における資産の譲渡等の対価の額に含みません。

⑽　**下取りを行った場合**（消基通10－1－17）

課税資産の譲渡等に際し，資産の下取りを行った場合のその課税資産に係る課税標準たる対価の額については，その下取りに係る価額をその対価の額から控除してはいけないこととなっています。つまり，課税資産の譲渡等の対価の額は，下取価額控除前の譲渡対価の額とし，下取価額は，課税仕入れとして税額控除の対象として処理します。

⑾　**家事共用資産の譲渡**（消基通10－1－19）

個人事業者が，事業と家事に共通して使用するものとして取得した資産を譲渡した場合には，その譲渡に係る金額を事業としての部分と家事使用に係る部分とに合理的に区分するものことが必要です。この場合においては，事業としての部分に係る対価の額が資産の譲渡等の対価の額となり，家事使用部分は課税対象外となります。

この場合において，例えばその資産が店舗併用住宅であるときには，合理的な区分方法として次のような計算が考えられます。

①　家屋の計算

イ　家屋の床面積のうち事業専用部分の面積…A

ロ　家屋の床面積のうち居住専用部分の面積…B

ハ　家屋の共用部分のうち事業用部分の面積

$$\text{併用床面積} \times \frac{\text{事業専用床面積A}}{\text{家屋の床面積－供用床面積}} = \text{事業用対応供用床面積(C)}$$

ニ　家屋の譲渡対価のうち事業用部分の譲渡対価の額

$$\text{家屋の譲渡対価の額} \times \frac{\text{(A+C)の床面積}}{\text{家屋の床面積}} = \text{事業用家屋の譲渡対価の額}$$

②　土地の計算

イ　土地の地積のうち事業用部分の地積

$$\text{土地の地積} \times \frac{\text{(A+C)の床面積}}{\text{家屋の床面積}} = \text{事業用対応の土地の地積(D)}$$

ロ　譲渡対価のうち事業用部分の譲渡対価の額

$$\text{土地の譲渡対価の額} \times \frac{\text{(A+C)の床面積}}{\text{家屋の床面積}} = \text{事業用対応の土地の地積(D)}$$

⑿　対価が未確定の場合の見積り（消基通10－1－20）

消費税は，各取引段階ごとに順次転嫁が行われ，最終的に消費者が負担することが予定されていますから，対価の額が未確定の場合には，確定の時点まで課税しないのが原則です。しかし，課税期間末における対価未確定分を課税しないままにしておくと，合法的な課税繰延べを認めることとなるため，課税期間の末日までに対価の額が確定していないときは，その末日の現況によりその金額を適正に見積もるものとされています。

この場合において，その後確定した対価の額が見積額と異なるときは，その差額は，その確定した日の属する課税期間における資産の譲渡等に係る対価の額に加算し，又はその対価の額から減算して調整します。

第２節　輸入取引

保税地域から引き取られる課税貨物に係る消費税の課税標準は，課税貨物につき関税定率法第４条から第４条の８まで（課税価格の計算方法）の規定に準じて算出した関税の課税価格に，課税貨物の保税地域からの引取りに係る個別消費税等の額（附帯税相当額を除く。）相当額及び関税の額（附帯税相当額を除く。）に相当する金額を加算した金額です。

第３節　税　　率

消費税の税率は，平成９年４月１日以後４％，地方消費税は消費税の25％（つまり１％）です。したがって，消費税及び地方消費税を併せた５％（４％+４％×25％）で表示した事業者間取引の外税表示による金額又は５％を含めた消費者に対する内税金額によって取引が行われることとなります。

第４節　売上げに係る消費税額

Ⅰ　課税資産の譲渡等に係る消費税額（消法45①二）

消費税は，課税資産の譲渡等を行う事業者を納税義務者とする間接税であり，その納付すべき消費税額の基礎となる売上げに係る消費税額は，課税標準であるその課税期間の課税資産の譲渡等の対価の額の合計額に４％の税率を乗じて計算します。そして，この売上げに係る消費税額から仕入れに係る消費税額で帳簿及び請求書が保存されているものを控除して納付税額を計算する仕組みとなっています。

この場合における売上げに係る消費税額，すなわち，課税資産の譲渡等に係る消費税額は，その課税期間中に国内において行った課税資産の譲渡等（輸出免税等消費税が免除されるものを除く。）に係る課税標準額に４％の税率を乗じて計算した金額（次表の**1**）です。

その課税期間において，過去の売上債権等課税資産の譲渡等の対価として受領した売掛債権で貸倒処理をしたもののうち，その後回収した債権額の105分の４相当額（次表の**2**），仕入税額の調整計算により売上げに係る消費税額に加算することとなる金額（次表の**3**，**4**，**5**）をそれぞれ加算します。そして，これらの合計金額から，売上げに係る対価の返還等に係る消費税額（次表の**7**）及び課税資産の譲渡等の対価として受領した売掛債権で貸倒処理したものに係る消費税額（次表の**8**）を控除して売上げに係る消費税額（次表の**9**）を計算します。

【売上げに係る消費税額の計算】

1	課税資産の譲渡等の対価の額×4/100 みなし譲渡の対価の額×4/100	課税標準額に対する消費税額(6) （1～5）	7	売上げの対価の返還等に係る消費税額
2	償却債権取立益×4/105		8	貸倒に係る消費税額
3	仕入れの対価の返還等に係る消費税額のうち控除できない金額		9	その課税期間における売上げに係る消費税額 （6−7−8）
4	調整対象固定資産の仕入税額のうち控除できない金額			
5	非課税資産を非課税業務用に転用した場合の仕入税額のうち控除できない金額			

Ⅱ　売上げに係る対価の返還等をした場合の消費税額の控除

1　売上げに係る対価の返還等をした場合の消費税額の控除（消法38①）

課税事業者が国内において行った課税資産の譲渡等（輸出免税等消費税が免除されるものを除く。）につき，返品を受け，又は値引き若しくは割戻しをしたことにより，税込価額（課税資産の譲渡等の対価の額とその対価の額に100分の５を乗じて計算した金額との合計額をいう。）の全部若しくは一部の返還又は課税資産の譲渡等に係る売掛金その他の債権の額の全部又は一部の減額（「売上げに係る対価の返還等」という。）をした場合には，その売上げに係る対価の返還等をした日の属する課税期間の課税標準額に対する消費税額からその課税期間において行った売上げに係る対価の返還等の金額に係る消費税額として，次により計算した金額の合計額を控除した金額がその課税期間の課税資産の譲渡等に係る消費税額となります。

$$\text{返還等をした税込金額又は減額した債権の額} \times \frac{4}{105}$$

この売上に係る対価の返還等による消費税額の控除は，相続，合併又は分割があった場合において，その相続により被相続人の事業を承継した相続人，合併により事業を承継した合併法人又は分割により事業を承継した分割承継法人が，被相続人，被合併法人又は分割法人が行った課税資産の譲渡等について売上げに係る対価の返還等をしたときには，その相続人，合併法人又は分割法人が行ったものとみなして，売上げに係る対価の返還等の調整計算を行います(消法38③④)。

2　売上げに係る対価の返還等に含まれるもの

(1)　返品・値引き(消法38①)

課税資産の譲渡等を行った後，その資産の返品を受けた場合においては，その資産の譲渡等に係る税込価額の全部又は一部を返還します。また，その資産の税込価額について値引きをする場合には，返品と同じく税込価額の一部を返還することとなります。これらの返品及び値引きについては，その売上げがあった課税期間へさかのぼることなしその返品を受け又は値引きをした課税期間において処理します。

(2)　売上割戻し(消法38①)

一定期間又は一定数量の販売等に対する売上割戻しを行う場合において，税込価額の一部を返還します。この場合における「割戻し」は，販売数量又は売上高，売掛金の回収高等の金額に応じ，金銭により取引先に対して支払うものをいいます。この割戻しには，事業者がその直接の取引先に支払うもののほか，その間接の取引先に対して支払う，いわゆる飛越しリベート等も含まれます(消基通14－1－2)。

なお，この売上割戻しを行った場合には，次に掲げる日にその割戻しを行ったものとして処理します(消基通14－1－9)。

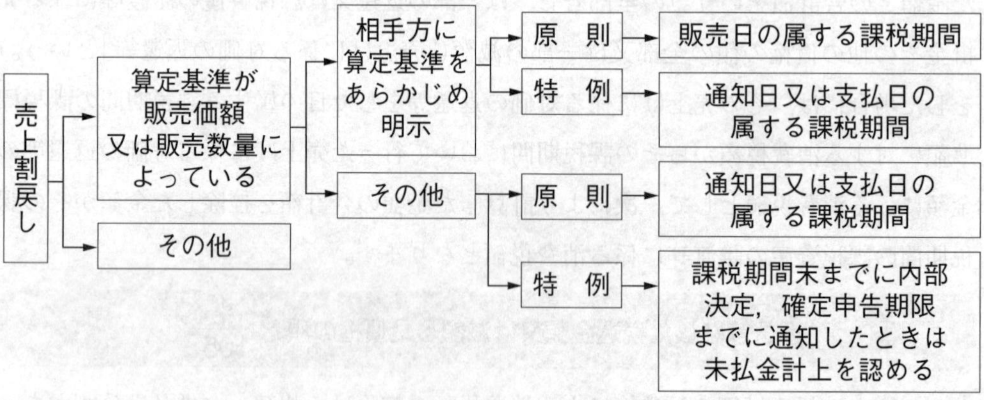

(3)　売上割引(消基通6－3－4，14－1－4)

資産の譲渡等の相手先に対する売掛金その他の債権の支払期日前にその売掛金等の支払いを受けた場合にその相手方に支払う売上割引は，会計処理上では金融取引に該当しますが，消費税においては売上げに係る対価の返還等に該当するものとして取り扱います。

⑷　販売奨励金（消基通14－1－2）

事業者が販売促進の目的で金銭により取引先に対して支払う販売奨励金は，売上げに係る対価の返還等に該当します。

⑸　事業分量配当金（消基通14－1－3）

法人税法の規定により損金算入とされる協同組合等がその組合員その他の構成員に対して支払う事業分量配当金で，課税資産の譲渡等の分量等に応じて支払うものは，売上げに係る対価の返還等に該当します。

⑹　課税売上げと非課税売上げを対象とする一括売上割戻し（消基通14－1－5）

一の取引先に対して課税資産の譲渡等とその他の資産の譲渡等を行った場合において，これらの資産の譲渡等の対価につき，一括して売上げに係る割戻しを行ったときは，それぞれの資産の譲渡等に係る部分の割戻金額を合理的に区分し，課税資産の譲渡等に係る対価の返還分の消費税について調整します。

⑺　免税事業者であった課税期間において行った課税資産の譲渡等について対価の返還等をした場合（消基通14－1－6）

免税事業者であった課税期間において行った課税資産の譲渡等について，課税事業者となった課税期間において売上げに係る対価の返還等を行った場合には，その対価の返還等については消費税を含めて取引をしていないことから売上げに係る対価の返還等をした場合の消費税額の控除の適用はありません。

3　書類の保存（消法38②，消令71）

売上げに係る対価の返還等の規定は，事業者がその売上げに係る対価の返還等をした金額の明細（年月日，その内容，金額，対価の返還等を受けた者の住所，氏名等）を帳簿に記録し，かつ，7年間これを保存しなければ適用を受けることができません。ただし，災害その他やむを得ない事情によりその保存をすることができなかったことをその事業者が証明した場合には，適用を受けることができます。

Ⅲ　貸倒れに係る消費税額の控除等

1　貸倒れが発生した場合（消法39①）

課税事業者が国内において課税資産の譲渡等（輸出免税等消費税が免除されるものを除く。）を行った場合において，その課税資産の譲渡等の相手方に対する売掛金その他の債権が会社更生法の規定による更生計画認可の決定により債権の切捨てがあったことその他**2**に掲げる特定の事実が生じたため，その課税資産の譲渡等の税込価額（課税資産の譲渡等の対価の額とその対価の額に100分の5を乗じて計算した金額との合計額をいう。）の全部又は一部の領収ができないこととなったときは，その貸倒れとなった日の属する課税期間における課税標準額に対する消費税額からその貸倒れに係る消費税額として次により計算した金額の合計額を控除した金額が，その課税期間の譲渡等に係る消費税額となります。

$$\text{貸倒れとなった課税資産の譲渡等の税込価額} \times \frac{4}{105}$$

この貸倒れに伴う消費税額の控除は，課税事業者が国内において行った課税資産の譲渡等について発生した貸倒れに対して適用するものですから，非課税資産の譲渡とされる利子を対価とする貸付金について貸倒れが発生しても貸倒れの調整の対象とならない点に注意したい。

この場合において，課税資産の譲渡等と非課税資産の譲渡等に係る売掛金等について貸倒れがあった場合において，これらを区分することが著しく困難であるときは，それぞれ債権の額の割合により課税資産の譲渡等に係る貸倒れ額を計算することが認められています（消基通14－2－3）。

なお，課税事業者が免税事業者であった課税期間において行った課税資産の譲渡等に係る売掛金等につき貸倒れが生じ，その課税資産の譲渡等の価額の全部又は一部の領収をすることができなくなった場合であっても，その領収をすることができなくなった金額については貸倒れに係る消費税額の控除の適用はありません（消基通14－2－4）。

２　貸倒れの範囲（消法39①，消令59，消規18）

貸倒れに係る消費税額の控除が認められるのは，税込価額の全部又は一部の領収ができなくなった次に掲げる場合です。

(1)　再生計画認可の決定により債権の切捨てがあったこと。

(2)　特別清算に係る協定の認可の決定により債権の切捨てがあったこと。

(3)　債権に係る債務者の財産の状況，支払能力等からみて債務者が債務の全額を弁済できないことが明らかであること。

(4)　法令の規定による整理手続きによらない関係者の協議決定で次に掲げるものにより債権の切捨てがあったこと。

①　債権者集会の協議決定で合理的な基準により債務者の負債整理を定めているもの

②　行政機関又は金融機関その他の第三者のあっせんによる当事者間の協議により締結された契約でその内容が①に準ずるもの

(5)　債務者の債務超過の状態が相当期間継続し，その債務を弁済できないと認められる場合において，その債務者に対し書面により債務の免除を行ったこと。

(6)　債務者について次に掲げる事実が生じた場合において，その債務者に対して有する債権につき，事業者がその債権の額から備忘価額を控除した残額を貸倒れとして経理したこと。

①　継続的な取引を行っていた債務者につきその資産の状況，支払能力等が悪化したことにより，債務者との取引を停止した時（最後の弁済期又は最後の弁済の時が取引を停止した時以後である場合には，これらのうち最も遅い時）以後１年以上経過した場合（債権について担保物がある場合を除く。）

(7)　事業者が同一地域の債務者について有する債権の総額がその取立てのために要する旅費その他の費用に満たない場合において，債務者に対し支払いを督促したにもかかわらず弁済がないとき

３　貸倒処理済み債権を回収した場合（消法39③）

課税資産の譲渡等に係る売掛金等について貸倒処理の適用を受けた事業者がその貸倒れとして処理した売掛金等に係る課税資産の譲渡等の税込価額の全部又は一部を領収した場合においては，その領収した税込価額に係る消費税額を課税資産の譲渡等に

係る消費税額とみなして，その事業者のその領収した日の属する課税期間の課税標準額に対する消費税額に加算します。

４　相続等があった場合における貸倒れ等の処理（消法39④⑤⑥）

１及び３の貸倒等の処理は，相続，合併又は分割があった場合において，その相続により被相続人の事業を承継した相続人，合併により事業を承継した合併法人又は分割により事業を承継した分割承継法人が，被相続人，被合併法人又は分割法人が行った課税資産の譲渡等について貸倒の処理を行ったとき又は貸倒処理した債権の回収を行ったときには，その相続人，合併法人又は分割法人が行ったものとみなして，貸倒又は回収の調整計算を行います。

５　書類の保存（消法39②）

貸倒れに係る消費税額の控除の規定は，その適用を受ける事業者が財務省令の定めるところによりその債権の切捨ての事実を証する書類その他貸倒れの事実が生じたことを証明する書類をその貸倒れが生じた日の属する課税期間の末日から２月（清算中の法人については残余財産が確定した場合には１月）を経過した日から７年間，納税地その他所定の所在地に保存しなければなりません。ただし，災害その他やむを得ない事情によりその保存をすることができなかったことをその事業者が証明した場合には，その適用を受けることができます。

第8章
仕入税額控除

第1節　仕入税額控除の概要

消費税において，課税仕入れは企業会計における商品等の棚卸資産の仕入れだけでなく，建物，機械装置等の減価償却資産などの固定資産，投資又は繰延資産に属する資産の取得，購入，また損益計算における販売費及び一般管理費，営業外費用，特別損失などの支出を含めて課税仕入れとしています。

そして，消費税は，すべての経済取引のうち消費税の課税対象となるものの移転において事業者間で転嫁されることが予定され，最終的には消費者が負担する設計となっています。

ところで消費税は，EU型付加価値税に属する間接税であり，この種の間接税においては税の累積(カスケード)を排除するために売上げに係る税額から仕入れ等に係る税額を控除することになっています。この税額控除を「前段階税額控除」といい，EU型付加価値税においては，売上げ及び仕入れの都度取り交わすインボイスによりその取引に係る税額を確認し，そのインボイスに記載された税額を基礎として前段階税額控除を行うことになっています。

これに対して，日本の消費税は，原則として，課税期間中の課税資産の譲渡等の対価の額に税率を乗じて計算した税額からその課税期間中の課税仕入れ等で帳簿及び請求書等が保存されているものの税額の合計額を控除して計算します。

課税標準額に対する消費税額	－	課税仕入れ等に係る消費税額	＝	納付すべき消費税額

このように，消費税ではインボイスによる計算ではなく，帳簿及び請求書等の記録に基づいて税額の計算を行うこととしており，この方式をインボイス方式に対して

「アカウント方式」といいます。

第2節　課税仕入れ等と仕入税額

1　課税仕入れ(消法2①十二)

仕入税額控除の対象となる国内における課税仕入れは，「事業者が，事業として他の者(課税事業者，免税事業者及び一般消費者をいう。) から資産を譲り受け，若しくは借り受け又は役務の提供(所得税法第28条第1項(給与所得) に規定する給与等を対価とする役務の提供を除く。)を受けること」をいいます。具体的には，「取引の相手方である他の者が事業として資産を譲渡し，資産を貸し付け又は役務の堤供をしたとした場合に課税資産の譲渡等に該当することとなるもの」を仕入れた場合に課税仕入れとなります。ただし，輸出免税取引に該当する取引は，相手方である他の者の課税資産の譲渡等に該当する場合であっても課税仕入れにしません。

課税仕入れが取引の相手から見て課税売上げに該当するとしていることから，取引の相手先において非課税売上げに該当するもの，例えば土地の譲渡，貸付けの地代，住宅の家賃，株式の売買，貸付金の受取利息，生命保険等の保険料，物品切手等などの非課税売上げ及び資産の譲渡等において対価性のない取引とされる課税対象とならないもの，例えば支払配当金，保険金支払い，損害賠償金支出，解約手数料支払い，給与負担金支払いなどである場合には，それらの取引は課税仕入れにはなりません。

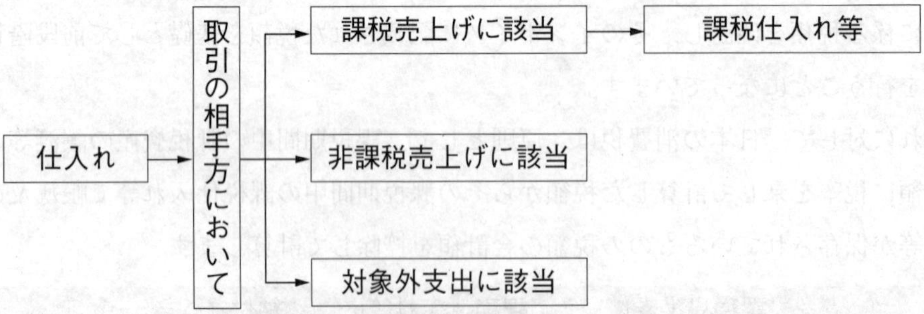

課税仕入れの判定に当たって，取引の相手方が誰であるかを問わず，つまり消費税の課税事業者，免税事業者及び一般消費者を区別することなく取引自体の内容で判定することとなります。これは，一般消費者である個人との取引においても同じ(消基通11－1－3）で，例えば自動車販売会社が一般消費者である個人から自動車を下取りした場合は，事業者は個人からその所有する自動車という資産を対価の支払いをして引き取ることですからこれも課税仕入れに該当することとなります。つまり，消費税において課税仕入れとは，相手が消費税の課税事業者，免税事業者の如何にかかわらず，更に一般消費者である個人も含めて対価を支払って資産を引き取る，資産を借り受ける，サービスの提供を受けることということになります。

<table>
<tr><td rowspan="2">課税事業者からの仕入れ</td><td>課税対象外支出
非課税仕入れ</td><td>仕入税額なし</td></tr>
<tr><td>課税仕入れ</td><td rowspan="3">課税仕入れ
(税額控除の対象)</td></tr>
<tr><td rowspan="3">課税事業者以外の者からの仕入れ</td><td>免税業者からの課税仕入れ</td></tr>
<tr><td>消費税からの課税仕入れに該当するもの</td></tr>
<tr><td>非課税仕入れ
労務による役務の提供(給与)
課税対象外支出</td><td>仕入税額なし</td></tr>
</table>

2　課税仕入れに係る支払対価の額(消法30⑥)

控除対象仕入税額の基礎となる課税仕入れに係る支払対価の額とは，課税仕入れに対して対価として支払い，又は支払うべき一切の金銭又は金銭以外の物若しくは権利その他経済的な利益の額といい，これに課されるべき消費税額及び地方消費税額(附帯税を除く。)を含めた価額をいい，いわゆる税込価額をいいます。課税仕入れについては，取引の相手方を特定していませんから課税事業者，免税事業者及び一般消費者からの課税仕入れに対して支払った対価の額が「課税仕入れに係る支払対価の額」となり，その対価の額に消費税額及び地方消費税額が含まれているかどうかは一切問わないこととなっています。

3　課税仕入れに係る消費税額（消法30①）

(1)　原　　則

仕入税額控除の基礎となる課税仕入れに係る仕入税額は，課税仕入れに係る支払対価の額，つまり税込価額に105分の4を乗じて計算した金額をいいます。たとえ，課税仕入れに係る経理処理を税抜処理で行い，本体価格と消費税額・地方消費税額（以下「消費税額等」という。）に区分経理している場合であっても消費税額の計算は，原則として本体価格と消費税額等の合計額に105分の4を乗じて計算します。

$$\text{課税仕入れに係る支払対価の額（本体価格＋消費税額等）} \times \frac{4}{105}$$

(2)　税抜経理処理を行っている場合

課税仕入れの支払対価の額について税抜経理処理を行っている場合には，税抜きした課税仕入れに係る対価の額の合計額に仮払消費税等として経理した額の合計額を加算した金額に105分の4を乗じて計算します（1円未満切捨て）。ただし，課税仕入れの相手方から交付を受けた領収書又は請求書などでは消費税額等が別記されていない場合において，課税仕入れ等に係る帳簿等により本体価額と1円未満の端数を処理をした消費税額等を区分する方法を継続的に行っている場合には，その端数処理後の消費税額等に相当する額を合計します（平16.2.19　課消1－8）。この場合において，控除すべき税額はその合計額に80％を乗じて計算した金額です。

【例】

消費税の経理処理を税抜経理処理によっている場合において，その課税期間中における課税仕入れについて支払った対価の額の合計額についての税抜仕入金額693,478,126円，仮払消費税等の合計額34,673,778円の場合の仕入れに係る消費税額の

【計　算】

1　原　　則

（693,478,126円＋34,673,778円）× 4/105＝27,739,120円

2　特　　例

34,673,778円 × 80％＝27,739,022円

⑶　仕入税額の積上げ

課税仕入れの相手方が課税資産の譲渡等に係る決済上受領すべき金額を本体価額と1円未満の端数を処理した後の消費税額等とに区分して領収する場合に作成した領収書又は請求書等において別記されている消費税額等については，その消費税額等を合計して，課税仕入れに係る消費税額等とする方法。この場合において，控除すべき税額はその合計額に80%を乗じて計算した金額となります。

4　課税貨物に係る消費税額（消法2①十，30①⑥）

控除対象仕入税額の基礎となる課税貨物とは，保税地域からの引き取った一般申告課税貨物又は特例申告に係る課税貨物をいいます。この課税貨物に係る消費税額は，国内取引の課税仕入れのように引取価額に105分の4を乗ずるのではなく，保税地域から課税貨物を引き取る際に課税される消費税額そのものを控除対象とします。したがって，課税貨物に係る消費税額は，輸入申告書に記載された税額が控除対象額となります。

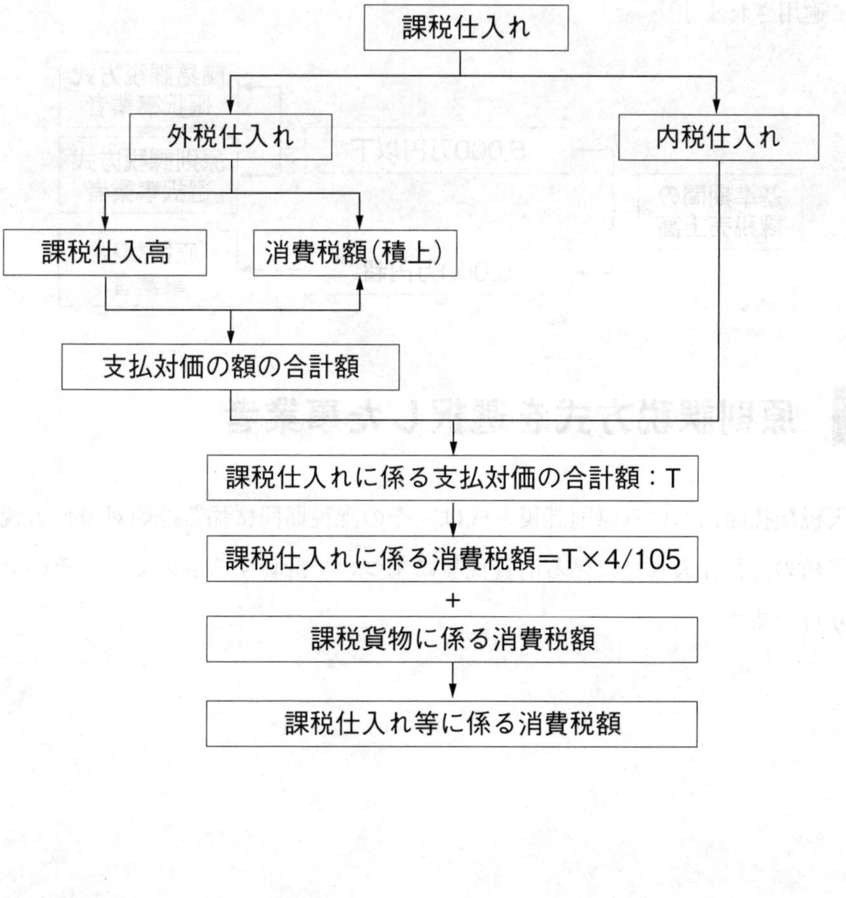

第3節　仕入税額控除

Ⅰ　概　要

消費税の仕入税額控除には，実額の仕入税額を基礎として計算する原則課税方式と法定のみなし仕入率により計算する簡易課税方式があります。

原則課税方式は，簡易課税方式を選択しない又は選択できない次の事業者に適用されます。

1　自ら原則課税方式を選択した事業者

2　その課税期間に係る基準期間の課税売上高が5,000万円を超える事業者

簡易課税方式は，その課税期間に係る基準期間の課税売上高が5,000万円以下の事業者で，その課税期間の直前期末までに消費税簡易課税制度選択届出書を提出した事業者に適用されます。

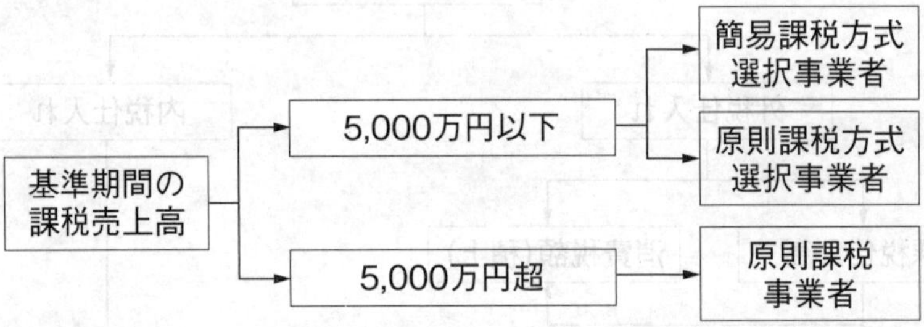

Ⅱ　原則課税方式を選択した事業者

仕入税額控除における原則課税方式は，その課税期間に係る控除対象仕入税額の計算を実額の課税仕入れ等に係る消費税額に基づいて計算するものです。その計算は次により行います。

1　課税売上高５億円以下で，かつ，課税売上割合95％以上の事業者（消法30①）

消費税においては，課税売上げに係る消費税額から控除する仕入税額は，基本的には課税売上げのために行った仕入税額を控除することとし，非課税売上げのために行った課税仕入れに係る消費税額を控除しないこととされています。つまり，資産の譲渡に当たって消費税を課税しない非課税売上げのための仕入税額は制度の埒外に置くということです。

しかしながら，このルールは事業者にその用途区分を求めることになり，さらに過重な事務負担を強いることになるなどの理由から日本の消費税では，その課税期間の課税売上高が５億円以下で，かつ，その課税期間の課税売上割合が95％以上の場合には，その用途区分をすることなくその課税期間における課税仕入れ等に係る消費税額の全額を控除することとされています。

したがって，その課税期間の課税売上高が５億円以下で，かつ，その課税期間の課税売上割合が95％以上の事業者の仕入控除税額は次により計算した金額となります。

$$\text{課税仕入れに係る支払対価の額の合計額} \times \frac{4}{105} + \text{課税貨物に係る消費税額} = \text{仕入税額控除額}$$

（注）１　その課税期間の課税売上高５億円の計算は，その課税期間が１年である場合にはその１年間の課税資産の譲渡等の対価の額の合計額から税抜売上対価の返還等の金額の合計額を控除した金額をいい，その課税期間が１年未満の場合には，その控除後の金額の年換算額によります（消法30⑥）。

２　課税売上割合とは，その課税期間中の課税売上高が資産の譲渡等の合計額に占める割合として次により計算した割合をいいます。

$$\frac{\text{その課税期間の課税売上高(税抜価額)}}{\text{その課税期間の課税売上高(税抜価額)} + \text{その課税期間中の非課税売上高}}$$

※　分母・分子ともに税抜売上対価の返還等の金額を控除します。

※　課税売上高には輸出免税売上を含みます。

２　課税売上高５億円超の事業者又は課税売上割合95％未満の事業者（消法30②）

その課税期間の課税売上割合が５億円を超える事業者又はその課税期間における課税売上割合が95％未満の事業者は，消費税の仕入税額控除の計算において，次の個別対応方式又は一括比例配分方式のいずれかの方式を選択して計算することとなっています。

個別対応方式による仕入控除税額は，その課税期間の課税仕入れ等に係る消費税額を①「課税売上げにのみに要するもの」，②「非課税売上げにのみ要するもの」，③「課税・非課税共通のためのもの」に区分し，この区分した消費税額を基礎として次により計算します。

課税売上げのみに要する消費税額 ＋ 課税・非課税共通のための消費税額 × 課税売上割合

一括比例配分方式による仕入控除税額は，その課税期間の課税仕入れ等に係る消費税額に課税売上割合を乗じて計算します。

その課税期間の課税仕入れ等に係る消費税額 × 課税売上割合

個別対応方式と一括比例配分方式を比較すると次のとおりです（課税売上用60％）。

	課税仕入れ等に係る消費税額					
	課税売上用		非課税売上用		共通用	
個別対応方式	全額控除		控除不可		60％相当額	不可
一括比例配分方式	控除可	不可ⓐ	控除可ⓑ	不可	控除可	不可

個別対応方式と一括比例配分方式の選択は，次の算式により判定します。

ⓐ　課税売上用の消費税額×非課税売上割合＝個別対応方式の場合に控除できない税額

ⓑ　非課税売上用の消費税額×課税売上割合＝一括比例対応方式の場合に控除できる税額

ⓐ≧ⓑ　個別対応方式を選択した方が有利

ⓐ＜ⓑ　一括比例敗軍方式を選択した方が有利

上記の適用関係を図解すると次のとおりです。

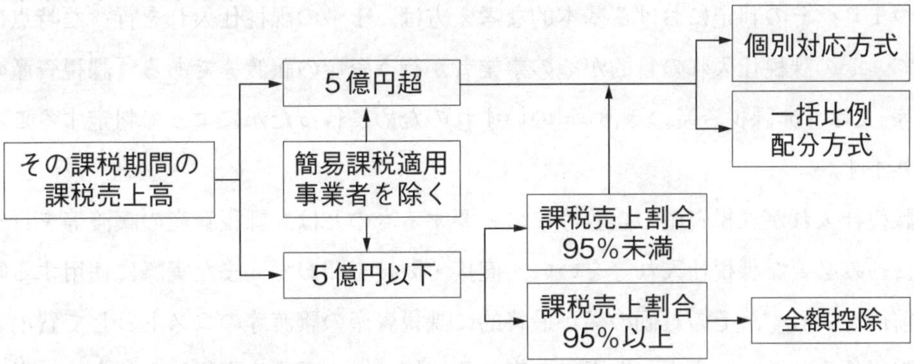

⑴　個別対応方式（消法30②一）

①　考え方と仕入税額の用途区分

個別対応方式とは，その課税期間における課税仕入れ等に係る消費税額を①「課税売上げにのみに要するもの」，②「非課税売上げにのみ要するもの」，③「課税・非課税共通のためのもの」及び④「課税対象外のためのもの」に区分し，その区分した仕入税額を基礎として次表のとおり控除額を計算する方式です。

その課税期間中の課税仕入れ等に係る消費税額		
㋑　課税売上げにのみ対応するもの	㋑と㋺の両方に共通するもの課税売上割合対応分	㋺　非課税売上げにのみ対応するもの
控除する消費税額		控除できない消費税額

個別対応方式による仕入控除税額の適用に当たって，重要なポイントは，課税仕入れ等に係る消費税額の用途区分，つまり課税仕入れ等が上記の４分類のいずれのために要するものかどうかを判定することです。

個別対応方式の場合において，「・・・にのみ要するもの」というのは「ある目的を達成するために必要なもの」或いは「ある事柄を達成するために必要なもの」ということができ，その判断基準の基本は，「その事業者が行う事業の種別・目的と消費税の判定基準をリンクさせる」ことです。つまり，事業者が行う事業の種別・目的による売上げが消費税の課税・非課税のいずれであるか又は双方を事業目的として活動しているかを判定基準の第１義とし，次に課税仕入れをその都度課税売上げにのみ要するもの，非課税売上げにのみ要するもの又は共通に要するものかどうかにより判定することにあります。

つまり，その判定における基本的な考え方は，1つの課税仕入れを行った時点において，その課税仕入れの目的がその事業者が行う資産の譲渡等である「課税資産の譲渡等」又は「非課税資産の譲渡等」のいずれのために行ったかによって判定することにあります。

課税仕入れが課税資産の譲渡等にのみ要するものとは，課税資産の譲渡等を行うためにのみ必要な課税仕入れ等をいい，直接・間接を問わず，また実際に使用する時期の前後を問わず，その対価の額が最終的に課税資産の譲渡等のコストとして費消される課税仕入れをいいます。非課税資産の譲渡等にのみ要する課税仕入れもこの考え方によって判定します。

②　具体的な仕入税額の用途区分

精密機械製造販売業では，消費税の課税売上げに該当する精密機械の製造に必要な原材料，外注加工，電力代，ガス代，水道代，工場消耗品，研究開発費，製造及び工程管理などのためのコンピューターのリース料などの課税仕入れはすべて精密機械製造業の販売，つまり消費税の課税資産の譲渡等のための課税仕入れに該当します。また，その営業活動において発生する課税仕入れ，例えば取引先へ赴くための移動費用（切符，高速道路，ガソリン代など），取引先への手土産，出張費用，得意先への販売手数料，接待交際費，国内招待旅行費用，情報提供料，紹介料，中元，お歳暮の贈答費用などの費用，さらに得意先との連絡等のための携帯電話，固定電話，メールなどの通信料，営業社員の作業服，カタログ作成費用などは課税売上にのみ要するものとなりましょう。その他の個々の課税仕入れが課税売上げにのみ要するものかどうか，非課税売上げのためにのみ要するものか，いずれにも該当しない共通用に要するものかどうかを課税仕入れの都度判定します。

また，サービス業の場合，例えば税理士事務所の事業は，会計業務，申告書作成業務，税務書類作成業務，税務代理業務及び税務相談業務であり，これらの事業は消費税法における課税資産の譲渡等としての役務の提供に該当し，その事業活動を遂行するための課税仕入れ（事務所の賃借の家賃，顧問先との電話その他のための通信費，事務用品の購入費，パソコン・コピーのリース料，顧問先などへの訪問のための交通費その他の事業遂行のための費用）は課税資産の譲渡等のために発生するものです。つまり，課税事業に該当するサービス業の場合，これらの課税仕入れは損益計算における勘定科目の区分において一般管理費に属するものですが，消費税の共通用の課税仕入れではなく，その事業遂行上課税売上げにのみ要するものとして全額が仕入税額控除の対象となります。

これに対して，課税事業と非課税事業をその事業の目的としている事業者，例えば，土地の販売(非課税)，建売住宅の販売(課税と非課税一体取引)，建築の請負(課税)を事業目的とする総合建設業，融資事業とコンサルティング事業を行う金融業，社会保険診療(非課税)と自由診療等(課税)を行う医療事業，身体障害者用物品の販売(非課税)とその他の物品の販売(課税)を行う物品販売業，授業料(非課税)と補助教材その他の事業(課税)を行う学校，教科書販売(非課税)と一般書籍の販売(課税)を行う出版事業，住宅賃貸(非課税)と事務所等の賃貸(課税)を行う不動産賃貸などの事業者は，その事業遂行において行う全ての課税仕入れは，その課税仕入れの都度「課税資産の譲渡等にのみ要するもの」，「非課税資産の譲渡等にのみ要するもの」及び「共通用に要するもの」に区分しなければなりません。そして，この区分に基づいて「個別対応方式」か「一括比例配分方式」を選択して仕入控除税額を計算しなければなりません。

上記のとおり事業者の行う事業の種類・目的により課税仕入れ等を区分することとされていますが，その判定の時期はその課税仕入れ等を行った時とされており，決算時においてその課税期間の課税仕入れ等の中から課税資産の譲渡等にのみ要するものを抽出し，その他の課税仕入れを全て共通用とする区分は認められないこととなっているので注意したい(消基通11－2－18)。

さらに，個別対応方式における課税仕入れ等に係る消費税額の用途区分の具体例を示すと次のとおりです。

イ　課税資産の譲渡等のための商品，製品，原材料等の課税仕入れ及びこれらの引取りに係る付随費用は課税売上用，同じく課税資産の譲渡等のための資産の発明等に係る報奨金等は課税売上用

ロ　課税資産の譲渡等を目的に仕入れた商品の無償提供，廃棄，滅失等があった場合でも課税売上用

ハ　課税資産の譲渡等の販売促進のための試供品・試作品の提供と宅配便の費用は課税売上用

ニ　建築請負業における土地の造成費用，テナントビル建築のための土地取得に係る仲介手数料及び造成費用はいずれも課税売上用

ホ　課税資産の譲渡等のみを行う事業者の自社ビル建築ための土地の取得に係る

仲介手数料，土地の造成費は課税売上用，非課税資産の譲渡等のみを行う事業者の場合には非課税売上用

ヘ　事務所用・店舗用として賃貸するビルの建築のための土地の取得に係る仲介手数料，土地の造成費及び旧建物の取壊し費用は課税売上用，分譲マンション建築のための土地の取得に係る仲介手数料，土地の造成費は課税・非課税共通用

ト　カタログ作成費用で課税売上となる商品に係るものは課税売上用，非課税売上となる商品に係るものは非課税売上用，両方の商品が掲載されているものは共通用，企業のイメージ広告については，課税資産の譲渡等のみを行う事業者の場合には，課税売上用，非課税資産の譲渡等も併せ行う事業者は共通用，非課税資産の譲渡等のみを行う事業者は非課税用

チ　取引先へ提供する陳列棚，広告宣伝用物品の課税仕入れは，課税資産の譲渡等のみを行う事業者は課税売上用，非課税資産の譲渡等のみを行う事業者は非課税売上用，課税売上及び非課税売上の双方がある事業者は共通用

リ　国外における資産の譲渡等のための国内における課税仕入れは，すべて課税売上用

ヌ　課税資産の譲渡等に該当する製品，半製品を製造する事業者の工場における課税仕入れは，その内容のいかんを問わずすべて課税売上用

ル　課税資産の譲渡等のための営業活動に伴う出張旅費，宿泊費，日当，高速道路通行料，車両関係費用は課税売上用，同じく営業活動に伴う販売手数料，代理店手数料，電話料，専用回線利用料，郵送料，荷造運賃，切手，接待交際費，慶弔に係る物品購入費，国内招待旅行費用，情報提供料，紹介料，中元，お歳暮の贈答費用は課税売上用

ヲ　課税資産の譲渡等のみを行う事業者の事務所家賃，倉庫・設備使用料，営業用車両の駐車場使用料，営業用リース資産のリース料，営業会議のための会場使用料・資料作成費用・茶菓子・弁当は課税売上用

ワ　社員からの利用料を徴している場合の従業員食堂における食材等の課税仕入れは，利用料が課税資産の譲渡等に該当するから課税売上用

カ　課税資産の譲渡等を目的とする事業者の事業継続において生ずる課税仕入れ等のうち直接・間接のいずれの基準によっても課税資産の譲渡等及び非課税

資産の譲渡等にのみ要するものとして把握できない場合，例えば事務用経費，福利厚生費などについては共通用の課税仕入れ

ヨ　民事事件による損害賠償訴訟のための弁護士費用，株式発行費用，株主総会費用は全て課税対象外取引のためのものであるから課税・非課税共通用

タ　税理士に対して土地譲渡の税務上の課税関係を相談した場合の報酬は非課税売上用，輸出取引を開始する場合の消費税などの課税関係に関する相談報酬は課税売上用，通常の顧問料は共通用，社会保険労務士への報酬，司法書士への報酬，弁護士への顧問報酬は共通用，

レ　課税資産の譲渡等にのみ使用するための資産の課税仕入れ等は課税売上用

なお，上記の用途区分により課税・非課税共通用に区分された課税仕入れ等であっても，例えば原材料，包装材料，倉庫料，電力量等のような生産実績，事業部の床面積，従事する社員数，労働従事時間数，電話使用回数，電気使用時間数その他の合理的な基準により課税売上用と非課税売上用に区分することが可能な課税仕入れ等については，その合理的な基準により区分したところにより個別対応方式を適用することができます（消基通11－2－19）。

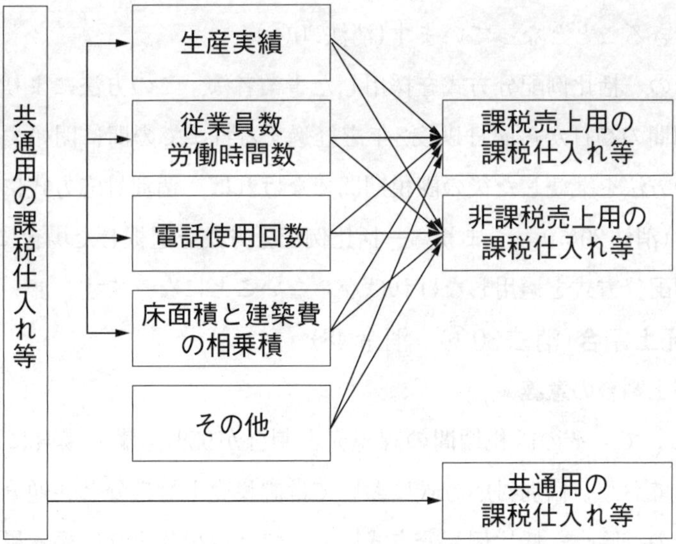

⑵　一括比例配分方式（消法30②二）

一括比例配分方式とは，その課税期間における課税仕入れ等に係る消費税額の合計額のうち課税売上割合に対応する税額を控除する方法であり，次の算式により計算します。

その課税期間の課税仕入れ等に係る消費税額の合計額 × 課税売上割合

<table>
<tr><td colspan="2">その課税期間中の課税仕入れ等に係る消費税額</td></tr>
<tr><td>課税売上高</td><td rowspan="2">控除できない消費税額</td></tr>
<tr><td>控除する消費税額</td></tr>
</table>

この一括比例配分方式は，その課税期間の課税仕入れ等に係る消費税額が課税資産の譲渡等にのみ要するものと非課税資産の譲渡等にのみ要するもの及び双方の用途に供されるものがある場合において，その全体に対して適用しますので，課税仕入れ等について区分経理しており，個別対応方式により仕入控除税額を計算することができる場合であっても，事業者は選択により一括比例配分方式により仕入控除税額を計算することができることとなっています（消法30④）。

ただし，この一括比例配分方式を採用した事業者は，この方法により計算することとした課税期間の初日から同日以後２年を経過する日までの間に開始する各課税期間においてその方法を継続した後の課税期間でなければ，個別対応方式に変更することはできません（消法30⑤）。つまり，一括比例配分方式を選択した場合には２年間継続して一括比例配分方式を適用しなければならないことになります。

⑶　課税売上割合（消法30⑥，消令48）

①　課税売上割合の意義

消費税において，その課税期間の課税売上割合が95％未満の場合には，仕入控除税額を制限しており，個別対応方式においては課税売上対応分と共通分のうち課税売上対応分のみの控除，一括比例配分方式においては課税仕入れに係る税額の合計額のうち課税売上対応分のみが控除され，これら以外の仕入税額は控除できないこととなっています。

これらの仕入税額控除額の計算の基礎となる課税売上割合は，その課税期間における資産の譲渡等の対価の額の合計額のうち課税資産の譲渡等の対価の額の合計額の占める割合であり，その計算は次によります。

$$\frac{\text{国内におけるその課税期間の課税資産の譲渡等の対価の額の合計額} - \text{国内における課税資産の譲渡等にかかる対価の返還等の金額}}{\text{国内におけるその課税期間の資産の譲渡等に係る対価の額の合計額} - \text{国内における資産の譲渡等に係る対価の返還等の金額}}$$

(注)　分母・分子とも消費税額等を含まないいわゆる税抜きの金額であり，また課税資産の譲渡等には輸出免税取引を含みます。

② **課税売上割合の計算要素**（消令48②～⑥）

イ　輸出免税売上（消法７，８，31）

課税売上割合は，その課税期間中に国内において行った資産の譲渡等の対価の額及び課税資産の譲渡等の対価の額を基礎として計算しますから，国内取引に該当する輸出取引等は，課税売上割合の計算上分母の資産の譲渡等の対価の額及び分子の課税資産の譲渡等の対価の額に含みます。

なお，非課税資産の輸出及び海外支店等への資産の積出しは，課税資産の譲渡等に係る輸出取引等とみなされるますので，これらの対価の額は課税売上割合を計算する場合の資産の譲渡等の対価の額及び課税資産の譲渡等の対価の額に含むこととなっています（消法31）。ただし，有価証券，支払手段，抵当証券及び金銭債権の輸出は，課税売上割合を恣意的に操作できることから，これを排除するために資産の譲渡等の対価の額及び課税資産の譲渡等の対価の額に含まないこととされています。

ロ　課税売上割合の計算上，資産の譲渡等の対価の額に含まないもの（消令48②）

次に掲げる資産の譲渡等の対価の額は，課税売上割合の計算上，資産の譲渡等の対価の額に含めません。

ⓐ　通貨，小切手等の支払手段の譲渡については，非課税となっており，また経済取引における決済手段であることからから，これらの対価の額は課税売上割合の計算上資産の譲渡等の対価の額に含めません。

ⓑ　資産の譲渡等の対価として取得した金銭債権をファクタリング会社等へ譲渡した場合には，売上げの二重計上を排除するためその金銭債権の譲渡等の対価の額は課税売上割合の資産の譲渡等の対価の額に含めません。

ⓒ　国債，地方債，社債及び転換社債等並びに譲渡性預金証書，コマーシャル

ペーパーの現先取引債券等の売現先取引（これらの債券を1年未満のあらかじめ約定した期日にあらかじめ約定した価格で買い戻すことを約して譲渡し，かつ，その約定に基づきその現先取引債券等を買い戻す場合におけるその現先取引債券の譲渡）については，その取引の性格が資金の借入れと同じ効果を持つことから，これに係る対価の額は課税売上割合の算定に当たって資産の譲渡等の対価の額に含めません。

ハ　課税売上割合の計算上，一定額を資産の譲渡等の金額とするもの（消法48③～⑤）

次に掲げる資産の譲渡等の対価の額は，次に掲げる金額を課税売上割合の計算上資産の譲渡等の対価の額に含めます。

ⓐ　買現先取引（現先取引債券等を1年未満のあらかじめ約定した価格で売り戻すことを約して購入し，かつ，その約定に基づき売り戻す取引）に係る対価の額は，その現先取引が利子を得る目的で行う金銭の貸付けと類似することから，課税売上割合の計算における資産の譲渡等の対価の額は，その現先取引債券等の売戻価額からその購入価額を控除した金額とされます。

なお，購入価額から控除しきれない金額があるときは，その控除しきれない金額は，課税売上割合の計算上資産の譲渡等の対価の額から控除します。

ⓑ　貸付金その他の金銭債権の譲受けその他の承継（包括承継を除く。）が行われた場合における対価は，利子（償還差益，譲り受けた金銭債権の弁済を受けた金額とその取得価額との差額その他の経済的な性質が利子に準ずるものを含む。）とします。

ⓒ　非課税資産の譲渡に該当する有価証券等を譲渡した場合（現先取引に該当するものを除く。）には，課税売上割合の計算上資産の譲渡等の対価の額に算入する対価の額は，その有価証券等の譲渡の対価の額の５％相当額です。

ⓓ　国債等の償還金額が，その国債等の取得価額に満たない場合における償還差損の金額は，課税売上割合の計算上資産の譲渡等の対価の額から控除します。

ニ　免税事業者であった課税期間において行った資産の譲渡等に係る対価の返還の取扱い

免税事業者であった課税期間において行った課税資産の譲渡等につき課税事業者となった課税期間において売上げに係る対価の返還等を行った場合であっても，その売上げに係る対価の返還等の金額については，課税売上割合の計算上，「資産の譲渡等の対価の額」及び「課税資産の譲渡等の対価の額」から控除します（消基通11－5－2）。この場合において，その売上げに係る対価の返還等の金額には，消費税額等はないことからその対価の返還等の金額の全額を控除します。

ホ　課税売上割合の端数処理

課税売上割合の端数は原則として処理しないが，事業者が自らその端数を任意に切り捨てることとしているときは，その処理を認めることとなっています（消基通11－5－6）。

課税売上割合の計算書を次に示しておきます。

【課税売上割合の計算書】

項　　　目		金　　額	備　　　考
課税資産の譲渡等の合計額	1		税抜価額：円位まで計算のこと
輸出売上高	2		輸出証明があるもの
非課税資産の輸出売上高	3		有価証券・支払手段・金銭債権等の輸出額を除く。
海外支店への資産の積送高	4		輸出証明があるもの
税抜売上対価の返還等の金額	5	△	国内取引及び輸出取引に係るもの
小　　計（1～5）	6		申告書⑮の課税資産の譲渡等の対価の額の欄へ
土地の譲渡収入・地代収入	7		
有価証券の譲渡収入の5％	8		有価証券・登録国債等・CD・CP
出資・抵当証券の譲渡収入	9		
買現先の売戻債権差額（差益）	10		売現先の譲渡対価は含まない。
買現先の売戻債権差額（差損）	11	△	
貸付金等の受取利息その他金融収入：保険料収入：共済掛金収入	12		金銭債権等の譲受対価の額は原則として利子の額，預金利子，公社債の利子，貸付金利子，信用保証料，抵当証券の利息，合同運用信託の収益分配金，定期積金の給付補填金，割引債（利付債）の利子，割引債の償還差益，手形の割引料，物上保証料，有価証券の品貸料，割賦販売手数料その他非課税とされる利子等
国債の償還差損	13	△	
商品券，プリペイドカード等	14		原始発行は課税対象外収入
身体障害者用物品の譲渡等	15		譲渡，貸付け，制作の請負，修理
住宅家賃	16		契約ベースが要件，社宅，転貸を含む。
その他の非課税資産の譲渡等	17		社会保険診療報酬，社会福祉事業，学校教育，助産，埋葬・火葬料等をいい，支払手段，金銭債権，特別引出権の譲渡を除く。
非課税取引の対価の返還の額	18	△	
小　　計（7～18）	19		
合　　計（5+17）	20		申告書⑯の資産の譲渡等の対価の額の欄へ
課税売上割合（6÷20）	21		95％以上：仕入税額の全額控除 95％未満：個別対応方式又は一括比例配分方式

(4)　課税売上割合に準ずる割合（消法30③）

個別対応方式により仕入控除税額を計算する場合において，その課税仕入れの種類に応じて，その課税仕入れごとの一定の基準に基づいて仕入控除税額を計算することがその事業者の事業の実態を適正に反映すると認められるとき，つまり，課税売上割合に代えてその課税仕入れの種類に応じて「課税売上割合に準ずる割合」を適用して仕入控除税額を計算することがその事業者の実態に合致し，また合理的と認められる場合には，「課税売上割合に準ずる割合」の適用を認めることとなっています。

なお，この課税売上割合に準ずる割合は，個別対応方式において課税仕入れのうち課税資産等と非課税資産等に共通する消費税額に適用することとされており，一括比例配分方式には適用できません。

①　課税売上割合に準ずる割合の意義（消法30③）

個別対応方式により仕入控除税額を計算する場合において，課税売上割合に準ずる割合で次に掲げる要件のすべてに該当するものがあるときは，所轄税務署長の承認を受けた課税期間以後の課税期間については，課税売上割合に代えて，その課税売上割合に準ずる割合を用いて仕入控除税額を計算することができます。

イ　その課税売上割合に準ずる割合がその事業者の営む事業の種類又はその事業に係る販売費，一般管理費その他の費用の種類に応じ合理的に算定されたものであること。

ロ　その課税売上割合に準ずる割合を用いて個別対応方式による控除額を計算することにつき，その納税地の所轄税務署長の承認を受けたものであること。

②　課税売上割合に準ずる割合の選択適用

課税売上割合に準ずる割合（以下「準ずる割合」という。）の選択適用に当たって重要なポイントは，準ずる割合が合理的に算定されたかどうかです。すなわち，その準ずる割合が「事業者の営む事業の種類に応じて合理的」であるかどうか，「事業に係る販売費，一般管理費その他の費用の種類に応じて合理的」であるかどうかがポイントなります。例えば，使用人の数又は従事割合，消費又は使用する資産の価額又は使用割合その他課税・非課税共通用のものの性質に応ずる合理的な基準によって判定することが必要となります（消基通11－5－7）。

③　適 用 単 位

準ずる割合を適用する場合には，その事業者について同一の割合を適用する必要はなく，事業の種類，課税仕入れの内容，事業場ごとに適用できる。例えば，次のような方法によることができます(消基通11－5－8)。

イ　事業者の営む事業の種類の異なるごとにそれぞれ準ずる割合を適用する方法

ロ　事業者の事業に係る販売費，一般管理費その他の費用の種類の異なるごとにそれぞれ準ずる割合を適用する方法

ハ　事業者の事業に係る事業場の単位ごとにそれぞれ準ずる割合を適用する方法

なお，課税売上割合に準ずる割合の承認は、その準ずる割合を用いた仕入控除税額の計算体系について、上記イからハの例により事業者の行う事業の全体として，それぞれに承認を受ける必要があるものですから，例えば，特定の共通用の課税仕入れ等について適用しようとする割合が合理的であったとしても，その他の共通用の課税仕入れ等について適用しようとする割合が合理的でない場合又は適用しようとする割合の計算方法が不明確である場合には、承認を受けることができません。

したがって，事業者が準ずる割合を事業場の一部について承認を受け，その他の事業場について承認を受けていない場合においては，承認を受けた事業場については準ずる割合を適用しますが，承認を受けていない事業場については全社的な課税売上割合を適用して仕入控除税額を計算することになります(消基通11－5－8)。

④　準ずる割合の具体例

①の基本的考え方に基づいて，準ずる割合として税務署長により承認されたものとしては次のような割合があります。

イ　従業員割合方式

従業員割合方式は，課税売上げに従事している従業員と非課税売上げに従事している従業員がいる場合に適用するものです。

ⓐ　原 則 方 式

この原則方式による従業員割合は，次の算式により計算します。

$$\text{従業員割合}=\frac{\text{課税売上げにのみ従事する従業員数}}{\begin{array}{c}\text{課税売上げにのみ}\\\text{従事する従業員数}\end{array}+\begin{array}{c}\text{非課税売上げにのみ}\\\text{従事する従業員数}\end{array}}$$

(注)　この場合において，課税売上げ，非課税売上げの双方に従事する従業員がいるときは，その人数は分母，分子に含めません。

ⓑ　特例方式

ⓐの原則方式においては，課税売上げ，非課税売上げの双方に従事する従業員は除外することになりますが，「事務日報等」により課税売上げ及び非課税売上げの双方に従事する従業員（「共通従業員」という。）全員の従事日数が記録され，その記録に基づいて従業員ごとの従事割合が計算できる場合には，その従事割合により各業務を按分することが認められます。

$$\text{従業員割合}=\frac{\text{課税売上げにのみ従事する従業員数}}{\text{課税売上げにのみ従事する従業員数}+\text{非課税売上げにのみ従事する従業員数}+\text{共通従業員数}\times\text{従事割合}}$$

ⓒ　対象となる共通用課税仕入れ

この従業員割合を適用することができる共通用課税仕入れは，製造原価に属するものを除いて，福利厚生費，水道光熱費，保健衛生費，旅費交通費，図書費などが該当します。

なお，これらの課税仕入れ等であっても，商品の生産・販売実績等の合理的な基準により課税資産の譲渡等にのみ要するものと非課税資産等の譲渡等にのみ要するものとに区分することができるものについては，その区分したところによることができますので注意したい。

また，この従業員割合は，本店・支店ごと又は事業部門ごとに適用することができる。

ロ　事業部門ごとの課税売上割合

この事業部門ごとの課税売上割合は，事業部門ごと（本店，支店ごとによる場合を含む。以下この割合において同じ。）にその事業部門の課税売上割合を求めて，その事業部門の共通課税仕入れに係る税額を計算します。

$$\text{部門別課税売上割合}=\frac{\text{その事業部門の課税資産の譲渡等の税抜対価の額の合計額}}{\text{その事業年度の資産の譲渡の税抜き対価の額の合計額}}$$

この割合は，独立採算制の対象となっている事業部門や独立した会計単位となっている事業部門について適用しますので，総務，管理部門などの事業部門については，この課税売上割合基準を適用することができません。

部門別課税売上割合を準ずる割合として選択適用する場合において，対象となる共通用課税仕入れは，その事業部門において発生した共通用課税仕入れのすべてです。

これは，消費税において共通用課税仕入れの按分の基準を課税売上割合としていることとの関係から，それぞれの事業部門でその課税売上割合を基準として仕入税額控除を行うのは，いわばそれぞれの事業部門が１つの法人組織と考えられるので，それぞれの事業部門の共通用課税仕入れを対象とするのです。

ハ　床面積割合方式

床面積割合方式は，課税売上げ及び非課税売上げに係る専用面積を基礎として，共通用課税仕入れを次の算式による割合により計算します。

$$\text{床面積割合} = \frac{\text{課税売上げに係る業務のみを行っている床面積}}{\text{課税売上げに係る業務のみを行っている床面積} + \text{非課税売上げに係る業務のみを行っている床面積}}$$

この床面積割合方式の床面積の専用面積の算出は，同一の建物等について，課税売上げに係る業務及び非課税売上げに係る業務のみを行っているスペースがある場合にのみ認められます。

床面積割合を適用できる共通用課税仕入れは，家賃，水道光熱費，建物及び附属設備の修繕費，維持費，管理費，保守料(製造原価に含まれるものは除く。)などです。

ニ　その他の方式

準ずる割合として認められるその他の方式としては，取引件数割合方式があります。この方式は，類似の取引であっても，契約の形態が異なることによりその取引について課税売上げと非課税売上げが区分され，かつ，その取引を行うために要する経費が取引件数にほぼ比例する取引(例えば，短資会社におけるコールローン取引(非課税取引)と無担保ローンの仲介取引(課税取引))を行う事業について，その取引件数を基礎として計算する方式です。

この取引件数割合方式の対象となる共通用課税仕入れは，車両費，事務機のリース料，会議費，通信費，消耗品費，交際費，広告宣伝費，委託計算費などで製造原価となるものを除いたものです。

また，その課税期間において土地等の非課税資産を譲渡したため，課税売上割合が95%未満となった場合においては，前3年間の課税売上割合の平均と直前の課税売上割合のいずれかの割合を準ずる割合とする方式があります。

⑤　**手続**（消法30③，消令47）

課税売上割合に準ずる割合を適用しようとする事業者は，税務署長の承認を受ける必要がありますが，そのためには課税売上割合に準ずる割合の算定方法等を記載した「消費税課税売上割合に準ずる割合の適用承認申請書」（第22号様式）を所轄税務署長に提出しなければなりません。

税務署長はこの申請書を遅滞なく審査し，承認又は却下をします。承認があったときは，その承認の日の属する課税期間から承認された割合を適用することができます。

なお，事業者が課税売上割合に準ずる割合の適用をやめようとするときは，「消費税課税売上割合に準ずる割合の不適用届出書」（第23号様式）を所轄税務署長に提出しなければなりませんが，この提出後はその届出書を提出した課税期間以後の課税期間から不適用となります。

3　帳簿及び請求書等の保存義務（消法30⑦）

課税仕入れ等に係る消費税額の控除の制度は，事業者がその課税期間の課税仕入れ等の税額の控除に係る帳簿及び請求書等を原則として7年間保存することが要件とされており，その保存がない課税仕入れ又は課税貨物に係る課税仕入れ等の税額については，仕入税額控除の適用はありません。ただし，災害その他やむを得ない事情があり，その保存することができなかったことをその事業者が証明したときは，適用を認めることとなっています。

4　帳簿の記載事項（消法30⑧，消令49）

上記**3**における帳簿とは，次に掲げる事項が記載されている帳簿をいいます（消法30⑧）

	課税仕入れ	課税貨物
イ	課税仕入れの相手方の氏名又は名称	
ロ	課税仕入れを行った年月日	課税貨物を保税地域から引き取った年月日（特例申告書を提出した場合には保税地域から引き取った日及び特例申告書を提出した日又は決定通知を受けた日）
ハ	課税仕入れに係る資産又は役務の内容	課税貨物の内容
ニ	課税仕入れに係る支払対価の額	課税貨物の引取りに係る消費税額及び地方消費税額又はその合計額

なお，再生資源卸売業（古紙卸売業，空瓶・空罐等容器卸売業等）その他不特定かつ多数の者から課税仕入れを行う事業で再生資源卸売業に準ずるものに係る課税仕入れについては，上記課税仕入れの項目の「課税仕入れの相手方の氏名又は名称」の記載を省略できることとなっています（消令49②）。

5　請求書等の記載事項（消法30⑨）

課税仕入れ等の消費税額の控除に係る請求書等とは，課税仕入れについては，請求書，納品書その他これらに類する書類で次表の課税仕入れ欄に所定の事項が記載されている書類をいい，課税貨物については，税関長から交付を受ける輸入許可書その他の書類で次表の課税貨物欄に所定の事項が記載されている書類をいいます。

次表の課税仕入れの「書類の受領者である事業者の氏名又は名称」については，次に掲げる業種については，その記載を省略することができることとなっています。

⑴　小売業，飲食業，写真業及び旅行業
⑵　タクシー業
⑶　駐車場業
⑷　その他⑴から⑶までの事業に準ずる事業で不特定多数の者に資産の譲渡等を行うもの

課税仕入れ		課税貨物
請求書・納品書等	仕入明細書・仕入計算書	
書類の作成者の氏名又は名称	書類の作成者の氏名又は名称	保税地域の所在地を所轄する税関長
課税資産の譲渡等を行った年月日（まとめ発行の場合には，その一定の期間）	課税仕入れを行った年月日	課税貨物を保税地域から引き取ることができることとなった年月日（特例申告書を提出した場合には，保税地域から引き取ることができることとなった日及び特例申告書を提出した日又は決定通知を受けた日）
課税資産の譲渡等に係る資産又は役務の内容	課税仕入れに係る資産又は役務の内容	課税貨物の内容
課税資産の譲渡等の対価の額（消費税額及び地方消費税額を含む。）	課税仕入れに係る支払対価の額	課税貨物に係る消費税の課税標準である金額並びに引取りに係る消費税額及び地方消費税額
書類の受領者である事業者の氏名又は名称	課税仕入れの相手方の氏名又は名称	書類の受領者である事業者の氏名又は名称

上記の請求書等についてその課税仕入れに係る支払対価の額(税込金額)が次に該当する場合には，それぞれ次に掲げるところによります。

①　１回の支払対価の額が３万円未満の場合

１回の取引に係る課税仕入れに係る支払対価の額の合計額が３万円未満の場合には，請求書等の保存は要せず，帳簿のみの記載及び保存が必要となります。

②　１回の支払対価の額が３万円以上の場合

１回の取引に係る課税仕入れに係る支払対価の額の合計額が３万円以上の場合には，帳簿のほか請求書等の保存が必要となります。

ただし，その請求書等の交付を受けなかったことについて次に掲げるやむを得ない事情があるときは，帳簿に交付を受けなかったやむを得ない理由と相手方の住所を記載することを要件として仕入税額控除の対象とすることができます(消基通11－6－3)。

イ　自動販売機を利用して課税仕入れを行った場合

ロ　入場券，乗車券，搭乗券等のように課税仕入れに係る証明書類が資産の譲渡等を受ける時に資産の譲渡を行う者により回収されることとなっている場合

ハ　課税仕入れを行った者が課税仕入れの相手方に請求書等の交付を請求したが，

交付を受けられなかった場合

ニ　課税仕入れを行った場合において，その課税仕入れを行った課税期間の末日までにその支払対価の額が確定していない場合

ト　その他，これらに準ずる理由により請求書等の交付を受けられなかった場合

なお，次に掲げる課税仕入れの相手方については，その住所を帳簿に記載しなくてもよいこととされています(消基通11－6－4)。

イ　汽車，電車，乗合自動車，船舶又は航空機に係る運賃(料金を含む。)を支払って役務の提供を受けた場合の一般の乗合旅客自動車運送事業者又は航空運送事業者

ロ　郵便役務の提供を受けた場合のその郵便役務の提供を行った者

ハ　課税仕入れに該当する出張旅費等を支払った場合のその出張旅費等を受領した使用人等

ニ　再生資源卸売業等を行う事業者が行った課税仕入れの相手方

6　非課税資産の輸出等を行った場合の消費税額の控除の特例

消費税においては，非課税売上に対応する課税仕入れ等の税額の控除は認めないこととなっています。しかし，輸出取引についてこの原則を適用した場合には，その輸出取引について国内で行った課税仕入れに係る消費税額分だけ輸出価格の上昇をもたらすこととなります。つまり，内国消費税を外国へ輸出し，外国の消費者に負担させることとなります。これは，国境税調整の観点からみて適当でないと考えられます。

そこで，非課税資産の譲渡等のうち一定の輸出取引等に該当するものについては，課税資産の譲渡等に係る輸出取引とみなすことによって，その輸出取引等に要する課税仕入れ等に係る税額を控除します。

(1)　非課税資産の輸出等(消法31①)

事業者が国内において非課税資産の譲渡等のうち輸出取引等に該当するものを行った場合において，その非課税資産の譲渡等が輸出取引等に該当することについて輸出証明がされたときは，その非課税資産の譲渡等のうちその輸出証明がされたものは，課税資産の譲渡等に係る輸出取引等に該当するものとみなして，その輸出取引等に要する課税仕入れ等の消費税額を課税標準額に対する消費税額から控除します。

① **非課税資産の譲渡等のうち輸出取引等とみなされるもの**(消令51②・17③)

非課税資産の譲渡等で輸出取引等に該当する取引とみなされるものは，郵便切手，印紙，証紙で非課税とされるもの，物品切手，身体障害者用物品，教科用図書等で非課税とされるもののほか，次の取引が含まれます。

イ　利子等を対価とする金銭の貸付け(利子を対価とする国債等の取得及び国際通貨基金の特別引出権の保有に伴うものを含む。)で非居住者に対するもの

ロ　預貯金の預入れ(譲渡性預金証書，コマーシャルペーパーの当初取得を含む。)，合同運用信託，証券投資信託等，抵当証券の取得，償還差益を対価とする国債等の取得，手形の割引又は金銭債権の譲受け等で，これらの行為に係る債務者(手形の割引にあっては，割引を受けた者)が非居住者であるもの

ハ　有価証券(ゴルフ場利用株式等を除く。)又は登録国債等の貸付けで非居住者に対して行われるもの

② **非課税資産の譲渡等に係る輸出取引に含まれないもの**(消令51①)

非課税資産の輸出であっても次に掲げるものは，非課税資産の譲渡等に係る輸出取引等には含まれない。

イ　有価証券，支払手段，抵当証券の輸出

ロ　貸付金，預金，売掛金その他の金銭債権(譲渡性預金証書，コマーシャルペーパーを含む。)の輸出

③ **輸出証明**

非課税資産の譲渡等に係る輸出取引等に該当するものであることの証明は，その輸出取引等を行った事業者において，次に掲げる書類又は帳簿をその輸出取引等を行った日の属する課税期間に係る確定申告書の提出期限の翌日から７年間保存する方法によります。

イ　貨物の輸出の場合には，輸出許可書

ロ　20万円超の郵便物の場合には税関長の証明書

ハ　20万円以下の郵便物の場合には，その事実と必要事項を記載した書類又は帳簿

ニ　その他の場合には，取引の相手方との契約書その他その事実を証明する書類

④ **課税売上割合における取扱い**(消令51②・19)

非課税資産の譲渡等のうち輸出取引等に該当するものの対価の額は，課税売上割合

の計算上「資産の譲渡等の対価の額」に含まれますが，さらに「課税資産の譲渡等の対価の額の合計額」に含まれます。また，輸出取引等について行った対価の返還等の金額については，課税資産の譲渡等に係る対価の返還等の金額に含まれます。

なお，課税資産の譲渡等に係る輸出取引等とみなされたものの対価の額は，納税義務が免除されるかどうかの判定においては，基準期間における課税売上高には算入されません（消基通１－４－２）。

⑵　**海外支店等への積出し**（消法31②）

事業者が，国内以外の地域における資産の譲渡等又は自己の使用のため資産を輸出した場合において，その資産が輸出されたことについて輸出証明がされたものであるときは，その資産の輸出のうち輸出証明されたものは，課税資産の譲渡等に係る輸出取引等とみなし，その輸出取引等に要する課税仕入れ等の消費税額を課税標準額に対する消費税額から控除します。

この輸出免税制度の対象となる資産は，事業者が国内において譲り受けたもののほか，リース会社等から借り受けたものも含まれます。

海外支店への資産の輸出については，その資産そのものについては譲渡されていないことからその資産の輸出港における本船甲板渡し価格（FOB価格）を課税売上割合の計算上「資産の譲渡等の対価の額」及び「課税資産の譲渡等の対価の額の合計額」に含めることとなっています。

なお，この課税資産の譲渡等に係る輸出取引等とみなされたものの対価の額は，納税義務が免除されるかどうかの判定においては，基準期間における課税売上高には算入されません（消基通１－４－２）。

７　仕入れに係る対価の返還を受けた場合の仕入れに係る消費税額の控除の特例

⑴　**対価の返還等を受けた場合の仕入れに係る消費税額の計算**（消法32①～⑦）

事業者が国内において行った課税仕入れにつき，返品をし，若しくは値引き若しくは割戻しを受けたことにより，その課税仕入れに係る支払対価の額の全部若しくは一部の返還又はその課税仕入れに係る支払対価の額に係る買掛金その他の債務の額の全部若しくは一部の減額（「仕入れに係る対価の返還等」という。）を受けた場合においては，その仕入れに係る対価の返還等を受けた日の属する課税期間における課税仕入れ等の税額の合計額から，次に掲げる区分に応じそれぞれ次により計算した金額を控除した金額をその課税期間における課税仕入れ等の税額の合計額とみなします。

①　その課税期間の課税売上高が５億円以下で，かつ，課税売上割合が95％以上の場合（消法32①一）

仕入れに係る対価の返還等の消費税額の合計額

②　その課税期間の課税売上高が５億円超又は課税売上割合が95％未満の場合において，その課税期間の仕入れに係る消費税額について「個別対応方式」の適用を受けるとき（消法32①二）

課税売上用に係る仕入れの対価の返還等の税額 ＋ 共通用の仕入れの対価の返還等の税額 × 課税売上割合又は準ずる割合

③　その課税期間の課税売上高が５億円超又は**課税売上割合が95％未満の場合において，その課税期間の仕入れに係る消費税額について「一括比例配分方式」の適用を受けるとき**（消法32①三）

仕入れに係る対価の返還等の税額×課税売上割合

④　仕入れに係る対価の返還等を受けた金額に係る消費税額の加算（消法32②）

上記①，②及び③の場合において，仕入れに係る対価の返還等を受けた金額に係る消費税額の合計額がその課税期間における課税仕入れ等の税額の合計額から控除できないときは，その控除できない金額はその課税期間の課税標準額に対する消費税額に加算します。

(2)　課税貨物について還付を受ける場合（消法32④～⑥）

事業者が，保税地域から引き取った課税貨物に係る消費税額の全部又は一部につき，他の法律の規定により還付を受ける場合には，その還付を受けた課税期間における課税仕入れ等の税額の合計額から(1)の①②③に準じて計算した金額を控除した金額をその課税期間における課税仕入れ等の税額の合計額とみなします。

(3)　仕入れに係る対価の返還等を受けた金額に係る消費税額の加算（消法32②⑤）

上記(1)及び(2)の場合において，仕入れに係る対価の返還等又は還付を受けた金額に係る消費税額の合計額がその課税期間における課税仕入れ等の税額の合計額から控除できないときは，その控除できない金額はその課税期間の課税標準額に対する消費税額に加算します。

(4)　**相続等についての準用**(消法32⑥⑦⑧)

仕入れに係る対価の返還等を受けた場合における計算は，次に掲げる仕入れに係る対価の返還等を受けた場合において準用します。

①　相続により被相続人の事業を承継した相続人が被相続人により行われた課税仕入れにつき仕入れに係る対価の返還等を受けた場合又は保税地域からの引取りに係る課税貨物に係る消費税額の全部又は一部につき他の法律の規定により還付を受ける場合

②　合併により事業を承継した合併法人が被合併法人により行われた課税仕入れにつき仕入れに係る対価の返還等を受けた場合又は合併により事業を承継した合併法人が被合併法人による保税地域からの引取りに係る課税貨物に係る消費税額の全部又は一部につき他の法律の規定により還付を受ける場合

③　分割(新設分割及び吸収分割のみをいう。)により事業を承継した分割承継法人が分割法人により行われた課税仕入れにつき仕入れに係る対価の返還等を受けた場合又は分割により事業を承継した分割承継法人が分割法人による保税地域からの引取りに係る課税貨物に係る消費税額の全部又は一部につき他の法律の規定により還付を受ける場合

8　課税売上割合が著しく変動した場合の消費税額の調整

消費税法において，仕入れに係る消費税額は，棚卸資産，固定資産を問わず仕入時の課税期間において即時控除することとなっています。これを「仕入れ又は投資即時控除」といいます。

しかしながら，固定資産のように長期間にわたって使用されるものについて，仕入時の状況のみで税額控除を完結させ，その後課税売上割合が著しく変動した場合において何ら調整しないということは適切とはいえません。そこで，棚卸資産以外の資産のうち税抜支払対価の額が100万円以上のもの(調整対象固定資産という。)について課税売上割合が著しく変動した場合には仕入税額控除額を調整します。

(1)　**課税売上割合が著しく変動した場合の消費税額の調整**(消法33)

課税事業者が国内において調整対象固定資産(税抜支払対価の額が100万円以上)の

課税仕入れを行い，又は調整対象固定資産に該当する課税貨物を保税地域から引き取り，かつ，その課税仕入れ等の税額につき比例配分法により仕入れに係る消費税額を計算した場合（課税売上割合が95%以上により課税仕入れ等の税額について全額控除された場合を含む。）において，その事業者（相続，合併又は分割によりその調整対象固定資産に係る事業を承継した相続人，合併法人又は分割承継法人を含み，これらのうち消費税の免税事業者を除く。）が第３年度の課税期間の末日においてその調整対象固定資産を有しており，かつ，第３年度の課税期間における通算課税売上割合が仕入れ等の課税期間における課税売上割合（課税売上割合に準ずる割合を含む。）に対して著しく変動したときは，次の(4)又は(5)によりその課税期間における仕入れに係る消費税額の調整計算を行い，その調整後の金額をその課税期間における仕入れに係る消費税額とみなして仕入税額控除の計算を行います。

（注）1　「比例配分法」とは，個別対応方式における課税・非課税共通のための課税仕入れ等の税額を課税売上割合により計算する方法又は一括比例配分方式により課税仕入れ等の税額を課税売上割合により計算する方法をいい，課税売上割合が95%以上である場合において課税仕入れ等の税額の全額を控除した場合を含めることとなっている。つまり，比例配分法とは，仕入れに係る消費税額（仕入税額控除額）を課税売上割合により計算する方法をいいます。

2　「第３年度の課税期間」とは，調整対象固定資産の仕入れ等を行った課税期間の開始の日から３年を経過する日の属する課税期間をいいます。

3　「通算課税売上割合」とは，仕入れ等の課税期間から第３年度の課税期間までの各課税期間において行った資産の譲渡等の対価の額の合計額から売上に係る対価の返還等の金額の合計額を控除した残額のうちに課税資産の譲渡等の対価の額の合計額から課税売上に係る対価の返還等の金額の合計額を控除した残額の占める割合をいいます。

(2)　課税売上割合の著しい変動

課税売上割合が著しく変動した場合とは，仕入れ等の課税期間における課税売上割合（以下「当初の課税売上割合」という。）のうち，当初の課税売上割合と通算課税売上割合のいずれか大きい割合からいずれか小さい割合を控除した割合の占める割合が50%以上であり，かつ，当初の課税売上割合と通算税売上割合との差が５%以上である場合をいいます。

(3)　調整対象基準税額

調整対象固定資産の調整の対象となる税額（「調整対象基準税額」という。）は，その保有調整対象固定資産の課税仕入れに係る消費税額又は保有調整対象固定資産である課税貨物に係る消費税額をいいます。

(4)　通算課税売上割合がその仕入れ等の課税期間の課税売上割合に対して著しく増加した場合

次の算式により計算した金額を第３年度の課税期間の仕入れに係る消費税額に加算します。

調整対象基準税額×（通算課税売上割合－その課税期間の課税売上割合）

(5)　通算課税売上割合がその仕入れ等の課税期間の課税売上割合に対して著しく減少した場合

次の算式により計算した金額を第３年度の課税期間の仕入れに係る消費税額から控除し，控除しきれない金額は第３年度の課税資産の譲渡等に係る消費税額に加算します。

調整対象基準税額×（その課税期間の課税売上割合－通算課税売上割合）

９　調整対象固定資産を転用した場合の消費税額の調整

(1)　課税業務用から非課税業務用への転用（消法34）

課税事業者が国内において調整対象固定資産の課税仕入れを行い，又は調整対象固定資産に該当する課税貨物を保税地域から引き取り，かつ，その調整対象固定資産の課税仕入れ等の税額（「調整対象税額」という。）について個別対応方式による仕入税額控除を適用し，課税資産の譲渡等にのみ要するものとして全額控除している場合において，その事業者（相続，合併又は分割（新設分割及び吸収分割のみをいう。）によりその事業者の調整対象固定資産に係る事業を承継した相続人，合併法人及び分割承継法人を含み，これらの者のうち免税事業者を除く。）がその調整対象固定資産をその課税仕入れ等の日から３年以内に非課税資産の譲渡等に係る業務用に転用したときは，次により計算した税額をその転用をした日の属する課税期間の仕入れに係る消費税額から控除します。

なお，この場合において，その転用をした日の課税期間に仕入れに係る消費税額を個別対応方式，一括比例配分方式のいずれによっているかにかかわらず，次に掲げる金額を控除します。

したがって，その控除する金額に課税売上割合等を乗じて計算することは必要ないこととなります。

① **調整対象固定資産の課税仕入れ等の日以後１年を経過する日までの期間**

調整対象税額の全額

② **①の期間の末日の翌日から同日以後１年を経過する日までの期間（課税仕入れ等を行った日から２年を経過する日までの期間）**

調整対象税額の３分の２相当額

③ **②の期間の末日の翌日から同日以後１年を経過する日までの期間（課税仕入れ等を行った日から３年を経過する日までの期間）**

調整対象税額の３分の１相当額

上記の調整の結果，その調整税額がその課税期間の仕入れに係る消費税額から控除できない場合には，その控除できない税額はその課税期間の課税標準額に対する消費税額に加算します。

(2) 非課税業務用調整対象固定資産を課税業務用への転用

課税事業者が国内において調整対象固定資産の課税仕入れを行い，又は調整対象固定資産に該当する課税貨物を保税地域から引き取り，かつ，その調整対象固定資産の課税仕入れ等の税額（「調整対象税額」という。）について個別対応方式による仕入税額控除を適用し，非課税資産の譲渡等にのみ要するものとして消費税額がないものとした場合において，その事業者（相続，合併又は分割（新設分割及び吸収分割のみをいう。）によりその事業者の調整対象固定資産に係る事業を承継した相続人，合併法人及び分割承継法人を含み，これらの者のうち免税事業者を除く。）がその調整対象固定資産をその課税仕入れ等の日から３年以内に課税資産の譲渡等に係る業務用に転用したときは，次により計算した税額をその転用をした日の属する課税期間の仕入れに係る消費税額に加算します。この場合において，その加算後の金額をその課税期間における仕入れに係る消費税額とみなします。

① **調整対象固定資産の課税仕入れ等の日から同日以後１年を経過する日までの期間**

調整対象税額の全額

② **①の期間の来日の翌日から同日以後１年を経過する日までの期間（課税仕入れ等を行った日から２年を経過する日まで期間）**

調整対象税額の３分の２相当額

③　②の期間の末日の翌日から同日以後１年を経過する日までの期間（課税仕入れ等を行った日から３年を経過する日まで期間）

調整対象税額の３分の１相当額

調整対象固定資産の調整計算書

資産の種類		取得年月日	平成　　年　　月　　日	取得価額	
用　途	課税売上用：非課税売上用：共通用		転用年月日	平成　　年　　月　　日	

＜通算課税売上割合が著しく変動した場合の調整計算＞

調整対象基準税額（取得時の消費税額）		T	円
通算課税売上割合と各年の課税売上割合の計算			
通算課税期間中の課税資産の譲渡等の対価の額	前々年：平成　　年の課税資産の譲渡等の対価の額	1	円
	前　年：平成　　年の課税資産の譲渡等の対価の額	2	円
	当　年：平成　　年の課税資産の譲渡等の対価の額	3	円
	合計額（1+2+3）	4	円
通算課税期間中の資産の譲渡等の対価の額	前々年：平成　　年の資産の譲渡等の対価の額	5	円
	前　年：平成　　年の資産の譲渡等の対価の額	6	円
	当　年：平成　　年の資産の譲渡等の対価の額	7	円
	合計額（5+6+7）	8	円
第一年度（前々年：平成　　年）の課税売上割合（１÷５）		+	%
通算課税売上割合（4÷8）		10	%

課税売上割合が50%以上増加した場合

1. 変動率

{　　%−　　%}÷　6　%＝　　%≧50%

2. 変動差

%−　　%＝　6　%≧5%

3. 調整税額

（調整対象税額）　円×　（通算課税売上割合）　%−　（当初の控除税額）　円＝　　円

付表２⑱へ

課税売上割合が50%以上減少した場合

1. 変動率

{　　%−　　%}÷　　%＝　　%≧50%

2. 変動差

%−　　%＝　　%≧5%

3. 調整税額

（当初の控除税額）　円−　（調整対象税額）　円×　（通算課税売上割合）　%＝　　円

付表２⑱へ

＜調整対象固定資産を転用した場合＞

課税業務用（　年　月）→非課税業務用（　年　月）		非課税業務用（　年　月）→課税業務用（　年　月）	
１年以内の転用	付表２⑲へ	１年以内の転用	付表２⑲へ
（調整対象税額）　円×3/3＝	円	（調整対象税額）　円×3/3＝	円
２年以内の転用	円）	２年以内の転用	円）
（調整対象税額）　円×２/3＝	円	（調整対象税額）　円×２/3＝	円
３年以内の転用		３年以内の転用	
（調整対象税額）　円×1/3＝	円	（調整対象税額）　円×1/3＝	円

10　免税事業者が課税事業者になった場合等

⑴　免税事業者が課税事業者となった場合の棚卸資産に係る消費税額の調整（消法36①）

消費税の免税事業者であった者が課税事業者となった場合において，その納税義務の免除を受けないこととなった課税期間の初日（相続又は合併により課税事業者となる場合には，相続又は合併があった日）の前日において納税義務が免税されていた期間中に国内において譲り受けた課税仕入れに係る棚卸資産又はその期間中に保税地域から引き取った課税貨物で棚卸資産に該当するもの（これらの棚卸資産を原材料として製作又は建設される棚卸資産を含む。）を所有しているときは，その課税仕入れに係る棚卸資産又はその課税貨物に係る消費税額として次により計算した消費税額を課税事業者となった課税期間の仕入れに係る消費税額の基礎となる課税仕入れ等の税額とみなして仕入税額を計算します。

棚卸資産の税込価額又は引取価額×4/105

個人事業者が相続により免税事業者であった被相続人の事業を承継した場合又は法人が合併により免税事業者であった被合併法人の事業を承継した場合若しくは分割承継法人が分割（新設分割及び吸収分割のみをいう。）により免税事業者であった分割法人の事業を承継した場合において，その被相続人又は被合併法人若しくは分割法人がその納税義務が免除されていた期間中に国内において譲り受けた棚却資産又は保税地域から課税貨物で棚卸資産に該当するものを引き継いだときは，その棚卸資産又は課税貨物に係る消費税額をその個人事業者又は法人のその相続又は合併若しくは分割があった日の属する課税期間の仕入れに係る消費税額の計算の基礎となる課税仕入れ等の税額とみなします。

なお，免税事業者から課税事業者になった場合の仕入税額控除の規定は，課税仕入れ等に係る棚卸資産の明細を記載した書類を保存することが要件です。ただし，災害その他やむを得ない事情により保存することができなかったことを事業者が証明した場合には，適用を受けることができます。

⑵　課税事業者が免税事業者となった場合の棚卸資産に係る消費税額の調整（消法36⑤）

事業者が，消費税の納税義務の免除を受けることとなった場合において，納税義務の免除の適用を受けることとなった課税期間の初日の前日にその課税期間中に国内において譲り受けた課税仕入れに係る棚卸資産又は保税地域から引き取った課税貨物で棚卸資産に該当するものを有しているときは，その課税仕入れに係る棚卸資産又は課税貨物に係る消費税額は，その納税義務の免除を受けることとなる課税期間の前日の属する課税期間の仕入れに係る消費税額の計算の基礎となる課税仕入れ等の税額から控除します。

第9章
簡易課税

税の累積を排除するために前段階税額控除方式により納付税額を計算する消費税において，中小事業者がこの累積排除のための前段階税額控除のために煩雑な事務処理を正しく行うことは難しいといえます。そこで，一定規模以下の中小事業者に対しては，その事業者の選択により売上げに係る消費税額に法定のみなし仕入率を乗じて仕入控除税額を計算することができる簡易な課税方式を認めました。これが簡易課税制度です。

Ⅰ　適用要件と対象者（消法37①）

簡易課税制度は，課税事業者がその基準期間における課税売上高が5,000万円以下である課税期間（分割等に係る課税期間を除く。）について，簡易課税制度選択届出書をその納税地の所轄税務署長に提出することを要件として，その事業者に対して適用が認められます。

Ⅱ　簡易課税制度の適用を受ける課税期間の判定（消法37①，消令56）

簡易課税制度は，原則として，その簡易課税制度選択届出書を提出した課税期間の翌課税期間以後の課税期間（基準期間における課税売上高が5,000万円を超える課税期間及び分割等に係る課税期間を除く。）から適用されます。

そして，この効力は簡易課税制度選択不適用届出書を提出しない限り，その基準期間における課税売上高が5,000万円以下である課税期間について継続して適用され，その基準期間における課税売上高が5,000万円を超える課税期間については原則課税が適用されます。したがって，その基準期間における課税売上高が5,000万円を超える課税期間と5,000万円以下の課税期間が交互に到来しても簡易課税制度選択不適用届出書を提出しない限り，その基準期間における課税売上高が5,000万円以下の課税期間について簡易課税制度が適用されます（消基通13－1－3）。

なお，簡易課税制度選択届出書を提出した日の属する課税期間が次に掲げる事業を開始した日の属する課税期間その他特定の課税期間である場合においては，それぞれ次に掲げる課税期間から簡易課税制度の適用があります（消令56）。

1　事業者が国内において課税資産の譲渡等に係る事業を開始した日の属する課税期間

2　個人事業者が相続により簡易課税制度の適用を受けていた被相続人の事業を承継した場合におけるその相続のあった日の属する課税期間で課税事業者となる課税期間

3　法人が吸収合併により簡易課税制度の適用を受けていた被合併法人の事業を承継した場合におけるその合併があった日の属する課税期間で課税事業者となる課税期間

3　法人が吸収分割により簡易課税制度の適用を受けていた分割法人の事業を承継した場合におけるその吸収分割があった日の属する課税期間で課税事業者となる課税期間

Ⅲ　簡易課税制度による消費税額の計算（消法37①）

簡易課税制度を選択した事業者のその課税期間については，その課税期間の課税標準額に対する消費税額から控除する仕入れに係る消費税額は，その課税期間の課税標準額に対する消費税額から売上げに係る対価の返還等に係る消費税額の合計額を控除した残額の60％相当額（第１種事業は90%，第２種事業80%，第３種事業は70%，第５種事業は50%）となります。

課税期間の課税標準額に対する消費税額 － 仕入れに係る消費税額とみなす金額 － 売上げの対価の返済等に係る消費税額 － 貸倒れに係る消費税額 ＝ 納付税額

簡易課税制度は，仕入税額控除額を実額による仕入税額控除に代えて計算する簡便法であり，その仕入れに係る消費税額とみなす金額は売上げに係る消費税額を基礎として計算する仕組みとなっています。そこで，売上げに係る消費税額の範囲が問題となりますが，この簡易課税制度における売上げに係る消費税額及び仕入れに係る消費税額は次により計算します。

課税標準額に対する消費税額	イ　課税資産の消費税等の対価の額に係る消費税額	売上げの対価の返還等に係る消費税額
	ロ　家事消費又は使用に係る消費税額 ハ　役員に対する贈与に係る消費税額 ニ　貸倒債権の回収額に係る消費税額	

× {90%　80%　70%　60%　50%} ＝ 仕入に係る消費税額

Ⅳ　事業の区分とみなし仕入率（消令57）

1　事業の区分

簡易課税制度における仕入れに係る消費税額は，事業者の営む次表の事業の区分に応じて，それぞれの事業ごとの売上げに係る消費税額に次表に掲げるみなし仕入率を適用して計算します。

区　　分	仕入率	事業の定義
第一種事業 （卸売業）	90%	他の者から購入した商品をその性質及び形状を変更しないで他の事業者に対して販売する事業をいう。
第二種事業 （小売業）	80%	他の者から購入した商品をその性質及び形状を変更しないで販売する事業で第一種事業以外のものをいう。
第三種事業	70%	農業，林業，漁業，鉱業，建設業，製造業（製造小売業を含む。），電気業・ガス業・熱供給業及び水道業をいい，第一種事業又は第二種事業に該当するもの及び加工賃その他これに類する料金を対価とする役務の提供を行う事業を除きます。
第四種事業	60%	第一種事業から第三種事業及び第五種事業に掲げる事業以外の事業をいい，具体的には飲食店業，金融保険業等が該当します。
第五種事業	50%	不動産業，運輸通信業，サービス業（飲食店業を除く。）

上記のうち第三種事業の範囲は，おおむね日本標準産業分類（総務省）の大分類を基礎に判定します。

上記のうち第三種事業に該当することとされている農業，林業，漁業，鉱業，建設業，製造業（製造小売業（自己の製造した商品を直接消費者に販売する事業をいう。）を含む。），電気業，ガス業，熱供給業及び水道業（以下「製造業等」という。）並びに第五種事業に該当することとされている不動産業，運輸通信業及びサービス業（以下「サービス業等」という。）の範囲は，おおむね日本標準産業分類（総務省）の大分類に掲げる分類を基礎として判定します。この場合において，サービス業等とは，日本標準産業分類の大分類に掲げる次の産業をいいます（消基通13－2－4）。

(1)　情報通信業

(2)　運輸業，郵便業

(3)　不動産業，物品賃貸業

(4)　学術研究，専門・技術サービス業

(5)　宿泊業，飲食サービス業（飲食サービス業に該当するものを除く。）

(6)　生活関連サービス業，娯楽業

(7)　教育，学習支援業

(8)　医療，福祉

⑼　複合サービス事業

⑽　サービス業（他に分類されないもの）

なお，日本標準産業分類の大分類の区分では製造業等又はサービス業等に該当することとなる事業であっても，他の者から購入した商品をその性質及び形状を変更しないで販売する事業は，第一種事業又は第二種事業に該当します。

⑾　一般の事業区分の判定表

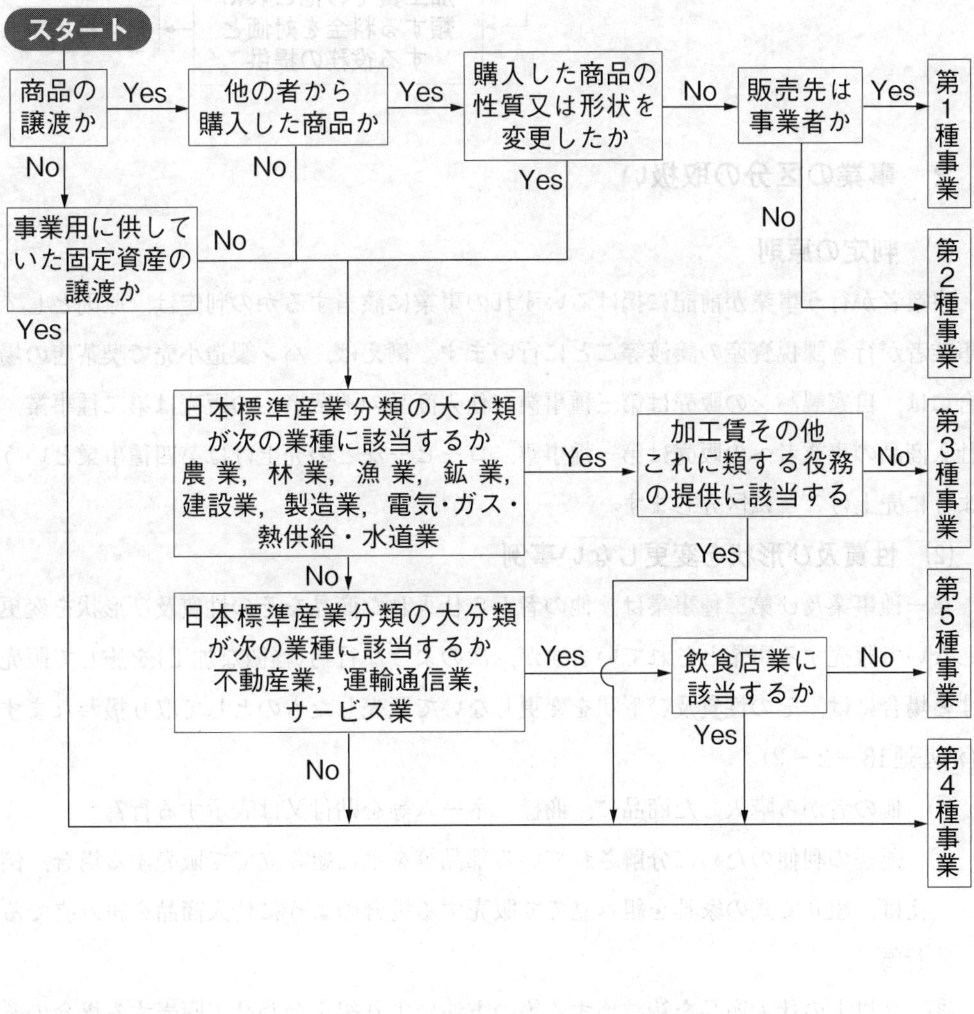

⑿　第三種事業者の事業区分表

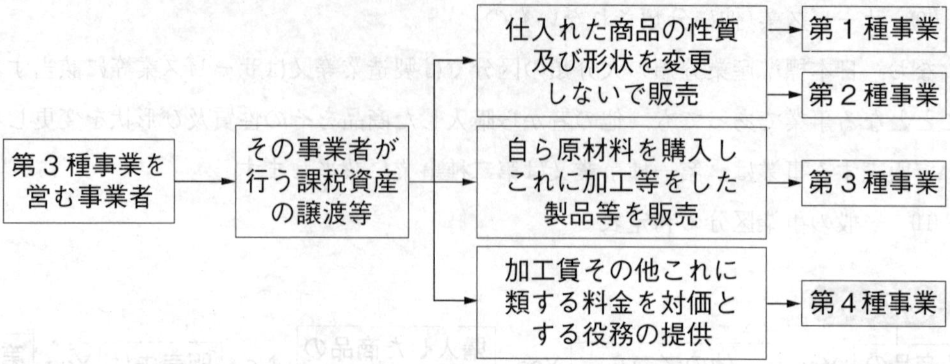

2　事業の区分の取扱い

⑴　判定の原則

事業者が行う事業が前記に掲げるいずれの事業に該当するかの判定は，原則として，事業者が行う課税資産の譲渡等ごとに行います。例えば，パン製造小売で喫茶店の場合には，自家製パンの販売は第三種事業，仕入商品の消費者への販売は第二種事業，仕入商品の事業者への販売は第一種事業，コーヒーなどの売上げは第四種事業というように売上げごとに区分します。

⑵　性質及び形状を変更しない事例

第一種事業及び第二種事業は，他の者から仕入れた商品をその性質及び形状を変更しないで販売する事業とされていますが，次のような行為（軽微な加工）を施して販売する場合には，その性質及び形状を変更しないで販売したものとして取り扱われます（消基通13－2－2）。

①　他の者から購入した商品に，商標，ネーム等を貼付又は表示する行為

②　運送の利便のために分解されている部品等を単に組み立てて販売する場合，例えば，組立て式の家具を組み立てて販売する場合のように仕入商品を組み立てる行為

③　２以上の仕入商品を箱詰めする等の方法により組み合わせて販売する場合のその組合せ行為

⑶　第三種事業の範囲

日本標準産業分類の大分類の区分では製造業等に該当することとなる事業であって

も，他の者から購入した商品をその性質及び形状を変更しないで販売する事業は，第一種事業又は第二種事業に該当し，また，製造業等に該当する事業であっても，加工賃その他これに類する料金を対価とする役務の提供を行う事業は，第四種事業に該当します。この場合における「加工賃その他これに類する料金を対価とする役務の提供」とは，対価たる料金の名称のいかんを問わず，他の者の原料若しくは材料又は製品等に加工を加えて，その加工等の対価を受領する役務の提供又はこれらに類する役務の提供をいいます。

また，製造業では原材料の加工から最終製品の完了までの製造行程が複雑，かつ，細分化されていることから，次の事業は第三種事業に該当するものとして取り扱います（消基通13－2－5）。

① 自己の計算において原材料等を購入し，これをあらかじめ指示した条件に従って下請加工させて完成品として販売するいわゆる製造問屋

② 自己が請け負った建設工事の全部を，下請に施工させる建設工事の元請

③ 天然水を採取して瓶詰等して人の飲用に販売する事業

④ 新聞，書籍等の発行，出版を行う事業

⑷ 製造小売業

製造した商品を直接消費者に販売するいわゆる製造小売業は，日本標準産業分類においては小売業に分類されていますが，消費税法の簡易課税制度の適用上は製造業に含まれ，第三種事業に該当します。

⑸ 食料品小売店舗において行う販売商品の加工等の取扱い

精肉店，鮮魚店などで仕入れた商品をその性質及び形状を変更しないでもっぱら消費者に販売する店舗において，その商品に軽微な加工をして販売をする場合で，その加工がこれらの店舗において一般的に行われているもので，その加工後の商品がその店舗において販売されるものについては，その加工後の商品の譲渡を行う事業は，第二種事業に該当します（消基通13－2－3）。

⑹ 加工くず，副産物等の売却収入の事業区分

第三種事業に該当する建設業，製造業等に係る事業に伴い生じた加工くず，副産物等の譲渡を行う事業は，第三種事業に該当します。ただし，第一種事業又は第二種事業から生じた段ボール等の不要物品等については，それぞれ第一種事業又は第二種事業に該当するものとして処理できます（消基通13－2－8）。

(7)　旅館等における飲食物の提供

第五種事業のサービス業から除くこととされている「飲食店業に該当するもの」とは，例えば，旅館，ホテル等の宿泊施設を経営する事業者が，宿泊者に対して宿泊に係る役務の提供に併せてその宿泊施設において飲食物の提供を行う場合又は宿泊者以外の者でも利用することができるその宿泊施設内の宴会場，レストラン，バー等において飲食物の提供を行う場合において，チェックアウトの際に交付する請求書，領収書等によりその飲食物の提供に係る対価の額を宿泊に係る役務の提供に係る対価の額と明確に区分して領収することとしているときの飲食物の提供が該当します(消基通13－2－8の3)。

なお，食堂等が行う飲食物(店舗において顧客に提供するものと同種の調理済みのものに限る。)の出前は食堂等としての事業であり，第四種事業に該当しますが，食堂等が自己の製造した飲食物を持ち帰り用として販売する事業は，製造小売業として第三種事業に該当します。

また，飲食のための設備を設けずに，自己の製造した飲食物を専ら宅配の方法により販売する事業も製造小売業として第三種事業に該当します。

(8)　固定資産等の売却収入の事業区分

事業者が自己において使用していた固定資産等の譲渡を行う事業は，原則として第四種事業に該当します(消基通13－2－9)。

3　事業の区分及び区分記載の方法

(1)　事業の種類が区分されているかどうかの判定

第一種事業から第4種事業のうち2種類以上の事業を行っている事業者について簡易課税の適用上，事業の種類が区分されているかどうかは，原則として，その事業者の帳簿に事業の種類を記帳し，事業の種類ごとの課税売上高を計算する方法をいいますが，このほか次に掲げる方法により仕入れに係る消費税額を計算してもよいこととなっています。

①　取引の原始帳票等である納品書，請求書，売上伝票又はレジペーパー等に事業の種類又は事業の種類が区分できる資産の譲渡等の内容を記載し，事業の種類ごとの課税売上高を計算する方法

②　事業場ごとに1種類の事業のみを行っている事業者にあっては，その事業場ご

との課税売上高を基礎として事業の種類ごとの課税売上高を計算する方法

⑵　事業の種類の区分の方法

第一種事業から第五種事業のうちいずれの事業に係るものであるかの区分は，原則として，課税資産の譲渡等ごとに行う必要があります。ただし，第一種事業から第五種事業のうち二種類以上の事業を行っている事業者がその２種類以上の事業のうち一の事業に係る課税売上高のみを区分していない場合には，課税売上高の合計額から課税売上高を区分している事業に係る課税売上高の合計額を控除した残額を，その区分していない一の事業に係る課税売上高とすることができます。

4　簡易課税方式と原則課税方式の選択判定表

【法人における原則課税・簡易課税選択計算書】

事業者名

課税期間　　　　　年　　月　　日～　年　　月　　日

基準期間の課税売上高　　　　　円

消費税における事業区分　　第1種　　第2種　　第3種　　第4種　　第5種

	業種目		税込売上額	税額	仕入率	仕入税額
課税売上高	卸売業	第1種			90%	
	小売業	第2種			80%	
	製造・建設業等	第3種		4/105	70%	
	その他の事業	第4種			60%	
	不動産・サービス等	第5種			50%	
みなし仕入率による仕入控除税額(合計額)					A	

	勘定科目		税込予測額		仕入税額
実額による仕入控除税額	棚卸資産等仕入高	①			
	販売費	②			
	一般管理費	③			
	営業外費用	④			
	給料・賞与・法定福利費	⑤	△		
	減価償却費	⑥	△		
	租税公課・保険料	⑦	△		
	地代・住宅家賃	⑧	△		
	寄付金・諸会費	⑨	△		
	支払利息・割引料	⑩	△		
	その他対象外取引	⑪	△		
	小計(①～⑪)	⑫			
	設備投資見込額	⑬			
	実額による課税仕入額(⑫+⑬)	⑭			
	実額による仕入控除税額		(⑭×4/105)	B	
判定	A≧B　→　簡易課税制度有利				
	A<B　→　原則課税制度有利				

【個人事業者の原則課税：簡易課税選択計算書】

勘定科目 （金額は税込金額）		事業所得 ⓐ	不動産所得 ほかⓑ	非課税売上 課税対象外ⓒ	課税売上高 （ⓐ＋ⓑ－ⓒ）	
売上高	イ			△		
家事消費	ロ			△		
事業用資産の譲渡	ハ			△		
合計額 （イ+ロ+ハ）	ニ			△	T	
課税標準額	ホ	T×100/105			V	
消費税額	ヘ	V×4％			W	
課税仕入れ	事業所得		不動産所得ほか		合計額	
年初棚卸高	要調整（年初棚卸高　　　円×4105）				A	
当年仕入高					①	
年末棚卸高	要調整（年末棚卸高　　　円×4／105）				B	
荷造運賃					②	
水道光熱費					③	
旅費交通費					④	
通信費					⑤	
広告宣伝費					⑥	
接待交際費					⑦	
修繕費					⑧	
消耗品費					⑨	
福利厚生費					⑩	
店舗家賃等					⑪	
雑費					⑫	
事業用資産					⑬	
課税仕入れの 合計額	①から⑬の合計額）				⑭	
仕入税額の計算	⑭×4／105±A±B				⑮	
原則計算の 納付税額	（W－⑮）				⑯	
簡易課税の納付税額	事業所得分（事業ⓐニ－ⓒイ）×4／105 ×（　　　）％				⑰	
	不動産所得分（不動産ⓑニ－ⓒイ）×4／105 ×50％				⑱	

V　みなし仕入率の適用と仕入税額控除額

1　一の事業を専業として行っている場合のみなし仕入率と仕入税額控除額

事業者が，第一種事業，第二種事業，第三種事業，第四種事業又は第五種事業のうち一の事業を専業として営んでいる場合には，仕入れに係る消費税額は，事業者のその課税期間の課税標準額に対する消費税額からその課税期間における売上げに係る対価の返還等に係る消費税額の合計額を控除した残額に該当するみなし仕入率を乗じて計算します。

2　2以上の事業を営む場合のみなし仕入率と仕入税額控除額

⑴　原　　則（消令57②）

事業者が営む事業が第一種事業，第二種事業，第三種事業，第四種事業又は第五種事業のうち２以上の事業を行っている場合のみなし仕入率は，原則として，次の算式により計算した加重平均値です。

$$\text{みなし仕入率} = \frac{A1\times 90\% + A2\times 80\% + A3\times 70\% + A4\times 60\% + A5\times 50\%}{A1 + A2 + A3 + A4 + A5}$$

（注）A1＝第一種事業に係る課税資産の譲渡等に係る消費税額の合計額から第一種事業に係る売上げに係る対価の返還等の金額に係る消費税額の合計額を控除した残額
A2＝第二種事業に係る課税資産の譲渡等に係る消費税額の合計額から第二種事業に係る売上げに係る対価の返還等の金額に係る消費税額の合計額を控除した残額
A3＝第三種事業に係る課税資産の譲渡等に係る消費税額の合計額から第三種事業に係る売上げに係る対価の返還等の金額に係る消費税額の合計額を控除した残額
A4＝第四種事業に係る課税資産の譲渡等に係る消費税額の合計額から第四種事業に係る売上げに係る対価の返還等の金額に係る消費税額の合計額を控除した残額
A5＝第五種事業に係る課税資産の譲渡等に係る消費税額の合計額から第五種事業に係る売上げに係る対価の返還等の金額に係る消費税額の合計額を控除した残額

(2) 特　例

①　1事業に係る課税売上高が75%以上の場合のみなし仕入率と仕入税額控除額

（消令57③一～四）

事業者が2以上の事業を営んでいる場合における仕入れに係る消費税額の計算は，その課税期間中における課税売上高（その課税期間中に国内において行った課税資産の譲渡等（輸出免税等に係るものを除く。）の対価の額の合計額からその課税期間中の行った売上げに係る税抜対価の返還等の金額の合計額を控除した残額。以下この項において同じ。）のうちに一の事業に係る課税売上高の占める割合が75%以上であるときは，その事業者のみなし仕入率は，(1)の原則方法に代えて次の率によることができます。

イ　第一種事業に係る課税売上高が75%以上である場合　みなし仕入率90%

ロ　第二種事業に係る課税売上高が75%以上である場合　みなし仕入率80%

ハ　第三種事業に係る課税売上高が75%以上である場合　みなし仕入率70%

ニ　第四種事業に係る課税売上高が75%以上である場合　みなし仕入率60%

ホ　第五種事業に係る課税売上高が75%以上である場合　みなし仕入率50%

②　2事業に係る課税売上高が75%以上の場合のみなし仕入率と仕入税額控除額

（消令57③五～十）

事業者が3以上の事業を営んでいる場合における仕入れに係る消費税額の計算は，その課税期間中における課税売上高のうちに二の事業に係る課税売上高の合計額の占める割合が75%以上であるときは，その事業者のみなし仕入率は，①の方法に代えて次の率によることができます。

イ　第一種事業課税売上高と第二種事業課税売上高の合計額が75%以上である場合

$$\frac{\text{第一種事業に係る消費税額（A1）×90\%＋（全体の売上げに係る消費税額－A1）×80\%}}{\text{その課税期間の売上げに係る消費税額}}$$

ロ　第一種事業課税売上高と第三種事業課税売上高の合計額が75%以上である場合

$$\frac{\text{第一種事業に係る消費税額（A1）×90\%＋（全体の売上げに係る消費税額－A1）×70\%}}{\text{その課税期間の売上げに係る消費税額}}$$

ハ　第一種事業課税売上高と第四種事業課税売上高の合計額が75%以上である場合

$$\frac{\text{第一種事業に係る消費税額(A1)}\times 90\% + (\text{全体の売上げに係る消費税額}-\text{A1})\times 60\%}{\text{その課税期間の売上げに係る消費税額}}$$

ニ　第一種事業課税売上高と第五種事業課税売上高の合計額が75%以上である場合

$$\frac{\text{第一種事業に係る消費税額(A1)}\times 90\% + (\text{全体の売上げに係る消費税額}-\text{A1})\times 50\%}{\text{その課税期間の売上げに係る消費税額}}$$

ホ　第二種事業課税売上高と第三種事業課税売上高の合計額が75%以上である場合

$$\frac{\text{第二種事業に係る消費税額(A2)}\times 80\% + (\text{全体の売上げに係る消費税額}-\text{A2})\times 70\%}{\text{その課税期間の売上げに係る消費税額}}$$

ヘ　第二種事業課税売上高と第四種事業課税売上高の合計額が75%以上である場合

$$\frac{\text{第二種事業に係る消費税額(A2)}\times 80\% + (\text{全体の売上げに係る消費税額}-\text{A2})\times 60\%}{\text{その課税期間の売上げに係る消費税額}}$$

ト　第二種事業課税売上高と第五種事業課税売上高の合計額が75%以上である場合

$$\frac{\text{第二種事業に係る消費税額(A2)}\times 80\% + (\text{全体の売上げに係る消費税額}-\text{A2})\times 50\%}{\text{その課税期間の売上げに係る消費税額}}$$

チ　第三種事業課税売上高と第四種事業課税売上高の合計額が75%以上である場合

$$\frac{\text{第三種事業に係る消費税額(A3)}\times 70\% + (\text{全体の売上げに係る消費税額}-\text{A3})\times 60\%}{\text{その課税期間の売上げに係る消費税額}}$$

リ　第三種事業課税売上高と第五種事業課税売上高の合計額が75％以上である場合

$$\frac{\text{第三種事業に係る消費税額（A3）}\times 70\% + \text{（全体の売上げに係る消費税額}-\text{A3）}\times 50\%}{\text{その課税期間の売上げに係る消費税額}}$$

ヌ　第四種事業課税売上高と第五種事業課税売上高の合計額が75％以上である場合

$$\frac{\text{第四種事業に係る消費税額（A4）}\times 60\% + \text{（全体の売上げに係る消費税額}-\text{A4）}\times 50\%}{\text{その課税期間の売上げに係る消費税額}}$$

③　**事業者が事業ごとの課税売上高を区分していないとき**（消令57④）

簡易課税の適用に当たって，2以上の事業を営む事業者がその課税期間中に国内において行った課税資産の譲渡等について，これらの事業の種類ごとに区分していないものがある場合には，その区分していない売上げについては，次に掲げるみなし仕入率を適用します。

イ　第一種事業と第二種事業を営む事業者その区分されていない売上げについては，第二種事業の売上げとして80％のみなし仕入率

ロ　第一種事業又は第二種事業と第三種事業を営む事業者その区分されていない売上げについては，第三種事業の売上げとして70％のみなし仕入率

ハ　第一種事業，第二種事業又は第三種事業と第四種事業を営む事業者その区分されていない売上げについては，第四種事業の売上げとして60％のみなし仕入率

ニ　第五種事業と第五種事業以外の事業を営む事業者その区分されていない売上げについては，第五種事業の売上げとして50％のみなし仕入率

Ⅵ　簡易課税制度の取りやめ（消法37②③）

簡易課税制度選択届出書を提出した事業者は，この簡易課税制度を取りやめるとき又は事業を廃止したときは，その旨を記載した届出書を納税地の所轄税務署長に提出しなければなりません。この場合において，簡易課税制度選択届出書を提出した事業者は，事業を廃止した場合を除き，簡易課税制度選択届出書を提出した課税期間の翌課税期間の初日から２年を経過する日の属する課税期間の初日以後でなければ，簡易課税の取りやめに係る届出書を提出できないこととなっています。つまり，簡易課税を２年間継続して後の課税期間以後の課税期間でなければ，原則課税へ戻ることができないのです。

なお，簡易課税選択不適用届出書を提出した場合においては，その効力はその提出した日の属する課税期間の末日の翌日以後に生じます。

（注）簡易課税選択届出書等の宥恕規定については，P.20参照のこと。

ただし，簡易課税制度の適用を受けようとする事業者は，次に掲げる場合に該当するときは，それぞれに定める期間は，簡易課税制度選択届出書を提出することができません。ただし，事業者が事業を開始した日の属する課税期間その他特定の課税期間から簡易課税制度の適用を受けようとする場合に簡易課税制度選択届出書を提出するときは，適用があります。

1　免税事業者が課税事業者を選択して調整対象固定資産を取得した場合には，その調整対象固定資産の仕入れ等の属する課税期間の初日から同日以後３年を経過する日の属する課税期間の初日の前日までの期間

2　事業者が調整対象固定資産を取得した新設法人である場合において，調整対象固定資産を取得したときは，その調整対象固定資産の仕入れ等の日の属する課税期間の初日から同日以後3年を経過する日の属する課税期間の初日の前日までの期間

1又は2の事業者が1又は2に該当することになった場合において，その調整対象固定資産の仕入れ等の日の属する課税期間の初日から同日以後３年を経過する日の属する課税期間の初日の前日までの間に簡易課税制度選択届出書をその納税地を所轄する税務署長に提出しているときは，その届出書の提出はなかったものとみなします。

Ⅶ　災害等があった場合の簡易課税制度の届出の特例（消法37の２）

本制度の特例は，地震，津波や台風による風水害，類焼による家屋の消失など天災又は人災を原因として被害を受けた事業者が消費税の簡易課税制度の適用を必要とする場合，反対に必要としない場合において，これらの事業者の消費税について救済するためその災害を受けた課税期間から簡易課税制度の適用又は廃止を認めるために設けられたものである。

1　簡易課税制度を必要とする場合の特例（消法37の2①）

災害その他やむを得ない理由が生じたことにより被害を受けた事業者（免税事業者及び簡易課税制度適用事業者を除く。）が，その被害を受けたことにより，帳簿書類の紛失，焼失や事務処理能力の低下のためその災害等が生じた日の属する課税期間（その基準期間における課税売上高が5,000万円を超える課税期間及び分割等に係る課税期間を除き，以下「選択被災課税期間」という。）について簡易課税制度の適用を受けることが必要となった場合において，その選択被災課税期間につき簡易課税制度の適用を受けることについてその納税地を所轄する税務署長の承認を受けたときは，その事業者は簡易課税制度選択届出蓄を，その承認を受けた選択被災課税期間の初日の前日に税務署長に提出したものとみなし，その被害を受けた選択被災課税期間から簡易課税制度の適用を受けることができます。

（注）「災害その他やむを得ない理由」とは，おおむね次に掲げるものをいいます（消基通13－1－7）。
1　地震，暴風，豪雨，豪雪，津波，落雷，地すべりその他の自然現象の異変による災害
2　火災，火薬類の爆発，ガス爆発，その他の人為による異常な災害
3　1又は2に掲げる災害に準ずる自己の責めに帰さないやむを得ない事実

この特例の適用を受ける事業者は，この特例の適用を受けることが必要となった事情その他所定の事項を記載した申請書を災害その他やむを得ない理由のやんだ日（以下「災害等がやんだ日」という。）から２月以内（災害等がやんだ日が選択被災課税期間の末日の翌日以後である場合には，その選択被災課税期間の確定申告書の提出期限）に所轄税務署長へ提出しなければなりません（消法37の2②）。

2　簡易課税制度を不必要とする場合の特例（消法37の2⑥）

災害その他やむを得ない理由が生じたことにより被害を受けた事業者（簡易課税制度の適用を受ける事業者に限る。）が，被害を受けたことにより，新たな設備投資等による課税仕入れを行ったことによりその災害等が生じた日の属する課税期間（その課税期間の翌課税期間以後の課税期間のうち次に掲げる期間を含み，「不適用被災課税期間」という。）につき簡易課税制度の適用を受けることの必要がなくなった場合において，不適用被災課税期間につき簡易課税制度の適用を受けることをやめることについてその納税地を所轄する税務署長の承認を受けたときは，その事業者は簡易課税制度選択不適用届出書をその承認を受けた不適用被災課税期間の初日の前日に税務署長に提出したものとみなしその被害を受けた不適用被災課税期間から簡易課税制度の適用が廃止となります。

不適用被災課税期間に含まれる課税期間は，次に掲げるすべての要件に該当する課税期間のうちいずれか一の課税期間をいう（消令57の3①）。

(1)　災害その他やむを得ない理由の生じた日からその災害等がやんだ日までの間に開始した課税期間であること。

(2)　(1)の災害その他やむを得ない理由の生じた日の属する課税期間（税務署長の承認を受けた課税期間に限る。）の翌課税期間以後の課税期間でないこと。

(3)　簡易課税制度の適用を受けることとなった課税期間の初日以後２年を経過する日までの間に開始した課税期間であること。

3　申請手続等

この特例の適用を受ける事業者は，この特例の適用を受けることが必要となった事情その他次に掲げる事項を記載した申請書を災害その他やむを得ない理由のやんだ日（以下「災害等がやんだ日」という。）から２月以内（災害等がやんだ日が不適用被災課税期間の末日の翌日以後である場合には.その不適用被災課税期間の確定申告書の提出期限）に所轄税務署長へ提出しなければなりません（消法37の2⑦）。

(1)　申請者の氏名又は名称及び納税地

(2)　申請者の行う事業の内容及び簡易課税制度における事業の種類

(3)　この特例の適用を受けようとする課税期間の初日の年月日

(4)　(3)に規定する課税期間の基準期間における課税売上高

(5)　災害その他やむを得ない理由が生じた日及びそのやんだ日の年月日

(6)　その他参考となるべき事項

1及び2の特例に係る申請書が提出された場合において，税務署長はその申請に係る事情が相当でないと認めるときは，その申請を却下し，また，その申請に対して承認又は却下の処分をするときは，その申請をした事業者に対し，書面によりその旨を通知することとされています。

なお，その災害その他やむを得ない理由がやんだ日がその申請に係る選択被災課税期間又は不適用被災課税期間の末日の翌日以後に到来する場合を除き，その申請に係る選択被災課税期間又は不適用被災課税期間の末日の翌日から2月を経過する日までに承認又は却下の処分がなかったときは，その日においてその承認があったものとみなされます。

Ⅷ　簡易課税制度を選択した場合において適用除外となる規定

簡易課税制度は，仕入れに係る消費税額の計算の簡便法として設けられた制度ですから，仕入れに係る消費税額の計算に関係する次の各規定は簡易課税制度においては適用がありません。

1　仕入れに係る消費税額の控除（法30）

(1)　課税売上割合が95％以上の場合における仕入れに係る消費税額の全額控除（消法30①一）

(2)　課税売上高が5億円超又は課税売上割合が95％未満の場合の税額控除（消法30②）

①　個別対応方式（消法30②一）

②　一括比例配分方式（消法30②二）

2　非課税資産の輸出等を行った場合の仕入れに係る消費税額の控除の特例（消法31）

3　仕入れに係る対価の返還等を受けた場合の仕入れに係る消費税額の控除の特例（消法32）

4　課税売上割合が著しく変動した場合の調整対象固定資産の関する仕入れに係る消費税額の調整（消法33）

5　課税業務用調整対象固定資産を非課税業務用に転用した場合の仕入れに係る消費税額の調整（消法34）

6　非課税業務用調整対象固定資産を課税業務用に転用した場合の仕入れに係る消費税額の調整（消法35）

7　納税義務の免除を受けないこととなった場合等の棚卸資産に係る消費税額の調整（消法36）

第10章
申告及び納付

消費税は事業蓄を納税義務者とし，計算対象期間を課税期間としてその課税期間終了後2カ月以内に申告納付することとなっています。

課税期間は，原則として個人は暦年，法人は事業年度とされており，納税義務者の選択により3カ月又は1カ月ごとの短期の課税期間を選択することができることとなっています。

申告には中間申告と確定申告とがあり，中間申告には毎月，3カ月又は6カ月ごとに申告納付するものとがあります。

確定申告は課税期間終了後2カ月以内に，所定の事項を記載した申告書を納税地の所轄税務署長に提出することとなっています。

課税貨物を保税地威から引き取る場合には，税関長に対して輸入申告書を提出することとされています。

なお，消費税の納付については，原則としてその申告期限を納期限として一括納付することとなっています。

第1節　課税期間

課税期間とは，国税に関する法律の規定により国税の課税標準の計算の基礎となる期間をいい，消費税においては，原則として個人事業者は暦年，法人は事業年度です。

消費税は，最終消費者が負担することが予定されていることから，事業者が課税取引において預かった消費税はできるだけ早く国に納付すべきですが，課税売上げに含まれる消費税額と仕入れの際に支払った消費税額の集計のための計算期間を短く設定すると，納税者・事務当局双方の事務負担を大きくなります。また企業の決算の実態及び所得税・法人税の計算期間と調和がとれる計算期間及び申告納付の制度を設定することが必要です。このような観点から，消費税では課税期間を原則として１年とし，合わせて中間申告制度を設け法人税及び所得税の計算期間と一致させることとしています。

なお，輸出事業者，高額な設備投資をした事業者に対して早期の還付を図るということから１カ月又は３カ月の短期の課税期間を選択することを認めています。

Ⅰ　個人事業者の課税期間（消法19①一・三・三の二）

１　原　　則

個人事業者の課税期間は，１月１日から12月31日までの一暦年です。したがって，個人事業者がその年の中途において開業した場合のその課税期間の開始の日は１月１日であり，また廃業した場合であっても，課税期間の末日は12月31日となります。

２　課税期間の特例

輸出専業の事業者は，恒常的に輸出による消費税の還付事業者ですから，仕入れに係る消費税額の早期還付を受けることによって資金負担の軽減を図ることができます。また，多額な設備投資を行った事業者で仕入税額の早期還付を受けることにより同じような資金負担の軽減を図ることができます。

そこで，消費税では，個人事業者が課税期間を短縮することについて納税地の所轄税務署長に届出書（消費税課税期間特例選択届出書）を提出した場合においては，次の期間がそれぞれ課税期間となります。

(1)　課税期間を３カ月ごとの期間に短縮した場合

①　１月１日から３月31日まで
②　４月１日から６月30日まで
③　７月１日から９月30日まで
④　10月１日から12月31日まで

(2)　課税期間を1カ月ごとの期間に短縮した場合

その年の1月1日以後1カ月ごとに区分した期間

Ⅱ　法人（消法19①二・四・四の二）

1　原　　則

法人の課税期間は，事業年度です。

2　課税期間の特例

上記Ⅰの個人事業者の課税期間の特例制度と同じく，法人についても消費税の早期還付を図るという趣旨から，課税期間を短縮することについて納税地の所轄税務署長に届出書（消費税課税期間特例選択届出書）を提出した場合においては，その事業年度をその開始の日以後1カ月又は3カ月ごとに区分した各期間（最後に1カ月又は3カ月未満の期間を生じたときは，その1カ月又は3カ月未満の期間）を課税期間とします。

Ⅲ　課税期間の特例選択届出の効力（消法19②）

課税期間の特例選択の届出の効力は，その届出書の提出日の属する期間の翌課税期間から適用されます。この場合において，本来の課税期間の開始の日からその課税期間の短縮の適用開始日の前日までの期間を一の課税期間とみなして，確定申告等を行うこととなます。

Ⅳ　課税期間の特例選択の取りやめ等（消法19③⑤）

課税期間の特例選択の届出書を提出した事業者は，その特例の適用を受けることをやめようとするとき又は事業を廃止したときは，その旨を記載した課税期間特例選択不適用届出書をその納税地を所轄する税務署長に提出しなければなりません。

この場合において，課税期間の変更を事業者の恣意的な判断に委ねると，いわゆる還付と納付のつまみ食いを認めることとなることから，課税期間の特例選択の届出書を提出した事業者については，事業を廃止した場合を除いて，課税期間選択特例届出書を提出した日以後２年以内は，取りやめの届出書（課税期間特例選択不適用届出書）を提出することができないこととなっています。つまり課税期間の特例を選択した場合には，最低２年間は継続適用しなければならないということです。

課税期間の特例選択の不適用届出書の提出があったときは，その提出があった日の属する課税期間の末日の翌日以後は，課税期間の特例選択の効力が失われ，課税期間の短縮は適用されないこととなります。

第２節　中間申告

消費税においては，課税期間は原則として暦年又は事業年度であり，それぞれその課税期間終了後に確定消費税額を納付することになります。しかし，課税期間が１カ月又は３カ月の法人は１カ月又は３カ月ごとに納税することとなり，１年決算法人と比較すると金利負担や納税のための事務負担に均衡を欠くこととなります。また，財政収入について平準化したいという要請もあります。このような観点から課税期間が１カ月又は３カ月以下である事業者を除き，中間申告の義務を課しています。

すなわち，事業者のうち免税事業者，課税期間の特例を選択している事業者以外の者は，前課税期間の確定消費税額が4,800万円を超える場合には，毎月その12分の１相当額を，同じく400万円を超え4,800万円以下のときは３カ月ごとにその４分の１相当額を，同じく48万円を超え400万円以下の場合には２分の１相当額を，中間申告税額としてそれぞれ所定の期限までに納付することとされています。

Ⅰ　課税資産の譲渡等についての中間申告（消法42①〜⑧）

１　直前の課税期間の前年税額が4,800万円を超える事業者の中間申告（消法42①）

事業者（免税事業者及び課税期間の特例選択届出書を提出した事業者を除く。以下中間申告において同じ。）は，その課税期間（個人事業者にあっては事業を開始した日の属する課税期間，法人にあっては3月を超えない課税期間及び新設法人のうち新設合併法人以外の法人の設立の日の属する課税期間を除く。**2**において同じ。）の直前の課税期間の確定消費税額を基礎として次により計算した金額が400万円を超える場合には，その課税期間開始の日以後1月ごとに区分した各期間（「1月中間申告対象期間」という。）の末日の翌日から2カ月以内に中間申告書を税務署長に提出し，併せてその申告書に記載した消費税額を納付しなければなりません。

直前の課税期間の確定消費税額÷直前の課税期間の月数

2　直前の課税期間の前年税額が400万円を超え4,800万円以下の事業者の中間申告（消法42④）

事業者は，その課税期間の直前の課税期間の確定消費税額を基礎として次により計算した金額が100万円を超え400万円以下の場合にはその課税期間開始の日以後3月ごとに区分した各期間（「3月中間申告対象期間」という。）の末日の翌日から2カ月以内に中間申告書を税務署長に提出し，併せてその申告書に記載した消費税額を納付しなければなりません。

直前の課税期間の確定消費税額×3／直前の課税期間の月数

3　直前の課税期間の前年税額が48万円を超え400万円以下の事業者の中間申告（消法42⑥）

事業者は，その課税期間（個人事業者にあっては事業を開始した日の属する課税期間，法人にあっては6月を超えない課税期間及び新設法人のうち新設合併法人以外の法人の設立の日の属する課税期間を除く。）の直前の課税期間の確定消費税額を基礎として次により計算した金額が24万円を超え100万円以下の場合には，その課税期間開始の日以後6月ごとに区分した各期間（「6月中間申告対象期間」という。）の末日の翌日から2カ月以内に中間申告書を税務署長に提出し，併せてその申告書に記載した消費税額を納付しなければなりません。

直前の課税期間の確定消費税額×６／直前の課税期間の月数

4　直前の課税期間の確定消費税額

直前の課税期間の確定消費税額とは，その課税期間の直前の課税期間の確定申告書に記載すべき消費税額（課税標準額に対する消費税額から各種の税額控除額を控除した後の税額）で，その課税期間開始の日からそれぞれ2月又は3月，6月，9月を経過した日の前日までに確定したものをいいます。

5　中間申告書に記載すべき事項（消規20）

中間申告書に記載すべき事項は次のとおりです。

⑴　中間申告税額とその計算

⑵　申告者の氏名又は名称及び納税地

⑶　中間申告税額の計算の基礎

⑷　その中間申告対象期間の初日

⑸　その他参考となるべき事項

6　吸収合併法人に係る中間申告の特例（消法42②）

法人が合併した場合において，その課税期間の直前に合併したときは，中間申告すべき合併法人の直前の確定消費税額には被合併法人の売上高が反映していませんが，合併後の課税期間の売上高には被合併法人の売上高が含まれます。

また，その課税期間に合併したときは，合併後の期間については被合併法人の売上高が含まれます。そこで，合併法人の中間申告に当たって被合併法人の売上高を反映させた中間申告を行い，調整を図るために次のような規定が設けられています。

⑴　その課税期間の直前の課税期間に合併した場合

上記**1**から**3**により中間申告すべき事業者が合併後存続する法人である場合において，その課税期間の直前の課税期間に合併したものであるときは，次に掲げる金額が中間申告により納付すべき税額となります。

$$\text{合併法人の中間申告額（1から3により計算した金額）} + \frac{\text{被合併法人の確定消費税額}}{\text{分子の基礎となった被合併法人の課税期間の月数}} \times \frac{\text{合併法人の直前の課税期間における合併の日までの期間の月数}}{\text{合併法人の直前の課税期間の月数}} \times 3\text{又は}6$$

上記算式中，被合併法人の確定消費税額とは，被合併法人のその合併の日の前日の属する課税期間（以下「被合併法人特定課税期間」という。）の確定申告書に記載すべき納付する消費税額でその合併法人のその課税期間開始の日以後１月（３月，６月又は９月）を経過した日の前日までに確定したものをいいます。

⑵ その課税期間開始の日から同日以後３月，６月又は９月を経過した日の前々日までの期間において合併した場合

上記**１**から**３**により中間申告すべき事業者が合併後存続する法人である場合において，その課税期間開始の日から同日以後１月，３月又は６月を経過した日の前々日までの期間において合併したものであるときは，次に掲げる金額が中間申告により納付すべき税額となります。

$$\text{合併法人の中間申告額（1から3により計算した金額）} + \frac{\text{被合併法人の確定消費税額}}{\text{分子の基礎となった被合併法人の課税期間の月数}} \times \text{合併の日の翌日から中間申告の基礎となる課税期間（1月,3月,6月又は9月）を経過した日の前日までの月数}$$

7　新設合併法人に係る中間申告の特例（消法42③）

２以上の法人が合併して新設法人を設立した場合には，基準期間における課税売上高がないため納税義務が免除されることとなりますが，被合併法人の実績を基に次のとおり中間申告制度が設けられています。

課税期間が３カ月を超える法人が合併により設立された法人である場合には，その法人が提出すべきその設立後最初の課税期間の中間申告書により申告すべき税額は，各合併法人の確定消費税額をその計算の基礎となったその被合併法人の課税期間の月数で除し，これに１，３又は６を乗じて計算した金額の合計額です。

$$\frac{\text{A被合併法人の確定消費税額}}{\text{分子の金額の基礎となった課税期間の月数}}\times 3+\frac{\text{B被合併法人の確定消費税額}}{\text{分子の金額の基礎となった課税期間の月数}}\times 3+\frac{\text{C……}}{\text{課税期間}}\times 3\cdots$$

Ⅱ　仮決算をした場合の中間申告の特例（消法43）

中間申告は，前課税期間における確定申告書に記載した確定消費税額の３カ月又は６カ月分相当額を申告納付し，確定申告により清算するのが一般的です。

しかし，企業の業績が悪化して確定申告による税額が著しく減少することが見込まれる場合に，前課税期間の確定消費税額の１カ月，３カ月又は６カ月相当額を申告納付することが企業の資金負担等の点から難しいということが生ずる場合があります。そこで，中間申告対象期間を一の課税期間とみなして納付すべき消費税額を計算し，その金額により中間申告することができることとなっています。これが，仮決算による中間申告の特例で，その内容は次のとおりです。

中間申告書を提出すべき事業者が中間申告対象期間を一の課税期間とみなして課税標準額及び課税標準額に対する消費税額を計算した場合には，これらの金額により中間申告書を提出することができます。

この場合において，その中間申告書に記載すべき事項は次のとおりです。

1　課税標準額
2　課税標準額に対する消費税額
3　課税標準額に対する消費税額から控除されるべき仕入れに係る消費税額，
4　売上げの対価の返還等に係る消費税額，貸倒れに係る消費税額の合計額
5　この申告により納付すべき消費税額

Ⅲ　中間申告書の提出がない場合の特例（消法44）

中間申告書を提出すべき事業者がその中間申告書をその提出期限までに提出しなかった場合には，その事業者については，その提出期限において，直前の課税期間の

確定消費税額を基礎とする中間申告書が税務署長に提出されたものとみなされます。この申告をみなし中間申告といいます。

したがって，仮決算による中間申告税額がマイナスとなる場合であっても，中間申告書の提出がなければ直前の課税期間の確定消費税額の１カ月，３カ月又は６カ月相当額による中間申告書の提出があったものとみなされ，その１カ月，３カ月又は６カ月相当額を納付することとなります。

第3節　確定申告

I　課税資産の譲渡等についての確定申告（消法45①）

1　提出義務者・提出要件・提出期限及び提出先

課税事業者は，課税期間ごとに，その課税期間の末日の翌日から２カ月以内に所定の事項を記載した確定申告書を納税地の所轄税務署長に提出しなければなりません。ただし，国内における課税資産の譲渡等（輸出免税等，輸出物品販売場における輸出物品の譲渡に係る免税その他の法律又は条約の規定により消費税が免除されるものを除く。）がなく，かつ納付すべき消費税額がない課税期間については，確定申告は不要です。

なお，輸出専業の事業者で輸出売上げのみで納付すべき消費税額がない者については，一般の確定申告ができませんので，還付のための申告の規定（消法46）により確定申告書を行って消費税額の還付を受けることとなります。

2　申告書の記載事項

確定申告書には，次の事項を記載します。

(1)　その課税期間中に国内において行った課税資産の譲渡等に係る課税標準である金額の合計額（課税標準額という。）

ただし，「課税資産の譲渡等」には，消費税が免税となる輸出免税取引等は含みません。

(2)　課税標準額に対する消費税額

(3)　(2)に掲げる消費税額から控除する次に掲げる消費税額の合計額

①　仕入れに係る消費税額

②　売上げに係る対価の返還等の金額に係る消費税額

③　貸倒れに係る消費税額

(4)　(2)に掲げる金額から(3)に掲げる金額を控除した残額又は控除不足額に相当する消費税額

(5)　中間申告書を提出している場合には，(4)に掲げる残額である消費税額から中間納付額を控除した残額又は控除不足額に相当する消費税額

(6)　(1)から(5)までに掲げる金額の計算の基礎その他財務省令で定める事項

第27－(1)号様式

平成　年　月　日　　税務署長殿　（収受印）	
納税地	（電話番号　－　－　）
（フリガナ） 名称又は屋号	
（フリガナ） 代表者氏名又は氏名	㊞
経理担当者氏名	

※税務署処理欄

一連番号		翌年以降送付不要	
所管	要否	整理番号	
申告年月日	平成　年　月　日		
申告区分	指導等	庁指定	局指定
通信日付印	確認印	省略年月日	
年　月　日		年　月　日	
指導年月日	相談	区分1	区分2　区分3
平成			

自　平成　年　月　日

至　平成　年　月　日

課税期間分の消費税及び地方消費税の（　確定　）申告書

（中間申告の場合の対象期間　自　平成　年　月　日　至　平成　年　月　日）

平成九年四月一日以後終了課税期間分（一般用）

この申告書による消費税の税額の計算

項目		十兆千百十億千百十万千百十一円	
課税標準額	①	000	03
消費税額	②		06
控除過大調整税額	③		07
控除税額　控除対象仕入税額	④		08
控除税額　返還等対価に係る税額	⑤		09
控除税額　貸倒れに係る税額	⑥		10
控除税額　控除税額小計（④＋⑤＋⑥）	⑦		
控除不足還付税額（⑦－②－③）	⑧		13
差引税額（②＋③－⑦）	⑨	00	15
中間納付税額	⑩	00	16
納付税額（⑨－⑩）	⑪	00	17
中間納付還付税額（⑩－⑨）	⑫	00	18
この申告書が修正申告である場合　既確定税額	⑬		19
この申告書が修正申告である場合　差引納付税額	⑭	00	20
課税売上割合　課税資産の譲渡等の対価の額	⑮		21
課税売上割合　資産の譲渡等の対価の額	⑯		22

この申告書による地方消費税の税額の計算

項目		十兆千百十億千百十万千百十一円	
地方消費税の課税標準となる消費税額　控除不足還付税額（⑧）	⑰		51
地方消費税の課税標準となる消費税額　差引税額（⑨）	⑱	00	52
譲渡割額　還付額（⑰×25％）	⑲		53
譲渡割額　納税額（⑱×25％）	⑳	00	54
中間納付譲渡割額	㉑	00	55
納付譲渡割額（⑳－㉑）	㉒	00	56
中間納付還付譲渡割額（㉑－⑳）	㉓	00	57
この申告書が修正申告である場合　既確定譲渡割額	㉔		58
この申告書が修正申告である場合　差引納付譲渡割額	㉕	00	59
消費税及び地方消費税の合計（納付又は還付）税額	㉖		60

㉖＝（⑪＋㉒）－（⑧＋⑫＋⑲＋㉓）・修正申告の場合㉖＝⑭＋㉕
㉖が還付税額となる場合はマイナス「－」を付してください。

付記事項	割賦基準の適用	○	有	○	無	31
付記事項	延払基準等の適用	○	有	○	無	32
付記事項	工事進行基準の適用	○	有	○	無	33
付記事項	現金主義会計の適用	○	有	○	無	34
参考事項	課税標準額に対する消費税額の計算の特例の適用	○	有	○	無	35
参考事項　控除税額の計算方法	課税売上高5億円超又は課税売上割合95％未満	○	個別対応方式			41
参考事項　控除税額の計算方法	課税売上高5億円超又は課税売上割合95％未満	○	一括比例配分方式			41
参考事項　控除税額の計算方法	上記以外	○	全額控除			41

①・②の内訳　課税標準額	4％分	千円
①・②の内訳　課税標準額　旧税率分	3％分	千円
①・②の内訳　課税標準額　旧税率分		千円
①・②の内訳　消費税額	4％分	円
①・②の内訳　消費税額　旧税率分	3％分	円
①・②の内訳　消費税額　旧税率分		円
基準期間の課税売上高		円

還付を受けようとする金融機関等	銀行・金庫・組合・農協・漁協	本店・支店・出張所・本所・支所
還付を受けようとする金融機関等	預金	口座番号
還付を受けようとする金融機関等	ゆうちょ銀行の貯金記号番号	－
還付を受けようとする金融機関等	郵便局名等	
※税務署整理欄		

税理士署名押印	㊞（電話番号　－　－　）

○	税理士法第30条の書面提出有
○	税理士法第33条の2の書面提出有

３　確定申告書への添付書類（消法45⑤）

消費税の確定申告書には，財務省令の定めるその課税期間中の資産の譲渡等の対価の額及び課税仕入れ等の税額の明細その他の事項を記載した次の書類を添付しなければなりません。

(1)　原則課税用

①　付表２　課税売上割合・控除対象仕入税額等の計算表

②　旧税率（３％）が適用された取引がある場合

イ　付表１　旧・新税率別，消費税計算表兼地方消費税の課税標準となる消費税額計算表（経過措置対象課税資産の譲渡等を含む課税期間用）

ロ　付表２－２　課税売上割合・控除対象仕入税額等の計算表（経過措置対象課税資産の譲渡等を含む課税期間用）

③　消費税の還付申告に関する明細書

(2)　簡易課税用

①　付表５　控除対象仕入税額の計算表

②　旧税率（３％）が適用された取引がある場合

イ　付表４　旧・新税率別，消費税額計算表兼地方消費税の課税標準となる消費税額計算表（経過措置対象課税資産の譲渡等を含む課税期間用）

ロ　付表５－(2)　控除対象仕入税額の計算表（経過措置対象課税資産の譲渡等を含む課税期間用）

４　相続等があった場合の提出期限及び納期限

(1)　申告書未提出で死亡した場合の申告義務の承継（消法45②）

確定申告書を提出すべき個人事業者がその課税期間の末日の翌日からその申告書の提出期限までの間にその申告書を提出しないで死亡した場合には，被相続人のその課税期間に係る消費税の納税義務を確定させるため，その相続人はその相続の開始があったことを知った日の翌日から４月を経過した日の前日までに，納税地の所轄税務署長にその申告書を提出しなければなりません。

(2)　課税期間の中途で死亡した場合の申告義務の承継（消法45③）

個人事業者が課税期間の中途で死亡した場合において，その者のその課税期間分の消費税について確定申告書を提出しなければならないときは，その相続人は，その相続の開始があったことを知った日の翌日から４月を経過した日の前日までに，納税地の所轄税務署長に対してその申告書を提出しなければなりません。

(3)　清算中の法人について残余財産が確定した場合の確定申告(消法45④)

清算中の法人について残余財産が確定した場合には，その法人のその確定した日の属する課税期間に係る確定申告書については，その残余財産の確定した日の翌日から１月以内(その期間内に残余財産の最後の分配が行われる場合には，その行われる日の前日まで)に納税地の所轄税務署長に対してその申告書を提出しなければなりません。

第４節　還付を受けるための申告

課税事業者は，その課税期間の消費税につき税額控除額又は中間納付額に係る控除不足額がある場合において，消費税の確定申告義務がないときであっても，その控除不足額の還付を受けるための申告書(還付申告書)を納税地の所轄税務署長に提出し，消費税の還付を受けることができます(消法46)。この場合においては，確定申告と同じく所定の必要書類を添付しなければなりません。

また，個人事業者が課税期間の中途において死亡した場合において，その者のその課税期間分の消費税について上記の還付申告書を提出することができる場合に該当するときは，その相続人は，その還付申告書を納税地の所轄税務署長に提出して消費税の還付を受けることができます。

なお，合併があった場合において，被合併法人がその合併事業年度における消費税について還付申告書を提出することができる場合に該当するときは，その合併に係る合併法人が還付申告書納税地の所轄税務署長に提出して消費税の還付を受けることができます。

第５節　納 付 等

Ⅰ　納　　付（消法48，49）

中間申告書を提出した者又は確定申告書を提出した者は，その中間申告書又は確定申告書に納付すべき消費税額として記載した金額に相当する消費税をその中間申告書又は確定申告書の提出期限までに国に納付しなければなりません。

Ⅱ　還　　付（消法52，53）

1　仕入税額控除額等の還付（消法52①）

確定申告書又は還付申告書の提出があった場合において，これらの申告書に仕入れに係る消費税額，売上げに係る対価の返還等に係る消費税額及び貸倒れに係る消費税額の控除不足額の記載があるときは，これらの申告書を提出した者は，その不足額に相当する消費税の還付を受けることができます。

この仕入れに係る消費税額等の還付金額の記載のある確定申告書等の提出があった場合には，税務署長は，その金額が過大であると認められる事由がある場合を除き，遅滞なく，還付又は充当の手続をしなければならないこととなっています（消令64）。

なお，上記の還付金に対して，還付加算金が合わせて支払われ，その計算の基礎となる期間は，その還付に係る申告書の種類に応じ，それぞれの期限又は日の翌日からその還付のための支払決定をする日又はその還付金につき充当する日までの期間とされています。

2　中間納付額の還付（消法53①）

中間申告書を提出した者からその中間申告書に係る課税期間の確定申告書又は還付申告書の提出があった場合において，これらの申告書に中間納付額に係る控除不足額の記載があるときは，これらの申告書を提出した者は，その不足額に相当する消費税の還付を受けることができます。

この中間納付額の控除不足額の記載のある確定申告書等の提出があった場合には，税務署長は，その控除不足額が過大であると認められる事由がある場合を除き，遅滞なく還付又は充当の手続をしなければならないこととなっています（消令67）。

第6節　輸入取引に係る申告・納付

Ⅰ　原　　則（消法47・50）

1　申告納税方式が適用される課税貨物

関税法の規定により，申告納税方式が適用される課税貨物を保税地域から引取る者は，次に掲げる事項を記載した申告書を税関長に提出し，その申告に係る課税貨物を引き取る時までに，その申告書に記載した消費税額を納付しなければなりません。

⑴　課税貨物の品名ならびに品名ごとの数量及び課税標準額

⑵　課税標準額に対する消費税額及びその合計額

⑶　⑴及び⑵の計算の基礎その他財務省令で定める事項

2　賦課課税方式が適用される課税貨物

関税法の規定により，賦課課税方式が適用される課税貨物を保税地域から引き取る者は，課税標準額等を記載した課税標準額等申告書を税関長に提出し，税関長はその課税貨物の引取りの際にその課税貨物に係る消費税額を徴収することになっています。

Ⅱ　納期限の延長（消法51）

1　個別延長制度

この個別延長制度は，輸入申告ごとに納期限の延長を認めるもので，申告納税方式が適用される課税貨物を保税地域から引取る者は，その引取りの都度納期限延長申請書を税関長に提出し，担保を提供した場合には，課税貨物を保税地域から引き取る都度３カ月以内に限り，納期限の延長を認めるという制度です。

2　包括延長制度

この包括延長制度は，特定月における輸入申告に係る納税額のすべてを包括して納期限の延長を認める制度で，申告納税方式が適用される課税貨物を保税地域から引き取る者は，特定月の前月末日までに，その特定月に引き取る課税貨物についての納期限の延長に係る申請書を保税地域の税関長に提出し，担保を提供した場合には，特定月の末日の翌日から３カ月以内に限り，納期限の延長を認めるという制度です。

第７節　納 税 地

Ⅰ　納税地の意義

納税地は，特定の租税に関し納税者と国・地方公共団体との間の法律関係の結びつきを決定する場所をいい，納税者の申告，申請，請求，届出，納付その他の行為の相手方となるべき税務官庁及び承認，更正，決定，領収その他納税者に対する行為の主体となる権限を有する税務官庁を決定する基準となるものをいいます。

Ⅱ　国内取引

1　個人事業者(消法20・21)

個人事業者の納税地は，次のとおりです。

役　　務	納　税　地
イ　国内に住所を有する場合	その住所地
ロ　国内に住所を有せず居所を有する場合	その居所地
ハ　国内に住所及び居所有せず，国内に事務所等を有している場合	その事業所の所在地 (主たる事務所等の所在地)
ニ　国内に住所及び居所を有しない非居住者	事業に係る資産の所在地等
ホ　国内に住所のほか居所を有する場合	その住所地にかえ，居所地を納税地とすることができる。
へ　国内に住所又は居所を有し，かつ事務所等を有する場合	その事務所等の所在地 (主たる事務所等の所在地)
ト　相続が開始した場合の被相続人の納税地	被相続人の納税地

2　法人(消法22)

法人は，次のとおりです。

法　　人	納　税　地
イ　内国法人である場合	その本店又は主たる事務所の所在地
ロ　外国法人で国内に事務所等を有する法人	その事務所等の所在地 (主たる事務所の所在地)
ハ　国内に事務所等を有しない外国法人	事業に係る資産の所在地

3　納税地の指定(消法23)

上記の納税地が個人事業者又は法人が行う資産の譲渡等の状況からみてその資産の譲渡等に係る消費税の納税地として不適当と認められる場合には，その納税地の所轄国税局長又は国税庁長官は，その資産の譲渡等に係る納税地を指定し，書面によりその旨を通知します。

なお，国税庁長官が行う納税地の指定は，その指定されるべき納税地が指定される者の住所，本店所在地等の所轄国税局長の管轄区域外にある場合に行われます。

Ⅲ　輸入取引(消法26)

保税地域から引き取られる外国貨物に係る納税地は，その保税地域の所在地です。

Ⅳ　輸出物品販売場において購入した物品を譲渡した場合の納税地(消法27)

1　非居住者が購入した輸出物品を輸出しなかった場合の納税地は，出港地又は住所若しくは居所の所在地です。

2　非居住者が購入した輸出物品を国内で譲渡等をした場合の納税地は，その譲渡又は譲受けがあった時におけるその譲渡若しくは譲受け又は承認に係る物品の所在場所です。

第11章

国・地方公共団体等に対する特例

I 国等が行う事業の課税単位（消法60①）と納付すべき消費税額（消法60⑥）

国又は地方公共団体（以下「国等」という。）が一般会計に係る業務として行う事業又は国等が特別会計を設けて行う事業については，その一般会計又は特別会計ごとに一の法人が行う事業とみなして消費税法の規定を適用します。

この場合において，一の法人が行うとみなす国等の一般会計に係る業務として行う事業については，その課税期間の課税標準額に対する消費税額から控除することができる消費税額の合計額は，その課税標準額に対する消費税額と同額とみなします。

すなわち，一般会計により行われる事業に関しては，消費税の還付を行わないということです。なお，特別会計については，還付が認めています。

課税売上げに係る消費税額(a)＞課税仕入れに係る消費税額(b)
(a)－(b)＝納付すべき消費税額
課税売上げに係る消費税額(a)≦課税仕入れに係る消費税額(b)
(a)－(a)（控除する消費税額）＝納付すべき消費税額０

Ⅱ　国等の資産の譲渡等についての課税時期（消法60②・③）

国等（公共法人等別表第三に掲げる法人のうち特定のものを含む。）が行った資産の譲渡等については，その資産の譲渡等の対価を収受すべき会計年度の末日において行われたものとし，課税仕入れ及び課税貨物の保税地域からの引取りは，その課税仕入れ及び課税貨物の保税地域からの引取りの費用の支払いをなすべき会計年度の末日に行われたものとします。

Ⅲ　国等が行う特別会計に係る消費税額の控除（消法60④）

国等（特別会計を設けて事業を行う場合に限る。），別表第三に掲げる法人又は人格のない社団等（免税事業者を除く。）が課税仕入れ等を行った場合において，その課税期間において特定収入（資産の譲渡等の対価以外の収入）があり，かつ，その特定収入の合計額が課税標準等特定の金額の５％を超えるときは，その課税期間の課税標準に係る消費税額から控除できる課税仕入れ等に係る消費税額は，次により計算した金額です。

課税仕入れ等の税額の合計額－特定収入に係る課税仕入れ等に係る消費税額
＝課税仕入れ等に係る消費税額のうち控除する消費税額

Ⅳ　仕入税額控除の計算の特例

国，地方公共団体，公共法人等及び人格のない社団等は，本来，市場経済の法則が成り立たない事業を行っていることが多く，通常，税金，補助金，会費，寄附金等の対価性のない収入（「特定収入」という。）を恒常的な財源として得ているのが実態です。したがって，たとえ課税売上げがあっても，その価格は，このような対価性のない収入が恒常的に課税仕入れの一部を賄うことを前提として決定されることとなります。

このような特定収入によって賄われる課税仕入れは，課税資産の譲渡等のコストを構成しないと考えられ，特定収入によって賄われる課税仕入れは最終消費的な性格をもつものであり，特定収入の収受はその費用の分担の側面にすぎません。

そこで，国，地方公共団体，公共法人等及び人格のない社団等については，通常の方法により計算される課税仕入れ等の税額の合計額から特定収入により賄われる課税仕入れ等の税額を控除した残額を仕入控除税額とするという調整を行うこととなっています。

1　適用対象となる法人等

特定収入に係る仕入控除税額の調整の対象となる事業者は，国，地方公共団体（特別会計を設けて行う事業に限る。），公共法人・公益法人及び人格のない社団等です（消法60③）。

ただし，次に掲げる場合には，この調整の対象者から除かれます（消法60③，消令75③）。

(1)　その課税期間の仕入控除税額の計算について簡易課税制度の適用を受ける場合

(2)　その課税期間における特定収入割合が5％以下である場合

なお，特定収入割合とは，その課税期間における資産の譲渡等の対価の額（税抜金額）の合計額にその課税期間の特定収入の額の合計額を加算した金額のうちにその特定収入の額の合計額の占める割合をいいます（消令75③）。

$$\frac{\text{特定収入の額の合計額}}{\text{資産の譲渡等の対価の額}+\text{特定収入の額の合計額}}=\text{特定収入割合}$$

（注）　分母の資産の譲渡等の対価の額（税抜金額）は，対価の返還等の金額を控除する前の金額によります。

課税仕入れ等の財源と仕入税額の関係は次のとおりです。

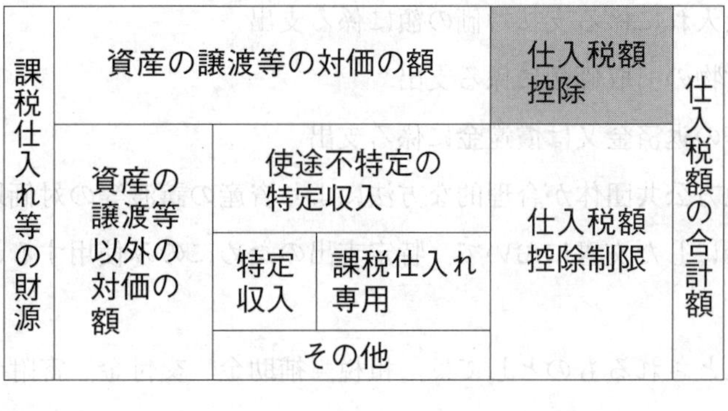

2　特定収入の意義等

特定収入とは，資産の譲渡等の対価以外の収入で，次に掲げるもの以外のものをいいます（消法60④，消令75①）。

(1)　借入金及び債券発行収入で，法令においてその返済又は償還のための補助金，負担金その他これらに類するものの交付を受けることが規定されているもの以外のもの（「借入金等」という。）。これは，本来の借入金収入又は債券発行収入は，その返済期日において事業者自らが行う事業活動から得た収入，つまり売上金額により返済又は償還することもあり得るので，借入れ又は債券発行時点ではその返済原資が売上げになるのか，補助金になるのかが未定であることから特定収入以外の収入としているわけです。

また，借入金収入又は債券発行収入で，返済又は償還のための補助金等が交付されることが法令で規定されている場合であっても，課税仕入れ及び借入金等の返済金又は償還金以外の支出（「特定支出」という。）のためにのみ使用されることが宣明されているものは，課税仕入れ等に使用されないことが明らかであることから特定収入から除かれます。

(2)　出資金

(3)　預金，貯金及び預り金

(4)　貸付回収金

(5)　返還金及び還付金

(6)　次に掲げる収入

①　法令又は交付要綱等において，次に掲げる支出以外の支出（「特定支出」という。）のためにのみ使用することとされている収入

イ　課税仕入れに係る支払対価の額に係る支出

ロ　課税貨物の引取価額に係る支出

ハ　入金等の返済金又は償還金に係る支出

②　国又は地方公共団体が合理的な方法により資産の譲渡等の対価以外の収入の使途を明らかにした文書において，特定支出のためにのみ使用することとされている収入

一方特定収入とされるものとしては，租税，補助金，交付金，寄附金，出資に対す

る配当金，保険金，損害賠償金，資産の譲渡等の対価に該当しない負担金，他会計からの繰入金，会費等，喜捨金等の収入が該当します(消基通16－2－1)。

3　特定収入がある場合の仕入税額控除の特例

特定収入がある場合における納付すべき消費税額は，その課税期間の課税標準額に対する消費税額からその課税期間の仕入れに係る消費税額から特定収入に係る課税仕入れ等の税額を控除した金額を控除した金額です。

課税標準額に対する消費税額 －（仕入れ等に係る消費税額 － 特定収入に係る課税仕入れ等の税額）＝ 納付税額

この原則的な方法により計算した課税仕入れ等の税額の合計額から控除すべき特定収入に係る課税仕入れ等の税額は，次により計算します(消令75④)。

(1)　その課税期間の課税売上割合が95％以上である場合

次の①及び②の合計額が，特定収入に係る課税仕入れ等の税額となります。

①　課税仕入れ等に係る特定収入の額の105分の4相当額

②　(課税仕入れ等の税額の合計額①の金額)×調整割合

「課税仕入れ等に係る特定収入」とは，特定収入のうち法令，交付要綱等又は国若しくは地方公共団体が合理的な方法により資産の譲渡等の対価以外の収入の使途を明らかにした文書において課税仕入れに係る支払対価の額又は課税貨物の引取価額に係る支出のためにのみ使用することとされている部分をいいます(消令75④一イ)。

また，「課税仕入れ等に係る特定収入」には，特定収入の金額が課税仕入れ等に係る支出にのみ充てることとされているもののほか，特定収入のうちの一定金額が課税仕入れ等に係る支出に充てることとされている場合におけるその一定金額がこれに該当します(消基通16－2－3)。

「課税仕入れ等の税額の合計額」とは，原則的な方法により計算した仕入控除税額です。

また，「調整割合」とは，その課税期間における資産の譲渡等の対価の額の合計額にその課税期間における課税仕入れ等に係る特定収入以外の特定収入(以下「使途不特定の特定収入」という。)の合計額を加算した金額のうちその使途不特定の特定収入の合計額の占める割合をいいます(消令75④一ロ)。

$$\frac{\text{使途不特定の特定収入の合計額}}{\text{資産の譲渡等の対価の額の合計額}+\text{使途不特定の特定収入の合計額}}=\text{調整割合}$$

(2)　その課税期間の課税売上割合が95％未満である場合

①　個別対応方式による場合

個別対応方式により仕入控除税額を計算する場合におけるその課税期間の仕入れに係る消費税額から控除する特定収入に係る課税仕入れ等の税額は，次のイからハまでの金額の合計額です。

イ　課税売上対応課税仕入れ等専用特定収入×4/105

ロ　課税売上・非課税売上対応課税仕入れ等専用特定収入×4/105×課税売上割合

ハ　（個別対臨方式による原則控除税額－イ－ロ）×調整割合

したがって，個別対応方式による納付税額は，次のとおりとなります。

$$\text{課税標準額に対する消費税額}-\left(\text{仕入れに係る消費税額}-\text{特定収入に係る課税仕入れ等の税額（イ＋ロ＋ハ）}\right)=\text{納付税額}$$

②　一括比例配分方式による場合

一括比例配分方式により仕入控除税額を計算する場合におけるその課税期間の仕入れに係る消費税額から控除する特定収入に係る課税仕入れ等の税額は，次のイとロの金額の合計額です。

イ　課税仕入れ等専用特定収入×4/105×課税売上割合

ロ（一括比例配分方式による原則控除税額－イ）×調整割合

したがって，一括比例配分方式による納付税額は，次のとおりとなります。

$$\text{課税標準額に対する消費税額}-\left(\text{仕入れに係る消費税額}-\text{特定収入に係る課税仕入れ等の税額（イ＋ロ）}\right)=\text{納付税額}$$

第12章
雑　則

Ⅰ　小規模事業者の納税義務の免除か適用されなくなった場合等の届出（消法57）

事業者が次に掲げる事由に該当することとなった場合には，次に掲げる者が，その旨を記載した届出書を速やかにその事業者の納税地の所轄税務署長に提出しなければなりません。

1　課税期間の基準期間における課税売上高が1,000万円を超えることとなった場合（前年等の課税売上高の特例，相続，合併，分割により課税事業者となる場合を含む。）のその事業者

2　課税期間の基準期間における課税売上高が1,000万円以下となった場合のその事業者

3　課税事業者が事業を廃止した場合（４及び５に該当する場合を除く。）のその事業者

4　個人事業者が死亡した場合のその死亡した個人事業者の相続人

5　法人（免税事業者を除く。）が合併により消滅した場合のその合併に係る合併法人

6　新設法人に該当することとなった場合のその新設法人

Ⅱ　帳簿の備付け等(消法58)

1　概　　要

課税事業者は，帳簿を備え付けてこれにその行った資産の譲渡等又は課税仕入れ若しくは課税貨物の保税地域からの引取りに関する事項を記録し，かつ，その帳簿を保存しなければなりません。

2　記帳すべき事項(消規27)

帳簿に記帳すべき項目を国内取引について列挙すれば次のとおりです。

(1)　資産の譲渡等に関する事項(消規27①一)

①　資産の譲渡等の相手方の氏名又は名称

②　資産の譲渡等を行った年月日

③　資産の譲渡等に係る資産又は役務の内容(簡易課税制度の適用を受ける事業にあっては，その資産の譲渡等が課税資産の譲渡等(輸出免税等取引を除く。)である場合には，第一種事業から第五種事業までの事業の種類を含む。)

④　資産の譲渡等の対価の額(税込価額とする)

(2)　対価の返還等に関する事項

①　売上げに係る対価の返還等を受けた場合(消規27①二)

イ　売上げに係る対価の返還等を受けた者の氏名又は名称

ロ　売上げに係る対価の返還等を受けた年月日

ハ　売上げに係る対価の返還等の内容

ニ　売上げに係る対価の返還等をした金額

②　仕入れに係る対価の返還等をした場合(消規27①三)

イ　仕入れに係る対価の返還等をした者の氏名又は名称

ロ　仕入れに係る対価の返還等を受けた年月日

ハ　仕入れに係る対価の返還等の内容

ニ　仕入れに係る対価の返還等を受けた金額

(注)　簡易課税制度の適用を受ける事業者は，この記録を省略できます。

⑶　消費税額について還付を受ける課税貨物に係る事項（消規27①四）

①　保税地域を所轄する税関

②　還付を受けた年月日

③　課税貨物の内容

④　還付を受けた金額

⑷　貸倒れに係る事項（消規27①五）

①　貸倒れの相手方の氏名又は名称

②　貸倒れのあった年月日

③　貸倒れに係る債権の内容

④　貸倒れに係る金額

3　保存の期間・場所・方法（消法30⑩，消令50，消規15の3）

⑴　課税事業者は，上記2の事項を記載した帳簿及び請求書等を保存しなければなりません。

その保存期間は，所得税・法人税における帳簿及び請求書等の保存義務における保存期間と同様7年間です。

⑵　帳簿及び請求書等の保存場所は，納税地又はその事業に係る事務所，事業所その他これらに準ずるものの所在地です。

⑶　帳簿の保存方法としては，原則として現物（帳票類）での保存となりますが，7年のうち最後の2年間は所定の性能を満たすマイクロフィルムによる保存も認められています。

第2部

課 否 判 定

第1章

概　要

消費税は，非課税とされる取引以外の商品や製品の販売，資産の貸付け，サービスの提供に伴う消費に対して課税することとされ，これらの消費が行われる国において課税するという「内国消費税」です。

そこで，消費税の課税対象となるものは，日本国内で生産された資産の消費，賃貸，または提供されたサービスである国内取引と，外国から輸入されて国内で消費される外国貨物の引取りがそれぞれ課税対象となります。

課税対象の１つである国内取引を資産の譲渡等といい，『国内において事業者が事業として対価を得て行う資産の譲渡，貸付け又は役務の提供（消法2①八）』をいいます。

資産の譲渡における「対価」とは，他人に財産を譲渡したり，貸し付けたり，またサービスを提供した報酬として受け取る財産上の利益をいいます。この利益は，具体的には，「資産の増加による利益」「債務の消滅による利益」ということとなります。そして，「対価を得て行われる」とは，資産の譲渡，資産の貸付け及び役務の提供に対して反対給付を受け取ることをいいます。例えば，商品をはじめ資産を販売して代金を受け取ったり，事務所を貸し付けて家賃を受け取ったり，工事を請け負って代金を受け取ったりするような取引，また，交換，資産を譲渡して債務を消滅させる代物弁済，現物出資により株式を受けるなどのように金銭の支払いを伴わない資産の引渡し，債務の消滅で何らかの反対給付があるものは，対価を得て行われる取引になりますので課税の対象となります。さらに，負担付き贈与については，その負担部分を対価として行われる資産の譲渡になります。

一方，輸入取引については『保税地域から引き取られる外国貨物（消法4②）』が課税対象です。

第2章 課否判定表

第1節　資産の譲渡等

取引	項　目	取引内容	課税	非課税	対象外
売上	課税対象 消法4①	国内取引については，「国内において，事業者が事業として対価を得て行う資産の譲渡，資産の貸付け又は役務の提供」が消費税の課税対象です。 ただし，次に掲げる非課税取引及び課税対象外取引に該当するものを除きます。	○		
	消法別表第一	1　非課税取引 イ　土地等の譲渡及び貸付け ロ　有価証券，支払手段の譲渡 ハ　利子を対価とする金銭の貸付け，信用保証等 ニ　国等が一定の場所で行う郵便切手類，印紙及び証紙の販売 ホ　物品切手等の譲渡 ヘ　国，地方公共団体等が行う行政サービス等の手数料 ト　外国郵便為替等，外国為替業務等 チ　療養，医療等 リ　介護サービス等，社会福祉事業等 ヌ　助産 ル　埋葬・火葬 ヲ　身体障害者用物品の譲渡等 ワ　学校教育法による教育に関する役務の提供(授業料，入学金，施設整備費等) カ　教科用図書の譲渡 ヨ　住宅の貸付け		○	
		2　課税対象外取引(無償取引，保険金，受取配当金，損害賠償金等で対価性のないもの(資産の譲渡等に該当しないもの。))			○
		3　国外取引			○

取引	項目	取引内容	課税	非課税	対象外
内外判定	資産の譲渡又は貸付け 消法4③ 消令6①	国内取引のうち，資産の譲渡又は貸付けについては，その譲渡又は貸付けが行われた時においてその資産が所在していた場所によって判定します。 なお，次に掲げる資産はそれぞれ次に掲げる場所により判定します。	—	—	—
	消基通5-7-2	1　登録・船籍票の交付を受けた船舶 船舶の登録又は船籍票の交付を受けた機関の所在地 ただし，居住者が行う「日本船舶以外の船舶の居住者への貸付け」及び非居住者が行う「日本船舶の譲渡又は貸付け」は，これらの譲渡又は貸付けを行う事業者の住所地等 2　1の船舶以外の場合 その譲渡又は貸付けを行う事業者のその行為に係る事務所等の所在地			
	消基通5-7-3	3　登録を受けた航空機 航空機の登録をした機関の所在地 4　登録を受けていない航空機 その譲渡又は貸付けを行う事業者のその行為に係る事務所等の所在地			
	消基通5-7-4	5　鉱業権，租鉱権又は採石権等 その鉱業権等に係る鉱区等の所在地			
	消基通5-7-5	6　特許権，実用新案権，意匠権，商標権，回路配置利用権又は育成者権(その利用権を含む。) 特許権等の譲渡又は貸付けを行う事業者の住所地(2カ国以上に登録している場合には，その行為を行う事業者の住所地) 7　公共施設等運営権 その公共施設等の所在地			
	消基通5-7-6 消基通5-7-7	8　著作権，出版権等又はノウハウ 著作権等の譲渡又は貸付けを行う者の住所地			
	消基通5-7-8 消基通5-7-9	9　営業権，漁業権又は入漁権 これらの権利に係る事業者の住所地 10　有価証券(14のゴルフ場利用株式等を除く。) その有価証券が所在していた場所(発行法人の本店でないことに注意)			

取引	項　目	取　引　内　容	課税	非課税	対象外
内外判定（続き）		11　登録国債 　登録国債を登録した機関の所在地 12　合名会社，合資会社，合同会社の社員の持分 　その持分に係る法人の本店又は主たる事務所の所在地 13　貸付金，預金，売掛金等の金銭債権（14の預託金銭債権を除く。） 　その金銭債権に係る債権者の譲渡に係る事務所等の所在地 14　ゴルフ場利用株式等又はゴルフ場利用のための預託金銭債権 　そのゴルフ場の所在地	ー	ー	ー
	消基通5-7-11	15　船荷証券 　船荷証券の譲渡の時における貨物の所在地又は証券のコピーの保存を条件に貨物の荷揚地			
	消基通5-7-12	16　リースの所在場所が変わった場合 　変更後の所在場所 17　その他の資産でその所在場所が明らかでないもの 　その資産の譲渡又は貸付けを行う事業者のその行為に係る事務所等の所在地			
	消令6③	(注)　利子を対価とする金銭の貸付け又は次に掲げる行為については，その貸付け等を行う事業者のその貸付け等に係る事務所等の所在地によって判定します。 (1)　利子を対価とする金銭の貸付け (2)　預貯金の預入れ (3)　合同運用信託，証券投資信託 (4)　相互掛金，定期積金の払込み (5)　無尽掛金の払込み (6)　利息を対価とする抵当証券の取得 (7)　償還差益を対価とする国債等又は約束手形の取得 (8)　手形の割引 (9)　金銭債権の買取り			

取引	項　目	取引内容	課税	非課税	対象外
内外判定（続き）	役務の提供 消令6②	役務の提供については，その提供が行われた場所によって判定します。 なお，次に掲げるものについてはそれぞれ次に掲げる場所により判定します。 1　国際運輸 その旅客又は貨物の出発地若しくは発送地又は到着地 2　国際通信 発信地又は受信地 3　国際郵便等 差出地又は配達地 4　保険 保険事業者（保険契約代理店等を除く。）の保険契約の締結に係る事務所等の所在地 5　情報の提供又は設計 情報の提供又は設計を行う者の情報の提供又は設計に係る事務所等の所在地 6　専門的な科学技術に関する知識を必要とする調査，企画，立案，助言，監督又は検査に係る役務の提供で建物，構築物又は鉱工業生産設備等（「生産設備等」といいます。）の建設又は建造に関するもの その生産設備等の建設又は製造に必要資材の大部分が調達される場所 7　上記の役務の提供以外のもので国内及び国内以外の地域にわたって行われる役務の提供についてその場所が明かでないもの その役務の提供を行う者の役務の提供に係る事務所等の所在地			

取引	項　目	取引内容	課税	非課税	対象外
内外判定（続き）	国外に支払う技術使用料，技術指導料 消法4③，消令6②	1　技術使用料は，権利の使用，すなわち権利の貸付けの対価として支払われるものであり，この場合には，使用する権利が特許権等の登録を要する権利であればその権利を登録した機関の所在地（複数の国で登録している場合は権利の譲渡又は貸付けをする者の住所地）が国内であれば課税，国外であれば国外取引として対象外となります。 2　技術指導料は，技術指導という役務の提供の対価であり，国内において行われる技術指導の対価として支払われるものは課税の対象となります。	○ ○		○
	海外工事に対する人材派遣 消法4③二，消令6②六	ボーリング工事は鉱工業生産設備の建設と認められ，その工事に係る現地作業員の指導は専門的な科学技術に関する知識を必要とする助言監督等に該当します。 したがって，生産設備等の建設又は製造に必要な資材の大部分が調達される場所が国外であれば，国外取引となります。			○
	金投資口座 消法4③一	海外に保管している金を売買の目的物とする「金投資口座」に係る取引は次により取り扱います。 1　銀行等が顧客に交付する金の預り証又は取引規定に金の預り場所（例えば，アメリカ国内においてとかロンドンにおいてのように具体的に保管場所を記載します。）を明記していること。 2　銀行等と国内の商社等との契約書等においても金の保管場所を具体的に記載していること。 3　売買の目的物が現実に海外に保管されていること。			○

取引	項　目	取引内容	課税	非課税	対象外
内外判定（続き）	広告請負 消令6②七，消基通5－7－15	内国法人である広告会社が広告主から商品の広告について，広告の企画，立案，広告媒体との交渉，調整，管理等を請負うとともに，国外の広告媒体に広告を掲載することを請負う場合において，広告会社が広告主に対して行う役務の提供は，広告会社の役務の提供を行う事務所等の所在地により内外判定を行います。 なお，契約の内容が単に国外の広告媒体に広告を掲載することとなっている場合には，役務の提供場所が国外であることから国外取引となります。			○
	国内資産の国外販売 消法4③一，消基通5－2－1	A社は外国で土産品販売店（現地法人）を営んでいますが，B社（内国法人）との間で国内配達業務委託契約を結んでいます。A社は，日本人にハワイでお土産を販売し，併せて日本国内の指定場所までの配送を引き受けますが，この配送に当たっては日本の倉庫にあらかじめ同一商品を輸出し，B社の倉庫に保管しておき，外国で販売した都度B社に連絡し，B社を通じて購入者の指定先に届けられる方法がとられています。 この販売は，国内取引に該当します。	○		
	外国からの資産の賃借 消法4③一	資産の貸付けが国内において行われたかどうかは，その貸付けが行われる時におけるその資産の所在場所によって判定することとされており，この場合の「貸付けが行われる時」とは，その貸付資産の引渡しの時をいうこととなります。 したがって，貸付資産の引渡し場所が国内であるかどうかを基準として国内取引に該当するかどうかを判定することとなります。	○		

取引	項　目	取 引 内 容	課税	非課税	対象外
内外判定（続き）	所有権移転外ファイナンス・リース取引 消法4③一，消基通5－7－10，7－2－1	所有権移転外ファイナンス・リース取引については，リース資産の譲渡の時における資産の所在場所が国内であるかどうかを基準として，国内取引に該当するかどうかを判定することとなります。 1　外国の会社（賃貸人）と電子計算機の所有権移転外ファイナンス・リース契約を結んだ国内の会社（賃借人）が，保税地域内においてそのリース取引の目的となる資産（以下「リース資産」といいます。）を外国貨物として引渡しを受けて通関した場合には，保税地域内におけるリース資産の譲渡は，国内取引に該当しますが，外国貨物の譲渡として輸出免税の対象となり，消費税は免除されます。なお，外国貨物であるリース資産を通関することとなりますから，保税地域から引き取る課税貨物として賃借人が引き取った時において消費税が課され，その引取りに係る消費税については，賃借人における仕入税額控除の対象となります。 2　国内の会社（賃貸人）と電子計算機の所有権移転外ファイナンス・リース契約を結んだ外国の会社（賃借人）が，外国に所在するリース資産の引渡しを外国の本社で受けた後，改めて賃貸人と賃借人の合意に基づき，国内の支社で使用することとした場合には，国外取引として消費税の課税対象とはならず，その後の使用場所の変更は，当初の課税関係に影響を与えません。 なお，このリース資産を国外の本社で引渡しを受けた後，賃貸人と賃借人の合意に基づき，国内の支社で使用することとした場合，保税地域から引き取る課税貨物は，消費税の課税対象となりますので，賃借人がその引取りにより課された又は課されるべき消費税額は，仕入税額控除の対象となります。			

取引	項　目	取引内容	課税	非課税	対象外
内外判定（続き）	海外からのソフトウェアの借入れ 消令6①六	アメリカのA社から借り入れたコンピュータのソフトウェア等は，「著作権等」に該当するため，貸付けを行う者の住所地により，資産の譲渡等が国内で行われたかどうかを判定しますから，A社の本社がアメリカにあることから国外取引となります。			
	海外プラント工事に係る助言・監督業務の下請 消令6②六	海外プラント工事に係る助言・監督業務に係る役務提供は，専門的な科学技術に関する知識を必要とする助言・監督で，生産設備等の建設又は製造に関して行うものですから，当該取引の内外判定に当たっては，その生産設備等の建設又は製造に必要な資材の大部分が調達される場所によって判定することになります。 　したがって，プラント工事に必要な資材の大部分は国内で調達される場合には，その助言・監督に係る役務提供は国内取引に該当し，課税の対象となります。			
	株券の発行がない株式の譲渡 消令6①八イ，九，消令9①一	株券の発行がない株式については，有価証券そのものではなく，また，その所在場所がないため資産の所在場所が明らかでないものの内外判定により，その譲渡又は貸付けに係る事務所等の所在地により内外判定を行うこととなります。 　したがって，株券の発行がない株式の譲渡に係る事務所等の所在地が国内であれば国内取引に該当し，その譲渡対価の5％を課税売上割合の計算上分母の金額に含める必要があります。			

取引	項　　目	取　引　内　容	課税	非課税	対象外
内外判定（続き）	海外旅行の添乗員の派遣 消令6②七	人材派遣に係る役務の提供の内外判定は，その人材派遣に係る派遣社員の行う役務の提供の場所により判定を行うこととなり，人材派遣会社から派遣される添乗員又はツアーコンダクターの行う役務の提供が国内において行われているかどうかにより判定することとなります。 １　海外現地のみで行われる添乗サービス等である場合 その添乗サービス等は，国外において行われる役務の提供であり，国外取引に該当し，旅行業者において課税仕入れの対象となりません。 ２　出国から帰国まで一貫して行われる添乗サービス等である場合 その添乗サービス等は，国内及び国内以外の地域にわたって行われる役務の提供であり，この場合には，役務の提供を行う者の役務の提供に係る事務所等の所在地でその内外判定を行うこととなります（令６②七）。			
非課税取引・土地及び土地の上に存する権利の譲渡	土地の譲渡 消法別表第一・一 消基通6-1-1	非課税となる土地の譲渡は，土地そのものの譲渡のほか，土地が宅地である場合には，宅地と一体として譲渡する庭木，庭石，石垣，庭園等の定着物（建物及びその付属設備を除く。）を譲渡した場合には，これらを含めて全体が非課税となります。		○	
	共有地の分割 消法2①八	所得税又は法人税の取扱いにおいて，土地の譲渡はなかったものとして取り扱われる共有地の分割，法律の規定に基づかない区画形質の変更に伴う土地の交換分合及び道路の付替えは，消費税において，いずれも資産の譲渡に該当しないものとして取扱い，課税売上割合の計算上も分母に算入しないこととします。			○

取引	項　　目	取　引　内　容	課税	非課税	対象外
土地及び土地の上に存する権利の譲渡（続き）	**土地建物一括譲渡** 消令45③ 消基通10-1-5	土地と建物を一括譲渡した場合には，対価の額を合理的な基準（通常の取引価額，取得価額の比など）により課税部分と非課税部分に区分する必要があります。 譲渡対価の区分の方法としては，契約当事者により作成された契約者において区分された金額が合理的な基準によっている場合には，その区分した金額によることとなりますが，契約書にその金額が区分されていない場合には，次の方法によることになります。 1　譲渡時の時価の比率による方法 2　不動産鑑定士による評価を基礎とする方法 3　公示価格又は基準地地価等を土地の金額として対価を区分する方法 4　国土交通省による不動産取引価格情報による近傍類似の取引価格による土地の推定時価を対価として区分する方法 5　租税特別措置法に規定する法人税の土地の譲渡等に係る課税の特例の計算における取扱いによって建物と土地の価格を区分しているときには，消費税の計算においてもその区分したところによります。	○	○	
	土地収用法による土地の対価補償金 消法4①，消令2②，消基通5-2-5，5-2-10	土地収用法に基づく収用に係る補償金で資産の譲渡等の対価とされるものは，収用の目的となった所有権その他の権利の対価としてのいわゆる対価補償金をいい，土地収用法による土地の対価補償金は資産の譲渡の対価になりますが，消費税の非課税取引となります。		○	
	土地収用法による土地及び建物の収用 消基通5-2-10	収用される土地に建物が建てられているが，その建物を他に移転することが困難なため建物の収用請求をしたことによる建物の対価補償金 1　土地の対価補償金 2　建物の対価補償金	 ○	 ○	

取引	項目	取引内容	課税	非課税	対象外
土地及び土地の上に存する権利の譲渡（続き）	土地信託 消法14①	1　信託の設定による委託者から受託者への信託財産の移転は，資産の譲渡等に該当しません。			○
		2　受託者が取得した信託受益権を他に譲渡した場合には，受益者が信託受益権の目的となっている信託財産の構成物の全部を一括して譲渡したものとして処理します。	○	○	
		3　信託期間中に受託者から受益者に交付される信託配当金は，資産の譲渡等の対価として受領したものではありませんから，課税関係は生じません。			○
		4　信託の終了に伴い受託者から受益者への信託財産の移転は，資産の取得等に該当しないので課税関係は生じません。			○
	堀込ガレージ 消基通10-1-5	堀込みガレージ（土地を掘削してコンクリートの壁，床，天井を設置し，シャッターを取り付けた地下ガレージで住宅に附帯するもの）は，登記上建物と扱われており，土地建物一括譲渡における建物の譲渡に該当します。	○		
	耕作権の譲渡 消基通6-1-2	耕作権は土地の上に存する権利であり，その譲渡は非課税となります。		○	
土地及び土地の上に存する権利の貸付け	土地の上に存する権利 消法別表第一・一 消基通6-1-2	土地の上に存する権利とは，地上権，土地の賃借権，地役権，永小作権（耕作権を含む。）等の土地の使用収益に関する権利をいう。これらの権利の譲渡又は設定に係る対価（権利金等）は非課税となります。 鉱業権，土石採取権，温泉利用権及び抵当権は，土地の上に存する権利には含まれない。		○	
	地代 消令8 消基通6-1-4	土地賃貸借契約書において定められた貸付期間により判定します。 1　1カ月以上の貸付け		○	
		2　1カ月未満の貸付け（日曜日だけ1年間貸すような場合を含む。）	○		

取引	項　目	取　引　内　容	課税	非課税	対象外
土地及び土地の上に存する権利の貸付け（続き）	土地に設定された抵当権の譲渡 消法2①八，6①	土地に対する抵当権は，非課税とされている土地の上に存する権利（土地の使用収益に関する権利）ではなく，その譲渡は課税の対象となります。また，抵当権の順位の譲渡も，同じく土地の使用収益に関する権利ではないことからその譲渡は課税の対象となります。	○		
	土地取引の仲介手数料 消基通6−1−6	土地及び土地の上に存する権利の譲渡は非課税です。しかし，土地等の売買や貸付け等に関する仲介手数料は売買等の斡旋という役務の提供の対価であるから課税対象となります。	○		
	土地の賃貸借により行われる採石等 消基通6−1−2	土石採石権の設定による対価は，土石採石権が土地の上に存する権利ではないことから，その賃貸料及び採石料は，物権である採石権を設定して採石する場合の採石料と同様に課税の対象となります。	○		
	借地権の譲渡又は転貸に際して地主に支払われる名義書換料 消基通6−1−3	借地権の更新料や名義書換料，第三者への譲渡に伴う承諾料等は，土地の上に存する権利の設定，譲渡又は土地の貸付けに係る対価に該当して，非課税となります。		○	
	公有水面使用料等 消基通6−1−7	国等が所有する海浜地，道路又は河川敷地の使用許可に係る公有水面使用料，道路占用料又は河川敷地占用料は，非課税です。		○	
	墓地の永代使用料等	1　墓地の永代使用料，霊園施設の地中納骨施設の貸付けは非課税となります。 2　墓地の管理料は，役務の提供の対価ですから課税対象となります。	 ○	○	

取引	項目	取引内容	課税	非課税	対象外
土地及び土地の上に存する権利の貸付け（続き）	道路占用料 消基通6-1-7	１　道路区域内の地中に構築物を埋設する場合，道路区域内の上空に看板等の工作物が突出する場合及び祭礼等に当たり道路を店舗用として使用する場合に徴される道路占用料			
		⑴　１カ月未満の契約	○		
		⑵　１カ月以上の契約		○	
		２　道路区域内の路上又は地中に連続した構築物（電気，通信用の配線，ガス等の導管など）を付設する場合に，その構築物が橋梁上又はトンネル内に及ぶことがあり，これについて徴される道路占用料			
		⑴　１カ月未満の契約	○		
		⑵　１カ月以上の契約		○	
		３　橋梁上又はトンネル内に構築物を付設する場合に徴される橋梁等の建設負担金	○		
	電柱使用料 消基通6-1-7	１　国又は地方公共団体等が有する道路，土地の使用許可に基づく電柱使用料は，土地の貸付けの対価に該当し，非課税となります。		○	
		２　電力会社等が電柱を広告等のために使用させた場合の電柱使用料は，課税対象となります。	○		
	建物部分と敷地部分を区分記載した賃貸料 消令8 消基通6－1－5	事務所賃貸契約において，その賃貸料を家賃と地代に区分した場合であっても，そのビル等の貸付けの対価は，建物の賃貸借に係るものであって土地の賃貸そのものの対価ではありません。また，建物の貸付けに伴う土地の使用は，その建物の貸付けに必然的に随伴するものであり，その使用は土地の貸付けではありません。 したがって，賃貸借契約において敷地部分の賃貸料を区分して記載している場合であっても，その部分を含めた賃貸料全額が建物の賃貸料として，課税の対象となります。	○		

取引	項　目	取 引 内 容	課税	非課税	対象外
土地及び土地の上に存する権利の貸付け（続き）	駐車場 消令8 消基通6−1−5	1　砂利敷，アスファルト敷，コンクリート敷などの構築物が敷設されている駐車場は，駐車場施設の利用に伴う土地の利用に該当するから，課税対象となります。	○		
	消基通6−1−5	2　駐車場であっても，地面の整備，フェンス，区画，建物の設置等をしない土地そのものの貸付けは，非課税となります。		○	
	消基通6−13−3	3　住宅の貸付けに伴う駐車場については，一戸建て住宅に係るもののほか，集合住宅に係る駐車場で一戸に一台の駐車スペースが自動車の保有にかかわらず割り当てられている場合には，駐車場部分を含めた全体が住宅の貸付けに該当し，非課税となります。		○	
		4　個人が敷設した駐車場設備を法人が借り受け，法人が第三者へ賃貸する場合には，個人は施設貸付け，法人は駐車場の貸付けとして課税対象となります。	○		
	テニスコート・サッカー場・野球場 消令8 消基通6−1−5	いずれも施設の利用に伴って土地が使用される場合に該当し，施設貸付けとして課税対象となります。	○		
	高架下の貸付け	1　高架下の空スペースに一切施設を設けずに貸し付けた場合には，土地の貸付けに該当し，非課税となります。		○	
	消基通6−1−5	2　高架下の空スペースにフェンス，アスファルトなどを設置して，駐車場等として貸し付けた場合には，施設貸付けとして課税対象となります。	○		

取引	項　目	取　引　内　容	課税	非課税	対象外
住宅の貸付け	家賃 消法別表第一十三 消基通6-13-8	1　住宅の貸付け(賃貸契約において人の居住の用に供されることが明らかにされているものをいいます。)に係る家賃は，非課税となります。 (注)　住宅とは，人の居住の用に供する家屋又は家屋のうち人の居住の用に供する部分をいい，一戸建て住宅，マンション，アパート，社宅，寮，貸間，公務員住宅，店舗併設住宅，事務所併設住宅，その他用途併設住宅の居住用部分が含まれます。		○	
		2　店舗，事務所，工場，倉庫等の貸付けは，課税対象となります。	○		
	住宅の貸付けの範囲 消基通6-13-1	住宅の貸付けには，通常，住宅に付随して貸し付けられると認められるもの(庭，塀など)及び住宅の付属設備として住宅と一体として貸し付けられる家具，じゅうたん，照明設備，冷暖房設備などが含まれます。		○	
		なお，住宅の付属設備であっても住宅とは別の賃貸借の目的物として対価を収受している場合には，課税対象となります。	○		
	権利金，礼金，敷金，保証金等	住宅の貸付けに係る権利金，礼金等で将来返還されない部分(原状回復費用を除く。)は，住宅の貸付けの対価に該当し，非課税となります。		○	
	消法2②，4① 消基通5-4-3	なお，敷金，保証金等で預り金としての性格を有し，将来返還するものについては，課税対象外取引に該当します。			○

取引	項　目	取 引 内 容	課税	非課税	対象外
住宅の貸付け（続き）	集合住宅の施設利用料，共益費，管理料等 消基通6-13-1，6-13-2，6-13-3	1　通常単独で賃貸借やサービスの目的物となる駐車場施設，プール・アスレチック施設等については，全住宅の貸付けについて付属する場合や賃借人のみの利用が前提となっている場合など，住宅に対する従属性がより強固な場合		○	
		2　居住用としての従属性が認められる倉庫や家具などの施設又は動産については，全体を家賃として収受している場合		○	
		3　入居者の別注により賃貸借の対象となっているもの	○		
		4　集合住宅における共用部分に係る費用（廊下の電気代，エレベーターの運行費用，集合所の維持管理費用等）を入居者が負担するいわゆる共益費は，住宅の貸付けの対価に該当し，非課税となります。		○	

1　集合賃貸住宅に係る賃料又は共益費の課税関係

<table>
<tr><th>賃料又は共益費</th><th>契約書上の表示</th><th>課非判定</th></tr>
<tr><td>住宅家賃</td><td>賃料</td><td>非課税</td></tr>
<tr><td>共用部分の管理料</td><td>賃料には共用部分の管理用を含む。</td><td>非課税</td></tr>
<tr><td colspan="3">駐車場利用料</td></tr>
<tr><td rowspan="3">車両所有の有無に関わらず1戸につき1台以上の駐車場が付属する場合</td><td>駐車場利用料を含む。</td><td rowspan="3">非課税</td></tr>
<tr><td>賃貸借物件に駐車場を記載</td></tr>
<tr><td>特に記載なし</td></tr>
<tr><td rowspan="3">上記以外の場合</td><td>駐車場利用料を含む。</td><td rowspan="3">駐車場料金を合理的に区分して課税</td></tr>
<tr><td>賃貸借物件に駐車場を記載</td></tr>
<tr><td>特に記載なし</td></tr>
</table>

賃料又は共益費	契約書上の表示	課非判定
プール・アスレチック・温泉等施設利用料		
賃借人以外利用不可の場合	（プール施設）利用料を含む。	非課税
	賃貸借物件に施設名を記載	
	特に記載なし	
賃借人以外利用可（有料）の場合	（プール施設）利用料を含む。	利用料金を合理的に区分して課税
	賃貸借物件に施設名を記載	
	特に記載なし	
家具・電気製品等使用料		
あらかじめ一定の家具等が設置してある状況で賃貸している場合	（家具等）使用料を含む。	非課税
	賃貸物件に家具等を記載	
	特に記載なし	
入居者の選択により家具等を設置している場合	（家具等）使用料を含む。	家具等利用料を合理的に区分して課税
	賃貸物件に家具等を記載	
	特に記載なし	
倉庫使用料（同一敷地内に設置されるもの）		
あらかじめ倉庫を設置している場合	倉庫使用料を含む。	非課税
	賃貸物件に倉庫を記載	
	特に記載なし	
入居者の選択により倉庫を利用させている場合	倉庫使用料を含む。	倉庫利用料を合理的に区分して課税
	賃貸物件に倉庫を記載	
	特に記載なし	
空調施設利用料（設置済みの冷暖房設備により各戸の冷暖房及び空調を行うマンションの場合）	空調使用料を含む。	非課税
	特に記載なし	
給湯施設利用料（各戸の台所，浴室，洗面所に常時給湯ができるマンションの場合）	給湯使用料を含む。	非課税
	特に記載なし	
電気・ガス・水道利用料（各戸に電気・ガス・水道の供給を行っているマンションの場合）	（電気等）使用料を含む。	非課税
	特に記載なし	
換気設備利用料（設置済みの換気設備で各戸の強制換気を行うマンションの場合）	換気設備使用料を含む。	非課税
	特に記載なし	

賃料又は共益費	契約書上の表示	課非判定
衛星放送共同アンテナ使用料，CATV利用料（各戸にこれらの設備が設置済み）	使用料，利用料を含む。	非課税
	特に記載なし	
ハウスキーピング料		
あらかじめハウスキーピング・サービスが付いている場合	ハウスキーピング料を含む。	非課税
	特に記載なし	
入居者の選択によりハウスキーピング・サービスを付けている場合	ハウスキーピング料を含む。	ハウスキーピング料を合理的に区分して課税
	特に記載なし	
管理料（共用部分の清掃，メインテナンス等に係る費用）	管理用を含む。	非課税
	特に記載なし	
警備料		
マンション全体の警備を行う場合	警備料を含む。	非課税
	特に記載なし	
マンション全体の警備を行うほか，ホームコントロール盤により各住宅の防犯等を行う場合	警備料を含む。	非課税
	特に記載なし	
ルームメインテナンス料（居室内の施設・設備について専門スタッフにより修理・点検を行う）	ルームメインテナンス料を含む。	非課税
	特に記載なし	
フロントサービス料（メッセージサービス，荷物預かりサービス等の取り次ぎサービス）	フロントサービス料を含む。	非課税
	特に記載なし	

2　賃料とは別に次の名目で賃貸人が収受する金銭の取扱い

請求名目	請求内容	課非判定
駐車場利用料金	車両所有の有無にかかわらず1戸につき1台以上の駐車場が付属する場合	課税
	上記以外の場合	
プール・アスレチック施設利用料	賃借人以外利用不可	課税
	賃借人以外利用可	

<table>
<tr><th>請求名目</th><th colspan="2">請求内容</th><th>課非判定</th></tr>
<tr><td rowspan="2">家具・エアコン等使用料</td><td colspan="2">あらかじめ一定の家具等が設置してある状況で賃貸している場合</td><td rowspan="2">課税</td></tr>
<tr><td colspan="2">入居者の選択により家具等を設置している場合</td></tr>
<tr><td rowspan="2">倉庫使用料</td><td colspan="2">あらかじめ一定の倉庫が設置してある状況で賃貸している場合</td><td rowspan="2">課税</td></tr>
<tr><td colspan="2">入居者の選択により倉庫を設置している場合</td></tr>
<tr><td>衛星放送共同アンテナ使用料</td><td colspan="2">各戸に配線済み（衛星放送受信のためには各戸においてチューナーを設置に，個々に受信契約を締結必要がある）</td><td>非課税</td></tr>
<tr><td>CATV 利用料</td><td colspan="2">各戸に配線済み（有線放送や衛星放送については，各戸において別途ケーブルテレビジョン会社と契約する必要がある）</td><td>非課税</td></tr>
<tr><td>空調施設利用料・換気設備利用料</td><td colspan="2">専用・共用部分を含めた全館の空調施設利用料・換気設備利用料</td><td>非課税</td></tr>
<tr><td rowspan="2">給湯施設利用料（各戸の台所，浴室，洗面所）</td><td colspan="2">各戸の使用実績により請求する場合</td><td rowspan="2">課税</td></tr>
<tr><td colspan="2">一定額を請求する場合</td></tr>
<tr><td rowspan="2">電気・ガス・水道利用料</td><td colspan="2">各戸の使用実績により請求する場合</td><td rowspan="2">課税</td></tr>
<tr><td colspan="2">一定額を請求する場合</td></tr>
<tr><td rowspan="2">管理料</td><td rowspan="2">共用部分の管理料</td><td>1戸当たり均一額を収受する場合</td><td rowspan="2">非課税</td></tr>
<tr><td>実績を各戸の専用面積で案分計算する場合</td></tr>
<tr><td rowspan="2">警備料</td><td colspan="2">マンション全体の警備を行う場合</td><td rowspan="2">非課税</td></tr>
<tr><td colspan="2">マンション全体の警備を行うほか，ホームコントロール盤により各住宅の防犯等を行う場合</td></tr>
<tr><td rowspan="2">ハウスキーピング料</td><td colspan="2">定期的に全戸を対象に行う場合</td><td rowspan="2">課税</td></tr>
<tr><td colspan="2">希望により実施することとしている場合</td></tr>
<tr><td>ルームメインテナンス料</td><td colspan="2">居室内の施設・設備のトラブルについて，専門スタッフにより修理・点検を行う</td><td>課税</td></tr>
<tr><td>修繕積立金</td><td colspan="2">共用部分の修理及び各戸の配管，配線，バルコニー等専用部分の修繕等に充てるために収受するもの</td><td>非課税</td></tr>
<tr><td colspan="4">（注）賃貸借契約者等において，賃貸料の明細として「○○利用（使用）料××円を含む。」という表示がある場合には，その表示された金額は，「賃料とは別の名目で収受する金銭」に該当します。</td></tr>
</table>

取引	項　目	取引内容	課税	非課税	対象外
住宅の貸付け（続き）	転貸 消基通6-13-7	転貸を前提として住宅の貸付けにおいて，賃借人が転貸する場合であっても，転貸後において住宅として使用することが契約（当初の賃貸人と賃借した建物を転貸する者との間の契約）において明らかにされている場合には，住宅の貸付けに該当するものとして取り扱います。		○	
	有料老人ホーム，ケア付住宅，下宿（食事付貸間），食事付の寄宿舎等 消基通6-13-6	居住用の部屋の貸付けに「まかない」による役務の提供が伴ういわゆる有料老人ホーム，ケア付住宅，下宿又は食事付の寄宿舎等の場合において，まかないの部分と部屋代部分が契約において区分されているときには次のとおりとなります。			
		1　まかない部分は課税	○		
		2　部屋代部分は非課税		○	
		また区分されていない場合には，合理的に区分して上記を適用します。	○	○	
	店舗併用住宅 消基通6-13-5	店舗併用住宅の貸付けについては，建物貸付に係る対価の額が賃貸借契約において区分されている場合には，その区分された金額ごとに，区分されている場合には，店舗部分と住宅部分の面積比等により対価の額を合理的に区分して次により判定します。			
		1　店舗用部分	○		
		2　住宅用部分		○	
	用途変更 消基通6-13-8	住宅として賃貸借契約した建物又は部屋を賃貸人の承諾を得ないで事業用に変更した場合であっても，その家賃は住宅家賃として非課税となり，賃借人の課税仕入れになりません。		○	
	原状回復費用 消法2①一八， 消基通5-5-1	建物の賃貸人が退去する際に預り保証金等から差し引く原状回復費用相当額は，賃貸人からの賃借人に対する役務の提供の対価として課税対象となります。	○		

取引	項　目	取引内容	課税	非課税	対象外
住宅の貸付け（続き）	マンション管理組合が収受する駐車場代，共益費等 消法2①八	1　駐車場代 組合員に対して貸し付けた場合は課税対象外となります。			○
		組合員以外の者に対して貸し付けた場合は課税対象となります。	○		
		2　共益費，修繕積立金は，課税対象外となります。			○
	建物賃貸借契約の解除等に伴う立退料 消基通5-2-7	借家の立退きに際して，その貸借人が受け取る立退料は，貸借権の消滅補償，収益補償，移転費用補償など種々の性格を有していることから課税対象外となります。			○
		ただし，建物の貸借人たる地位を第三者に譲渡してその対価として受ける立退料等は，資産の譲渡の対価に該当し，また第三者に転貸する際に借家権の所有者が借家人から収受する承諾料は資産の貸付けに係る対価に該当し，いずれも課税対象となります。	○		
	ガソリンスタンドにおける建物の賃貸料 消法4①	ガソリンの元売業者が他人の土地の上にガソリンスタンドを建設して，これをその土地所有者である他人に賃貸する場合において，土地の賃貸料部分は同額であり，これを相殺して建物の賃貸料のみを収受し経理上も受取家賃として処理したときは，建物の賃貸料のみが資産の貸付けの対価となります。	○		

取引	項　目	取引内容	課税	非課税	対象外
有価証券の譲渡	有価証券の範囲 消法別表第一・二 消令9，51 （消基通6-2-1）	非課税となる有価証券等の範囲は次のとおりです。 なお，下記の有価証券を譲渡した場合において課税売上割合の計算上，分母に計上すべき金額は，右の非課税の欄の記入割合によります。			
		1　国債証券		5%	
		2　地方債証券		5%	
		3　農林中央金庫の発行する農林債券その他の特別の法律により法人の発行する債券（4及び11に掲げるものを除く。）		5%	
		4　資産流動化法（SPC法）に規定する特定社債券		5%	
		5　社債券（相互会社の社債券を含む。）		5%	
		6　日本銀行その他の特別の法律により設立された法人の発行する出資証券（7，8及び11に掲げるものを除く。）		5%	
		7　協同組織金融機関（信用金庫，信用組合，労働金庫，JA，漁業協同組合）の優先出資に関する法律に規定する優先出資証券		5%	
		8　資産流動化法（SPC法）に規定する優先出資証券又は新優先出資引受権を表示する証券		5%	
		9　株券又は新株予約権証券		5%	
		10　投資信託法に規定する投資信託又は外国投資信託の受益証券		5%	
		11　投資信託法に規定する投資証券若しくは投資法人債券又は外国投資証券		5%	
		12　貸付信託の受益証券		5%	
		13　資産流動化法（SPC法）に規定する特定目的信託の受益証券		5%	
		14　信託法に規定する受益証券発行信託の受益証券		5%	
		15　コマーシャルペーパー（CP）		5%	
		16　抵当証券法に規定する抵当証券		5%	
		17　外国債，海外CPなど外国又は外国法人の発行する証券又は証書で1から9まで又は12から16までの性質を有するもの		5%	

取引	項目	取引内容	課税	非課税	対象外
有価証券の譲渡（続き）	有価証券の範囲 消法別表第一・二 消令9，51 消基通6-2-1	18 外国法人の発行する証券又は証書で銀行業を営む者その他の金銭の貸付けを業として行う者の貸付債権を信託する信託の受益権又はこれに類する権利を表示するもの		5%	
		19 オプションを表示する証券又は証書		5%	
		20 預託証券		5%	
		21 外国法人が発行する譲渡性預金証書(海外CP)		5%	
		なお，上記有価証券に類するものとして次のものがあります。			
		1 前記1から15まで及び17（16の性質を有するものを除く。）に掲げるものに該当する有価証券で発行されていないもの(社債等振替法の規定による振替口座簿の記載又は記録により定まるものとされるもの，株券の発行がない株式，新株予約権，優先出資証券の発行がない優先出資及び投資信託法に規定する投資証券の発行がない投資口など)		5%	
		2 合名会社，合資会社又は合同会社の社員の持分，協同組合等の組合員又は会員の持分その他法人(人格のない社団等，匿名組合及び民法上の組合を含む。)の出資者の持分		全額	
		3 株主又は投資主となる権利，優先出資者となる権利，特定社員又は優先出資社員となる権利その他法人の出資者となる権利		5%	
		4 貸付金，預金，売掛金その他の金銭債権		全額(注)	
	消法30⑥ 消令48②二	(注) 1 貸付金及び預金については，利子の額を分母に含める。 2 資産の譲渡等の対価として取得した金銭債権の譲渡については，課税売上との二重計上となるので分母の額に含めない。 ただし，ファクタリングで譲り受けた金銭債権の額は，分母の額に含める。			
	消令48②三	3 海外CD・CPの譲渡(現先取引を除く。)は5%相当額を，国債等・CD・CPの買現先は損益部分(利益は加算，損失は減算）を分母に計上する。国債等・CD・CPの売現先は，手持債券を担保とした資金調達ですから課税対象外となるため分母に含めない。			
	消基通6-2-2	4 有価証券等には，船荷証券，貨物引換証，倉庫証券及びゴルフ会員権で株式出資又は預託金形態によるものは含まない。			

取引	項　目	取引内容	課税	非課税	対象外
有価証券の譲渡（続き）	株券，商品券等の発行 消基通6−4−5	株券等の有価証券，商品券等の物品切手の発行は，証券に表彰される財産権の発生であり，一種の預り金といえることから，資産の譲渡に該当せず，課税対象外となります。			○
	株式の発行法人への自己株式としての引渡し 消通5−2−9	相対取引による発行法人への株式の引渡しは，株主の権利の消滅ですから資産の譲渡に該当しません。			○
	取得した自己株式の引渡し 消通5−2−9	法人が保有している自己株式を処分する場合の株式の引渡しは，新株発行として行われることから資産の譲渡に該当しません。			○
	株式の発行，併合又は分割の場合における1株未満の端株の売却代金 消法30⑥，消令48⑤	株式発行法人が一括売却する端数株式は，その法人においては消費税の課税関係は生じません。 株主から見ると端株の売却代金は，有価証券の譲渡の対価に該当しますからその５％を課税売上割合に計上します。		○ 5%	○
	現先取引 消令48②，③	現先取引とは，「現物買い（売り）の先物売り（買い）」で，債券の売買取引を行うに際して，一定期間後に，一定金額で反対売買を行うことをあらかじめ約して行うものをいい，売戻し条件付売買取引と買戻し条件付売買取引があります。 消費税においては，現先取引の対象として国債等，譲渡性預金（CD），約束手形及び外国貸付債権信託受益証券（以下「現先取引債券等」といいます。）を掲げていますが，いずれも有価証券の譲渡として非課税です。		○	

取引	項　目	取 引 内 容	課税	非課税	対象外
有価証券の譲渡（続き）	売現先 消令48②三	課税売上割合の計算上，売現先（現先取引債券等を１年以内に約定価格で買い戻すことを約して譲渡し，かつ，その約定に基づきこれらの現先取引債券等を買い戻す場合をいいます。）におけるその現先取引債券等は，金融取引と同様であることから分母の額に算入しない。		0%	
	買現先 消令48③	現買先（現先取引債券等を１年未満に約定価格で売り戻すことを約して購入し，かつ，その約定に基づき，これらの現先取引債券等を売り戻す場合をいいます。）におけるその現先取引債券等の譲渡対価の額については，売戻し差額が利益の場合には，その差益の額を課税売上割合の分母に算入し，損失の場合には，その差損の額は分母の額から控除します。		差損益	
	抵当証券 消法2①八	抵当証券業者による抵当証券（モーゲージ証券）の買戻しは，実質的には債務の弁済と類似する経済取引ですから，投資家が行う売戻しは課税対象外となります。			○
	消法30⑥	一方，抵当証券業者が投資家に抵当証券を販売する行為は，抵当証券の譲渡として非課税に該当し，課税売上割合の計算上その全額が分母に算入される。		○ 全額	
	株式等の形態によるゴルフ会員権の譲渡 消基通6-2-2	株式，出資又は預託の形態によるゴルフ会員権等は，非課税とされる有価証券の譲渡から除かれており，課税対象となります。	○		
	船荷証券，貨物引換証及び倉庫証券の譲渡 消基通6-2-2	船荷証券，貨物引換証，倉庫証券は，民法上は有価証券に該当しますが，消費税法上は有価証券から除かれているので課税対象となります。	○		
		なお，船荷証券については，その証券の譲渡の時においてその貨物が現実に所在していた場所によりその所在を判定しますから，貨物が国外に所在する場合は課税対象外，国内に所在する内国貨物は課税対象，外国貨物は輸出免税となります。	○ 免		○

取引	項　　目	取　引　内　容	課税	非課税	対象外
有価証券の譲渡（続き）	転換社債の株式への転換 消法2①八 消令10③六	転換社債の株式への転換は臨時償還として次のように取り扱います。 1　転換社債の償還元本は，課税対象外 2　償還差益は，非課税売上 3　取得した株式は，株式の発行ですから，課税対象外		○	○ ○
	有価証券先物取引に係る転売又は買戻し 消法別表第一・二 消法2①八	有価証券の先物取引である①国債証券先物，②日経平均株価先物（日経225），③日経株価指数300先物及び④東証株価指数先物（Topix）取引 1　①国債証券先物で受渡日以後に行う現物の引渡しは非課税売上げとなり，受渡日前に反対売買し，差金の授受によって決済したときは資産の引渡しがないため課税対象外 2　②日経平均株価先物（日経225），③日経株価指数300先物及び④東証株価指数先物（Topix）は全て差金決済のため課税対象外		○ 5%	○ ○
	信用取引による有価証券の譲渡及び配当落調整額 消法別表第一・二 消法2①八	証券会社に委託証拠金を差し入れて買付資金の融資を受けて株式を購入し，又は売付株券を借り受けて株式を売る取引を信用取引といい，買約定の取引については反対売買（売埋め）が株式現物の売買となり，売約定の取引についてはその売約定が株式の譲渡となります。 これらの譲渡は有価証券の譲渡として非課税となります。 配当落調整額は，信用取引により株式の売買を行った場合に売り手が買い手に対して支払う配当金相当の調整額で，買い手側の逸失利益を補填する性質のものとして課税対象外となります。		○ 5%	○
	有価証券の売買手数料 消法4①	有価証券の売買手数料は，売買に係る役務の提供の対価として，課税対象です。 なお，購入時及び売却時ともに非課税資産の譲渡等にのみ要する課税仕入れとなります。	○		

取引	項　　目	取　引　内　容	課税	非課税	対象外
有価証券の譲渡（続き）	株式オプション料 消法2①八	オプション取引とは，特定の商品を特定の条件で買い付ける権利（コール）又は売り付ける権利（プット）を売買するものをいいます。 株式については，特定の株式等を一定価額で買う権利又は売る権利の原始的創設であって資産の譲渡ではないことから，資産の譲渡に該当せず，課税対象外となります。			○
	貸株取扱手数料 消法別表第一・三	証券金融会社等がその所有する株式を証券会社へ貸し付けたことにより収受する貸株取扱手数料は，実質的には信用供与であり，その対価は利息と認められるものですから有価証券の貸付けに伴う対価として非課税となります		○	
	品貸料 消令10③十一	品貸料は，信用買い（空買い）よりも信用売り（空売り）の数が多くなり，証券金融会社や証券会社に株不足が発生した場合に空売りしている投資家に対して課せられるコストをいい，有価証券（株券）の貸付料に該当しますから，非課税となります。		○	
	解約手数料	金融商品の解約手数料の取扱いは次によります。			
	消法4①	1　中期国債ファンドのクローズド期間内の買取手数料，事務手数料は課税対象	○		
	消法別表第一・三	2　満期前のビッグの買取割引料は，支払利子の割戻しとして非課税となります。		○	
	消法別表第一・三	3　満期前のワイドの解約手数料は，支払利子の割戻として非課税となります。		○	
	消法別表第一・三	4　満期前の割引金融債の解約手数料は，支払利子の割戻として非課税となります。		○	

＜参　考＞

有価証券等の取引別課税区分一覧表（課＝課税，非＝非課税，免＝免税，外＝対象外）

有価証券の取引内容		課	非	免	外	課税売上割合
国内株式の譲渡	国内所在株式		○			5％
	国外所在株式				○	ー
取引所上場外国株式	国外所在株式				○	ー
合名，合資，合同，協同組合の持分	譲渡		○			100％
信用取引	国内株式譲渡分		○			5％
	順日歩		○			非課税仕入
	逆日歩		○			株式貸付料
公社債等の譲渡	国内所在		○			5％
	国外所在				○	ー
株式・公社債等の貸付け	国内所在：居住者		○			貸付料
	国内所在：非居住者			○		
	国外所在				○	ー
公社債等の利子	国内法人発行分		○			利子の額
	国外法人発行分			○		ー
公社債等の償還差益	国内法人発行分		○			差益を加算
	国外法人発行分			○		
公社債等の償還差損	国内法人発行分		○			差損を控除
	国外法人発行分			○		
公社債等の償還	償還元本金額				○	ー
公社債等の償還差益	国内法人発行分		○			差益を加算
	国外法人発行分			○		差益を加算
公社債等の償還差損	国内法人発行分		○			差損を控除
	国外法人発行分			○		差損を控除
公社債の現先取引			○			買現先のエンドのみ計上
公社債投資信託	収益の分配金		○			分配金
	受益証券の譲渡		○			5％

有価証券の取引内容			課	非	免	外	課税売上割合
転換社債・ワラント債	株式への転換	償還元本				○	償還差損益は加減算
		償還差損益		○			
株式投資信託	収益の分配金			○			分配金
	受益証券の買取請求			○			５％
	受益証券の解約請求					○	－
貸付信託	収益の分配金			○			分配金
	受益証券の解約元本					○	－
中期国債ファンド	収益の分配金			○			分配金
	ファンドの解約元本					○	－
	譲渡，設定後30日以内			○			５％
抵当証券	利息			○			利子の額
	業者への売戻し					○	－
債券先物取引	差金決済					○	－
	現引き			○			非課税仕入
	現渡し					○	－
債券・株式オプション						○	－
債券の入替取引	債券の譲渡			○			５％
着地取引	債券の譲渡			○			５％
資産の譲渡対価としての金銭債権の譲渡	貸付金，預金，売掛金その他の金銭債権			○			含めない
ゴルフ場利用株式	株式・会員権の譲渡		○				100%
支払手段	譲渡			○			含めない
収集品・販売用の支払手段	譲渡		○				100%

科目等	項　目	取引内容	課税	非課税	対象外
金銭債権	ファクタリング取引の手数料等 消令10③八	売掛金等の金銭債権の譲受けに際して，譲渡人(債権者)から徴収する割引料，保証料又は手数料は，その名目にかかわらず，金銭債権の譲受対価として非課税となります。 (注)　ファクタリング取引とは，企業の売掛債権を一定の手数料を徴求して買い取り，自己の危険負担により代金回収を行うものをいいます。		○	
金銭債権	条件付きの金銭債権の譲受差益 消令10③八	金銭債権を譲り受けた者がその債権の回収ができなかった場合に，その譲渡者(債権者)から譲受対価の取戻しを行うこととされているときであっても，その譲受差益及び金利は非課税となります。		○	
支払手段の譲渡	支払手段の範囲 消令48②一	有価証券に含まれる支払手段(外国為替及び外国貿易法6条1項七号)の範囲は次のとおりです。 なお，これらの支払手段は資産ではありますが，その機能は支払決済機能であることから譲渡対価の額は課税売上割合の計算上分母に算入しません。 1　銀行券，政府紙幣，小額紙幣及び硬貨 2　小切手(トラベラーズチェックを含む。)，為替手形，郵便為替及び信用状 3　約束手形 4　1から3に掲げるいずれかに類するもので支払のために使用することができるもの 5　いわゆる電子マネー なお，次に掲げる収集用又は販売用のものは課税対象となります。 1　掲示ケースに収納されているもの 2　ペンダント等の身辺用細貨類に加工されているもの 3　記念硬貨等プレミアムがついて額面金額を超える価格で取引されるもの 4　その他，取引形態，性状がこれらに類するもの	○	○ 0%	

科目等	項　目	取引内容	課税	非課税	対象外
手形の買取り	手形の割引等 消令10③七，八	手形の割引，取立又は支払保証に係る消費税の取扱いは次のとおりです。 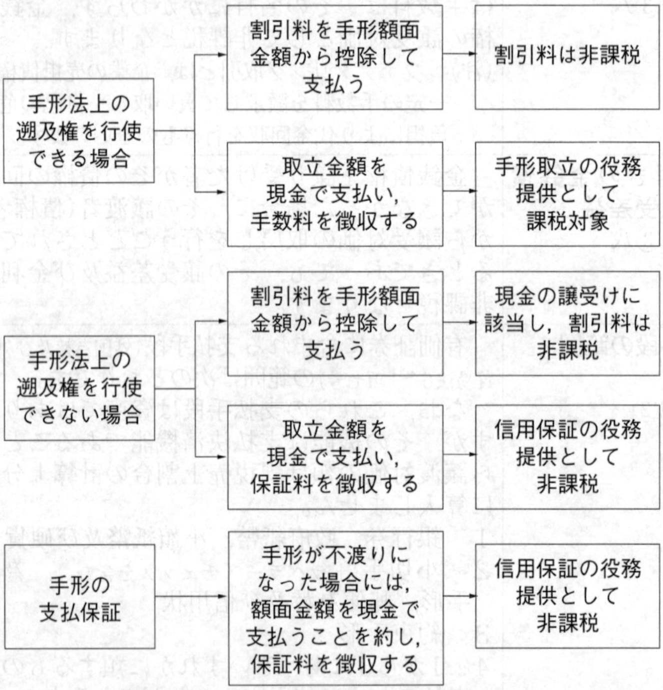			
	トラベラーズ・チェックの受託販売手数料 消法4①	他の銀行のトラベラーズ・チェックの国内での受託販売に係る手数料は，役務の提供の対価として課税対象となります。	○		
	先物為替予約	先物為替予約は，契約（予約）の時点では単なる約定取引であり，資産の譲渡等は行われないことから，課税対象外となります。			○
	消法別表第一・二	予約の実行日において支払手段の譲渡が発生し，非課税となります。		○	

科目等	項　目	取引内容	課税	非課税	対象外
手形の買取り（続き）	スワップ取引とあっせん料 消法別表第一・二 消令17②七 消法4①	スワップとは交換又は取り替えるとの意味であり，スワップ取引は外国為替取引における通貨や金利の交換であることから，相互に支払手段を譲渡していると認められ，通貨スワップ，金利スワップ，アセットスワップともに手数料を含めて非課税となります。なお，課税売上割合の分母には算入しません。 スワップあっせん料は，外国為替業務に該当せず，非居住者に対するものは輸出免税，居住者に対するものは課税となります。	免 ○	○	
金融取引・保険等の非課税	金融取引等の範囲 消法別表第一・三 消基通6-3-1	次に掲げる利子その他を対価とする金融取引等は，非課税となります。 1　国債，地方債，社債，新株予約権付転換社債，投資法人債券，貸付金，預金，貯金又は国際通貨基金協定に規定する特別引出権の利子 2　信用の保証料 3　合同運用信託又は公社債投資信託若しくは公社債等運用投資信託の信託報酬 4　生命保険，損害保険，国(特別会計）又は国民健康保険組合等を保険者とする保険の保険料(厚生年金基金契約等に係る事務費用部分を除く。) 5　合同運用信託，投資信託又は特定目的信託又は特定公益信託の収益の分配金 6　相互掛金又は定期積金の給付補填金及び無尽契約の掛金差益 7　抵当証券の利息 8　割引債(利付債を含む。)の償還差益 9　手形の割引料 10　金銭債権の譲受けその他の承継(包括承継を除く。) 11　割賦販売，ローン提携販売及び割賦購入のあっせんの手数料(契約においてその額が明示されているものに限る。)		○	

科目等	項　目	取引内容	課税	非課税	対象外
金融取引・保険等の非課税（続き）	金融取引等の範囲 消法別表第一・三 消基通6-3-1	12　割賦販売等に準ずる方法により資産の譲渡等を行う場合の金利又は保証料相当額（その額が契約において明示されている部分に限る。） 13　有価証券（登録された国債等及び短期社債等を含み，ゴルフ場利用株式等を除く。）の賃貸料 14　物上保証料 15　共済掛金 16　動産又は不動産の貸付けを行う信託で，貸付期間の終了時に未償却残額で譲渡する旨の特約が付けられたものの利子及び保険料相当額（契約において明示されている部分に限る。） 17　いわゆるファイナンス・リースに係るリース料のうち，利子及び保険料相当額（契約において利子又は保険料の額として明示されている部分に限る。） 18　前渡金等の利子で，経済的実質が貸付金の利子に該当するもの 19　取引高に応ずる割戻金の積立額に応じて支払われる利息 20　貸付金の遅延利息で一定の比率により徴収する遅延損害金		○	
郵便切手類等	郵便切手類の範囲と販売 消法別表第一・四イ 消基通6-4-1，6-4-2	郵便切手類等とは，郵便切手，郵便はがき及び郵便書簡をいいます。 　これらの郵便切手類で非課税とされる譲渡は，郵便事業株式会社が行う郵便切手類の譲渡及び郵便局株式会社の営業所，郵便窓口業務の再委託業務を行う施設（地方公共団体，農協，漁協，生協等），郵便切手類販売所若しくは印紙売りさばき所（郵便事業株式会社の承認に係る場所を含む。）における郵便切手類の譲渡をいいます。したがって，これら以外の場所における郵便切手類の譲渡は課税対象となります。	○	○	

科目等	項目	取引内容	課税	非課税	対象外
郵便切手類等（続き）	郵便切手帳等の販売 消基通6-4-2	郵便切手帳等（郵便切手を保存用の冊子に収めたものその他郵便料金を示す証票に関し周知し，又は啓発を図るための物をいいます。）は，郵便切手そのものではないからその譲渡は課税対象となります。	○		
	チケット業者への販売 消基通6-4-1	事業者が郵便切手類等をチケット業者に譲渡した場合及びチケット業者が販売する行為は，いずれも消費税の課税対象です。	○		
	文書等を印刷した葉書を商品として販売 消法4①	文章や図柄などを印刷した葉書を商品として販売する場合には，葉書代を含んだ金額が課税売上げとなります。 葉書の印刷の注文者が持ち込んだ官製葉書にその指示する文字，図柄を印刷して引き渡した場合における印刷代は，課税対象となります。	○ ○		
	ポストカード 消法4①	ポストカードとは，写真のネガに記録されている映像を官製葉書にプリントしたものをいいます。 このポストカードは，原則として葉書代とプリント代の合計額が課税売上高となりますが，葉書代を立替金処理する場合には，プリント代だけが課税対象となります。	○ ○		
印紙等	印紙等の範囲	印紙等に含まれるものは，収入印紙，雇用保険印紙，健康保険印紙，自動車重量税印紙，特許印紙，登記印紙及び自動車検査登録印紙です。			
	印紙等の販売 消法別表一・四	1　郵便局株式会社の営業所，郵便窓口業務の再委託業務を行う施設（地方公共団体，農協，漁協，生協等），郵便切手類販売所若しくは印紙売りさばき所（郵便事業株式会社の承認に係る場所を含む。）等における印紙の譲渡は，非課税となります。 2　コイン商，チケットショップで行う印紙証紙の譲渡は課税対象となります。 3　顧客等の利便のために実費で融通する印紙の譲渡は課税対象外です。	 ○	○	 ○

科目等	項　目	取　引　内　容	課税	非課税	対象外
物品切手等	物品切手等の範囲 消基通6-4-4	物品切手等とは，商品券その他名称のいかんを問わず，物品の給付請求権を表彰する証書をいい，郵便切手類を含まない。具体的には，商品券，ビール券，テレホンカード，オレンジカード，メトロカード，図書券，文具券，ワイシャツ仕立券，清酒券，食事券，旅行券，航空券，JR回数券，新幹線切符，高速道路回数券などが該当し，これに対してトレーディング・スタンプ，倉庫業者宛に発行する出荷依頼書，株主割引優待券，社員割引券などは，物品切手等に該当しません。			
	物品切手等の発行	物品切手等の発行は，証券に表彰されている権利の創設であることから課税対象外となります。			○
	物品切手等の販売	物品切手等が発行された後，事業者によって売買されるものは，たとえプレミアムがついたとしてもすべて非課税です。 物品切手等の受託販売は，受託者が販売したときに委託者が販売したこととなるので，受託者にとっては課税対象外となります。 ただし，収受する販売手数料は課税対象となります。	○	○	○
	物品切手等の取扱手数料 消基通6-4-6 消基通10-1-12	物品切手等の取扱手数料及び委託販売手数料は，いずれも役務の提供の対価ですから課税対象となります。	○		

科目等	項　　目	取引内容	課税	非課税	対象外
物品切手等（続き）	物品切手等の贈与 消法2①八	テレホンカード，商品券などの物品切手等を贈与した場合及び贈与により取得した場合のいずれも無償取引ですから課税対象外となります。			○
	消基通9-1-22	なお，物品切手等の贈与を受けた事業者が物品切手等をもって物品等と引き換えた場合には，その物品等の対価について仕入税額控除の対象となります。	○		
	物品切手等の引換給付	物品切手等と引換えに行う資産の引渡し又は役務の提供は，自ら発行したものか，他の者が発行したものかを問わず物品切手等を対価とする資産の譲渡等に該当します。	○		
	消基通9-1-22	なお，物品切手等と物品等とを引き換えた事業者において，その物品切手等を自ら購入して引き換えた場合には，物品切手等の購入価額が仕入税額控除の対象となります。	○		
	消基通11-4-3	ビールと引き換えられたビール券は，物品切手等ではなくなり，代金決済のための単なる証拠書類（金券）となります。したがって，小売店から卸売店への代金請求における引換え済みのビール券の引渡しは，課税対象外取引となります。			○
	テレホンカードの印刷費	白地のテレホンカードに印刷してテレホンカード代と印刷代とを区分して請求する場合は，印刷費の部分が課税対象となります。	○		
		テレホンカードの部分は非課税となります。		○	

科目等	項　目	取　引　内　容	課税	非課税	対象外
行政手数料・外国為替業務等	国，地方公共団体等の登記，登録等に係る役務の提供 消法別表第一・五 消基通6-5-1	1　非課税となる国，地方公共団体等の登記，登録等に係る役務の提供を受ける事業者については，すべて課税仕入れにならないので留意したい。		○	
		2　非課税とされる役務の提供を行う者の範囲 (1)　国 (2)　地方公共団体 (3)　別表第三に掲げる法人(各種の機精，事業団，公庫，基金，一般社団法人，一般財団法人，商工会等) (4)　法令に基づき国又は地方公共団体の委託又は指定を受けた者			
		3　非課税とされる役務の提供に係る事務の範囲 (1)　登記，登録，特許，免許，許可，認可，承認，認定，確認及び指定 (2)　検査，検定，試験，審査及び講習 (3)　証明 (4)　公文書の交付，更新，訂正，閲覧及び謄写 (5)　裁判その他の紛争の処理 (6)　旅券の発給 (7)　最低，裁決，判定及び決定 (8)　公文書に類するもの，更新，訂正，閲覧及び謄写 (9)　異議申立て，審査請求その他これらに類するもの (10)　弁護士等の登録等 (11)　輸出等において資産について要件とされる登録等		○	
		3　執行官又は公証人の手数料		○	
	消基通6-5-3	4　外国為替取引，対外支払手段の発行，対外支払手段の売買又は債権の売買		○	

科目等	項　目	取　引　内　容	課税	非課税	対象外
公的医療	医療収入 法別表第一・六 消基通6-6-1	1　健康保険法，国民健康保険法，船員保険法，国家公務員共済組合法，地方公務員等共済組合法又は私立学校教職員共済組合法の規定に基づく次の給付 (1)　療養の給付 (2)　入院時食事療養費 (3)　入院時生活療養費 (4)　保険外併用療養費 (5)　療養費 (6)　家族療養費又は特別療養費の支給に係る療養 (7)　訪問看護療養費又は家族訪問看護療養費の支給に係る指定訪問看護		○	
		2　高齢者の医療の確保に関する法律の規定に基づく次の給付 (1)　療養の給付 (2)　入院時食事療養費 (3)　入院時生活療養費 (4)　保険外併用療養費 (5)　療養費 (6)　特別療養費の支給に係る療養並びに訪問看護療養費の支給に係る指定訪問看護		○	
		3　精神保健及び精神障害者福祉に関する法律の規定に基づく医療，生活保護法の規定に基づく医療扶助のための医療の給付及び医療扶助のための金銭給付に係る医療，原子爆弾被爆者に対する援護に関する法律の規定に基づく医療の給付及び医療費又は一般疾病医療費の支給に係る医療並びに障害者自立支援法の規定に基づく自立支援医療費，療養介護医療費又は基準該当療養介護医療費の支給に係る医療		○	
		4　公害健康被害の補償等に関する法律の規定に基づく療養の給付及び療養費の支給に係る療養		○	

科目等	項　目	取　引　内　容	課税	非課税	対象外
公的医療（続き）		5　労働者災害補償保険法の規定に基づく療養の給付及び療養の費用の支給に係る療養並びに同法の規定による社会復帰促進等事業として行われる医療の措置及び医療に要する費用の支給に係る医療項の規定による損害をてん補するための支払を含む。）を受けるべき被害者に対する当該支払に係る療養６　自動車損害賠償保障法の規定による損害賠償額の支払	○		
		7　１から６までに掲げる療養又は医療に類するものとして，例えば，学校保健安全法の規定に基づく医療に要する費用の援助に係る医療，母子保健法の規定に基づく養育医療の給付又は養育医療に要する費用の支給に係る医療等，国又は地方公共団体の施策に基づきその要する費用の全部又は一部を国文は地方公共団体により負担される医療及び療養（いわゆる公費負担医療）	○		
		8　調剤薬局における健康保険法等の療養に該当するもの		○	
	消基通6−6−2	9　健康保険法，国民健康保険法等に基づく公的な医療保障制度に係る療養，医療，施設医療等の一環として病院又は診療所から給付される医薬品（投薬），治療材料（コルセット，ギプス床，義手義足，練習用仮義足，補助器，義眼，松葉杖等）は非課税となります。		○	
		ただし，非課税対象の療養等に該当しない医薬品の販売又は医療用具の販売等は，課税対象となります。	○		
	資格証明書により受ける診療 消法別表第一・六	国民健康保険料の滞納等で保険証の交付を受けられない者が資格証明書により受ける診療であってもその診療は，国民健康保険法の規定に基づく診療に該当し，非課税となります。		○	

科目等	項　　目	取引内容	課税	非課税	対象外
公的医療（続き）	課税対象となる医療等 財務大臣の定める資産の譲渡等及び金額を定める告示（最終改正・平成20年3月7日） 厚生労働大臣の定める評価医療及び選定療養（最終改正・平成20年3月19日）	1　社会保険診療等のうち次のもの (1)　入院時食事療養に係る入院給食提供における特別メニュー料金 (2)　特別病室に係る差額ベッド代部分 (3)　前歯の金合金又は白金加金の支給の場合の保険算定額を超える部分 (4)　指定大学病院等での初診及び再診における保険算定額を超える部分 (5)　予約診察又は時間外診察における保険算定額を超える予約診療代及び時間外診療代 (6)　金属床による総義歯の保険算定額を超える部分 (7)　齲蝕（虫歯）に罹っている患者の継続的な指導管理に係る保険算定額を超える部分	○		
	消基通6－8－3	(注)　妊娠中の入院及び退院後の入院（異常分娩に伴う入院を含む。）における差額ベッド代及び特別給食費並びに大学病院等の初診料は非課税		○	
		2　その他 (1)　美容整形，予防接種，健康診断，医療相談料，診断書作成料，生命保険会社からの審査料，歯科自由診療 (2)　社会保険対象外の整形施術 (3)　社会保険対象外の鍼・灸施術	○		
		3　高齢者の医療の確保に関する法律の規定に基づく健康相談等 高齢者の医療の確保に関する法律の規定に基づく医療は非課税ですが，健康相談，機能訓練，健康診査，健康教育，訪問指導等に係る報酬は，課税対象となります。	○		
		4　副収入 次に掲げる医療関連収入は課税対象 (1)　手数料収入（地方公共団体等からの事務手数料，赤電話，自動販売機等の手数料） (2)　X線の廃液処理に係る収入 (3)　往診先からの車代，従業員・付添人の給食収入 (4)　治療器具・材料等の売却収入，中古医療器具の売却収入	○		

科目等	項　目	取　引　内　容	課税	非課税	対象外
社会福祉事業等	介護保険サービス 1　居宅介護サービス費の支給に係る居宅サービス 法別表第一・七イ 消令14の2 消基通6−7−2 消令14の2の規定に基づき財務大臣が指定する資産の譲渡等（平成12年2月10日） 消基通6−7−1(1)	1　訪問介護，訪問入浴介護，訪問看，護，訪問リハビリテーション，居宅療養管理指導，通所介護，通所リハビリテーション，短期入所生活介護，短期入所療養介護及び特定施設入居者生活介護は非課税		○	
		2　訪問介護，訪問看護及び訪問リハビリテーションの利用者の選定により通常の事業の実施地域以外の地域の利用者に介護サービスを提供する場合の交通費は，課税	○		
		3　訪問入浴介護の利用者の選定により通常の事業の実施地域以外の地域の利用者に介護サービスを提供する場合の交通費，利用者の選定により提供される特別な浴槽水等に係る費用は，課税	○		
		4　通所介護及び通所リハビリテーションの利用者の選定により通常の事業の実施地域以外の地域に居住する利用者に対して行う送迎に要する費用は，課税	○		
		5　短期入所生活介護の利用者が選定する特別な居室の提供を行ったことに伴い必要となる費用，利用者が選定する特別な食事の提供を行ったことに伴い必要となる費用，送迎に要する費用は，課税	○		
		6　短期入所療養介護の利用者が選定する特別な療養室等の提供を行ったことに伴い必要となる費用，利用者が選定する特別な食事の提供を行ったことに伴い必要となる費用，送迎に要する費用は，課税	○		
		7　特定施設入居者生活介護の利用者の選定により提供される介護その他の日常生活上の便宜に要する費用は，課税	○		

科目等	項　目	取引内容	課税	非課税	対象外
社会福祉事業等（続き）	2　施設介護サービス費の支給に係る施設サービス 消基通6−7−1⑵	1　指定介護老人福祉施設に入所する要介護被保険者に対して行われる指定介護福祉施設サービスは非課税。ただし，入所者が選定する特別な居室の提供及び特別な食事の提供は課税	○	○	
		2　介護老人保健施設に入所する要介護被保険者に対して行われる介護保健施設サービスは非課税，ただし，入所者が選定する特別な療養室の提供及び特別な食事の提供は課税	○	○	
		3　介護療養型医療施設の療養型病床群等に入院する要介護被保険者に対して行われる指定介護療養施設サービスは非課税，ただし，入所者が選定する特別な病室の提供及び特別な食事の提供は課税	○	○	
	3　1又は2に類するサービス 消基通6−7−1⑶〜⒁	1　特例居宅介護サービス費の支給に係る訪問介護等又はこれに相当するサービス		○	
		2　地域密着型介護サービス費の支給に係る夜間対応型訪問介護(自己選定による交通費は課税)，認知症対応型通所介護(自己選定による送迎費は課税)，小規模多機能型居宅介護(自己選定による送迎費及び交通費は課税)，認知症対応型共同生活介護，地域密着型特定施設入居者生活介護(自己選定による便宜費用は課税）及び地域密着型介護老人福祉施設入所者生活介護(自己選定による特別な居室費及び食事は課税)(「夜間対応型訪問介護等」といいます。)	○ ○ ○ ○ ○	○ ○ ○ ○ ○ ○	
		3　特例地域密着型介護サービス費の支給に係る夜間対応型訪問介護等又はこれに相当するサービス(自己選定による交通費等は課税)		○	
		4　特例施設介護サービス費の支給に係る施設サービス(自己選定による交通費等は課税)	○	○	

科目等	項　目	取　引　内　容	課税	非課税	対象外
社会福祉事業等（続き）	3　1又は2に類するサービス	5　介護予防訪問介護，介護予防脳門看護		○	
	消基通6－7－1(3)～(14)	及び介護予防訪問リハビリテーション(自	○		
		己選定による交通費は課税)，介護予防訪		○	
		問入浴介護(自己選定による交通費及び浴	○		
		槽水等は課税）.介護予防訪問看護，介護		○	
		予防訪問リハビリテーション，介護予防		○	
		居宅療養管理指導，介護予防通所介護(自	○	○	
		己選定による送迎費は課税)，介護予防通		○	
		所リハビリテーション(自己選定による送	○		
		迎費は課税)，介護予防短期入所生活介護		○	
		(自己選定による特別居室，食事及び送迎	○		
		費は課税)，介護予防短期入所療養介護		○	
		(自己選定による特別療養室，食事及び送	○		
		迎費は課税)及び介護予防特定施設入居者		○	
		生活介護(自己選定による便宜費用は課	○		
		税）(「介護予防訪問介護等」といいます。)			
		6　特例介護予防サービス費の支給に係る介		○	
		護予防訪問介護等又はこれに相当するサー			
		ビス(自己選定による交通費等は課税)	○		
		7　地域密着型介護予防サービス費の支給		○	
		に係る介護予防認知症対応型通所介護(自	○		
		己選定による送迎費は課税)，介護予防小		○	
		規模多機能型居宅介護及び介護予防認知			
		症対応型共同生活介護(自己選定による送	○		
		迎費及び交通費は課税）(「介護予防認知			
		症対応型通所介護等」といいます。)			
		8　特例地域密着型介護予防サービス費の		○	
		支給に係る介護予防認知症対応型通所介			
		護等又はこれに相当するサービス(自己選	○		
		定による交通費等は課税)			
		9　居宅介護サービス計画費の支給に係る居宅介護支援及び介護予防サービス計画費の支給に係る介護予防支援		○	
		10　特例居宅介護サービス計画費の支給に係る居宅介護支援又はこれに相当するサービス及び特例介護予防サービス計画費の支給に係る介護予防支援又はこれに相当するサービス		○	
		11　市町村特別給付として行われる資産の譲渡等(訪問介護等に類するものとして厚生労働大臣が財務大臣と協議して指定するものに限る。)		○	

科目等	項　目	取　引　内　容	課税	非課税	対象外
社会福祉事業等（続き）	３　１又は２に類するサービス 消基通6−7−1⑶～⒁	12　生活保護法等による介議扶助又は介護支援給付のための居宅介護，施設介護及び介護予防		○	
	介護サービスの受託事業 消基通6−7−4	介護保険法に規定する居宅サービス事業者，地域密着型サービス事業者，居宅介護支援事業者，介護保険施設，介護予防サービス事業者，地域密着型介護予防サービス事業者又は介護予防支援事業者からの受託事業	○		
社会福祉事業	授産施設及び授産活動 法別表第一・七ロカッコ書き 消基通6−7−6	次に掲げる事業は，社会福祉事業から除かれ，課税対象とされています。 １　障害者支援施設を経営する事業 ２　授産施設 ３　地域活動支援センターを経営する事業 ４　障害福祉サービス事業	○		

科目等	項　目	取引内容	課税	非課税	対象外
社会福祉事業（続き）	第1種社会福祉事業 法別表第一・七ロ 消令14の2①②③ 消基通6－7－5(1)	1　生活保護法に規定する救護施設，更生施設その他生計困難者を無料又は低額な料金で入所させて生活の扶助を行うことを目的とする施設を経営する事業及び生計困難者に対して助葬を行う事業		○	
		2　児童福祉法に規定する乳児院，母子生活支援施設，児童養護施設，知的障害児施設，知的障害児通園施設，盲ろうあ児施設，肢体不自由児施設，重症心身障害児施設，情緒障害児短期治療施設又は児童自立支援施設を経営する事業		○	
		3　老人福祉法に規定する養護老人ホーム，特別養護老人ホーム又は軽費老人ホームを経営する事業		○	
		4　障害者自立支援法に規定する障害者支援施設を経営する事業（障害者支援施設を経営する事業において生産活動としての作業に基づき行われる資産の譲渡等は課税。）	○	○	
		5　障害者自立支援法附則第41条第1項の規定によりなお従前の例により運営することができることとされた身体障害者更生援護施設を経営する事業（身体障害者更生援護施設（同法附則第35条の規定による改正前の身体障害者福祉法第31条《身体障害者授産施設》に規定する身体障害者授産施設に限る。）を経営する事業において生産活動としての作業に基づき行われる資産の譲渡等は課税。）	○	○	
		6　障害者自立支援法附則第58条第1項の規定によりなお従前の例により運営することができることとされた知的障害者援護施設を経営する事業（知的障害者援護施設（同法附則第52条の規定による改正前の知的障害者福祉法第21条の7｛知的障害者授産施設｝に規定する知的障害者授産施設に限る。）を経営する事業において生産活動としての作業に基づき行われる資産の譲渡等は課税。）	○	○	
		7　売春防止法に規定する婦人保護施設を経営する事業		○	
		8　授産施設を経営する事業及び生計困難者に対して無利子又は低利で資金を融通する事業（授産施設を経営する事業において生産活動としての作業に基づき行われる資産の譲渡等は課税。）	○	○	

科目等	項　目	取引内容	課税	非課税	対象外
社会福祉事業（続き）	第2種社会福祉事業 法別表第一・七ロ 消令14の2④ 消基通6−7−5(2)	1　生計困難者に対して，その住居で衣食その他日常の生活必需品若しくはこれに要する金銭を与え，又は生活に関する相談に応ずる事業		○	
		2　児童福祉法に規定する児童自立生活援助事業，放課後児童健全育成事業，子育て短期支援事業，乳児家庭全戸訪問事業，養育支援訪問事業，地域子育て支援拠点事業，一時預かり事業又は小規模住宅型児童養育事業，同法に規定する助産施設，保育所，児童厚生施設又は児童家庭支援センターを経営する事業及び児童の福祉の増進について相談に応ずる事業		○	
		3　母子及び寡婦福祉法に規定する母子家庭等日常生活支援事業又は耕日常生活支援事業及び同法に規定する母子福祉施設を経営する事業		○	
		4　老人福祉法に規定する老人居宅介護等事業，老人デイサービス事業，老人短期入所事業，小規模多機能型居宅介護事業又は認知症対応型老人共同生活援助事業及び同法に規定する老人デイサービスセンター，老人短期入所施設，老人福祉センター又は老人介護支援センターを経営する事業		○	
		5　障害者自立支援法に規定する障害福祉サービス事業，相談支援事業又は移動支援事業及び同法に規定する地域活動支援センター又は福祉ホームを経営する事業（障害福祉サービス事業又は地域活動支援センターを経営する事業において生産活動としての作業に基づき行われる資産の譲渡等を除く。）		○	
		6　身体障害者福祉法に規定する身体障害者生活訓練等事業，手話通訳事業又は介助犬訓練事業若しくは聴導犬訓練事業，同法に規定する身体障害者福祉センター，補装具製作施設，盲導犬訓練施設又は視聴覚障害者情報提供施設を経営する事業及び身体障害者の更生 相談に応ずる事業		○	
		7　知的障害者福祉法に規定する知的障害者の更生相談に応ずる事業		○	

科目等	項目	取引内容	課税	非課税	対象外
社会福祉事業（続き）	第２種社会福祉事業 法別表第一・七ロ 消令14の2④ 消基通6-7-5(2)	8　障害者自立支援法附則第48条の規定によりなお従前の例により運営することができることとされた同条に規定する精神障害者社会復帰施設を経営する事業（精神障害者社会復帰施設（同法附則第46条の規定による改正前の精神保健及び精神障害者福祉に関する法律第50条の２第１項第２号（精神障害者社会復帰施設の種類）に規定する精神障害者授産施設及び同項第４号に規定する精神障害者福祉工場に限る。）を経営する事業において生産活動としての作業に基づき行われる資産の譲渡等は課税。）	○（生産活動としての作業に基づき行われる資産の譲渡等）	○	
		9　生計困難者のために，無料又は低額な料金で，簡易住宅を貸し付け，又は宿泊所その他の施設を利用させる事業		○	
		10　生計困難者のために，無料又は低額な料金で診療を行う事業		○	
		11　生計困難者に対して，無料又は低額な費用で介護保険法に規定する介護老人保健施設を利用させる事業		○	
		12　隣保事業（隣保館等の施設を設け，無料又は低額な料金でこれを利用させることその他その近隣地域における住民の生活の改善及び向上を図るための各種の事業を行うものをいいます。）		○	
		13　福祉サービス利用援助事業（精神上の理由により日常生活を営むのに支障がある者に対して，無料又は低額な料金で，福祉サービス（第一種社会福祉事業及び１～12の事業において提供されるものに限る。）の利用に関し相談に応じ，及び助言を行い，並びに福祉サービスの提供を受けるために必要な手続又は福祉サービスの利用に要する費用の支払に関する便宜を供与することその他の福祉サービスの適切な利用のための一連の援助を一体的に行う事業をいいます。）		○	
		14　第一種社会福祉事業及び第二種社会福祉事業に関する連絡又は助成を行う事業		○	

科目等	項　目	取　引　内　容	課税	非課税	対象外
社会福祉事業（続き）	更生保護事業として行われる資産の譲渡等 消基通6-7-5	更生保護事業法において更生保護事業とは，継続保護事業（保護観察中の者及び刑余者等（少年院仮退院者を含む。）のうち，改善更生のため保護が必要である者を一定の施設に収容して保護する事業をいいます。），一時保護事業（金品を給与し，生活の相談に応じる等の保護を行う事業をいいます。）及び連絡助成事業（改善更生を助けることを目的とする事業に関する啓発，連絡，調整又は助成を行う事業をいいます。）をいい，この更生保護事業の実施主体は，地方公共団体及び更生保護法人等である。		○	
	社会福祉事業として行われる資産の譲渡等に類するもの 消令14の3 消基通6-7-7 消基通6-7-7の2	1　児童福祉法第７条第１項に規定する児童福祉施設を経営する事業として行われる資産の譲渡等（社会福祉事業に該当するものを除く。）及び同項に規定する保育所を経営する事業に類する事業として行われる資産の譲渡等		○	
		＜認可外保育所＞			
		(1)　保育料（延長保育，一時保育，病後児保育に係るものを含みます。）		○	
		(2)　保育を受けるために必要な予約料，年会費，入園料（入会金・登録料），送迎料		○	
		(3)　給食費，おやつ代，施設に備え付ける教材を購入するために徴収する教材費，傷害・賠償保険料の負担金，施設費（暖房費，光熱水費）等のように通常保育料として領収される料金等		○	
		(4)　施設利用者の選択により付加的にサービスを受けるためのクリーニング代，オムツサービス代，スイミングスクール等の習い事の講習料等	○		
		(5)　バザー収入	○		
	消基通6-7-8	2　児童福祉法第27条第２項の規定に基づき同項に規定する指定医療機関が行う治療等		○	
		3　児童福祉法第33条に規定する一時保護		○	

科目等	項　目	取　引　内容	課税	非課税	対象外
社会福祉事業（続き）	社会福祉事業として行われる資産の譲渡等に類するもの 消令14の3 消基通6−7−7 消基通6−7−7の2	4　障害者自立支援法第29条第1項又は第30条第1項の規定に基づき独立行政法人国立重度知的障害者総合施設のぞみの園がその設置する施設において行うこれらの規定に規定する介護給付費若しくは訓練等給付費 又は特例介護給付費若しくは特例訓練等給付費の支給に係る同法第5条第1項に規定する施設障害福祉サービス及び知的障害者福祉法第16条第1項第2号の規定に基づき独立行政法人国立重度知的障害者総合施設のぞみの園がその設置する施設において行う同号の更生援護		○	
		5　介護保険法第115条の45第1項に規定する包括的支援事業として行われる資産の譲渡等		○	
		6　1から5のほか，老人福祉法第5条の2第1項に規定する老人居宅生活支援事業，障害者自立支援法第5条第1項に規定する障害福祉サービス事業(同項に規定する居宅介護，重度訪問介護，行動援護，児童デイサービス，短期入所，共同生活介護及び共同生活援助に係るものに限る。)その他これらに類する事業として行われる資産の譲渡等		○	

科目等	項　目	取　引　内　容	課税	非課税	対象外
助産	非課税となる助産の範囲 法別表第一・八 消基通6−8−1〜6−8−3	助産に係る資産の譲渡等の範囲は，医師又は助産婦等が行う妊娠しているかどうかの検査から出産後の入院及び検査までの間に必要となる役務の提供をいい，次に掲げるものが非課税となります。 1　妊娠しているか否かの検査 2　妊娠していることが判明した時以降の検診，入院 3　分娩の介助 4　出産の日以後2月以内に行われる母体の回復検診 5　新生児に係る検診及び入院 6　妊娠中の入院及び出産後の入院における差額ベッド料及び特別給食		○	
		助産に係る資産の譲渡等には，死産，流産の場合を含みますが，人工妊娠中絶は含みません。	○		
埋葬・火葬	非課税となる埋葬・火葬の範囲 消法別表第一・九 消基通6−9−1，6−9−2	埋葬は死体を地中に葬ること，火葬は死体を葬るために死体を焼くことをいい，これらの行為に係る料金が非課税となります。			
		1　火葬(埋葬)許可手数料		○	
		2　火葬(埋葬)料		○	
		3　祭壇等葬儀社等に支払う葬儀関係費用	○		
		4　僧侶のお布施，戒名料等			○
		5　火葬した遺骨を墳墓・納骨堂に納める対価としての料金等である埋蔵料，収蔵料	○		

科目等	項　　目	取　引　内　容	課税	非課税	対象外
身体障害者用物品	非課税となる身体障害者用物品 消法別表第一・十 消令14の4 消基通6-10-1～6-10-4	1　身体障害者の使用に供するための次に掲げる特殊な性状，構造又は機能を有する一定のものの譲渡，貸付け及び製作の請負並びに修理が非課税となります。		○	
		(例)　義肢及び装具，車椅子，歩行車，歩行補助つえ，製置式収尿器，義眼，盲人安全つえ，点字器，補聴器，人口咽藤，ストマ用装具，改造自動車等		○	
		2　身体障害者用物品の一部を構成する部分品については，身体障害者用物品には該当しません。	○		
		また，通常の物品を身体障害者用物品に改造する行為は，製作の請負ですから非課税となります。		○	
		3　身体障害者用物品に該当する自動車の補助手段及び車椅子等の昇降装置の修理等に限って非課税となります。		○	
		4　身体障害者用物品以外の物品の身体障害者用物品への改造		○	
学校教育	非課税となる学校教育 消法別表第一・十一 消令15，16 消基通6-11-1～6-11-6	非課税になる教育に関する役務の提供(授業料，入学金，施設設備費，入学検定料，在学証明，成績証明に係る手数料その他これらに類するもの)は次のとおりです。			
		1　学校教育法第１条に規定する学校(小学校，中学校，高等学校，中等教育学校，大学，高等専門学校，特別支援学校及び幼稚園）の設置者がその学校における教育として行う役務の提供		○	
		2　学校教育法第124条に規定する専修学校の設置者がその専修学校の高等課程，専門課程又は一般課程における教育として行う役務の提供		○	
		3　学校教育法第134条第1項に規定する各種学校の設置者がその各種学校における教育として行う役務の提供		○	

科目等	項　目	取　引　内　容	課税	非課税	対象外
学校教育（続き）	非課税となる学校教育 消法別表第一・十一 消令15，16 消基通6-11-1～6-11-6	4　独立行政法人水産大学校，独立行政法人農業・食品産業技術総合研究機締法の施設，独立行政法人海技教育機構の施設，独立行政法人航空大学校，国立看護大学校又は職業能力開発総合大学校，国若しくは地方公共団体又は職業訓練法人が設置する職業能力開発大学校，職業能力開発短期大学校，職業能力開発校がその施設における教育としての役務の提供		○	
		5　予備校，進学塾やそろばん塾における授業・教授，いわゆるカルチャーセンターにおける生花，語学等の教授	○		
		6　学校給食，受託した調査・研究等の収入	○		
教科用図書	教科用図書 消法別表第一・十二 消基通6-12-1～6-12-3	非課税の対象となる教科用図書は，学校教育法第34条（同法第49条，第62条及び第70条第1項において準用する場合並びに同法第82条において準用する場合を含む。）に規定する次に掲げる教科用図書であり，その譲渡等が非課税となります。 1　文部科学大臣の検定を経た教科用図書（いわゆる検定済教科書） 2　文部科学省が著作の名義を有する教科用図書すなわち，学校教育法の規定に基づき，小学校，中学校，高等学校，中等教育学校，特別支援学校において，使用を義務づけられている教科用図書		○	
		3　参考書又は問題集等で学校における教育を補助するためのいわゆる補助教材	○		
		4　教科用図書の供給業者等が教科用図書の配送等の対価として収受する手数料	○		
		5　生徒の父母から募集する運営資金確保のための学校債			○

科目等	項目	取引内容	課税	非課税	対象外
宗教法人	事業収入等 消法2①八	宗教法人の営む主要事業に対する消費税の課税関係は，次のとおりです。			
		1　葬儀，法要に伴う収入(戒名料，お布施，玉串料等)は課税対象外です。			○
		2　お札，お守り，おみくじの販売は，課税対象外です。			○
		3　絵はがき，写真帳，暦，ろうそく，供花等の販売は，資産の譲渡に該当し，原則として課税対象です。	○		
		ただし，線香，ろうそく，供花の販売のうち，参詣にあたって神前，仏前等に捧げるために下賜するものの頒布は，課税対象外です。			○
		4　寺院墓地，霊園等の永代供養料は，土地の貸付けとして非課税です。		○	
		5　宿泊施設(宿坊等) の提供(一泊二日1,500円以下)は課税対象外です。			○
		6　神前結婚，仏前結婚と挙式等の行為			
		⑴　挙式を行う行為で本来の宗教活動の一部と認められるものは，課税対象外です。			○
		⑵　挙式後の披露宴における飲食物の提供は，課税対象です。	○		
		⑶　挙式のための衣装その他の物品の貸付けは，課税対象です。	○		
		7　拝観料は課税対象外です。			○
		8　常設の美術館，博物館，資料館，宝物館等における所蔵品の観覧料は，課税対象です。	○ ○		
		9　駐車場の経営は，課税対象です。	○		
		10　土地の貸付けは非課税です。		○	
		11　住宅用建物の貸付けは非課税です。		○	
		12　住宅用以外の建物の貸付けは課税対象です。	○		
		13　幼稚園の経営			
		⑴　保育料，入園検定料，入園料，施設整備費		○	
		⑵　制服，制帽等，ノート，文房具等の販売	○		
		14　新聞，雑誌，講話集，法話集，教典の出版，販売は，課税対象です。	○		
		15　茶道，生け花，書道等の教授	○		
		16　拝観料			○

科目等	項　目	取引内容	課税	非課税	対象外	特定
公益法人	基本財産運用収入 消法2①八 消法60④	1　基本財産利息収入		○		
		2　基本財産配当金収入 配当金は課税対象外であり，特定収入に該当します。			○	○
	法別表第一・一	3　基本財産賃貸料収入 基本財産のうち土地及び住宅の貸付けは非課税となり，その他の財産の賃貸料は原則として課税対象です。	○	○		
	入会金収入 消法2①八 消法60④ 消法4①	入会金収入 対価性がない場合には課税対象外であり，かつ，特定収入に該当します。 対価性が認められる場合には課税対象となります。	○		○	○
	会費収入 消法2①八 消法60④ 消法4①	正会員会費収入，特別会員会費収入及び賛助会員会費収入は，いずれも対価性がない場合には課税対象外であり，かつ，特定収入となります。 対価性が認められる場合には課税対象となります。	○		○	○
	補助金収入 消法2①八 消法60④	1　国庫補助金収入，地方公共団体補助金収入 いずれも課税対象外であり，特定収入に該当します。			○	○
	消法2①八 消法60④	2　民間補助金収入 1と同じく課税対象外であり，特定収入に該当します。				
	消法4① 消法2①8	3　受託収入 受託収入については，その受託した業務の内容により課税対象となるものと課税対象外となるものを区分する必要があります。	○		○	
	消法2①八 消法60④	4　国庫助成金，地方公共団体助成金 特定の政策目的の実現を図るための給付金である補助金，助成金等は課税対象外であり(消基通5－2－15)，特定収入に該当します。そして，特定支出にのみ使途が特定されている場合には特定収入以外の収入となります。			○	○

科目等	項　目	取　引　内　容	課税	非課税	対象外	特定
公益法人（続き）	負担金収入 消法4① 消法2①八 消法60④	公益法人がその事業に係る受益者から受ける負担金について，その事業の実施に伴う役務の提供との間に明白な関係があるかどうかにより資産の譲渡等の判定をします。課税対象外に該当するときは，特定収入になります。	○	○		○
	寄附金収入 消法2①八 消法60④	寄附金収入及び募金収入は課税対象外であり，特定収入に該当します。			○	○
	事業収入 消法2①八, 4①, 6 消法60④	事業収入については，各事業の内容を検討し，課税，非課税，対象外及び特定収入の判定を行います。	○	○	○	○
	雑収入 法別表第一・三 消法2①八 消法4① 消法60④	1　受取利息 2　受取配当金収入 3　受取貸付金利息収入 4　雑収入 収入の内容により，課税，非課税，対象外の判定を行います。	 ○	○ ○ ○	 ○ ○	 ○
	基本財産収入 消法2①八 消基通16－2－1	基本財産収入は，課税対象外に該当し，特定収入以外の収入です。			○	
	固定資産売却収入 法別表第一・一, 二 消法4①	1　土地・借地権売却収入 2　建物売却収入 3　車両運搬具売却収入 4　構築物売却収入 5　器具備品売却収入 6　投資有価証券売却収入	 ○ ○ ○ ○	○ ○		
	借入金 消法2①八 消法60④	短期借入金収入及び長期借入金収入はいずれも課税対象外収入であり，法令により返済のための補助金等の交付を受けることが規定されている場合には，特定収入に該当します。			○	 ○

第2節　損益計算書

I　売上げ

科目等	項　　目	取　引　内　容	課税	非課税	対象外
課税対象	現物出資 消法4① 消令2①二 消令45②三	会社設立や増資に際して行う現物出資は資産の譲渡等に該当します。そこで，現物出資を行う場合には，現物出資する資産を課税資産と非課税資産に区分します。 現物出資により取得する株式等の価額は，その株式等の取得の時における価額(時価)が資産の譲渡の対価の額となります。 したがって，資産と併せて負債も現物出資する場合には，資産の時価から負債に金額を控除した金額が株式の価額となります。 **【計算例】** 資産の帳簿価額　3億円 資産の時価　5億円(うち土地2億円) 負債の金額　1億円 **(計　算)** 1　株式の時価 5億円－1億円＝4億円 2　課税資産の譲渡対価の額 4億円×3／5億円＝2億4千万円 3　非課税資産の譲渡対価の額 4億円×2／5億円＝1億6千万円	○ (2)○	(3)○	

科目等	項　目	取　引　内　容	課税	非課税	対象外
課税対象（続き）	**事後設立** 消基通5-1-6	事後設立（変態現物出資）は，既に設立された法人に対する資産の譲渡であって，個人事業者の法人成りにおける資産の譲渡と何等変わるところはありません。			
		そこで，金銭以外の出資である現物出資とは区別して，一般の譲渡として課税対象とします。その対価の額は，現実に収受し，又は収受すべき金額によるます。	○		
		【計算例】 資産の帳簿価額　3億円（うち土地1億円） 資　産　の　時　価　5億円（うち土地2億円） 負　債　の　金　額　1億円 **（計　算）** １　譲渡対価の額			
		３億円	○		
		２　課税資産の譲渡対価の額（時価基準） 3億円×3億円／5億円＝1億8千万円			
		3　非課税資産の譲渡対価の額（時価基準） ３億円×2億円／5億円＝1億2千万円		○	
	負担付贈与 消令2①一 消令45②二 消基通5-1-5	資産の贈与について債務の負担を条件とする負担付贈与は，その負担額によって資産の譲渡があったものとして課税対象となります。	○		
		なお，非課税資産を負担付贈与した場合には，その負担額が非課税売上げとなります。		○	
	交換 消令45②四 消基通10-1-8	資産を交換した場合において，その交換に係る対価の額は，その交換により取得した資産の交換の時における価額（交換差金を授受したときは，その交換差金を加算又は減算した金額）です。 なお，交換の当事者が交換に係る資産の価額を定め，相互に等価であるとして交換した場合において，その定めた価額が通常の取引価額と異なるときであっても，その交換がその交換をするに至った事情に照らし正常な取引条件に従って行われたものであると認められるときは，これらの資産の価額はその当事者間において合意されたものとします。	○	○	
	特許権等のクロスライセンス取引 消法4① 消令45四	クロスライセンス取引は，特許権等の実施権を互いに与え合うものであり，その対価の額が等価であるか，差額決済であるかに関係なく，いずれの場合も課税対象となります。 この場合の対価の額は，その特許権等の実施権の時価（適正な見積価格）となります。	○		

科目等	項　目	取 引 内 容	課税	非課税	対象外
課税対象（続き）	代物弁済 消法4① 消令45②一 消基通5-1-4	債務の弁済を金銭以外の物で行う場合の代物弁済は，資産の譲渡に該当し，その対価の額はその代物弁済により消滅する債務の金額（代物弁済により譲渡する資産の価額が消滅する債務の金額を超える場合において，その超える金額について支払を受けるときは，その金額を加算した金額）となります（消令45一）。 なお，代物弁済に充てる資産が土地等の非課税資産の場合には，その弁済による譲渡は非課税となります。 また，担保権の実行に伴い，担保物が債権者に移転した場合においては，代物弁済と何ら変わるところがないので，その担保物の移転は資産の譲渡に該当します。その担保物が土地等の非課税資産の場合には，その移転による譲渡は非課税となります。	○ ○	○ ○	
	保証債務を履行するための資産の譲渡 消法4① 消法別表第一 消基通5-2-2	保証債務を履行するために資産を譲渡した場合には，その譲渡の原因を問わないから課税対象となります。その譲渡する資産が課税資産の場合には課税，非課税資産の場合には非課税となります。 なお，強制換価手続による換価の場合も同様です。	○	○	
	原価取引 消法4①	親子会社，関係会社間における物又はサービスの原価販売等であっても，対価を得て行われるものは，その対価の額の多寡に関係なくその対価の額が課税売上高となります。	○		
	下請け先への原材料の支給 消基通5-2-16	元請が下請けに対して原材料を支給する場合において，その支給が有償であれば課税対象となります。 ただし，有償支給であっても元請けがその支給原材料を仮払金等とする経理により自己の資産（預け在庫）として受払い，数量管理をしている場合には，資産の譲渡に該当しない。	○		○
	商品の融通 消法2①八	事業者間において，一時的に商品を融通し合い，同種，同等，同量の物のみを返還する場合には，課税対象外となります。			○

科目等	項　　目	取　引　内　容	課税	非課税	対象外
課税対象（続き）	帳合取引 消法４①	帳合取引であっても売上・仕入を計上するものですから一般の取引と同じく，課税対象となります。 帳合取引とは，小売業者の仕入先として特定の卸業者が決定している取引のことです。	○		
	商品のサービス提供 消法2①八	商品を販売した場合において，その商品と一緒に無償提供するサービス品は，無償取引ですから課税対象外となります。			○
	買戻条件付取引で買戻しを行った場合 消基通5-2-11	１　譲渡担保に係るもの その譲渡について所基通33－２又は法基通２－１－18（譲渡担保に係る資産の移転等）の適用を受けたものは，課税対象外となります。			○
		２　再売買の予約に基づくもの 再売買の予約による譲渡については，原則として新たな資産の譲渡があったものとして課税対象となります。	○	○	
		３　売買の解約の方法によるもの 民法第579条に規定する売買解除の方法によるものである場合には，返品と同様の取引として売上げの対価の返還等となります。	○	○	
	取引が無効又は取消しとなった場合 消基通14-1-11	課税資産の譲渡を行った後で取引が無効又は取消しとなった場合の取扱いは，次のとおりです。 １　資産の譲渡を行った課税期間中に無効又は取消しが行われた場合には，その資産の譲渡等はなかったものとします。			○
		２　資産の譲渡を行った課税期間後の課税期間中に無効又は取消しが行われた場合には，その無効又は取消しとなった日に売上げの対価の返還等として取り扱います。	○		

科目等	項　目	取引内容	課税	非課税	対象外
課税対象（続き）	事業付随行為 消基通5-1-7	次に掲げる事業付随行為は，課税対象となります。 1　職業運動家，作家，映画・演劇等の出演者等で事業者に該当するものが対価を得て行う他の事業者の広告宣伝のための役務の提供 2　職業運動家，作家等で事業者に該当するものが対価を得て行う催物への参加又はラジオ放送若しくはテレビ放送等に係る出演その他これらに類するもののための役務の提供 3　事業の用に供している建物，機械等の売却 4　利子を対価とする事業資金の預入れ 5　事業の遂行のための取引先又は使用人に対する利子を対価とする金銭等の貸付け 6　新聞販売店における折込広告 7　浴場業，飲食業等における広告の掲示	○		
	会報，機関誌 消基通5-2-3	同業者団体等が通常の業務活動の一貫として会報等を発行し，これを構成員に対して配布するのは課税対象外となります。			○
	保険金，共済金等 消基通5-2-4	保険金，共済金等は保険事故等の発生により取得するものであり，資産の譲渡等による取得するものではないので課税対象外となります。			○

科目等	項　目	取引内容	課税	非課税	対象外
課税対象（続き）	損害賠償金 消法2①八	1　損害賠償金のうち，心身又は資産について加えられた損害の発生により受けるものは，資産の譲渡等の対価に該当しないので，原則として課税対象外となります。			○
	消基通5-2-5	2　賃貸事務所の入居者が契約条件に従わない場合等には退去を求め，期限までに退去しない場合には規定の賃貸料の3倍に相当する額の賃貸料を徴収することとなっている場合における割増賃貸料は，事務所の賃貸借契約に基づき賃貸期間に応じて徴収されるものであり，契約条件に違反した場合等，一定の要件に該当する場合における割増料金としての性格を有するものと認められます。したがって，その全額が事務所の貸付けの対価に該当することとなります。	○		
	消法2①八	3　品質の不良，品質の相違，破損又は納期遅延等のクレーム処理としての損害賠償金は，その支払いが値引きと認められる場合には対価の返還，その他の場合は対価性がないものとします。			○
	消令32①，36の2③，45②一，消基通9-3-6の3	4　所有権移転外ファイナンス・リース取引においては，契約期間終了前に契約を解約する場合において，リース業者は次のような規定損害金（解約損害金）をユーザーから徴収している場合			
		⑴　リース物件の消滅によりユーザーから徴収する金額	○		
		⑵　ユーザーの倒産，廃業により強制的に解約した場合にユーザーに請求する補償金	○		
		⑶　リース物件のバージョンアップ等を図るため，リース業者及びユーザーが合意の下に解約する場合の解約損害金	○		
	消法2①八	5　ゴルフ場その他の施設の利用又は役務の提供に関し，予約金を収受するが，プレーをキャンセルしたときは，その予約金をキャンセル料として没収した場合において，そのキャンセル料は，解約に伴う手数料部分と逸失利益に対する損害賠償金部分とが含まれていると考えられますが，事業者がその全額について損害賠償金に該当するものとして課税対象外としているときは，これを認められます。			○

科目等	項　目	取　引　内　容	課税	非課税	対象外
課税対象（続き）	消法2①八	6　賃貸した建設用の枠組足場等が返却されない場合において，その原因が滅失，紛失又は修理不能に基因したときに受領する金銭			○
	消法4①	7　ガスボンベの長期停滞料，預り保証金及び雑収入とした保守金の取扱い			
	消法4①	(1)　長期停滞料　資産の貸付けの対価であり，課税対象	○		
	消法2①八	(2)　預り保証金　預り金であり，課税対象外			○
		(3)　雑収入とした保証金			
	消法2①九	①　ガスボンベが返還されない場合　資産の譲渡等の対価であり，課税の対象	○		
	消法2①八	②　ガスボンベが破損した場合　原則として損害賠償金であり，課税対象外			○
	解約手数料・払戻手数料等	解約手数料，払戻手数料等の取扱いは次のとおりです。			
	消基通5-5-2	1　逸失利益等に対する損害賠償金であるキャンセル料，解約損害金，取消手数料等は課税対象外に該当します。			○
	消法4①	2　解約に伴う事務手数料等の性格を持つ解約手数料又は払戻手数料等は役務の提供の対価として課税対象となります。	○		
	消基通5-5-2	ただし，解約に伴い授受することとされている金銭を区分することなく一括して授受することとしている場合には，その全額を課税対象外として扱います。			○
	容器保証金等 消基通5-2-6	容器保証金等については，取引当事者の授受する請求書，領収書等の保存を条件として，次のいずれかの処理によることができます。			
		1　当事者間において容器等の譲渡の対価として処理することとしている場合には，資産の譲渡等の対価に該当する。	○		
		2　当事者間において損害賠償金として処理することとしている場合には，資産の譲渡等の対価に該当しません。			○
	剰余金の配当等 消基通5-2-8	剰余金の配当又は利益の分配は，株主又は出資者たる地位に基づき，出資に対する配当又は分配として受けるものですから，資産の譲渡等の対価に該当しません。			○

科目等	項　目	取引内容	課税	非課税	対象外
課税対象（続き）	対価補償金等 消令2②	土地収用法等の法律の規定に基づいてその所有権その他の権利を収用され，かつ，その収用の起業者からその権利の消滅の対価として保証金を取得した場合には，その補償金は課税の対象となります。 ただし，収用の対象となった資産が起業者に移転せず，取壊し，廃棄等又は収用に伴い収受する移転補償金，収益補償金，損失補償金等は資産の譲渡等の対価に該当しないので課税対象外となります。 この場合の補償金に対する課税は次のとおりとなります。 なお，建物について移転することが困難であることを理由に収用を請求し収用された場合には，建物が起業者に移転することから資産の譲渡となり，課税対象となります。			
	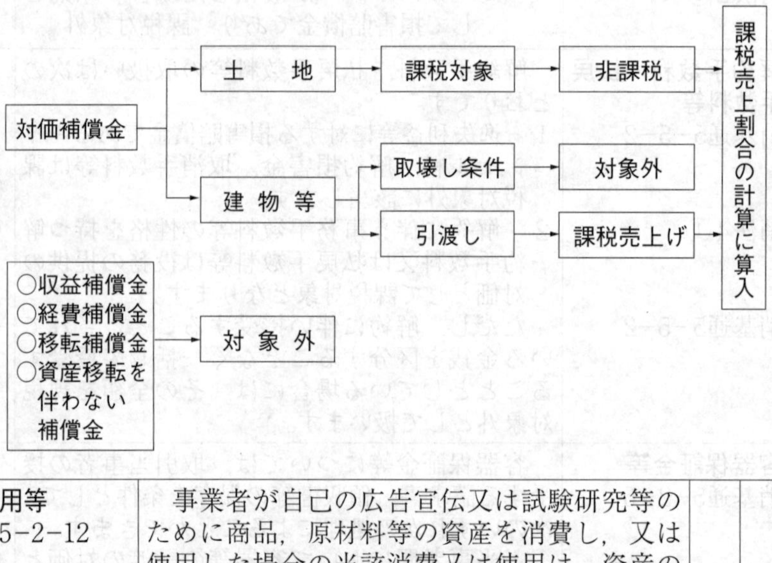				
	自社使用等 消基通5-2-12	事業者が自己の広告宣伝又は試験研究等のために商品，原材料等の資産を消費し，又は使用した場合の当該消費又は使用は，資産の譲渡に該当しません。			○
	資産の廃棄，盗難，滅失 消基通5-2-13	資産の廃棄，盗難又は滅失は，対価を得て行う資産の譲渡等ではないので，課税対象外となります。			○
	寄付金，祝い金，見舞金等 消法2①八	原則として対価性がないので課税対象外となります。ただし，実質的に資産の譲渡対価に該当する場合には，課税対象となります。	○		○
	福利厚生施設の有償利用 消基通5-4-4	事業者が，その有する宿舎，宿泊所，集会所，体育館，食堂その他の施設を対価を得て役員又は使用人等に利用させる行為は，資産の譲渡等に該当します。	○		

科目等	項　　目	取　引　内　容	課税	非課税	対象外
課税対象（続き）	会費，組合費，入会金等 消基通5−5−3	会費，組合費，入会金等で役務の提供の対価かどうかが明白でないものは，課税対象外として扱います。この場合において，その判定が困難なものについて課税対象外とする場合には，同業者団体，組合等はその旨を構成員に通知することとされています。			○
		なお，名目が会費等とされている場合であっても，実質的に出版物の購読料，映画・演劇等の入場料，職員研修の受講料又は施設の利用料等と認められる場合には，課税対象となります。	○		
	ゴルフクラブ等の入会金 消基通5−5−5	ゴルフクラブ，宿泊施設その他レジャー施設の利用又は一定の割引率で商品等を販売するなど会員に対する役務の提供を目的とする事業者が，会員等の資格を付与することと引換えに収受する入会金（返還しないものに限る。）は，資産の譲渡等の対価に該当し，課税対象となります。	○		
	給与負担金 消基通5−5−10	出向先事業者が負担する給与負担金，実質的に給与負担金の性質を有する経営指導料は，課税対象外となります。			○
	労働者派遣に係る派遣料 消基通5−5−11	労働者の派遣（自己の雇用する労働者を，その雇用関係の下に，かつ，他の者の指揮命令を受けて，当該他の者のために労働に従事させるもので，当該他の者とその労働者との間に雇用関係のない場合をいう。）を行った事業者が当該他の者から収受する派遣料等の金銭は，資産の譲渡等の対価に該当し，課税対象となります。	○		
		一方，派遣料等を支払った事業者は，課税仕入れに該当します。	○		

科目等	項目	取引内容	課税	非課税	対象外
課税対象（続き）	電気通信役務に係る回線使用料 消基通5-5-12	電気通信事業法第2条第3号《定義》に規定する電気通信役務の提供に伴って収受する対価は「回線使用料」等と称している場合であっても，役務の提供の対価に該当し，課税対象となります。 したがって，電気通信設備を使用させることが電気通信役務に該当する場合において，その電気通信設備が国内と国外にわたって敷設等されているものであるときは，国際輸送等に対する輸出免税に該当し，免税となります。	○ 免		
	原状回復工事費用 消法2①九	建物賃貸借に係る保証金から差し引く原状回復工事費用は，賃貸人が原状回復工事を行うことは賃貸人の賃借人に対する役務の提供であり，課税の対象となります。	○		
	定例総会等の費用を賄うために徴収する特別参加費 消基通5−5−3	団体，組合等が，自己の組織的活動の一環として催す総会又はブロック大会に際して，その費用を参加者に負担させているものであり，明白な対価関係があるとは認められないことから，対象外として取り扱います。			○
	共同施設に係る特別負担金 消基通5−5−6	組合は，共同施設(組合会館，体育館等）の建設に際し，組合員から特別負担金を徴し，共同施設は組合が所有します。。この場合の特別負担金は明白な対価関係があるかどうかの判定が困難であると認められますから，組合が資産の譲渡等に係る対価に該当しないとし，かつ，組合員が課税仕入れに該当しないとしている場合には，その取扱いが認められます。 なお，この場合には，組合は消費税の課税関係を組合員に通知する必要があります。			○
	マンション管理組合の課税関係 消法2①八	マンション管理組合は，その居住者である区分所有者を構成員とする組合であり，その組合員との間で行う取引は営業に該当しません。 したがって，マンション管理組合が収受する金銭に対する消費税の課税関係は次のとおりとなります。			
	消法4①	1　駐車場の貸付けについては，組合員である区分所有者に対する貸付けに係る対価は対象外なりますが，組合員以外の者に対する貸付けに係る対価は消費税の課税対象となります。	○		○
	消法2①八	2　管理費等の収受は，対象外となります。			○

科目等	項　目	取　引　内　容	課税	非課税	対象外
課税対象（続き）	株式の発行，併合又は分割の場合における1株未満の端株の取扱い 消法2①八 消法別表第一・二 消令48⑤	株式の発行，併合又は分割において株式発行法人が一括売却する端数株式は端数株主全員の共有に属し，会社は端数株主からその処分を委託されているにすぎないものと認められますから，発行法人においては消費税の課税関係は生じません。 一方，一括売却に付された端数株式の売却代金は，株主に帰属すべきものですから，株主が交付を受けた売却代金は有価証券の譲渡の対価に該当し，課税売上割合の計算においては，株主はその５％相当額を分母の金額に算入することとなります。		○（後段）	○（前段）
	自己株式 消基通5−2−9	法人が自己株式を取得する場合（証券市場での買入れによる取得を除きます。）における株主から発行法人への株式の引渡しは，資産の譲渡等に該当しません。 また，法人が自己株式を処分する場合における他の者への株式の引渡しも同様に，資産の譲渡等に該当しません。			○ ○
個人事業者	個人事業者の法人成り 消令2①二 消令45②三 消基通5−1−6 消基通5−1−2	1　現物出資の場合には，取得した株式の時価により課税対象となります。 2　事後設立（変態現物出資）の場合は，譲渡価額により課税対象となります。 3　資産の無償引継は，課税対象外です。	○（1） ○（2）		○（3）
	自家消費 消基通10−1−18	個人事業者が棚卸資産を家事消費をした場合には，譲渡があったものとみなして課税対象となります。この場合において，課税売上高として計上すべき対価の額は，次の⑴又は⑵のうちいずれか高い金額です。 ⑴　棚卸し資産の課税仕入れの金額 ⑵　通常の販売価額のおおむね50％相当額	○		
	個人事業者の廃業に伴う事業用資産 消法4④一	事業用資産はそれを直接家事のために使用している事実がない場合であっても，事業の廃止に伴い事業用資産に該当しなくなった時点で家事のために消費又は使用したものとみなして課税対象としています。ただし，棚卸資産が存在する期間においては，一般的に事業を廃止したとは認めていません。	○		

科目等	項　目	取　引　内　容	課税	非課税	対象外
個人事業者（続き）	家事用資産の譲渡 消基通5-1-8	個人事業者が行う，次に掲げる資産の譲渡は，「事業者が事業として」行うものではないので課税対象外となります。 1　事業用資金の取得のために行う家事用資産の譲渡 2　事業用資産の仕入れ代金に係る債務又は事業用に借り入れた資金の代物弁済として行われる家事用資産の譲渡			○ ○
	個人事業者が所有するゴルフ会員権の譲渡 消法4① 消基通5-1-1	1　その個人事業者が会員権販売業者が保有している場合には棚卸資産に当たり，その譲渡は課税の対象です。 2　1以外の個人事業者の場合には，生活用資産に当たり，その譲渡は課税の対象外です。	○		○
	事業及び家事供用資産の譲渡 消基通10-1-19	店舗兼住宅の1階部分を店舗又は工場に使用し，2階部分を個人の住宅として使用している場合の土地・建物については，その譲渡に係る金額を事業としての部分と家事使用に係る部分とに合理的に区分し事業用部分の譲渡対価は課税対象，家事用部分は対象外となります。 　この場合における区分は，その資産の譲渡の時の使用割合ではなく，取得時の仕入税額控除との関係から取得した時の区分(使用実態による使用率，使用面積割合等)によります。	○		○
	親族間の有償取引 消基通5-1-10	個人事業者が同一生計親族との間で対価を得て行う資産の譲渡等であっても，課税対象となります。	○		
法人と役員の取引	資産の低額譲渡 消法28， 消基通5-3-5 消基通10-1-2	法人がその役員に対して棚卸資産やゴルフ会員権などの資産を著しく低い価額(おおむね時価の50%未満の価額)により譲渡した場合には，時価をもって課税売上高に計上します。 　なお，棚卸資産については，その対価の額がその棚卸資産の課税仕入れの金額以上であり，かつ，通常の販売価額の50%以上であるときは，その譲渡価額により課税が行われ，低額譲渡の規定は適用しません。	○		

科目等	項　目	取引内容	課税	非課税	対象外
法人と役員の取引（続き）	資産の贈与 消法4④ 消基通10−1−18	法人がその役員に対して資産を贈与した場合において，その贈与による経済的利益が認定賞与として課税されるときには，消費税において時価によって譲渡があったものとみなします。 ただし，棚卸資産については，その棚卸資産の課税仕入れの金額以上，かつ，通常の販売価額の50％以上の価額を課税売上高に計上して確定申告をすればその処理は認められます。	○		
	低廉又は無償による資産の貸付け及び役務の提供 消法28 消法2①八	法人がその役員に対して著しく低い対価で資産を貸し付けた場合又は役務の提供をした場合には，実際に対価の授受を行っていることからその対価の額が課税売上げの額となります。 これに対して，無償による資産の貸付け及び役務の提供は，対価の額がないことから課税対象外となります。	○		○
	法人が役員の自宅建築費用を支出	通常，役員が個人的に支出すべき費用を法人の経費に付け替えた場合には，法人としての経費処理そのものが否認され，役員賞与として処理されることから，課税仕入れに該当せず，課税対象外となります。			○
共同企業体	出資金 消基通1−3−1	共同企業体（JV）に対して各構成員が支出する出資金は，支出の時点では課税関係は生じなません。 その出資金により共同企業体が行った仕入れについては，その構成員が持分割合又は利益分配割合に応じて，資産の譲渡等又は課税仕入れを行ったこととなります。	○		○
	分配金 消法2①八	共同企業体が発注者から中間金等の名目で受領し，持分割合等に応じて各構成員に分配する金銭は，目的物の引渡しがあるまで預り金となります。			○
	持分比率を超える役務の提供等	持分比率を超えて費用等を負担した構成員が他の構成員から収受する費用相当額については，構成員間の取引ですから，課税対象外となります。			○

科目等	項　目	取引内容	課税	非課税	対象外
共同企業体（続き）	実体のないJV工事負担金 消法4① 消基通1－3－1	実体のないJV工事（裏JV工事）については，単独受注者が工事を施行したこととなりますので，裏JV工事における利益分配金は，いわゆる談合金として取り扱います。 （注）いわゆる談合金は，本来入札等に参加できる事業者が参加しないこと等を条件として受けるものであることから，一種の役務の提供の対価として課税対象となり，支払った事業者については仕入税額控除ができます。	○ ○		
課税対象	陳列棚等の無償取得 消法2①十二	陳列棚，ショーケースなどの資産の無償取得は，法人税法上受贈益として収益に計上する必要がある場合であっても，消費税法上は，課税資産の譲渡等に該当しないことから課税関係は生じません。			○
	テナントから領収するビルの共益費 消法2①八 消基通10－1－14	ビル管理会社等が水道光熱費，管理人人件費，清掃費等を共益費等という名目で各テナントから毎月一定額で領収し，その金額の中からそれぞれの経費を支払う方法をとっている場合には，原則として，ビル管理会社等が領収する共益費等は課税の対象となります。	○		
	ゴルフ場利用料 消法2①八 消法4①	ゴルフ場が下記プレー料金のうち次に掲げるものの課税関係 1　身障者救護基金 従来からの慣行で利用者が県に対し寄付することとなっており，預り金処理をしている場合は，課税対象外です。			○
		2　連盟負担金 ゴルフクラブが連盟に対し支払う負担金（頭割りによる（一場当たり）金額と利用者数に応じた金額との合計額を納付しています。これは，ゴルフ場の利用料金の原価の一部となることから，その負担金を含めた額が課税対象となります。	○		
		3　ゴルファー保険 ゴルフ場が契約者で保険料負担者であるから，ゴルファー保険料は，利用料金の原価を構成するものと認められ，その保険料を含めた額が課税売上げとなります。	○		

科目等	項目	取引内容	課税	非課税	対象外
課税対象（続き）	実費弁償たる宿泊費又は交通費等 消法4①	税理士の業務に関する報酬又は料金は，税理士がその業務の遂行に関連して依頼者から支払いを受ける一切の金銭をいうものと解されています。 したがって，実費弁償たる宿泊費及び交通費であっても，ホテルや交通機関等への支払いが実質的に依頼者による直接払いと認められるものでない限り，税理士の報酬又は料金に含まれ課税の対象となります。	○		
	現金過不足の雑損益の処理 消法2①八	スーパーマーケット等で1日の売上げについてレジペーパーを集計し，現金残高と過不足を生じた場合には，雑収入又は雑損失として処理している場合のその雑損益は課税対象外です。			○
	軽油引取税の交付金 消令2①八	軽油引取税の特別徴収義務者が特別徴収した軽油引取税を都道府県に納付した場合は，都道府県から当該特別徴収した税額に一定の比率を乗じた金額の交付金（「奨励金」としている都道府県もある。）が支払われます。これは，資産の譲渡等の対価に該当しないから課税対象外となります。			○
	旅客サービス施設使用料 消法4①	旅客サービス施設使用料は，新東京国際空港において受けるサービス及び施設利用の対価であり，消令第17条第2項第3号の規定により免税となる離着陸又は駐機のための施設の提供に該当しないため，課税の対象となります。	○		
	役員等に配布する記念品 消法2①八	創業記念等における記念品の支給である場合で，その支給する記念品が社会通念上記念品としてふさわしいものであり，かつ，役員に限らず，従業員，関連会社等にも配布するようなものは，いわゆる儀礼的なものと考えられるから，課税しなくても差し支えありません。			○
	永年勤続役員に対して支給する表彰記念品 消法2①八	永年勤続者に対する表彰の記念として勤続年数に応じた記念品を支給する場合において，表彰対象者には使用人のほか役員も含まれているが，表彰の基準及び支給する記念品については役員と使用人との間に差はない。この場合，使用人及び役員に対する記念品の支給についても課税の対象外として取り扱います。			○

科目等	項　目	取引内容	課税	非課税	対象外
課税対象（続き）	役員退職金の現物給付 消法２①八	役員退職金として会社所有の不動産を現物給付することを取締役会において決議し，役員に給付した。これは，単に退職金を現物で給付することから代物弁済に該当せず，課税対象外となります。			○
	東京都の発行する有料ごみ処理券 消法４①	東京都が行う一般廃棄物の収集は，事業系一般廃棄物処理手数料を対価とする役務提供に該当しますから課税資産の譲渡等となります。	○		
	建物賃貸借契約における権利金等 消法４① 消法２①八	１　権利金及び契約の更新料や更改料 ２　解約時等に返還する敷金，保証金 ３　保証金について計算される特別の経済的利益 ４　解約時等に保証金から差し引く現状回復工事等の実費	○ ○		 ○ ○
	建物賃貸借契約における賃借人としての地位の譲渡 消法４① 消法２①八	１　賃借人として地位（権利）を譲渡することによる対価 ２　返還を受けた保証金	○		 ○
課税標準	課税標準額 消法28	消費税の課税標準は，その課税期間における課税資産の譲渡等の対価の額（対価として収受し，又は収受すべき一切の金銭又は金銭以外の物若しくは権利その他経済的な利益の額とし，課税資産の譲渡等につき課される消費税額及びその消費税額を課税標準として課されるべき地方消費税額相当額を除く。）です。			
	印紙税 消基通10−1−4	課税資産の譲渡等を行う事業者が印紙税の納税義務者として負担するものについては，その事業者の価格に含まれるものであることからその事業者が課税資産の譲渡等に関連して受領した印紙税相当額は，課税資産の譲渡等の対価の額（課税標準）に含まれます。	○		
	立替金の入金としての印紙税相当額 消基通10−1−4	印紙税等の納税義務者が顧客である場合において，その顧客の利便のために実費で印紙を融通するときは，単なる立替金の入金として課税対象外となります。 また，請負契約書は契約当事者双方が連帯納税義務を負うのですが，当事者の一方が印紙を用意して，相手方から印紙代相当額の全部又は一部を受領しても，立替金の受領であることから課税対象外となります。			○ ○

科目等	項　目	取　引　内　容	課税	非課税	対象外
課税標準（続き）	自動車取得税，自動車重量税，登録免許税 消基通10－1－4	自動車等の販売に当たり，自動車取得税等相当額を受領した場合においては，自動車取得税等の納税義務者が購入者であり，自動車販売業者等は，購入者が本来納付すべきものを購入者に代わって納税するために受領するものです。したがって，自動車取得税等であることが明らかであるものは，販売した自動車の対価の一部ではないので，消費税の課税標準には含みません。			○
		ただし，顧客から自動車取得税等として受け取ったことが明らかでないものは，課税資産の譲渡等の対価の額に含まれます。	○		
	未経過固定資産税等 基通10－1－6	中古不動産，中古自動車などの譲渡において，これらの資産に対して課された固定資産税，都市計画税，自動車税等で譲渡の時において未経過分となっている部分については，その未経過分に相当する金額をその資産の譲渡について収受する金額とは別に収受している場合においても，その固定資産税等は納税義務により支払うものではなく，資産の譲渡に伴い収受することからその未経過固定資産税等相当金額はその資産の譲渡対価の額に含めます。未経過自賠責保険料についても同様です。	○		
		土地に係る部分は非課税売上，建物に係る部分は課税売上となります。	○		
	外貨建取引 消基通10－1－7	1　外貨建取引に係る資産の譲渡等の対価の額は，所得税又は法人税の所得金額の計算において外貨建ての取引に係る売上金額その他の収入金額について円換算して計上すべきこととされている金額によります。 外貨建ての円換算については，原則として取引日の電信売買相場の仲値（ＴＴＭ）とし，継続適用を条件として，資産の譲渡については電信買相場（ＴＴＢ），課税仕入れについては電信売相場（ＴＴＳ）によることができます。			○
		2　外貨建債権，債務に係る為替差損益又は決済差損益は，資産の譲渡等ではないことから資産の譲渡等の対価の額又は課税仕入れの支払対価の額に含まれません。			○

科目等	項　目	取　引　内　容	課税	非課税	対象外
課税標準（続き）	物品切手により販売した場合 消基通10−1−9	ビールをビール券と引換えに販売した場合など物品切手等によって資産の譲渡を行った場合の対価の額は，ビール券等物品切手の券面額によります。 なお，そのビール券等の券面額と回収額が異なる場合，回収額が券面額よりも低いときにはその差額は課税仕入れ，反対に高いときには課税売上となります。	○ ○		
	酒税，たばこ税等 消基通10−1−11	酒税，たばこ税，揮発油税，石油税，石油ガス税等は，販売価格の一部を構成するものですから，課税資産の譲渡等の対価の額に含まれます。	○		
	ゴルフ場利用税，軽油引取税，入湯税 消基通10−1−11	ゴルフ場利用税，軽油引取税，入湯税は，いずれも利用者，購入者を納税義務者としており，ゴルフ場やガソリンスタンド等を経営する事業者がいわゆる特別徴収義務者として納税義務者から特別徴収し，地方公共団体に納付しているものです。したがって，ゴルフ場利用税，軽油引取税及び入湯税相当額は，原則として消費税の課税標準である課税資産の譲渡等の対価の額に含みません。 なお，軽油引取税については，地方税法の規定による特別徴収義務者に該当する者及び特別徴収義務者との委託販売契約により軽油を販売している場合には軽油引取税は課税売上げに含めませんが，これらの事業者に該当しない石油製品販売業者は軽油引取税を課税売上げに含めます。	○		○ ○
	委託販売等手数料 消基通10−1−12	１　委託販売の委託者については，受託者が委託商品を譲渡等したことにより受けることとなる金額が資産の譲渡等の対価の額となります。 ２　受託者については，委託者から受ける委託販売手数料が役務の提供の対価となります。 ただし，委託者から課税資産の譲渡等のみを行うことを委託されている場合の委託販売等に係る受託者については，委託された商品の譲渡等に伴い収受する金額を課税資産の譲渡等の金額とし，委託者に支払う金額を課税仕入れに係る金額としても差し支えありません。	○ ○		

科目等	項　目	取　引　内　容	課税	非課税	対象外
課税標準（続き）	源泉所得税 消基通10−1−13 平元1.30直法6−1	事業者が課税資産の譲渡等に際して収受する金額が，源泉所得税相当額を控除した残額である場合であっても，源泉徴収前の金額を課税標準とします。 なお，役務の提供に係る報酬(例えば，税理士報酬等)に係る支払額について源泉徴収する場合には，報酬料金の額と消費税額及び地方消費税額とが区分されて請求又は領収するときは，その区分された報酬料金の額，両者が区分されていないときは，その全体の額について源泉徴収税率を適用するものとされています。	○		
	別途収受する配送料 消基通10−1−16	事業者が販売した商品の配送を自社で行わず，顧客から配送料の実費を預かり，預り金等として処理している場合のその料金は，その事業者における資産の譲渡等の対価の額に含みません。 なお，宿泊業者や印刷業者が顧客の便宜のために購入価格相当額を対価として行う郵便葉書やたばこなどの販売も同様です。			○
	下取り 消基通10−1−17	不動産や自動車などの資産の譲渡に際して資産の下取りを行った場合であっても，資産の譲渡等の対価の額は，その下取り価額を控除する前の金額となります。 なお，下取りした資産は課税仕入れに該当します。	○		
	対価の額が未確定の場合 消基通10−1−20	資産の譲渡等に係る対価の額がその譲渡等に係る課税期間の末日までに確定していない場合においては，その末日の現況によりその金額を適正に見積もって資産の譲渡等の対価の額とします。 その後確定額と見積額とが異なるときは，その差額を確定課税期間において調整します。	○		
	消費税等の記載等がない場合 消法28	契約書，請求書等において本体価格と消費税額等とを明らかにしていない場合には，その課税資産の譲渡等の対価の額は消費税等を含んでいるもの(内税)として取り扱います。	○		

科目等	項　目	取　引　内　容	課税	非課税	対象外
課税標準（続き）	パック旅行 消法4① 消法28	自己の主催する国内旅行（通常パック旅行という。）は包括的な旅行の請負であり，原則として総額が役務の提供となります。	○		
		ただし，パック旅行と称するものであっても，その実質が手配旅行と認められるものについて継続して運賃及び宿泊費は預り金とし，当該運賃及び宿泊費を差し引いた残額の手数料部分を売上げとして計上しているときは，当該残額を課税資産の譲渡等の対価の額として差し支えないことと取り扱います。	○		○
	他社主催のパック料 消法28 消基通10-1-12	他社が主催するパック旅行を仕入れて他に販売する場合には，旅行業法上代売契約として取り扱われることから，その差益（代売手数料）が課税対象となります。なお，会計処理上仕入／売上と処理してもその差額を課税売上げに計上することができます。	○		
売上対価の返還等	値引き，返品，割戻し等の処理 消法38 消基通14-1-2	1　課税売上げに係る返品，値引き，割戻しがあった場合には，売上げの対価の返還等として課税標準額に対する消費税額等からその税額相当分を控除します。	○		
		2　売上割戻しには，直接取引先に支払うもののほか，その間接の取引先に対して支払う飛越しリベートも含まれます	○		
		3　売上割戻しを相手方に支払うことに代えて売掛債権と相殺した場合も売上対価の返還等としてその税額相当分を課税標準額に対する消費税額等から控除します。	○		
		4　売上割戻金の支払いに代えて，取引先を観劇，旅行等に招待した場合については，法人税において交際費とされることから，売上対価の返還等ではなく，交際費として課税仕入れとなります。	○		
		5　会計処理上販売促進費，事業分量配当金などとして販売管理費に計上した場合であっても，これらは消費税において売上対価の返還等に該当する。したがって，損益計算書に販売管理費に計上しているかどうかにかかわらず，消費税においては売上対価の返還等として処理します。	○		
		6　売掛金等について仕入先が銀行振込みにより支払う場合に差し引く振込手数料は，売上対価の返還等に該当します。	○		

科目等	項　目	取引内容	課税	非課税	対象外
売上対価の返還等（続き）	売上割引 消基通14-1-4	課税資産の譲渡等に係る対価をその支払期日よりも前に支払を受けたこと等を基因として支払う売上割引は，金銭の貸付けに係る利子とはその性格が異なることから売上げに係る対価の返還等に該当します。	○		
	対価の返還控除後の売上処理 消基通10-1-15	返品を受け，又は値引を行い売上げに係る対価の返還をした場合において，当初の売上額から返品額又は値引額を差引きし，差引き後の額を売上額とする経理処理を継続して行っているときは，その差引後の売上額に基づいて課税標準額に対する消費税の計算をすることができます。なお，この経理処理においても，その対価の返還等についての書類の保存が必要となります。	○		
	被災者に対する売掛金等の免除 消法38①	事業者が被災した取引先に対して，その取引先が復旧過程にある期間内に復旧支援を目的として売掛金等の債権(課税取引に係る債権に限ります。)の全部又は一部を免除した場合で，その売掛金の免除による損失の額が法人税法上の寄附金及び交際費等以外の費用とされるものは，売上対価の返還等として扱います。	○		
	簡易課税制度における対価の返還 消法37① 消令②③④	1　単一事業を行う簡易課税事業者のその事業に係る対価の返還等に係る消費税額がその事業に係る売上げに係る消費税額から控除できない場合には，売上げに係る消費税額は零とし，仕入控除税額はないこととなります。 2　複数の事業を行う簡易課税事業者の１つの事業に係る売上対価の返還等に係る消費税額が係る売上げに係る消費税額を超える場合には１と同様に処理し，その他の事業について反対のときには，その他の事業ごとにその事業の売上対価の返還等に係る消費税額を控除した後の売上げに係る消費税額にみなし仕入率を乗じて仕入控除税額を計算します。	○ ○		

科目等	項　目	取　引　内　容	課税	非課税	対象外
売上対価の返還等（続き）	免税事業者の対価の返還等 消基通14-1-6	免税事業者がその課税期間中に行った課税売上げについて，課税事業者となった以後の課税期間に返品，値引き又は割戻し等を行った場合には，売上対価の返還等による税額の調整はできません。			○
	消基通14-1-7	また課税事業者が廃業し，又は免税事業者となった後において，課税事業者であった課税期間中の課税売上げについて売上の対価の返還を行った場合には，売上対価の返還等による税額の調整はできません。			○

Ⅱ　仕入れ

その課税期間の課税売上高(年換算額）が５億円超又は課税売上割合が95％未満の事業者が課税仕入れ等に係る税額を個別対応方式により計算する場合には，その課税仕入れの都度，課税資産の譲渡等にのみ要するもの(課税資産の譲渡等用仕入)，非課税資産の譲渡等にのみ要するもの(非課税資産の譲渡等用仕入)及び課税資産の譲渡等及び非課税資産の譲渡等に共通して要するもの(共通用仕入)に区分する必要があります。

本書において，課税資産の譲渡等にのみ要するものは「課売用」，非課税資産の譲渡等にのみ要するものは「非売用」，共通して要するものは「共通用」として表示し，表示していないものについては，その課税仕入れ等の目的に従って判定します。

なお，アミ掛け部分は，留意を要する事項です。

科目等	項　目	取　引　内　容	課税	非課税	対象外
仕入れ	課税仕入れ 消法2①十二	「課税仕入れ」とは，事業者が事業として他の者から資産を譲り受け，若しくは借り受け，又は役務の提供(所得税法第28条に規定する給与等を対価とする役務の提供を除く。）を受けること(当該他の者が事業として当該資産を譲り渡し，若しくは借り受け，又は当該役務の提供をした場合に課税資産の譲渡等に該当することとなるもので，輸出免税等に該当する資産の譲渡等及び輸出物品販売場における輸出物品の譲渡に係る免税その他の法律等の規定により消費税が免除されるもの以外のものに限る。)をいいます。	−	−	−

科目等	項　目	取　引　内　容	課税	非課税	対象外
仕入れ（続き）	税額控除要件 消法30⑦⑧⑨	1　帳簿の要件 仕入税額控除の要件とされる帳簿記載及び保存要件における帳簿とは，次に掲げる法定の4項目を自ら記載して編てつし，これを保存したものをいいます。 ⑴　課税仕入れの相手方の氏名又は名称 ⑵　課税仕入れを行った年月日 ⑶　課税仕入れに係る資産又は役務の内容 ⑷　課税仕入れに係る支払対価の額 2　請求書等の要件 仕入税額控除の要件とされる請求書等とは，課税資産の譲渡等を行った事業者が作成した書類で次に掲げる法定の5項目を記載し，保存したものをいいます。 ⑴　請求書・納品書等 ①　書類の作成者の氏名又は名称 ②　課税資産の譲渡等を行った年月日 ③　課税資産の譲渡等に係る資産又は役務の内容 ④　課税資産の譲渡等の対価の額 ⑤　書類の交付を受ける事業者の氏名又は名称 ⑵　仕入明細書・仕入計算書 ①　書類の作成者の氏名又は名称 ②　課税仕入れの相手方の氏名又は名称 ③　課税仕入れを行った年月日 ④　課税仕入れに係る資産又は役務の内容 ⑤　課税仕入れに係る支払対価の額	―	―	―
	ＪＶ工事に係る請求書等 消法30⑦ 消基通1-3-1	ＪＶ工事等の共同事業として，課税仕入れを行った場合に，幹事会社が課税仕入れの名義人となっていること等の事由により各構成員の持分に応じて請求書等の交付を受けることができないときには，課税仕入れに係る課税資産の譲渡等を行った者が発行した請求書等のコピーに各構成員の出資金等の割合に応じた課税仕入れに係る対価の額の配分内容を記載したものを請求書等に該当するものとして取り扱うことができます。	―	―	―

科目等	項　　目	取　引　内　容	課税	非課税	対象外
仕入れ（続き）	商品・原材料等の棚卸資産 消法2①十二	1　課税仕入れの場合			
		(1)　国内取引			
		①　非課税資産の仕入 イ　土地の譲渡及び土地等の賃貸に伴う課税仕入れ ロ　有価証券等の譲渡に伴う課税仕入れ ハ　金融取引等に伴う課税仕入れ ニ　物品切手等の譲渡に伴う課税仕入れ ホ　公的医療，社会福祉事業等の役務の提供に伴う課税仕入れ ヘ　助産に伴う課税仕入れ ト　埋葬・火葬に伴う課税仕入れ チ　身体障害者用物品の譲渡等に伴う課税仕入れ リ　学校教育に係る役務の提供に伴う課税仕入れ ヌ　教科用図書の譲渡に伴う課税仕入れ ル　住宅の貸付けに伴う課税仕入れ **非課税資産の譲渡等のために行った仕入→非課売用**	○		
		②　①以外の課税資産の仕入れ **課税資産の譲渡等のために行った仕入→課売用**	○		
	消法2①十一	(2)　輸入取引 **①　課税資産の譲渡等のために行った仕入→課売用** **②　非課税資産の譲渡等のために行った仕入→非課売用**			
		2　非課税仕入れの場合			
		3　対象外取引仕入れの場合			

科目等	項　目	取　引　内　容	課税	非課税	対象外
仕入れ（続き）	仕入付随費用 消法2①十二	1　国内運賃，荷役費，荷造費，購入手数料 **⑴　課税資産の譲渡等のために行った仕入→課売用** **⑵　非課税資産の譲渡等のために行った仕入→非課売用**	○	○	
		2　国際運賃	免		○
		3　運送保険料，支払利子（別記載）	○		
		4　関税，不動産取得税等の租税公課			
		5　買入事務，検収，整理，手入れ等に要した費用（使用人等の給与を除く。） **⑴　課税資産の譲渡等のために行った仕入→課売用** **⑵　非課税資産の譲渡等のために行った仕入→非課売用**	○		
		6　保管料（保険料を除く。） **⑴　課税資産の譲渡等のために行った仕入→課売用** **⑵　非課税資産の譲渡等のために行った仕入→非課売用**	○		
		7　その他の附随費用（課税仕入れ該当） **⑴　課税資産の譲渡等のために行った仕入→課売用** **⑵　非課税資産の譲渡等のために行った仕入→非課売用**	○		
	消化仕入れ 消法2①十二	消化仕入れは，商品を販売した都度仕入れに計上するものですが，消費税においては，相手方の確認を受けたものを課税仕入れとします。 **⑴　課税資産の譲渡等のために行った仕入→課売用** **⑵　非課税資産の譲渡等のために行った仕入→非課売用**	○		
	消費者から車両等の下取り，空き瓶の買取り 消基通11-1-3	課税仕入れは，相手先が課税事業者，免税事業者あるいは消費者であっても，事業として資産を譲り受け，借り受け又は役務の提供を受ける場合には，課税仕入れに該当します。 したがって，消費者からの車両等の下取り，空き瓶や容器などを買い取ることは課税仕入れに該当します。 **⑴　課税資産の譲渡等のために行った仕入→課売用** **⑵　非課税資産の譲渡等のために行った仕入→非課売用**	○		

科目等	項　目	取　引　内　容	課税	非課税	対象外
仕入れ（続き）	外注費 消法2①八 消基通1-1-1	外注費については，その請求内容が人件費等であっても課税仕入れとなります。 建設会社が大工，左官等に支払う手間賃が雇用契約に基づく給与となるものを除き，請負契約の場合には課税仕入れに該当します。 課税資産の譲渡等用仕入→課売用	○ ○		
	出来高検収高 消基通11-6-6	元請業者が下請業者の行った工事等の出来高について検収を行い，その検収の内容及び出来高に応じた金額を記載した出来高検収書を作成し，これにより請負金額を支払っている場合には，下請業者の確認を条件に課税仕入れとして取り扱います。 (1)　課税資産の譲渡等のために行った仕入→課売用 (2)　非課税資産の譲渡等のために行った仕入→非課売用	○		
	出来高払による課税仕入れ 消基通1-3-1, 9-1-5	1　下請業者の行う役務の提供が建設工事に係る人的役務のみである場合において，月単位でその出来高(給与に該当するものを除く。)を計上しているときは，その計上した出来高に係る部分が課税仕入れとして認められます。 2　下請業者の提供する役務の提供が目的物の引渡しを要する請負契約である場合には，課税仕入れの時期は，その目的物の引渡しを受けた日となります。 (1)　課税資産の譲渡等のために行った仕入→課売用 (2)　非課税資産の譲渡等のために行った仕入→非課売用	○ ○		
	割賦購入資産等に係る課税仕入れ 消基通1-3-2	割賦購入の方法による課税資産の譲り受けに係る課税仕入れを行った日は，その仕入れた日の属する課税期間であり，その仕入税額の全額をその課税期間において控除します。 (1)　課税資産の譲渡等のために行った仕入→課売用 (2)　非課税資産の譲渡等のために行った仕入→非課売用	○		

科目等	項　目	取　引　内　容	課税	非課税	対象外
仕入れ（続き）	仕入商品の廃棄，盗難又は火災等による滅失 消基通5-2-13，11-2-11	仕入商品の仕入税額控除は，その仕入をした課税期間において行うこととされていますから，その後その商品について廃棄，盗難又は火災等によって滅失しても仕入税額の調整は必要ありません。			○
	試作品，サンプル用原材料 消基通11-2-14	試作品作成のため，サンプル作成のための原材料，資材等の仕入れは，他の者からの資産の買取ですから課税仕入れに該当します。 **(1)　課税資産の譲渡等のために行った仕入→課売用** **(2)　非課税資産の譲渡等のために行った仕入→非課売用**	○		
	買戻し条件付取引 消法2①十二	1　買戻しが再売買の予約に基づくものである場合には，課税仕入れに該当します。 **(1)　課税資産の譲渡等のために行った仕入→課売用** **(2)　非課税資産の譲渡等のために行った仕入→非課売用**	○		
	消法38	2　買戻しが売買の解除の方法によるものである場合には，売上げの対価の返還等に該当します。	○		
	個人事業者家事供用資産の取得 消基通11-1-4	個人事業者が事業と家事の用途に共通して消費し，又は使用する資産を取得した場合には，その消費又は使用に係る部分は課税仕入れに該当しません。			○
		ただし，その資産の取得に係る課税仕入れに係る支払対価の額のうち，その資産の消費又は使用の実態に基づく使用率，使用面積割合等の合理的な基準により計算した事業用部分については，課税仕入れとなります。 **(1)　課税資産の譲渡等のために行った仕入→課売用** **(2)　非課税資産の譲渡等のために行った仕入→非課売用**	○		
	国外取引のための課税仕入れ等 消基通11-2-13	国外において行う資産の譲渡等のための課税仕入れ等がある場合には，その全額が仕入税額控除の対象となります。 この場合において，事業者が個別対応方式を適用するときは，その課税仕入れ等は課税資産の譲渡等にのみ要するものに該当します。	○		

科目等	項　目	取　引　内　容	課税	非課税	対象外
仕入の対価の返還等	返品，値引き，割り戻し 消法32 消基通12-1-12	1　課税仕入れに係る返品，値引き，割戻しがあった場合には，仕入れの対価の返還等としてその課税期間の仕入れに係る消費税額からその税額相当分を控除します。 2　課税仕入れを純額主義(仕入れの対価の返還等の額を仕入高から控除し，その控除後の金額を課税仕入れとする方法）によることもできます。 (1)　課税資産の譲渡等のために行った仕入→課売用 (2)　非課税資産の譲渡等のために行った仕入→非課売用	○		
	仕入割引 消基通12-1-4	仕入れに係る対価をその支払期日よりも前に支払ったことにより受ける仕入割引は，金銭の貸付けに係る利子とはその性格が異なることから，仕入れの対価の返還等に該当します。 (1)　課税資産の譲渡等のために行った仕入→課売用 (2)　非課税資産の譲渡等のために行った仕入→非課売用	○		
	所有権移転外ファイナンス・リース取引におけるリース物件が滅失・毀損し，修復不能による減額 消基通9-3-6の3	所有権移転外ファイナンス・リース取引におけるリース物件が滅失・毀損し，修復不能となった場合における残存リース料の一部又は全部の減額は，仕入れに係る対価の返還等に該当します。 (1)　課税資産の譲渡等のために行った仕入→課売用 (2)　非課税資産の譲渡等のために行った仕入→非課売用 (3)　課税資産の譲渡等及び非課税資産の譲渡等を併業する事業者→共通用	○		

科目等	項　目	取　引　内　容	課税	非課税	対象外
仕入の対価の返還等（続き）	免税事業者であった課税期間の仕入れについての対価の返還等 消基通12−1−8, 12−1−9	免税事業者であった課税期間中の課税仕入れについて，課税事業者となった後の課税期間において対価の返還等を受けた場合及び課税事業者が廃業し，又は免税事業者となった場合に課税事業者であった期間中の課税仕入れについて対価の返還等を受けた場合には，いずれも仕入れの対価の返還等による税額調整はしません。 ただし，免税事業者であった課税期間において行った課税仕入れについての仕入れに係る対価の返還等であっても，消費税法第36条（納税義務の免除を受けないこととなった場合等の棚卸資産に係る消費税額の調整）の規定の適用を受けた棚卸資産の課税仕入れについては，仕入れの対価の返還等の適用があります。	 ○		○

Ⅲ 販売費及び一般管理費

科目	項目	取引内容	課税	非課税	対象外
給与	役員報酬 役員賞与 使用人給与 使用人賞与 消法2①十二	労務の提供は役務の提供の１つですが，消費税においては，所得税法上給与所得とされる給与等を対価とする役務の提供は，課税仕入れに該当しません。 役員賞与で損金処理したもの及び使用人賞与も同様です。			○
	退職金 消法2①十二 消基通11-1-2	「給与等を対価とする役務の提供」は，雇用契約又はこれに準ずる契約に基づき給与等を対価として労務を提供することをいいます。この場合の給与等には，俸給，給料，賃金，歳費，賞与及びこれらの性質を有する給与のほか，過去の労務の提供を給付原因とする退職金，年金等も該当します。 したがって，退職金，功労金，弔意金等は課税対象外となります。			○
	役員に対する現物給与 消法4④二, 消基通10-1-2, 11-2-3	法人が役員に対して課税資産を贈与した場合や低額譲渡した場合には，原則として時価を譲渡価額とみなして課税対象します。 この場合において，課税資産の現物給付が給与所得課税に該当するかどうかにかかわりなく，その資産の購入時に仕入税額控除が適用されます。 (1) **購入時において課税資産の譲渡等のために行った仕入→課売用** (2) **購入時において非課税資産の譲渡等のために行った仕入→非課売用**	○ ○		
	アルバイト・パート 消法2①十二	臨時雇賃金，アルバイト，季節労働者賃金等は，通常給与所得となるので，支払った事業者においては，課税仕入れになりません。			○

科目	項　目	取引内容	課税	非課税	対象外
給与（続き）	通勤手当（現物支給を含む。） 消基通11-2-2	1　通勤手当のうちその通勤に「通常必要であると認められる部分の金額」は，所得税の非課税限度額を超える部分（所得税の課税対象）であっても，課税仕入れとなります。	○		
		2　新幹線通勤も経済的，かつ，合理的な通勤方法として認められていますので，新幹線通勤者の通勤手当も所得税課税の有無にかかわらず，課税仕入れとなります。	○		
		3　グリーン定期乗車券の額は，その乗車区間を同一とする通勤定期乗車券の額を超える部分の額については，給与所得課税の対象となりますが，現実に通勤の費用に充てられている部分は，課税仕入れとなります	○		
		4　自動車通勤者に対するガソリン代の支給は，現実に通勤に充てられている部分は，課税仕入れになります。 1から4について **事業者の事業の目的にかかわらず→共通用**	○		
		5　出張旅費のうち，その旅行について通常必要と認められる部分は課税仕入れとなります。これに対してその旅行について通常必要と認められる範囲を超える金額は，所得税法上給与として課税されることとなり，給与を対価とする役務を受けることは課税仕入れに該当しません。 **課税仕入れ分については，課税資産の譲渡等のみのための仕入れは課売用，非課税資産の譲渡等のみのための仕入れは非売用**			○
	その他の各種手当て 消法2①十二	扶養手当，特殊勤務手当，役職手当，住宅手当，残業手当その他の手当で所得税法上給与所得とされる給与等は，事業者の事業遂行上直接必要なものとはいえないことから課税対象外となります。			○

科目	項　目	取　引　内　容	課税	非課税	対象外
給与（続き）	給与課税しない経済的利益 所基通36-21等 消基通11-2-3	1　給与等に係る経済的利益(現物給付等)のうち課税しないものについては，法人が給与として経理しなかった場合には，給与以外の費用として扱われるので，消費税においてもその処理に応じて課税，非課税，対象外となります。 2　現物給与とされる物品等が課税資産等に該当する場合には，仕入税額控除の対象となります。 **事業者の事業の目的にかかわらず→共通用**	○	○	○
	社員に対して業務に必要な知識，技能等を習得させるための受講料 消法2①十二	1　会社において通信教育の申込みを行い，通信教育を行っている事業者に対して直接受講料を支払っている場合は，課税仕入れに該当します。 **(1)　課税資産の譲渡等のみのための仕入れ→課売用** **(2)　非課税資産の譲渡等のみのための仕入れ→非売用** **(3)　課税資産の譲渡等及び非課税資産の譲渡等のための調製仕入れ→共通用**	○		
		2　受講料相当額を従業員に対して現金で支給する場合には，その額は給与の一部ですから，課税仕入れには該当しません。			○
		ただし，その通信教育の受講が会社の業務上の必要性に基づくものであるということを前提として，会社がその受講料の支払に係る領収証(当該企業宛)を徴した分については，課税仕入れに該当するものとして取り扱われます。 **(1)　課税資産の譲渡等のみのための課税仕入れ→課売用** **(2)　非課税資産の譲渡等のみのための課税仕入れ→非売用** **(3)　課税資産の譲渡等及び非課税資産の譲渡等のための課税仕入れ→共通用**	○		

科目	項　目	取引内容	課税	非課税	対象外
給与（続き）	社内提案，使用人等の発明に係る報奨金等 消基通11-2-4	1　その報奨金が給与所得の課税対象となる場合には，課税対象外となります。			○
		2　その報奨金が譲渡所得，一時所得又は雑所得に該当する場合には，課税仕入れに該当します。 (1)　業務上有益な発明，考案又は創作をした使用人等からその発明，考案又は創作に係る特許を受ける権利，実用新案登録を受ける権利若しくは意匠登録を受ける権利又は特許権，実用新案権若しくは意匠権を承継したことにより支給するもの (2)　特許権，実用新案権又は意匠権を取得した使用人等にこれらの権利に係る実施権の対価として支給するもの (3)　事務若しくは作業の合理化，製品の品質改良又は経費の節約等に寄与する工夫，考案等（特許又は実用新案登録若しくは意匠登録を受けるに至らないものに限り，その工夫，考案等がその者の通常の職務の範囲内の行為である場合を除く。）をした使用人等に支給するもの。 **(1)　課税資産の譲渡等のみを目的とする事業者→課売用** **(2)　非課税資産の譲渡等のみを目的とする事業者→非売用**	○		
	成績優秀者に対する表彰金品 消法2①八 消法2①九	1　金銭の支給及び物品の給付を行う行為は課税対象外です。			○
		2　表彰品については，その購入時において課税仕入れとなります。	○		
		なお，表彰品が物品切手等（例：旅行券）であっても従業員等が直接物品又は役務の引換給付を受ける場合には，継続適用を条件として，その物品切手等の対価の額をその支払った課税期間の課税仕入れとすることができます。 **事業者の事業の目的にかかわらず→共通用**	○		

科目	項　目	取　引　内　容	課税	非課税	対象外
給与（続き）	宿日直料 消法2①八	1　宿日直料（食事代の現金支給を含む。）は，給与として課税されるので課税対象外となります。			○
		2　食事の現物支給は，給与となって課税対象外となります。			○
	消法2①十二	3　現物支給した食事の購入代金は，課税仕入れとなるので，課税対象となります。	○		
		4　食事を従業員等に有償支給した場合には課税売上げとして課税対象となり，一方，その仕入れは課税仕入れとして税額控除の対象となります。 **課税資産の譲渡等にのみ要するもの→課売用**	○		
	夜勤補助金等 消法2①八	深夜残業者に対して金銭で支給する夜勤補助金は，給与課税の対象となり，たとえその補助金が食事代等の実費弁償としての性格を有するとしても課税対象外となります。			○
	利子補給金 消法2①八	給与所得者に対する住宅取得のための資金借入に係る利子補給金は，給与の性格を有するものですから，所得税の課税の有無にかかわらず課税対象外となります。			○
	役員の担保提供に対する手数料 消法別表第一・三	代表者等が自己の不動産を法人の借入金の担保として提供した場合の法人から代表者等に支払われる手数料は，信用の保証としての役務提供の対価となりますので非課税となります。		○	
	役員に対する渡切交際費 消法2①八	役員に対する渡切交際費について精算をしていないものは課税対象外となります。			○
	消法2①九	一方，その支出の事実が明らかで，かつ，法人の事業関連費用であり，金銭の清算とともに請求書等が保存されているものは課税仕入れとなります。 **(1)　支払時において課税資産の譲渡等のために行った仕入→課売用** **(2)　支払時において非課税資産の譲渡等のために行った仕入→非課売用**	○		

科目等	項　目	取　引　内　容	課税	非課税	対象外
給与負担金	給与負担金 消基通5-5-10	1　親会社から出向者を受け入れた子会社等がその給与の全部又は一部を出向元法人である親会社に支払った場合の給与負担金(経営指導料等の名義で支払う場合を含む。)は，課税対象外です。 2　出向契約により，子会社等が給与の全部を支払いその一部を親会社に請求する場合又は子会社等と親会社がそれぞれその一部を負担する場合も1と同じです。			○ ○
	経営指導料 消基通5-5-10, 5-2-14	経営指導料は，出向者の給与に充てられる部分及び寄付金として取り扱われる部分は課税対象外ですが，その他本来の経営指導に係る部分は役務の提供の対価ですから課税仕入れとなります。出向元法人では課税売上げとなります。 (1)　課税資産の譲渡等のみのための課税仕入れ→課売用 (2)　非課税資産の譲渡等のみのための課税仕入れ→非売用 (3)　課税資産の譲渡等及び非課税資産の譲渡等のための課税仕入れ→共通用	○		○
	出向元法人が負担する較差補填金	出向者に対して出向元法人が負担する給与較差補填金は，給与に該当することから課税対象外となります。			○
	退職給与の負担金 消基通5-5-10	出向先法人が出向者の退職給与の負担金を出向元法人に支払った場合には，給与として課税対象外となります。			○
外交員報酬等	外交員報酬等 消基通11-2-5	外交員，集金人，電力量計等の検針人その他これらに類する者に対して支払う報酬又は料金のうち，給与所得に該当する部分は，課税対象外となりますが，それ以外の部分は課税仕入れとなります。 (1)　課税資産の譲渡等のみのための課税仕入れ→課売用 (2)　非課税資産の譲渡等のみのための課税仕入れ→非売用 (3)　課税資産の譲渡等及び非課税資産の譲渡等のための課税仕入れ→共通用	○		○

科目等	項　　目	取　引　内　容	課税	非課税	対象外
労働者派遣料	労働者派遣料 消基通5-5-11	労働者の派遣（自己の雇用する労働者を，その雇用関係の下に，かつ，他の者の指揮命令を受けて，他の者のために労働に従事させるもので，他の者とその労働者との間に雇用関係のない場合をいう。）を受けた事業者が派遣業者へ支払う派遣料等の金銭は，資産の譲渡等の対価に該当し，課税仕入れとなります **(1)　課税資産の譲渡等のみのための課税仕入れ→課売用** **(2)　非課税資産の譲渡等のみのための課税仕入れ→非売用** **(3)　課税資産の譲渡等及び非課税資産の譲渡等のための課税仕入れ→共通用**	○		
法定福利費	健康保険料，厚生年金保険料，雇用保険料等	1　健康保険法，厚生年金保険法，雇用保険法，船員保険法，労働者災害補償保険法の規定により事業主が負担する保険料は，非課税です。		○	
	消令10, 消基通6-3-1(4)	(注)　使用人等が負担する保険料は，預り金ですから課税対象外です。			○
		2　厚生年保険料のうち，事務費部分は課税仕入れです。 **事業者の事業の目的にかかわらず→共通用**	○		
福利厚生費	慶弔費 消基通5-2-14	1　従業員の慶弔禍福に際して支出する弔慰金は，金額の多寡にかかわらず，対価性のない取引ですから課税対象外となります。			○
		2　1の慶弔禍福に際して，祝品，果物，生花，花輪などの物品を購入して贈る場合のその費用は課税仕入れとなります。 **事業者の事業の目的にかかわらず→共通用**	○		

科目等	項　　目	取　引　内　容	課税	非課税	対象外
福利厚生費（続き）	社員旅行 消法2①十二 消法2①八	1　国内旅行 従業員の国内慰安旅行の実費を事業主が負担した場合には，課税仕入れとなります。	○		
		ただし，旅行補助金として金銭を支給した場合で渡切りのものは課税対象外となりますが，会社宛の領収書等により会社の課税仕入れであることが確認できるものは課税仕入れとなります。 **事業者の事業の目的にかかわらず→共通用**	○		○
	消基通7-2-6	2　海外旅行 従業員の海外慰安旅行の取扱いは次のとおりです。	○		
	消法2①十二	イ　国内における役務の提供 パスポート申請等の事務代行，国内輸送その他国内における役務の提供は，課税仕入れとなります。	○		
	消法7①	ロ　海外における役務の提供 国際輸送，海外における輸送，国外での宿泊，旅行案内，食事その他の役務の提供は，輸出免税となるものと課税対象外となるものに区分します。	免		
	歓送迎会，新年会等 消法2①十二 消法2①八	従業員の歓送迎会等の実費を会社が負担した場合には，課税仕入れとなります。	○		
		ただし，補助金として金銭を支給した場合で渡切りのものは課税対象外となりますが，会社宛の領収書等により会社の課税仕入れであることが確認できるものは課税仕入れとなります。 **事業者の事業の目的にかかわらず→共通用**	○		○
	運動会，文化祭 消法2①十二 消法2①八	運動会等の費用で事業主が負担した実費相当額は課税仕入れとなります。	○		
		ただし，運動会等の補助金として金銭を支給した場合で渡切りのものは課税対象外となりますが，会社宛の領収書等により会社の課税仕入れであることが確認できるものは課税仕入れとなります。 **事業者の事業の目的にかかわらず→共通用**	○		○

科目等	項　目	取　引　内　容	課税	非課税	対象外
福利厚生費（続き）	レジャークラブ等の会費 消法2①十二 消法2①八	レジャークラブが会社の厚生事業の一貫として利用され，運営されている場合には，課税仕入れに該当する。 **事業者の事業の目的にかかわらず→共通用**	○		
		しかし，本来個人が負担すべき会費を会社が負担した場合には，給与課税の対象となることから課税仕入れに該当しない。			○
	運動部，サークル等に対する助成金 消基通1-2-4 消法2①十二 消法2①八	1　法人の事業の一部とされる運動部等への助成金 (1)　法人から運動部等への助成金は，社内における単なる資金の移動であることから課税対象外となります。			○
		(2)　運動部等が行った課税仕入れは，法人が行ったものとして仕入税額控除の対象となります。なお，従業員負担部分があり，適正に区分されているものは，その区分したところによる。 **事業者の事業の目的にかかわらず→共通用**	○		
		2　1の要件に該当しない親睦組織等に対する助成金 (1)　交付した助成金の範囲内でレクリエーションなどの費用に充てられたことが領収書等で確認できる場合には，課税仕入れとなります。 事業者の事業の目的にかかわらず→共通用	○		
		(2)　(1)以外の場合には，課税対象外となります。			○
	定期健康診断，医薬品等 消法2①八	従業員等のために支出した定期健康診断の費用や常備の医薬品等の購入費用は，いずれも課税仕入れとなります。 **事業者の事業の目的にかかわらず→共通用**	○		

科目等	項　目	取　引　内　容	課税	非課税	対象外
福利厚生費（続き）	社員食堂 消法2①八 消法2①十二	1　直営給食設備において，無償提供している場合には，課税対象外となります。			○
		2　直営給食設備において，食券等を販売して提供している場合には，課税対象となります。	○		
		課税資産の譲渡のために行った仕入→課売用 1及び2の場合において，材料費，水道光熱費，外部委託費などは課税仕入れとなります。			
		3　外部購入弁当を無償提供した場合には，課税対象外となります。			○
		4　外部購入弁当を有償提供している場合には，課税対象となります。	○		
		課税資産の譲渡のために行った仕入→課売用 3及び4において，外部購入弁当の購入費は，課税仕入れとなります。			
	契約食堂 消法2①八 消法2①十二	1　契約食堂における従業員の食事券を無償で支給した場合には，課税対象外となります。			○
		この場合において，契約食堂に支払う従業員の食事代金は，課税仕入れとなります。 **事業者の事業の目的にかかわらず→共通用**	○		
		2　契約食堂における従業員の食事券を割引販売した場合には，従業員から収受する食事券代は課税売上げとなり，	○		
		契約食堂に支払う従業員の食事代金のうち会社の正味負担部分は，課税仕入れとなります。 **課税資産の譲渡のために行った仕入→課売用**	○		

科目等	項　　目	取　引　内　容	課税	非課税	対象外
福利厚生費（続き）	福利厚生施設の利用 消基通5-4-4	1　従業員等から会社の保養施設などの利用料を収受した場合には，課税対象となります。 2　会社の保養施設などの利用料を収受している場合における管理維持費用（管理人の給与，火災保険料，固定資産税等課税対象とならないものを除く。）は課税仕入れとなります。 **課税資産の譲渡のために行った仕入→課売用** 3　会社の保養施設に係る管理人の給与，火災保険料，固定資産税は課税対象とならない。 4　会社の保養施設などの無償使用は，課税対象外となります。	○ ○		○ ○
	借上げ社宅 消法別表第一・十三	1　借上げ社宅の権利金，賃借料の支払は非課税です。 2　借上げ社宅の従業員等からの受取家賃の収入は，非課税売上げです。		○ ○	
	社宅の取得及び維持費 消法2①九 消法2①八	1　社宅の取得費（土地等を除く。）及び維持管理費（2を除く。）は，課税仕入れとなります。なお，その仕入れは，非課税売上げのための課税仕入れとなります。 **非課税資産の譲渡のために行った仕入→課売用** 2　社宅の維持管理費用のうち，管理人の給与，火災保険料，固定資産税は課税対象外となります。	○		○
	家賃補助 消法2①八，十二	従業員等が契約した借家の賃料の一部を会社が負担した場合の家賃補助は，会社が借家の所有者に対して賃料の一部を支払うときであっても，その金額は従業員等の給与となりますので課税対象外です。			○
	従業員持株奨励金 消法2①八	従業員持株会等に対する奨励金，助成金は資産の譲渡等の対価ではないので課税対象外となります。			○
	社員共済会に対する補助金等 消法2①八	社員共済会，社内親睦団体等に対する補助金，負担金等は，課税対象外となります。			○

科目等	項目	取引内容	課税	非課税	対象外
福利厚生費（続き）	永年勤続者に対する記念品・旅行券等 消法2①八	1　永年勤続者に支給する記念品の購入費用は，物品そのものの仕入れであり，受給者に対して給与として課税されるかどうかにかかわらず，課税仕入れに該当します。	○		
		2　旅行券を購入して支給する場合で給与として課税されないとき	○		
	消法2①十二	3　従業員の福利厚生の一貫として，催物などの入場券を従業員に対して支給した場合には，その購入費用は課税仕入れとなります。	○		
		4　他社発行の物品切手等を従業員等に支給する場合には，継続適用を条件として，その物品切手等の対価を支払った日又はその支給をした日の属する課税期間の課税仕入れとなります。 **事業者の事業の目的にかかわらず→共通用**	○		
		5　自社発行の物品切手等を支給した場合には，自社所有の棚卸資産を無償支給することと同様ですから課税仕入れとはなりません。			○
広告宣伝費	企業のイメージ広告 消法2①十二	企業のイメージ広告は，課税仕入れに該当します。 **⑴　課税資産の譲渡等のみを目的とする事業者→課売用** **⑵　非課税資産の譲渡等のみを目的とする事業者→非売用** **⑶　課税資産の譲渡等及び非課税資産の譲渡等を併業する事業者→共通用**	○		
	カタログ作成費 消法2①十二	カタログの作成費は課税仕入れに該当します。 **⑴　課税資産の譲渡等のみのための課税仕入れ→課売用** **⑵　非課税資産の譲渡等のみのための課税仕入れ→非売用** **⑶　課税資産の譲渡等及び非課税資産の譲渡等のための課税仕入れ→共通用**			

科目	項　目	取　引　内　容	課税	非課税	対象外
広告宣伝費（続き）	屋外広告 消法2①十二	1　電柱に広告を掲載するために電力会社へ支払う電柱使用料は，課税仕入れとなります。	○		
		2　屋外広告の看板の制作費は，課税仕入れとなります。 **(1)　課税資産の譲渡等のみを目的とする事業者→課売用** **(2)　非課税資産の譲渡等のみを目的とする事業者→非売用** **(3)　課税資産の譲渡等及び非課税資産の譲渡等を併業する事業者→共通用**	○		
		3　看板設置のための土地の賃借料は，非課税です。		○	
	モデル報酬 消法2①十二	企業の宣伝活動等のために契約したモデルに支払う報酬は，課税仕入れとなります。 **(1)　課税資産の譲渡等のみのための課税仕入れ→課売用** **(2)　非課税資産の譲渡等のみのための課税仕入れ→非売用** **(3)　課税資産の譲渡等及び非課税資産の譲渡等のための課税仕入れ→共通用**	○		
	マネキン報酬 消法2①十二	1　マネキンの使用者であり，かつ，求人者である企業がマネキン紹介所を経由して支払う「マネキンに対する対価」は，マネキンの職務内容や対価の算出方法などから所得税法上雇用関係に基づく給与等に該当することとされている。したがって，課税仕入れになりません。			○
		2　マネキン紹介所に支払う紹介料は，役務提供の対価として課税仕入れに該当します。 **(1)　課税資産の譲渡等のみのための課税仕入れ→課売用** **(2)　非課税資産の譲渡等のみのための課税仕入れ→非売用** **(3)　課税資産の譲渡等及び非課税資産の譲渡等のための課税仕入れ→共通用**	○		

科目	項目	取引内容	課税	非課税	対象外
広告宣伝費（続き）	展示会費 消法2①十二	共同して行った展示会等の費用を賄うための負担金は，その負担割合が予め定められており，その負担割合に応じて各参加者がその共同行事を行った場合には，その負担割合に応じた金額が課税仕入れとなります。 **(1)　課税資産の譲渡等のみのための課税仕入れ→課売用** **(2)　非課税資産の譲渡等のみのための課税仕入れ→非売用** **(3)　課税資産の譲渡等及び非課税資産の譲渡等のための課税仕入れ→共通用**	○		
	共同販促費 消基通11-2-9	メーカーと系列店等が共同して行う宣伝，販売促進，会議等に要した費用を賄うためにメーカーが系列店等から受ける負担金等は，費用の全額についてメーカーと系列店等ごとの負担割合が予め定められ，かつ，メーカーと系列店等においてその宣伝等をその負担割合に応じてメーカーと系列店等が実施したものとして取り扱っている場合には，それを支払うメーカーと系列店等においてその負担金等の費途ごとに，課税仕入れとなります。 **(1)　課税資産の譲渡等のみのための課税仕入れ→課売用** **(2)　非課税資産の譲渡等のみのための課税仕入れ→非売用** **(3)　課税資産の譲渡等及び非課税資産の譲渡等のための課税仕入れ→共通用**	○		

科目	項　目	取　引　内　容	課税	非課税	対象外
広告宣伝費（続き）	見本費, 試供品費等 消基通11-2-14	1　得意先等に配布する商品，製品の見本，試供品，添付品等の購入費は，課税仕入れとなります。 **(1)　課税資産の譲渡等のみのための課税仕入れ→課売用** **(2)　非課税資産の譲渡等のみのための課税仕入れ→非売用** **(3)　課税資産の譲渡等及び非課税資産の譲渡等のための課税仕入れ→共通用**	○		
		2　メーカー等が作成した見本，試供品等を無償配布した場合には，これらの原材料等の仕入れの際に課税仕入れとして税額控除しており，これらの提供は無償取引となりますので課税対象外となります。			○
		3　商品等の販売に際して提供するサービス品は，無償で供与するものですから課税対象外となります。			○
	賞金等 消基通5-1-7	賞金又は商品については，その賞金等の給付とその対象となる役務の提供に対価関係があるかどうかで判定します。 次に掲げる場合には，対価性があるものとして課税仕入れとなります。 1　受賞者がその受賞に係る役務の提供を業とする者であること 2　賞金等の給付が予定されている催物等に参加し，その結果として賞金等を受けるものであること (例) イ　馬主の受ける競馬の賞金 ロ　プロレーサーが受ける自動車レースの賞金 ハ　映画俳優のブルーリボン賞 ニ　芥川賞，直木賞 **(1)　課税資産の譲渡等のみを目的とする事業者→課売用** **(2)　非課税資産の譲渡等のみを目的とする事業者→非売用** **(3)　課税資産の譲渡等及び非課税資産の譲渡等を併業する事業者→共通用**	○		

科目	項　目	取引内容	課税	非課税	対象外
広告宣伝費（続き）	出演料等 消基通5－1－7	プロスポーツ選手，作家，俳優等で事業者に該当する者が他の事業者の広告宣伝のために行うコマーシャルへの出演その他の役務の提供は課税対象となるから支払者側においては，その支払いは課税仕入れとなります。 (1)　課税資産の譲渡等のみを目的とする事業者→課売用 (2)　非課税資産の譲渡等のみを目的とする事業者→非売用 (3)　課税資産の譲渡等及び非課税資産の譲渡等を併業する事業者→共通用	○		
	スポーツ大会の協賛金等 消法2①十二	ゴルフトーナメントなどのスポーツ大会等の協賛者がその主催者に支払う協賛金等として金品は，課税仕入れとなります。 (1)　課税資産の譲渡等のみを目的とする事業者→課売用 (2)　非課税資産の譲渡等のみを目的とする事業者→非売用 (3)　課税資産の譲渡等及び非課税資産の譲渡等を併業する事業者→共通用	○		
	催事の主催者に支払う名義料 消法2①十二	催事を行う事業者が名目上の主催者に支払う名義料は，名義貸しとしての役務の提供の対価となります。 (1)　課税資産の譲渡等のみを目的とする事業者→課売用 (2)　非課税資産の譲渡等のみを目的とする事業者→非売用 (3)　課税資産の譲渡等及び非課税資産の譲渡等を併業する事業者→共通用	○		
	広告宣伝用資産の取得費用の助成金 消法2①十二	広告宣伝用資産の取得費用の助成金は，取引先が購入する看板や陳列棚等の資産にブランド名を表示してもらうことの対価としての性質を有することから，広告宣伝としての役務の提供に係る対価として課税仕入れに該当します。 (1)　課税資産の譲渡等のみを目的とする事業者→課売用 (2)　非課税資産の譲渡等のみを目的とする事業者→非売用 (3)　課税資産の譲渡等及び非課税資産の譲渡等を併業する事業者→共通用	○		

科目	項　目	取　引　内　容	課税	非課税	対象外
広告宣伝費	官報への法定公告 消法2①十二	定時株主総会招集公告，決算公告，新株式発行決議公告など会社法その他の法律による公告であっても，対価を支払って行う広告であることから課税仕入れとなります。 **事業者の事業の目的にかかわらず→共通用**	○		
荷造運賃	荷造費 消法2①十二	荷造りに係る費用は，課税仕入れとなります。 **①　課税資産の譲渡等のために行った仕入→課売用** **②　非課税資産の譲渡等のために行った仕入→非課売用**	○		
	保管・倉庫料，運送料 消法2①十二	1　次の2の保険料を除き，原則として課税仕入れとなります。 **①　課税資産の譲渡等のために行った仕入→課売用** **②　非課税資産の譲渡等のために行った仕入→非課売用**	○		
	消法7①三，消基通7-2-5，7-2-13	2　保管・倉庫料又は運送料の中に含まれる保険料の取扱い (1)　運送会社等が運送料等としてまとめて請求するときは，運送料等に含まれて課税仕入れとなります。 **①　課税資産の譲渡等のために行った仕入→課売用** **②　非課税資産の譲渡等のために行った仕入→非課売用**	○		
		(2)　運送会社等が保険料として別途請求する場合には，保険料そのものとなるので非課税となります。		○	
		3　輸出免税取引に該当するもの (1)　国際輸送 (2)　保税地域間の外国貨物の輸送 (3)　外国貨物の荷役，運送，保管，検数，鑑定，検量，通関手続，青果物の薫じょう等及び指定保税地域，保税蔵置場，保税展示場及び総合保税地域における輸出しようとする貨物又は輸入の許可を受けた貨物に係るこれらの役務の提供	免		

科目	項　目	取引内容	課税	非課税	対象外
荷造運賃（続き）	**滞船料・早出料** 消基通5-5-9	海上運送業を営む事業者が受ける滞船料は，運送に係る対価に該当するので，その支払いは課税仕入れに該当し，また海上運送業者が支払う早出料は，運送に係る対価の返還等に該当します。 **①　課税資産の譲渡等のために行った仕入→課売用** **②　非課税資産の譲渡等のために行った仕入→非課売用** **（参考）**滞船料とは，航海用船契約において，積み揚げ港での荷役に際し，本船が協定された停泊期間を超過して停泊した場合にその超過停泊期間に対して，用船者が船主に支払う補償金をいいます。 早出料とは，滞船料と反対に契約停泊日数より早く荷役が完了したとき，節約された日数に応じて船会社から用船者(荷主）に支払われるものをいいます。	○		
販売促進費	**販売奨励金，販売協力金** 消基通14-1-2	1　販売促進の目的で金銭により取引先に対して支払う販売奨励金等は，売上げの対価の返還等に該当します。	○		
		2　代理店助成のためのその契約高に応ずる奨励金も1と同じく，売上げの対価の返還等に該当します。	○		
		3　特約店のセールスマンに支払った販売奨励金等は，その取扱数量又は取扱金額に応じて予め定められたところにより交付する金銭は，役務の提供の対価として課税仕入れとなります。	○		
		また，特約店の従業員に対してその者の外交販売に係る取扱数量又は取扱金額に応じて予め定められたところにより交付する金銭は，役務の提供の対価として課税仕入れとなります。 **⑴　課税資産の譲渡等のみのための課税仕入れ→課売用** **⑵　非課税資産の譲渡等のみのための課税仕入れ→非売用** **⑶　課税資産の譲渡等及び非課税資産の譲渡等のための課税仕入れ→共通用**	○		
		4　課税事業者から免税事業者となった場合及び免税事業者から課税事業者となった場合の取扱いに注意が必要です。			

科目	項　目	取引内容	課税	非課税	対象外
販売促進費（続き）	スタンプ券 消法2①八	1　自社発行のスタンプ券 (1)　商品等の購入者に対して無償交付する行為は，課税対象外です。			○
	消法2①九 消法2①十二	(2)　顧客が一定の枚数のスタンプを提示し，これに対して景品を引き渡す行為は，無償による物品の交付ですから課税対象外となりますが，その引き渡した景品を購入した際に課税仕入れとなります。	○		○
		(3)　スタンプ券を持参した顧客に対して値引き販売をする場合には，その販売により収受した金額が商品の対価となります。	○		
		2　スタンプ会が発行したもの (1)　スタンプ会の加盟店がスタンプ会から購入するスタンプ券は，プリペイドカードではなく，その購入代価は課税仕入れとなります。 **(1)　課税資産の譲渡等のみを目的とする事業者→課売用** **(2)　非課税資産の譲渡等のみを目的とする事業者→非売用** **(3)　課税資産の譲渡等及び非課税資産の譲渡等を併業する事業者→共通用**	○		
		(2)　商品を購入した顧客に対するスタンプ券の交付は無償取引ですから課税対象外となります。			○
		(3)　顧客が提示したスタンプ券の枚数に応ずる商品の引渡しは，課税対象となります。 **(1)　課税資産の譲渡等のみを目的とする事業者→課売用** **(2)　非課税資産の譲渡等のみを目的とする事業者→非売用** **(3)　課税資産の譲渡等及び非課税資産の譲渡等を併業する事業者→共通用**	○		
		(4)　スタンプ会からのスタンプ券の枚数に応ずる金銭による決済は，代金精算ですから課税対象外となります。			○
		3　顧客がスタンプ券をまとめてスタンプ会の取引金融機関において定期預金等とした場合には，課税対象外となります。			○

科目	項目	取引内容	課税	非課税	対象外
販売促進費（続き）	情報提供料 消法2①九 消法2①十二	1　情報提供に対して金銭を支給した場合には，その支給が正当な対価を超える部分（交際費となる部分）を含めて課税仕入れとなります。 **⑴　課税資産の譲渡等のみを目的とする事業者→課売用** **⑵　非課税資産の譲渡等のみを目的とする事業者→非売用** **⑶　課税資産の譲渡等及び非課税資産の譲渡等を併業する事業者→共通用**	○		
		2　景品等の物品による場合には，その景品等の物品の購入時に課税仕入れとなります。 **⑴　課税資産の譲渡等のみを目的とする事業者→課売用** **⑵　非課税資産の譲渡等のみを目的とする事業者→非売用** **⑶　課税資産の譲渡等及び非課税資産の譲渡等を併業する事業者→共通用**	○		
		3　プリペイドカードにより支給した場合には，購入時に経費処理しているときは仕入税額控除の対象とはなりません。			○
		一方，購入時に資産計上し，その使用の都度経理処理をしているときは，その支給した金額が課税仕入れとなります。 **⑴　課税資産の譲渡等のみを目的とする事業者→課売用** **⑵　非課税資産の譲渡等のみを目的とする事業者→非売用** **⑶　課税資産の譲渡等及び非課税資産の譲渡等を併業する事業者→共通用**	○		
賃借料	地代 消法別表第一・一	1　1カ月以上の地代は，非課税です。		○	
		2　1カ月未満の地代は，課税対象です。 **⑴　課税資産の譲渡等のみを目的とする事業者→課売用** **⑵　非課税資産の譲渡等のみを目的とする事業者→非売用** **⑶　課税資産の譲渡等及び非課税資産の譲渡等を併業する事業者→共通用**	○		

科目	項　目	取　引　内　容	課税	非課税	対象外
賃借料（続き）	駐車場代 消令8, 消基通6-1-5	1　砂利敷，アスファルト敷，コンクリート敷などの駐車場は，駐車場施設の利用に伴う土地の利用に該当しますから，課税対象となります。 **⑴　課税資産の譲渡等のみを目的とする事業者→課売用** **⑵　非課税資産の譲渡等のみを目的とする事業者→非売用** **⑶　課税資産の譲渡等及び非課税資産の譲渡等を併業する事業者→共通用**	○		
	消基通6-1-5	2　駐車場であっても，地面の整備，フェンス，区画，建物の設置等をしない土地そのものの貸付けは，非課税となります。		○	
	消基通6-13-3	3　住宅の貸付けに伴う駐車場については，一戸建て住宅に係るもののほか，集合住宅に係る駐車場で一戸に1台の駐車スペースが自動車の保有にかかわらず割り当てられている場合には，駐車場部分を含めた全体が住宅の貸付けに該当し，非課税となります。		○	
	家賃 消法別表第一・十三	1　住宅用は，非課税です。		○	
		2　住宅用以外の用途に係る家賃は，課税対象です。 **⑴　課税資産の譲渡等のみを目的とする事業者→課売用** **⑵　非課税資産の譲渡等のみを目的とする事業者→非売用** **⑶　課税資産の譲渡等及び非課税資産の譲渡等を併業する事業者→共通用**	○		

科目	項目	取引内容	課税	非課税	対象外
賃借料（続き）	共益費 消基通6-13-9	1　集合住宅の共用部分に係る費用（廊下の電気代，エレベーターの運行費用，集会所の維持管理費用等）を入居者が負担するいわゆる共益費は，住宅の貸付けの対価に該当し非課税となります。		○	
		ただし，次の場合には課税対象となります。 (1)　プール等の施設で居住者以外の者も利用料等を支払い利用できる場合 (2)　駐車場等の施設で独立して賃貸借の目的となるような施設	○		
		2　ビル等の共益費は，課税仕入れとなります。 **(1)　課税資産の譲渡等のみを目的とする事業者→課売用** **(2)　非課税資産の譲渡等のみを目的とする事業者→非売用** **(3)　課税資産の譲渡等及び非課税資産の譲渡等を併業する事業者→共通用**	○		
		ただし，水道光熱費等の費用がメーター等によりテナントごとに区分されており，かつ，ビルの管理者がテナントから集金した金銭を預り金として処理しているときは対象外となります。			○
	共同店舗の負担金 消基通5-5-6	組合が共同店舗を建設し，その建設のための借入金の返済額を組合員から負担金として徴収している場合には，その負担金の性格が店舗ごとの賃料と認められるので課税仕入れとなります。 **(1)　課税資産の譲渡等のみを目的とする事業者→課売用** **(2)　非課税資産の譲渡等のみを目的とする事業者→非売用** **(3)　課税資産の譲渡等及び非課税資産の譲渡等を併業する事業者→共通用**	○		

科目	項　目	取引内容	課税	非課税	対象外
賃借料（続き）	従業員からの賃借 消法2①十二	従業員等からの機械，器具，備品の賃借料自家用車の借上げに係る賃借料は，課税仕入れとなります。 **(1)　課税資産の譲渡等のみを目的とする事業者→課売用** **(2)　非課税資産の譲渡等のみを目的とする事業者→非売用** **(3)　課税資産の譲渡等及び非課税資産の譲渡等を併業する事業者→共通用**	○		
	リース取引 （借り手側） 消基通11-3-2	1　平成20年3月31日以前締結のリース取引 (1)　原則として，資産の賃貸借として課税仕入れとなります。	○		
		(2)　ファイナンス・リース取引の場合において，その取引に係る料金でリース物件の取得価額（付随費用を含む）部分と金利及び保険料とを契約において明示しているときには，その取得価額（付随費用を含む）部分は課税仕入れ，金利及び保険料部分は非課税となります。	○ ○	○	
		(3)　資産の譲渡があったものとされる場合には，一括して課税仕入れとなります。	○		
		2　平成20年4月1日以後締結のリース取引 (1)　ファイナンスリース取引 原則として，資産の譲渡があったものとして一括して課税仕入れとなります。	○		
		ファイナンス・リース取引の場合において，その取引に係る料金でリース物件の取得価額（付随費用を含む）部分と金利及び保険料とを契約において明示しているときには，その取得価額（付随費用を含む）部分は課税仕入れ，金利及び保険料部分は非課税となります。		○	
		①　原則として，資産の譲渡があったものとして一括して課税仕入れとなります。	○		
		②　ファイナンス・リース取引の場合において，その取引に係る料金でリース物件の取得価額（付随費用を含む）部分と金利及び保険料と契約において明示しているときには，その取得価額（付随費用を含む）部分は課税仕入れ，金利及び保険料部分は非課税となります。	○	○	

科目	項　目	取　引　内　容	課税	非課税	対象外
賃借料（続き）	リース取引 （借り手側） 消基通11-3-2	③　賃借人が賃貸借処理をしている場合には，そのリース料を課税仕入れとして処理します。 この場合において，リース取引の初年度に簡易課税制度を適用し，2年目以降から原則課税制度の適用を受ける場合には，原則課税制度適用の課税期間については，その課税期間に支払うべきリース料について仕入税額控除することができます。	○		
		(2)　オペレーティング・リース取引 オペレーティング・リース取引は，法人税法上リース取引から除かれていますので，通常の賃貸借取引として課税仕入れとなります。 **①　課税資産の譲渡等のみを目的とする事業者→課売用** **②　非課税資産の譲渡等のみを目的とする事業者→非売用** **③　課税資産の譲渡等及び非課税資産の譲渡等を併業する事業者→共通用**	○		
		(3)　セールス・アンド・リースバック取引 セール・アンド・リースバック取引（譲受人から譲渡人に対する税法上のリース取引による賃貸を条件に資産の売買）を行った場合において，その資産の種類，その売買及び賃貸に至るまでの事情などに照らし，これら一連の取引が実質的に金銭の貸借であると認められるときは，その売買はなかったものとされ，かつ，その譲受人（賃貸人）からその譲渡人（賃借人）に対する金銭の貸付けがあったものとされ，消費税で課税対象外となります。			○

科目	項　目	取　引　内　容	課税	非課税	対象外
賃借料（続き）	所有権移転外ファイナンス・リース取引について賃借人が賃貸借処理をしている場合の残存リース料 消基通11-3-2	分割控除により仕入税額控除を行っている場合において，下記に掲げる事由によりリース契約を解約した場合おけるその賃借人が賃貸人に支払う残存リース料については，リース契約を解約した日の属する課税期間における仕入税額控除の対象となります。			
		⑴　賃借人に倒産，リース料の支払遅延等の契約違反があったとき	○		
		⑵　リース物件が滅失・毀損し，修復不能となったとき	○		
		⑶　リース物件の陳腐化のための借換えなどにより，賃貸人と賃借人との合意に基づき解約するとき	○		
		①　課税資産の譲渡等のみを目的とする事業者→課売用 **②　非課税資産の譲渡等のみを目的とする事業者→非売用** **③　課税資産の譲渡等及び非課税資産の譲渡等を併業する事業者→共通用**			
旅費交通費	国内出張費 消基通11-2-1	1　出張旅費，宿泊費，日当については，その旅行に「通常必要であると認められる部分」が課税仕入れとなります。	○		
		これを超える部分は，所得税法上給与として課税されることとなるので課税仕入れに該当しません。			○
		⑴　支出時において課税資産の譲渡等のために行った仕入→課売用 **⑵　支出時において非課税資産の譲渡等のために行った仕入→非課売用**			
		通勤手当の場合には，「通常必要であると認められる部分」を超える部分について給与所得課税が行われても，受給者本人の収入そのものではなく現実に通勤の費用に充てられ各交通機関に支払われるものであることから課税仕入れとなります。	○		

科目	項　　目	取引内容	課税	非課税	対象外
旅費交通費（続き）	国内出張費 消基通11-2-1	2　国内赴任手当，単身赴任者に支給する帰宅旅費，国内での転居費用，退職者及び退職死亡者の遺族の転居費用は，1に準じて処理します。 **事業者の事業の目的にかかわらず→共通用** 3　海外出張のための支度金は，国内で支出することから課税仕入れとなります。 **(1)　支出時において課税資産の譲渡等のために行った仕入→課売用** **(2)　支出時において非課税資産の譲渡等のために行った仕入→非課売用**	○ ○		
	国内転勤に伴う支度金 消法2①十二	国内で転勤する場合に支給する支度金（転居に伴う電話移設費，ガス器具調整費その他をいう。）が所基通9－3（非課税とされる旅費の範囲）により非課税とされる移転料に該当する場合には，課税仕入れとなります。 **事業者の事業の目的にかかわらず→共通用**	○		
	海外出張費 消基通11-2-1， 消基通7-2-4	1　海外出張のために支給する旅費・日当は，原則として課税仕入れに該当しません。ただし，国内における出発前夜の宿泊費，交通費は課税仕入れとなります。 **(1)　支出時において課税資産の譲渡等のために行った仕入→課売用** **(2)　支出時において非課税資産の譲渡等のために行った仕入→非課売用** 2　国際運輸に該当する航空運賃は，輸出免税となります。 3　いわゆるトランジットの場合で乗り継ぎ地での待機時間が24時間以内のときは，国内移動費も輸出免税となります。 4　海外におけるホテル代，食事代，交通費等は課税対象外です。	免 ○ 免 免		 ○
	旅客サービス施設利用料 消法2①十二	羽田空港，関西国際空港等から出国する者が出国の手続前に支払う「旅客サービス施設利用料」は，課税仕入れとなります。 **(1)　支出時において課税資産の譲渡等のために行った仕入→課売用** **(2)　支出時において非課税資産の譲渡等のために行った仕入→非課売用**	○		

科目	項　目	取　引　内　容	課税	非課税	対象外
旅費交通費（続き）	ホーリーブ又は家族の呼寄せのための旅費 消法7 消法2①十二	1　ホームリーブ旅費 輸出免税の対象となる国際運輸に係る運賃及び国外における費用の対価は，課税対象外です。			○
		ただし，国内旅行部分は，課税仕入れに該当します。 **(参考)** ホームリーブとは，転勤辞令等により日本国内において長期間勤務する外国人社員が，休暇のために帰国することをいいます。 **事業者の事業の目的にかかわらず→共通用**	○		
		2　家族呼寄せ費用 日本への家族の呼寄せ費用は，国内旅費部分を除いて課税仕入れに該当しません。			○
	海外からの赴任者に対する支度金 消法2①十二	海外から技術，研修生等を受け入れた場合において，着任後に支給する赴任支度金は，課税仕入れとなります。	○		
		なお，日本に赴任するための旅費，支度金は，輸出免税又は国外取引に該当し，仕入税額控除の適用はありません。 **事業者の事業の目的にかかわらず→共通用**	免		○
	航海日当 消法２①十二	航海日当は，出張旅費に準じて取り扱います。 1　内航船に係るもの（内国航海手当）は，課税仕入れとなります。 **⑴　課税資産の譲渡等のみのための課税仕入れ→課売用** **⑵　非課税資産の譲渡等のみのための課税仕入れ→非売用** **⑶　課税資産の譲渡等及び非課税資産の譲渡等のための課税仕入れ→共通用**	○		
	消法２①八	2　外航船に係るもの（外国航海手当）は，課税対象外となります。			○

科目	項　目	取　引　内　容	課税	非課税	対象外
旅費交通費（続き）	出向社員の旅費，通勤費用の負担金 消法2①十二	出向先法人が派遣社員の旅費，通勤費用，日当などの実費負担金を出向元法人に支払う場合には，その支払は出向先法人の事業遂行上必要なものですから，課税仕入れとなります。 **事業者の事業の目的にかかわらず→共通用**	○		
	海外パック旅行 消法2①十二 消法2①八	1　国内サービス 国内輸送，パスポート交付申請等の事務代行に係る手数料は，国内における課税仕入れとなります。 **⑴　支出時において課税資産の譲渡等のために行った仕入→課売用** **⑵　支出時において非課税資産の譲渡等のために行った仕入→非課売用** 2　海外サービス 国内から海外，海外，海外から国内への移動に伴う輸送，宿泊，海外におけるサービス等は，課税対象外となります。	○		○
	社員採用費 消法2①十二	入社試験の受験者，採用予定者に対して現金で支給する交通費，日当，支度金等で旅費規定に定める範囲内であるものは，課税仕入れとなります。 **事業者の事業の目的にかかわらず→共通用**	○		

科目	項　目	取　引　内　容	課税	非課税	対象外
通信費	国内電信電話料，ファクシミリ，インターネットの利用料，郵送 消基通11−3−7， 消基通11−4−3	1　国内における電信・電話料，郵送料，ファクシミリ，インターネットの利用料は，課税仕入れとなります。	〇		
		2　郵便切手，テレホンカードは，原則として郵送等のサービスの提供を受けた時の課税仕入れとなります。 ただし，郵便切手やテレホンカードを購入した事業者が引換給付を受ける場合には，継続適用を要件として対価を支払った日の属する課税期間の課税仕入れとして処理することができます。この場合において，郵便切手，テレホンカード等の課税仕入れに係る支払対価の額は，その実際の取得費による。 **⑴　支出時において課税資産の譲渡等のために行った仕入→課売用** **⑵　支出時において非課税資産の譲渡等のために行った仕入→非課売用**	〇		
	郵便切手類の購入 消基通11−3−7	郵便切手を郵便局株式会社の営業所，郵便切手類販売所等特定の販売所から購入した場合には，非課税となりますが，上記の取扱いの適用があります。		〇	
		これに対して，金券ショップなどこれら以外の者から購入したものは，その購入時点で課税仕入れとなります。 **⑴　支出時において課税資産の譲渡等のために行った仕入→課売用** **⑵　支出時において非課税資産の譲渡等のために行った仕入→非課売用**	〇		

科目	項　　目	取　引　内　容	課税	非課税	対象外
通信費（続き）	料金計器による郵便料金 消基通11-3-7 消法7①	郵便料金の納付について料金計器を使用して一定額の金銭を予納し，納付した時点で通信費として継続処理している場合には，自社使用分については，予納額の納付時点で課税仕入れとすることができます。 ただし，外国郵便料金の支払にも料金計器を使用している場合には，使用事績により区分した国内郵便料金が課税仕入れとなります。 外国郵便料金の支払分は，輸出免税となります。 **(1)　支出時において課税資産の譲渡等のために行った仕入→課売用** **(2)　支出時において非課税資産の譲渡等のために行った仕入→非課売用**	○ ○ 免		
	国際通信 消法7①三 消令17②五	国際通信・電話料，国際郵便は輸出免税です。	免		
	電気通信事業者の提供する国際通信サービス 消法２①八 消法7①三 消令17②五	国際通信の各種サービスについて，その加入料，契約料，工事料，情報提供料及び国内における使用料は，課税仕入れとなりますが，その他のサービスは輸出免税取引になります。 **(1)　課税資産の譲渡等のみのための課税仕入れ→課売用** **(2)　非課税資産の譲渡等のみのための課税仕入れ→非売用** **(3)　課税資産の譲渡等及び非課税資産の譲渡等のための課税仕入れ→共通用**	○	○	
	電波使用料 消法2①八	電波法においては，電波を譲渡又は貸付けの目的物とはしていないことから，電波利用料は，資産の譲渡又は資産の貸付けの対価に該当しません。			○

科目	項　目	取引内容	課税	非課税	対象外
水道光熱費	課税事業部門に係るもの 消法2①十二	電気，ガス，上下水道等（遅収料金を含む。）は，課税仕入れです。 **支出時において課税資産の譲渡等のために行った仕入→課売用**	○		
	社宅，賃貸建物に係るもの 消法2①十二	電気，ガス，上下水道等（遅収料金を含む。）は，課税仕入れです。 **支出時において非課税資産の譲渡等のために行った仕入→課売用**	○		
	課税事業・非課税事業一体利用建物に係るもの 消法2①十二	電気，ガス，上下水道等（遅収料金を含む。）は，課税仕入れです。 **支出時において共通用仕入→共通用**	○		
備品・消耗品費	消耗品費 消法2①十二	1　法人税，所得税において貯蔵品等として在庫計上を省略できるものについては，消費税では購入時に課税仕入れとなり，法人税において取得時損金算入，所得税において取得時必要経費算入ができます。 2　法人税，所得税において貯蔵品等として在庫計上しなければならないプリペイドカードの取扱いは次によります。	○		
		(1)　プリペイドカード使用時において資産の譲渡等を受けたものとして課税仕入れに計上します。	○		
		(2)　広告宣伝等のために贈呈したものは，課税仕入れになりません。			○
		(3)　自社使用の場合は，継続して購入時の課税期間の課税仕入れとして処理します。 **(1)　課税資産の譲渡等のみのための課税仕入れ→課売用** **(2)　非課税資産の譲渡等のみのための課税仕入れ→非売用** **(3)　課税資産の譲渡等及び非課税資産の譲渡等のための課税仕入れ→共通用**	○		

科目	項　目	取引内容	課税	非課税	対象外
備品・消耗品費（続き）	制服代・作業服代 消法2①十二	事務員，販売員等に有償(課税売上げ)又は無償(課税対象外)で支給する事務服，作業着，ユニホームなどの購入費用は，課税仕入れとなります。 有償支給は，課税資産の譲渡等にのみ要する課税仕入れとなります。 無償支給は，課税対象外に要するものとして共通用となります。なお，制服手当などについては，給与課税の対象となるから課税仕入れになりません。	○		○
	図書費 消法2①十二	書籍，雑誌，新聞代等は，年間購読料を含めて課税仕入れになります。 **(1)　課税資産の譲渡等のみのための課税仕入れ→課売用** **(2)　非課税資産の譲渡等のみのための課税仕入れ→非売用** **(3)　課税資産の譲渡等及び非課税資産の譲渡等のための課税仕入れ→共通用**	○		
修繕費	修繕費 消法2①十二	事業用資産の修繕にかかった費用は，法人税，所得税において資本的支出とされるものであってもその支出の日の属する課税期間の課税仕入れとなります。 **(1)　課税資産の譲渡等のみのための課税仕入れ→課売用** **(2)　非課税資産の譲渡等のみのための課税仕入れ→非売用** **(3)　課税資産の譲渡等及び非課税資産の譲渡等のための課税仕入れ→共通用** その資産について損害を受けた場合において，修繕にかかった費用を加害者からの補償金収入又は保険金収入によって支払ったときは，その収入はいずれも課税対象外となります。その補償金収入を原資として支出した修繕費については，課税仕入れとなります。	○ ○		○
償却費	固定資産の減価償却費 消法2①八	固定資産については，その取得時に課税仕入れとなり，償却費は課税対象外となります。			○
	繰延資産の減価償却費 消法2①八	繰延資産については，その取得時に課税仕入れとなり，償却費は課税対象外となります。	○		○

科目	項　　目	取　引　内　容	課税	非課税	対象外
租税公課	法人税等 消法2①八	次に掲げる租税は，課税対象外です。 法人税，所得税，事業税，都道府県民税，市町村民税，事業所税，消費税，地価税，印紙税，登録免許税，固定資産税，都市計画税，自動車税，自動車重量税，加算税(金) 延滞税(金)，過怠税等			○
	印紙の購入 消法別表第一・四	1　郵便局株式会社，郵便切手類販売所，印紙売りさばき所における印紙の購入は，非課税です。		○	
		2　1以外の場所，例えばコイン商，金券ショップなどで購入する場合は課税仕入れとなります。 **事業者の事業の目的にかかわらず→共通用**	○		
		なお，顧客等のための印紙の実費による融通は，課税対象外となります。			○
	証紙の購入 消法別表第一・四	1　地方公共団体又は売りさばき人からの証紙の購入は，非課税です。		○	
		2　1以外の場所での購入は課税仕入れとなります。 **事業者の事業の目的にかかわらず→共通用**	○		
	印紙，証紙の使用 消法2①八	印紙及び証紙の使用は，いずれも課税対象外です。			○
	罰金等 消法2①八	1　罰金，科料及び過料は，課税対象外です。			○
		2　警察等が駐車違反車から徴収するレッカー移動料，保管費用等は，資産の譲渡等の対価に該当しないので，課税対象外となります。			○
		なお，警察の依頼を受けた事業者が行うレッカー移動料及び保管は課税売上げです。	○		

科目	項　目	取　引　内　容	課税	非課税	対象外
保険料等	生命保険料，損害保険料 消法別表第一・三	1　事業者が加入している生命保険，損害保険の保険料については，掛捨保険料，積立保険料のいずれも非課税となります。 2　再保険料についても非課税となります。 3　生命保険，損害保険の保険料が従業員等の給与とされるときは，事業者にとっては課税対象外となります。		○（1） ○（2）	○（3）
	生命共済掛金，火災共済掛金 消基通6-3-3	これらの掛金については，法令によって組織されている団体の共済掛金のほか，任意の互助組織による団体の共済制度に係る共済掛金も「保険料に類する共済掛金」として非課税となります。		○	
	厚生年金基金等の掛金等 消基通6-3-3	厚生年金基金等の掛金等については，次の取扱いとなります。 1　事務費部分は，課税仕入れになります。 **事業者の事業の目的にかかわらず→共通用** 2　1の事務費以外の部分は，非課税になります。	○（1）	○（2）	
	特定損失負担金，特定基金に対する負担金 消基通6-3-3	所得税法施行令第167条の2（特定の損失等に充てるための負担金）に規定する負担金，法人税法施行令第136条（特定の損失等に充てるための負担金の損金算入）に規定する負担金又は租税特別措置法第28条第1項各号若しくは第66条の11第1項（特定の基金に対する負担金等の損金算入の特例）に掲げる負担金及び掛金は，保険料等に含まれ非課税となります。		○	
	輸入貨物に係る保険料 消法28	輸入貨物を保税地域から引き取るときは，保険料を含めた価格（CIF価格）を課税標準として消費税を課税することとなっているので，引取りに係る消費税額相当額は，仕入税額控除の対象となります。 **(1)　支出時において課税資産の譲渡等のために行った仕入→課売用** **(2)　支出時において非課税資産の譲渡等のために行った仕入→非課売用**	○		

科目	項　目	取　引　内　容	課税	非課税	対象外
保証料	信用保証料 消法別表第一・三 消基通6−3−1(2)	1　信用保証料は，信用の保証としての役務の提供の対価として非課税です。 2　組合が組合員の事業資金借入について保証を行った場合に徴収する保証料は，信用保証の対価として非課税です。		○ ○	
保証料	物上保証料 消法別表第一・三 消基通6−3−1(14)	1　物上保証料は，信用の保証としての役務の提供の対価として非課税です。 2　代表者が自己の不動産を法人の担保として提供する行為は，信用の保証です。		○ ○	
会議費	会議費 消法2①十二	会場使用料，会議用茶菓子，弁当代などは課税仕入れです。 **(1)　課税資産の譲渡等のみのための課税仕入れ→課売用** **(2)　非課税資産の譲渡等のみのための課税仕入れ→非売用** **(3)　課税資産の譲渡等及び非課税資産の譲渡等のための課税仕入れ→共通用**	○		
会議費	株主総会費 消法2①十二	1　株主総会のための費用(会場費，印刷費等)は，課税仕入れとなります。 **事業者の事業の目的にかかわらず→共通用**	○		
交際費	接待飲食代，接待ゴルフ代 消法2①十二 消基通10−1−11	接待飲食代は，課税仕入れに該当します。 接待ゴルフ代は，課税仕入れに該当します。 ただし，ゴルフ場利用税についてはその金額が領収書等により区分されているときは，その税額は課税仕入れから除くこととなります。 しかし，領収書等がない場合や区分されていない場合には，支払金額の105分の4が消費税額となります。 **(1)　支出時において課税資産の譲渡等のために行った仕入→課売用** **(2)　支出時において非課税資産の譲渡等のために行った仕入→非課売用**	○ ○ ○		 ○

科目	項　目	取引内容	課税	非課税	対象外
交際費（続き）	ゴルフクラブ等の入会金・会費等 消基通6-2-2	ゴルフクラブ，スポーツクラブ・レジャークラブなどの施設を利用することを目的としてこれらのクラブに入会した場合の入会金の取扱いは次のとおりです。			
		1　脱退等に際して返還されない場合には，課税仕入れとなります。	○		
		2　脱退等に際して返還される場合には，課税対象外となります。			○
		なお，これらのクラブの会費等は，課税対象となります。 **(1)　課税資産の譲渡等のみのための課税仕入れ→課売用** **(2)　非課税資産の譲渡等のみのための課税仕入れ→非売用** **(3)　課税資産の譲渡等及び非課税資産の譲渡等のための課税仕入れ→共通用**	○		
	贈答品代 消法2①八	1　商品券，ビール券などのプリペイドカードを贈呈した場合には，その購入自体が非課税ですから，その贈呈は課税対象外となります。			○
	消法2①十二	2　1以外の物品を贈答した場合には，その購入時点で課税仕入れとなります。 **(1)　支出時において課税資産の譲渡等のために行った仕入→課売用** **(2)　支出時において非課税資産の譲渡等のために行った仕入→非課売用**	○		
	創業記念費用，社屋新築記念費用等 消法2①十二	1　会場費用，宴会費用，交通費及び記念品(物品切手等を除く。)に係る支出は，課税仕入れとなります。 **事業者の事業の目的にかかわらず→共通用**	○		
	消法2①八	2　神官に支払うお祓いの費用は，課税対象外となります。			○
	慶弔費 消基通5-2-14	1　事業者が金銭により支出する慶弔費は，相手方の如何にかかわらず，すべて課税対象外です。			○
	消法2①十二	2　慶弔に際して，祝品，果物，生花，花輪などの物品を贈る場合のその物品の購入代金は，課税仕入れとなります。 **事業者の事業の目的にかかわらず→共通用**	○		

科目	項　目	取引内容	課税	非課税	対象外
交際費（続き）	談合金 消法2①十二	本来入札等に参加できる事業者が参加しないことを条件に支払うものですから，不作為の役務の提供を受けたことの対価に該当することから課税仕入れとなります。 **⑴　支出時において課税資産の譲渡等のために行った仕入→課売用** **⑵　支出時において非課税資産の譲渡等のために行った仕入→非課売用**	○		
	費途不明金等 消基通11-2-23	交際費，役員等に対する渡切交際費，機密費等の名義で支出した金銭でその費途が明らかでないものは，課税対象外となります。			○
	野球場，サッカー場の年間予約席 消法2①十二	シーズン中契約した観覧席において，その主催ゲームを観覧できるというサービスの提供の対価であることから課税仕入れに該当します。 **⑴　課税資産の譲渡等のみを目的とする事業者→課売用** **⑵　非課税資産の譲渡等のみを目的とする事業者→非売用** **⑶　課税資産の譲渡等及び非課税資産の譲渡等を併業する事業者→共通用**	○		
	旅行招待費用 消法2①十二	1　国内旅行招待費用 得意先等を国内旅行に招待した場合における交通費，飲食代，宿泊費，みやげ代などは課税仕入れとなります。ただし，ゴルフ場利用税及び入湯税が請求書等によって明確に区分されている場合には，これらの税額は課税仕入れとはなりません。 2　海外旅行招待費用 得意先等を国外旅行に招待した場合における交通費，飲食代，宿泊費，みやげ代などのうち，国際輸送については輸出免税となり，海外で支払った費用は課税対象外となります。 **⑴　課税資産の譲渡等のみを目的とする事業者→課売用** **⑵　非課税資産の譲渡等のみを目的とする事業者→非売用** **⑶　課税資産の譲渡等及び非課税資産の譲渡等を併業する事業者→共通用**	○ 免		○ ○

科目	項　目	取　引　内　容	課税	非課税	対象外
交際費（続き）	建設現場で支出する交際費 消法2①十二	建設工事の現場において支出する交際費のうち課税仕入れに該当するものについては，課税資産の譲渡等にのみ要するものとなります。	○		
	近隣対策費 消法2①八	建物建設に係る近隣対策費は，対価性のない支出ですから課税対象外です。			○
	チップ 消法2①八	社員慰安旅行や得意先招待旅行において運転手さんや仲居さんに支払ったチップは，運送料金又は食事代や宿泊代としての役務の提供の対価として支払うものではありません。また，提供を受ける役務と明確な対価関係があると認められないことから課税対象外となります。			○
	その他の交際費 消法2①十二	法人税法により上記に掲げるもの以外の取引について，交際費として認定されたものについては，その取引が課税資産の譲渡等の対価に該当する場合には，課税仕入れとなります。 **(1)　支出時において課税資産の譲渡等のために行った仕入→課売用** **(2)　支出時において非課税資産の譲渡等のために行った仕入→非課売用**	○		
寄附金	寄附 消基通5-2-14	1　金銭による寄附は，課税対象外です。 2　物品を寄附した場合には，購入時の支払対価が課税仕入れとなります。 事業者の事業の目的にかかわらず→共通用	2 ○		1 ○
	国等への寄附金・負担金 消基通5-2-14	国，地方公共団体等の工場誘致により土地などの資産を譲受けて，対価を支払った場合において，この対価のほかに別途寄附金等の名目で金銭を支出し，その支出した金銭が実質的に資産の譲受けの対価に該当すると認められるときは，その寄附金は資産の譲受け対価として課税仕入れに該当します。 **(1)　支出時において課税資産の譲渡等のために行った仕入→課売用** **(2)　支出時において非課税資産の譲渡等のために行った仕入→非課売用**	○		
	祭礼等への寄附 消法2①八	金銭贈与は課税対象外であり，物品の寄附は購入時に課税仕入れとなります。 **事業者の事業の目的にかかわらず→共通用**	○		○

科目	項　目	取引内容	課税	非課税	対象外
寄附金（続き）	取引先・各種団体への寄附 消法2①八, 十二	金銭贈与は，課税対象外となります。物品を寄附した場合には，その物品の購入時に課税仕入れとなります。 **事業者の事業の目的にかかわらず→共通用**	○		○
	特定公益信託への寄附 消法2①八	法人税法第37条第５項による特定公益信託への信託財産とするための金銭の寄附は，課税対象外です。			○
	外国への寄附 消法2①八, 十二	1　外国での金銭の寄附は，課税対象外です。 2　外国での物品の寄附で，その寄附した物品を国内で購入した場合には，課税仕入れとなります。 **事業者の事業の目的にかかわらず→共通用**	○		○
会費・負担金等	同業者団体の会費 消基通5-5-3 消基通11-2-6	1　同業者団体の通常会費は，課税対象外です。 2　名目が会費とされているものであってもそれが実質的に出版物の購読料，映画・演劇等の入場料，職員研修の受講料又は施設の利用料等と認められるときは，その会費等は，資産の譲渡等の対価に該当する。 **事業者の事業の目的にかかわらず→共通用** 3　資産の譲渡等の対価に該当するかどうかの判定が困難な会費，組合費等について，課税対象外とする場合には，同業者団体，組合等は，その旨をその構成員に通知することとなっています。	○		○ ○

科目	項　目	取引内容	課税	非課税	対象外
会費・負担金等（続き）	同業者団体等の会報，機関誌等 消基通5-2-3	1　会報等が会員のみに配布される場合 (1)　無償配布の場合には，課税対象外となります。			○
		(2)　購読料，特別会費等の名目で対価の授受がある場合には，課税対象となります。 **事業者の事業の目的にかかわらず→共通用**	○		
		2　会報等が会員及び会員以外の者に配布される場合 (1)　会員には無償で配布し，会員以外の者からは購読料を受領するとき ・会員に配布するものは課税対象外			○
		・会員以外の者に配布するものは課税対象	○		
		(2)　すべての配付先から購読料を受領する場合には，課税対象 **事業者の事業の目的にかかわらず→共通用**	○		
		3　会員に無償で配布するほか，書店等で販売する場合 (1)　会員に無償配布するものは課税対象外			○
		(2)　書店等で販売するものは課税対象	○		
	共同行事に係る負担金等 消基通5－5－7	1　主宰者 (1)　原　　則 同業者団体等の構成員が共同して行う宣伝，販売促進，会議等(「共同行事」という。)に要した費用を賄うために共同行事の主宰者がその参加者から収受する負担金，賦課金等については，主宰者においては，資産の譲渡等の対価に該当する。	○		
	消基通11－2－9	(2)　特　　例 共同行事のために要した費用の全額について，その共同行事への参加者ごとの負担割合が予め定められている場合において，共同行事の主宰者が収受した負担金，賦課金等について資産の譲渡等の対価とせず，その負担割合に応じて各参加者ごとにその共同行事を実施したものとして，負担金，賦課金等につき仮勘定として経理しているときは，課税対象外となります。			○

科目	項　目	取　引　内　容	課税	非課税	対象外
会費・負担金等（続き）	共同行事に係る負担金等 消基通5－5－7	2　構成員 　1の(2)の場合には，それを支払う構成員においてその負担金等の費途ごとに，課税仕入れを適用します。 **事業者の事業の目的にかかわらず→共通用**	○		
	消基通11－2－9	3　同業者団体等がその構成員に対して役務の提供を行い，その対価を徴収した場合には，原則として課税対象となります。 **事業者の事業の目的にかかわらず→共通用**	○		
	記念行事のための特別分担金 消基通5－5－3	組合など同業者団体が記念式典等の行事を行うためにその費用を会員をはじめ参加者に負担させるような場合には，明白な対価関係があるかどうかの判定が困難であることから組合がその対価を課税対象外とするときは，これを組合員に通知してその取扱いを一致させることになっています。			○
	共同施設のための特別負担金 消基通5-5-3	組合などが組合会館や体育施設などの建設に際して，組合員から特別負担金を徴収し，組合が建設した施設の借入金の返済に充てるような場合には，明白な対価関係があるかどうかの判定が困難であることから，組合がその対価を課税対象外とするときは，これを組合員に通知してその取扱いを一致させることになっています。			○
	共同店舗の負担金 消基通5-5-3	組合が組合員のために共同店舗を借入金によって建設し，入店した組合員からその返済金を負担金として徴収する場合には，その負担金は実質的には店舗の賃借料と認められ，その負担金と共同店舗の利用とに明白な対価関係があるので，組合においては課税資産の譲渡等の対価，組合員においては課税仕入れに係る支払対価の額となります。 **(1)　課税資産の譲渡等のみを目的とする事業者→課売用** **(2)　非課税資産の譲渡等のみを目的とする事業者→非売用** **(3)　課税資産の譲渡等及び非課税資産の譲渡等を併業する事業者→共通用**	○		

科目	項　目	取　引　内　容	課税	非課税	対象外
会費・負担金等（続き）	各種セミナー・講座の会費等 消法2①十二	各種セミナー，講座などの会費は，講義，講演等の役務の提供の対価ですから，課税対象となります。 ⑴　支出時において課税資産の譲渡等のために行った仕入→課売用 ⑵　支出時において非課税資産の譲渡等のために行った仕入→非課売用	○		
	各種情報提供機関の会費 消法2①十二	情報提供を業とする各種団体への入会金や会費は，役務の提供の対価として課税対象となります。 事業者の事業の目的にかかわらず→共通用	○		
	カタログ作成のための負担金 消法2①十二	デパートが作成する中元，歳暮の商品カタログの作成費用を掲載商品の納入業者やメーカーが負担する場合には，納入業者やメーカーの課税仕入れとなります。 ⑴　支出時において課税資産の譲渡等のために行った仕入→課売用 ⑵　支出時において非課税資産の譲渡等のために行った仕入→非課売用	○		
	即売会参加費，共同販売促進費 消基通11-2-9	各種催し物の事業主体に対して支払う会費，協賛金，分担金などは，これらの催し物等の役務の提供の対価と認められることから課税仕入れとなります。 ⑴　支出時において課税資産の譲渡等のために行った仕入→課売用 ⑵　支出時において非課税資産の譲渡等のために行った仕入→非課売用	○		
	共同研究分担金 消法2①十二	共同研究に参加した事業者が負担した研究費の分担金は，その分担金と共同研究による研究成果の配分との間に明白な対価関係がある場合には，課税仕入れとなります。 ⑴　課税資産の譲渡等のみのための課税仕入れ→課売用 ⑵　非課税資産の譲渡等のみのための課税仕入れ→非売用 ⑶　課税資産の譲渡等及び非課税資産の譲渡等のための課税仕入れ→共通用	○		

科目	項　目	取　引　内　容	課税	非課税	対象外
教育研修費	社員通信教育費 消法2①十二	1　会社が受講料を直接通信教育の事業者に対して支払っている場合には，課税仕入れとなります。 2　会社が受講料を社員に現金で支給した場合には，給与課税の対象となるので課税対象外となりますが，受講料の領収書の宛名が会社である場合には，課税仕入れとなります。 **(1)　課税資産の譲渡等のために行った仕入→課売用** **(2)　非課税資産の譲渡等のために行った仕入→非課売用** **(3)　課税資産の譲渡等及び非課税資産の譲渡等のために行った仕入→共通用**	○ ○		○
	従業員に支給する学資 消法2①八	従業員で就学中のものに支給する奨学金，従業員の子弟で就学中のもののために支給する奨学金は，いずれも給与の性格を有するものであることから課税対象外となります。			○
	講師謝金 消法2①十二	講師が事業者かどうかにかかわらず，その支払った講演料や原稿料はいずれも課税仕入れとなります。なお，その支払いが現金，商品券等の物品切手であるかどうかは問いません。 **(1)　支出時において課税資産の譲渡等のために行った仕入→課売用** **(2)　支出時において非課税資産の譲渡等のために行った仕入→非課売用** 社員を講師とした場合の謝礼で給与となるものは，課税対象外です。	○		○
	外国から招聘した場合の渡航費 消法2①十二	講師に直接支払う往復の渡航費の実費相当額は，講演料の一部と認められるので，課税仕入れに該当します。 **(1)　支出時において課税資産の譲渡等のために行った仕入→課売用** **(2)　支出時において非課税資産の譲渡等のために行った仕入→非課売用**	○		
	教材費，外部委託研修費 消法2①十二	検定済み教科書以外の教材費及び外部委託研修費等は，課税仕入れとなります。 **(1)　支出時において課税資産の譲渡等のために行った仕入→課売用** **(2)　支出時において非課税資産の譲渡等のために行った仕入→非課売用**	○		

科目	項　目	取　引　内　容	課税	非課税	対象外
教育研修費（続き）	大学等で行う社員教育	1　大学(学校，教育法第1条に規定する学校)における研修			
	消法別表第一・十一	(1)　大学等の正規の授業の聴講で単位を取得する場合には，その授業料は非課税となります。		○	
	消法2①十二	(2)　公開講座等の受講や，正規の授業でないものについては，課税仕入れとなります。	○		
		2　各種学校における研修			
		(1)　正規の授業の受講の場合には，その授業料は非課税となります。		○	
		(2)　(1)以外の場合には，課税仕入れとなります。	○		
		3　大学の研究機関における研修			
		(1)　正規の教育に該当する場合には，その授業料は非課税となります。		○	
		(2)　(1)以外の場合には，課税仕入れとなります。	○		
		4　入　学　金 正規の教育に係る授業料等と同一要件に該当するものは非課税となります。 **(1)　支出時において課税資産の譲渡等のために行った仕入→課売用** **(2)　支出時において非課税資産の譲渡等のために行った仕入→非課売用**		○	
	入学金 消法別表第一・十一 消法2①十二	上記の大学等で行う社員教育の授業料と同じ扱いとなります。	○	○	

科目	項　目	取引内容	課税	非課税	対象外
支払手数料	委託販売手数料 消基通4-1-3	委託者が受託者に支払う委託販売手数料は，課税対象となり，課税仕入れとなります。 **(1)　支出時において課税資産の譲渡等のために行った仕入→課売用** **(2)　支出時において非課税資産の譲渡等のために行った仕入→非課売用** (注)　資産の譲渡等が委託販売の方法その他業務代行契約に基づいて行われるのであるかどうかの判定は，当該委託者等と受託者等との間の契約の内容，価格の決定の経緯，当該資産の譲渡等に係る代金の最終的な帰属者がだれであるか等を総合判断して行います。	○		
	代理店手数料 消基通6-3-2	代理店手数料，例えば，保険の代理店が保険会社の契約締結業務等の代行というサービスの提供の対価として受領するものは，課税対象です。したがって，この代理店手数料を支払う事業者からみると課税仕入れとなります。 **(1)　支出時において課税資産の譲渡等のために行った仕入→課売用** **(2)　支出時において非課税資産の譲渡等のために行った仕入→非課売用**	○		
	土地仲介手数料 消基通6-1-6	1　土地譲渡に際して支払う仲介手数料は，課税仕入れに該当します。 **支出時において非課税資産の譲渡等のために行った仕入→非課売用** 2　土地を取得した場合に支払う仲介手数料は，土地の取得価額に算入されるが，課税仕入れとなります。 **(1)　支出時において課税資産の譲渡等のために行った仕入→課売用** **(2)　支出時において非課税資産の譲渡等のために行った仕入→非課売用** 3　仲介行為がないにもかかわらず，手数料名目で支払う金銭は，対価性がないことから課税対象外となります。	○（1） ○（2）		○（3）

科目	項　目	取　引　内　容	課税	非課税	対象外
支払手数料（続き）	親子会社間の事務代行手数料 消法2①十二	当事者がどのような資本関係等にあるかにかかわらず，課税対象とし，課税仕入れとなります。 **(1)　支出時において課税資産の譲渡等のために行った仕入→課売用** **(2)　支出時において非課税資産の譲渡等のために行った仕入→非課売用**	○		
	割賦販売手数料，延払条件付譲渡の利子，保証料 消令10③九	1　割賦販売法の割賦販売，ローン提携販売及び割賦購入あっせんに係る手数料は，原則として課税対象となります。	○		
		ただし，割賦契約等において手数料の額が明示されている場合には，非課税となります。		○	
	消令10③十 消基通6-3-1	2　割賦販売法の適用を受けない場合であっても，2カ月以上の期間にわたり，かつ，3回以上に分割して賦払金の支払いを受ける次に掲げる契約に係るもの(契約においてその額が明示されているものに限る。）は，非課税となります。 (1)　割賦販売，ローン提携販売及び割賦購入あっせんの手数料 (2)　延払条件付譲渡の利子，保証料		○	
	クレジット手数料 消令10③九 消令10③十	1　割賦販売代金のほか信販会社に支払う手数料は，割賦購入あっせんに係る手数料又は賦払金のうち利子相当額であるから，非課税となります。		○	
		2　加盟店が信販会社へ支払う手数料(信販会社が加盟店から譲り受ける債権の額と加盟店への支払額の差額）は，金銭債権の譲受けの対価に該当して非課税となります。		○	
	加盟店手数料 消令10③八	加盟店がクレジットカード発行会社へ支払う加盟店手数料は，売掛債権の譲り受け対価に該当して非課税となります。		○	
	クレジットカードの年会費 消法2①十二	クレジットカードの年会費は，カード会社の役務の提供の対価ですから課税対象となります。 **事業者の事業の目的にかかわらず→共通用**	○		

科目	項　目	取 引 内 容	課税	非課税	対象外
支払手数料（続き）	フランチャイズ手数料，経営指導料，ロイヤリティ 消法2①十二	フランチャイズ手数料及びロイヤリティはグループ傘下店としてその名称を使用すること，広告宣伝の代行，経営指導等に係るものであり，また経営指導料は，販売・仕入れの手法，ノウハウなどの指導料であり，いずれも役務の提供の対価ですから課税仕入れとなります。 **(1)　課税資産の譲渡等のみを目的とする事業者→課売用** **(2)　非課税資産の譲渡等のみを目的とする事業者→非売用** **(3)　課税資産の譲渡等及び非課税資産の譲渡等を併業する事業者→共通用**	○		
	金銭消費貸借契約締結における手数料 消法2①十二	1　この手数料は，契約締結料として一件ごとに決まっている金額，事務手数料として貸付金額の一定金額を支払う場合の金額をいい，いずれも役務の提供の対価と認められることから課税仕入れとなります。 2　金銭消費貸借契約締結の際に支払う手数料のうち，利息制限法第３条の規定により利息とみなされたものであっても，元本，利率，期間によって計算されていないものは課税仕入れとなります。 **事業者の事業の目的にかかわらず→共通用**	○ ○		
	貸付予約手数料 消法2①八	銀行がその得意先に対し，将来の一定期間，一定金額の範囲内で，いつでも貸し出すことを契約する貸付予約権に係る手数料は，その権利の原始的創設に対する対価と認められることから課税対象外となります。			○
	転貸手数料 消法別表第一・三 消法2①十二	協同組合等が他の金融機関から融資を受けた資金を組合員に転貸する場合において，転貸手数料を元金，期間及び利率により計算しているときには，その手数料は非課税となります。 ただし，金利を元金に一定率を乗じて手数料を計算している場合には，事務手数料として課税対象となり，課税仕入れに該当します。 **事業者の事業の目的にかかわらず→共通用**	○	○	

科目	項　目	取　引　内　容	課税	非課税	対象外
支払手数料（続き）	国内送金為替手数料等 消法2①十二	国内送金為替手数料，貸金庫手数料，保護預り手数料は，いずれも課税対象です。 **事業者の事業の目的にかかわらず→共通用**	○		
	外国送金為替手数料 消法別表第一・五 消基通6-5-3	1　外国為替手数料は，原則として非課税です。 2　外国為替手数料のうち次に掲げるものは課税対象です。 (1)　譲渡性預金証書(CD)，コマーシャルペーパー（CP)，国債証券等及び抵当証券の居住者による非居住者からの取得又は非居住者による居住者からの取得に係る媒介，取次ぎ又は代理に係る業務 (2)　金融先物取引及び証券先物取引とその類似取引，金融指標等先物取引契約に基づく債権の発生等に係る媒介，取次ぎ又は代理に係る業務 (3)　非居住者のためにする有価証券，貴金属その他の物品の保護預りに係る業務 **事業者の事業の目的にかかわらず→共通用**	○	○	
	居住者が行った外貨預金の手数料等 消法別表第一・五 消法2①十二	1　外貨預金の取扱手数料は，外国為替取引又は対外支払手段の売買に係る資金の付替手数料であることから非課税となります。 2　残高証明手数料，口座維持管理手数料は外国為替業務ではなく，預金の入出金に係る周辺業務であることから課税対象であり，課税仕入れになります。 **事業者の事業の目的にかかわらず→共通用**	○	○	
	非居住者が行った円預金に係る手数料 消法7，31	上記の居住者が行った外貨預金の手数料等における１及び２と同じ取扱いとなりますが，いずれも非居住者への役務の提供であることから輸出免税の適用があります。	免		
	郵便為替 消法2①十二 消法別表第一・五	1　国内郵便為替及び国内郵便振替に係る役務提供は，課税対象であり，課税仕入れになります。 事業者の事業の目的にかかわらず→共通用 2　国際郵便為替及び国際郵便振替に係る役務提供は，非課税です。	○	○	

科目	項目	取引内容	課税	非課税	対象外
支払手数料（続き）	行政手数料 消法別表第一・五イ	1　法令に基づくもの 国，地方公共団体等の手数料は，非課税です。これに対して，公共施設等の貸付けや利用の対価は課税対象であり，課税仕入れになります。 2　法令に基づかないもの 例えば，経営事項審査料，家畜投薬手数料，家畜注射及び家畜薬浴の手数料は，課税対象であり，課税仕入れになります。 **(1)　支出時において課税資産の譲渡等のために行った仕入→課売用** **(2)　支出時において非課税資産の譲渡等のために行った仕入→非課売用**	○ ○	○	
	公証人手数料等 消法別表第一・五ロ	裁判所の執行官又は公証人に対する手数料は非課税です。		○	
解約手数料その他	解約手数料等 消基通5−5−2	1　解約手数料，取消手数料，払戻手数料等で解約の時期にかかわらず一定額を手数料等として授受することとしているものは，役務の提供の対価として課税対象となり，課税仕入れに該当します。 **(1)　支出時において課税資産の譲渡等のために行った仕入→課売用** **(2)　支出時において非課税資産の譲渡等のために行った仕入→非課売用** 2　解約に伴う逸失利益等に対する損害賠償金については，課税対象外です。 3　1及び2の解約手数料等について，これらの対価を区分しないで一括して授受することとしているときは，その全体を課税対象外とすることが認められます。	○		○ ○
	航空運賃のキャンセル料 消法2①九，十二 消基通5−5−2	1　払戻しの時期に関係なく一定額を徴収する部分は，役務の提供の対価として課税対象となり，課税仕入れに該当します。 **(1)　支出時において課税資産の譲渡等のために行った仕入→課売用** **(2)　支出時において非課税資産の譲渡等のために行った仕入→非課売用** 2　搭乗日前の一定日以後の解約について徴収する割増の違約金部分は，損害賠償金に該当し，課税対象外となります。	○		○

科目	項　目	取　引　内　容	課税	非課税	対象外
解約手数料その他（続き）	契約解除による対価の返還 消法38	契約解除により対価の全部又は一部を返還した場合には，その返還した対価の額については，売上げの対価の返還等として処理します。	○		
	建物賃借のキャンセル料 消法2①八	建物賃貸借契約の中途において解約した場合に支払うキャンセル料は，賃貸料の逸失利益に対する補填と認められることから課税対象外となります。			○
	ゴルフ場のキャンセル料 消法2①八 消基通5－5－2	ゴルフ場のキャンセル料は予約金の没収であり，逸失利益に対する損害賠償金部分と解約に伴う事務手数料部分の両方が含まれていると認められることから，その全部を損害賠償金として処理しているときは，課税対象外となります。なお，ホテル等のキャンセル料も同じになります。			○
	金融商品を解約した場合の手数料 消法2①十二	1　中期国債ファンドをクローズド期間内に証券会社に買い取って貰うための買取り事務の取扱手数料は，課税対象となり，課税仕入れに該当します。 **事業者の事業の目的にかかわらず→共通用**	○		
	消法別表第一・三	2　ビッグを満期前に解約した場合の買取手数料(貸付信託の解約に伴う信託銀行が受け取る支払利子の割戻し)は，非課税となります。		○	
		3　ワイド，割引金融債を満期日前に解約した場合の解約手数料(金融債の解約に伴い銀行等が受け取る支払利子の割戻し)は，非課税となります。		○	
	消法2①八	4　顧客から徴する合同運用(指定)金銭信託に係る中途解約手数料は，中途解約により信託銀行が受けた損害に対する賠償と認められるので課税対象外となります。			○

科目	項　目	取引内容	課税	非課税	対象外
信託報酬	信託報酬 消法別表第一・三	1　合同運用信託及び公社債投資信託に係る信託報酬は，利子としての性質を有することから非課税となります。		○	
	消法2①十二	2　特定金銭信託（公社債投資信託部分を除く。）及び金外信託に係る信託報酬は，課税対象となり，課税仕入れに該当します。 **事業者の事業の目的にかかわらず→共通用**	○		
	消法2①八	3　指定金銭信託の中途解約手数料は，中途解約により信託銀行が受けた損害に対する賠償と認められるから課税対象外となります。			○
報酬・料金等	税理士報酬等 消法2①十二	税理士，公認会計士，弁護士，司法書士等に対する報酬は，その支払額（源泉徴収税額控除前の金額）が課税仕入れとなります。 原則として，**事業者の事業の目的にかかわらず→共通用**	○		
	宿泊費，交通費等の実費相当額 消法2①十二	1　依頼者が宿泊費，交通費などを直接ホテルや交通機関に支払っている場合には，報酬には含まれないが課税仕入れとなります。	○		
		2　税理士等に宿泊費，交通費等を支払っている場合には，実費弁償相当額の宿泊費，交通費等であっても報酬等に含まれ，支払者の課税仕入れとなります。 原則として，**事業者の事業の目的にかかわらず→共通用**	○		
	ヘッドハンティングにおける支度金，契約金 消法2①十二	他社の社員，役員を引き抜くに当たって，同人に対して支払う支度金や契約金は，所得税において雑所得とされるものであり，給与に該当しないことから，課税仕入れになります。 **(1)　支出時において課税資産の譲渡等のために行った仕入→課売用** **(2)　支出時において非課税資産の譲渡等のために行った仕入→非課売用**	○		

科目	項　目	取引内容	課税	非課税	対象外
特許権使用料等	特許権使用料 消法2② 消基通5-4-2(1) 消令6①五 消基通5-7-10	1　国内で登録された特許権，実用新案権，意匠権，商標権又は回路配置利用権の使用料は，課税対象となり，課税仕入れに該当します。	○		
		2　国外で登録された特許権等の使用料は，課税対象外となります。			○
		3　特許権等のクロスライセンスは，等価で行う場合，差額決済で行う場合のいずれの場合であっても，課税対象となります。この場合における対価は，その特許権等の実施権の時価(適正な見積価額)となります。 **(1)　支出時において課税資産の譲渡等のために行った仕入→課売用** **(2)　支出時において非課税資産の譲渡等のために行った仕入→非課売用**	○		
	技術指導料 消令6①六 消基通5-7-6	1　国内において行われる技術指導の対価は，課税対象となり，課税仕入れに該当します。 **(1)　支出時において課税資産の譲渡等のために行った仕入→課売用** **(2)　支出時において非課税資産の譲渡等のために行った仕入→非課売用**	○		
		2　国外で行う技術指導の対価は，国外取引として課税対象外となります。			○
	著作権等使用料 消令6①六 消基通5-7-6	著作権者等の住所が国内にある場合における著作権，出版権及び著作隣接権等の使用料は課税対象であり，課税仕入れとなります。	○		
	ノウハウの使用料 消令6①六 消基通5-7-6	いわゆるノウハウ(特許には至らない技術及び技術に関する付帯情報等)の貸付けを行う者で住所が国内にあるものは，課税対象であり，課税仕入れとなります。 **(1)　支出時において課税資産の譲渡等のために行った仕入→課売用** **(2)　支出時において非課税資産の譲渡等のために行った仕入→非課売用**	○		

科目	項　　目	取　引　内　容	課税	非課税	対象外
貸倒損失	**貸倒損失** 消法39 消基通14−2−2	1　貸倒に係る消費税額については，原則課税適用事業者及び簡易課税選択事業者のいずれの場合もその課税期間の売上げに係る消費税額から控除します。	○		
	消基通14−2−4	2　課税事業者となった後における免税事業者当時の売掛金の貸倒れに係る消費税額はないので控除しません。			○
	消基通14−2−5	3　免税事業者となった後における課税事業者当時の売掛金の貸倒れに係る消費税額は控除しません。			○
		4　金銭消費貸借契約による貸付金について生じた貸倒は控除の対象になりません。			○
引当金等の繰入等	**貸倒引当金等** 消法2①八	貸倒引当金，賞与引当金，返品調整引当金及び製品保証等引当金への繰入れは，課税対象外です。			○
	準備金の積立て 消法2①八	租税特別措置法の規定による準備金の積立ても課税対象外です。			○
雑費	**差し引かれた振込手数料** 消法38	売掛金の銀行振込に際して控除される振込手数料は，売上対価の返還等に該当し，売上げに係る消費税額から控除します。	○		
	建物関係維持管理費用 消法2①十二	外部の事業者に委託した清掃費，法定点検が必要なエレベーターの管理保守費用その他建物関係維持管理費用は，課税仕入れとなります。 **事業者の事業の目的にかかわらず→共通用**	○		
	電気管理費用 消法2①十二	外部の事業者に委託した電気保安管理費用は，課税仕入れになります。 **事業者の事業の目的にかかわらず→共通用**	○		
	銀行の残高証明手数料 消法2①十二	銀行の残高証明手数料は，課税仕入れになります。 **事業者の事業の目的にかかわらず→共通用**	○		

Ⅳ　営業外収益

科目	項　目	取　引　内　容	課税	非課税	対象外
受取利息・割引料	預貯金・公社債等の利子 消法別表第一・三 消基通6-3-1(1)	国債，地方債，社債，転換社債，新株予約権付社債，貸付金，預貯金，国際通貨基金協定に規定する特別引出権の利子は，非課税です。 （注）　消費税法上，非課税とされる貸付金等の利子は，元本，利率，期間によって計算されるものをいい，これらのうち一要素でも欠くと非課税になりません。 譲渡性預金の利子，コマーシャルペーパーの償還差益についても譲渡と同様です。		○ ○	
	公社債等の経過利子 消法別表第一・三	1　利子の計算期間中に購入した場合 (1)　経過利子の額を取得価額に算入している場合には，購入後最初に支払いを受ける利子の額が非課税となります。 (2)　経過利子の額を本体価額と区分して経理している場合には，購入後最初に支払を受ける利子と相殺し，その相殺後残額を非課税とします。 2　利子の計算期間中に譲渡した場合 (1)　経過利子の額を含めた価額を譲渡対価の額として計上している場合には，経過利子の額を含めた譲渡対価の額の5%を非課税売上げとして計上します。 (2)　経過利子の額を利子収入に計上し，本体の譲渡価額と区分して経理処理をしている場合には，経過利子の額を非課税売上げとし，本体については譲渡価額の5%を非課税売上げとします。		○ ○ ○ ○	
	抵当証券の利息 消法別表第一・三	抵当証券の利息は，非課税売上です。		○	
	割引債の償還差益 消令10③六	1　割引債(利付債を含む。)の償還差益は非課税です。 2　公社債についてアキュムレーションを採用している場合における毎期増額分は償還差益として非課税売上げです。		○ ○	

科目	項　目	取引内容	課税	非課税	対象外
受取利息・割引料（続き）	外貨建公社債に係る償還差益と償還差損 消令10③六	1　原　則 　償還金額がその取得金額を超える場合におけるその差益が償還差益として非課税となります。 2　特　例 　償還時において償還差損益と為替差損益を継続して区分経理しているときは，償還差益の部分が非課税となります。 　なお，為替差損益は資産の譲渡等に該当せず，課税対象外となります。		○ ○	○
	定期積金等の給付補填金等 消基通6−3−1(6)	定期積金の給付補填金，無尽契約の掛金差益は，非課税です。		○	
	売掛債権に係る金利 消法別表第一・三	売上代金を手形で回収した場合において，金利に相当する金額を対価の額と明確に区分することとしているときは，その利息相当額は非課税です。 　金取引，商社のユーザンス取引，繊維の売買には，別建金利の慣習がありますが，これらを含めた売掛債権の別建金利も非課税となります。		○ ○	
	前渡金等に係る利子 消基通6−3−5	前渡金等に係る利子のように，その経済的実質が貸付金であるものに係る利子は，非課税です。		○	
	返済遅延に伴う損害金 消法別表第一・三	金銭債務の返済遅延に伴う遅延損害金は，遅延期間に応じて一定の比率で算定されるものであることから非課税とされます。		○	
	金利スワップ取引により授受する利子相当額 消法2①八 消法別表第一・三	金利スワップ取引により授受される利子相当額は，課税対象外です。 　しかし，事業者がスワップ取引により授受するスワップ受取利子，スワップ支払利子を本来の受取利子と相殺し，その相殺後の受取金額のみを受取利子として計上しているときは，継続適用を条件として，相殺後の受取利子を非課税売上げとして計上することができます。		○	○
	本支店間の利子 消法2①八	国内同士，本店と海外支店との間で授受される利子は，内部取引ですから課税対象外となります。			○

科目	項　目	取　引　内　容	課税	非課税	対象外
受取利息・割引料（続き）	国外取引に係る延払金利 消法31①	延払条件付請負に係る工事の施主が非居住者である場合における利子相当額は，輸出取引に係る対価となります。 なお，仕入税額控除の適用に当たっては，課税資産の譲渡等の対価の額とみなします。	免		
	家賃の支払遅延により受ける遅延金 消法別表第一・三	家賃の支払いが遅れた賃借人から徴収する遅延金が遅延期間，遅延金額及び利率に応じて計算されるものであるときは，課税対象外ではなく，利子として非課税となります。		○	
	キャッシング手数料 消法別表第一・三 消令10③	カード・キャッシング取引における融資手数料は，金利に該当し，非課税となります。		○	
	ファクタリング料 消令10③八	ファクタリング料は，金銭債権の譲受けによる信用供与に対する対価ですから非課税となります。		○	
受取配当金等	株式・出資の配当金 消基通5-2-8	利益の配当等は，株主又は出資者たる地位に基づき，出資に対する配当又は分配として受けるものですから，資産の譲渡等に係る対価に該当しません。			○
	合同運用信託等の収益分配金 消通6-3-1(5)	１　合同運用信託，証券投資信託，適格退職年金信託契約，厚生年金基金信託契約，特定公益信託等に係る収益の分配金は，非課税です。 ２　証券投資信託のうち，株式投資信託の収益の分配金は，法人法税上その２分の１又は４分の１相当額を利益の配当等とみなしているが，消費税法上は，すべて利子として非課税売上げとなります。 （注）　課税売上割合を計算する場合における証券投資信託の解約請求と買取請求の取扱いは次のとおりです。 (1)　解約請求の場合には，収益分配金を利子として課税売上割合の分母に算入します。 (2)　買取請求の場合には，受益証券（有価証券）の譲渡として譲渡対価の５%相当額を分母に算入します。		○ ○	

科目	項　　目	取　引　内　容	課税	非課税	対象外
受取配当金等（続き）	**オープン型証券投資信託の特別分配金** 消法別表第一・三	オープン型投資信託の特別分配金は，当初元本を運用して得た運用益の分配を受けたのと同様の性格を有するものですから，普通分配金と同様に利子として非課税となります。 （注）この特別分配金とは追加投資家が投資することにより既存の投資家の分配原資が薄められないようにするため，追加投資家が支払う収益調整金を原資とする分配金をいい，所得税法上は非課税，法人税法上は単純益金です。		○	
	事業分量配当金 消基通5-2-8 消基通12-1-3	課税仕入れに係る事業分量配当金（協同組合等が組合員等に対して，その事業を利用した分量に応じてその剰余金を分配する場合の分配金額をいう。）は，その金額の通知又は支払を受けた日の属する課税期間の仕入れに係る対価の返還等に該当する。 **(1)　仕入時において課税資産の譲渡等のために行った仕入→課売用** **(2)　仕入時において非課税資産の譲渡等のために行った仕入→非課売用**	○		
	契約者配当 消法別表第一・三	保険契約に基づき，保険契約者が受け取る契約者配当金は，非課税仕入れの対価の返還として処理している場合には，その処理が認められます。		○	
	匿名組合からの利益配当 消法2①八 消基通1-3-2	匿名組合契約により事業を行う場合の納税義務者は，商法535条の営業者であり，出資者である匿名組合員が受ける利益配当金は，資産の譲渡等に係る対価には該当しないので課税対象外となります。 （注）匿名組合の事業に属する資産の譲渡等若しくは課税仕入れ又は外国貨物の引取りについては，匿名組合員ではなく，営業者が単独で行ったこととされています。			○

科目	項　目	取引内容	課税	非課税	対象外
受取地代等	地代 消法別表第一・一	原則として，非課税ですが，貸付期間が1カ月未満のものは課税対象となります。	 ○	○	
	家賃 消法別表第一・十三	1　住宅家賃は非課税売上です。 2　住宅以外の家賃は課税売上です。	 ○	○	
	駐車場代，テニスコート使用料等 消法2①九	構築物等が敷設された駐車場，テニスコートなどの貸付けは，施設貸付けとして課税対象となります。	○		
	高架下の貸付け 消基通6-1-5	施設を設けて貸し付けた場合には，課税対象となり，単なる空き地の貸付けは，非課税となります。	○	 ○	
	分譲代金支払不能に伴う使用料 消法別表第一・十三 消法2①九	分譲住宅の購入者が購入代金について支払不能となったためその契約を開場するとともに，その使用していた期間の住宅使用料を授受した場合には，その使用料を住宅の貸付けに係るものとして非課税とします。 なお，住宅以外の建物について，上記と同様な状況となった場合には，その使用料は課税売上げとなります。	 ○	○	
仕入割引	仕入割引 消基通6-3-4 消基通12-1-4	買掛金等を支払期日前に支払った場合に相手方から受ける仕入割引は，金銭の借入れに係る利子とはその性格が異なることから，仕入れに係る対価の返還等に該当します。 ⑴　仕入時において課税資産の譲渡等のために行った仕入→課売用 ⑵　仕入時において非課税資産の譲渡等のために行った仕入→非課売用	○		
販売奨励金等	販売奨励金 消通12-1-2	1　取売促進の目的で取引先から金銭により支払いを受ける販売奨励金等は，仕入れに係る対価の返還等に該当します。 ⑴　仕入時において課税資産の譲渡等のために行った仕入→課売用 ⑵　仕入時において非課税資産の譲渡等のために行った仕入→非課売用 2　新聞社から新聞販売店に支払われる各種補助金や手数料は，仕入れに係る対価の返還等に該当します。 課税資産の譲渡等のために行った仕入→課売用	○ ○		

科目	項　目	取引内容	課税	非課税	対象外
販売奨励金等（続き）	出荷奨励金 消法2①十二	卸売人が良質な青果等を安定的に市場に供給してもらう対価として出荷者等に支払う出荷奨励金は，課税対象となります。 **課税資産の譲渡等のために行った仕入→課売用**	○		
有価証券売却益	株式等売却益 消法別表第一・二	有価証券（ゴルフ会員権を除く。）の譲渡は，売却損益に関係なく非課税売上げとなります。なお，課税売上割合には，譲渡対価の額の5%を計上します。		○	
	ゴルフ場利用株式等 消法2①九	株式，出資又は預託の形態によるゴルフ会員権の売却は，課税売上げです。この場合において，課税標準は，売却益ではなくゴルフ会員権の譲渡対価そのものです。	○		
	会員権買取償却 消法2①十二	ゴルフ場が預託金方式によるゴルフ会員権を償却するため市中から会員権を買い取った場合には，課税仕入れに該当します。 **課税資産の譲渡等のために行った仕入→課売用**	○		
過年度償却債権取立益	過年度償却債権取立益 消法39③	過年度において償却した債権のうち課税資産の譲渡等を行った場合における売掛金その他の債権につき回収した場合の取立益については，その取立益に係る消費税額を回収した日の属する課税期間の課税標準額に対する消費税額に加算します。 ただし，免税事業者であった期間中の売掛債権に係るものは，課税対象外です。	○		○
引当金の戻入れ等	貸倒引当金等の戻入れ 消法2①八	貸倒引当金，返品調整引当金，賞与引当金，製品保証等引当金の戻入れ及び退職給与引当金の取崩しは，資産の譲渡等に該当せず，すべて課税対象外取引です。			○
雑収入	公衆電話 消法2①九	電話機に投入された金額が課税売上げとなり，NTTに通話料として支払う金額が課税仕入れとなります。 **課税資産の譲渡等のために行った仕入→課売用**	○		
	無事故達成報奨金等 消法2①八	この報酬金は，建設工事等に係る対価とは区分指定払われるものですから，役務の提供の対価ではないことから課税対象外となります。			○

科目	項　目	取　引　内　容	課税	非課税	対象外
雑収入（続き）	集金手数料 消法2①九	事業主が生命保険料の給与からの引去手数料として生命保険会社から金銭を受け取る引去手数料は，保険料受入れに係る役務の提供の対価ですから課税の対象となります。	○		
	軽油引取税に係る交付金（奨励金） 消法2①八	軽油引取税を特別徴収義務者が都道府県に納付した場合には，都道府県から特別徴収した税額の一定額の交付金を受け取ることができます。この交付金は資産の譲渡等の対価に該当しないことから課税対象外となります。			○
	CD機の設置手数料 消法別表第一・三 消法2①九	デパート等に設置されてあるカード発行会社のCD機の現金をデパート等で管理・補充し，その取扱高等に応じて受け取る手数料のうち，金利相当部分について，その金額と内容が明示されていれば非課税となりますが，設置・管理等の役務の提供に係る手数料部分は，課税対象となります。	○	○	
	社員食堂の売上等 消基通5-4-4	社員食堂，福利厚生施設における食事の提供・宿泊サービスで有償のものは，資産の譲渡等の対価に該当し，課税対象となります。 有償による福利厚生施設の運営のための課税仕入れは全て課税資産の譲渡等にのみ要するものとしてその税額を控除します。 **課税資産の譲渡等のために行った仕入→課売用**	○ ○		
	現金過剰額 消法2①八	小売店やスーパー等における現金残高とレジペーパーの集計額との差額は，資産の譲渡等の対価ではないから，課税対象外となります。			○
	名義貸料 消法2①九	催事の開催に当たって，主催者が受領する名義料は，名義貸しの対価であることから，課税対象となります。	○		
	国際運輸のキックバック 消法7	国際航空旅客（貨物）輸送に係るキックバックは，輸出免税取引に係る対価の返還に該当します。	免		

科目	項　目	取　引　内　容	課税	非課税	対象外
雑収入（続き）	ガスボンベの長期停滞料等 消基通5-2-6	1　長期停滞科(一定期間に返還されない場合に収受するもの)は，資産の貸付けの対価であり，課税対象となります。	○		
		2　臨時又は短期のユーザーにガスを販売する場合に収受するもののうちの預り保証金は，課税対象外です。			○
		3　預り保証金で返還しないものについては，当事者の授受する請求書等の保存を条件として次のいずれかによります。 (1)　保証金を容器等の譲渡対価としているときは，課税対象となります。	○		
		(2)　保証金を損害賠償金としているときは，課税対象外となります。			○
	輸送事故に伴う損害賠償金 消基通5-2-5	貨物の輸送中の事故によりその貨物を運送会社に引き取らせた場合の損害賠償金の処理は次によります。 1　損害を受けた棚卸資産などがそのまま又は軽微な修理により使用できるときは，課税売上げに該当します。	○		
		2　損害を受けた棚卸資産などがそのまま又は軽微な修理により使用できないときは，課税対象外に該当します。			○
	物品切手等の受贈益 消法2①八 消法2①十二	物品切手等の贈与を受けた場合には，その贈与は課税対象外となります。			○
		その物品切手等の受贈者が物品と引き換えた場合には，その者がその対価につき仕入税額控除を受けられることとされています。 **(1)　交換時において課税資産の譲渡等のために行った仕入→課売用** **(2)　交換時において非課税資産の譲渡等のために行った仕入→非課売用**	○		
	還付加算金 消法2①八	租税の還付加算金は，金融取引における利息とは異なり，租税の還付金に上乗せして支払われるものであることから，課税対象外となります。			○
受贈益	寄附金，祝金，見舞金等の収入 消基通5-2-14	寄附金，祝金，見舞金等は，資産の譲渡等の対価として受けるものではなく，対価性もないことから課税対象外となります。			○

科目	項　目	取 引 内 容	課税	非課税	対象外
受贈益（続き）	資産の無償取得 消法2①八	仕入先から無償でショーケースを取得した場合に，法人税法上受贈益として収益に計上する必要があるものであっても，消費税法上は，課税資産の譲渡等に該当しないことから課税対象外となります。			○

Ⅴ　営業外費用

科目等	項　目	取 引 内 容	課税	非課税	対象外
支払利息・割引料	支払利息・割引料 消法別表第一・三	1　「受取利息・割引料等（304頁）」の項参照 2　利息制限法第３条の規定により利息とみなされたものであっても，元本，利率，期間の3要素により計算されたもの以外のものは，課税対象となります。 例えば，契約締結の際の融資手数料，一定額の契約締結料，元本に対ずる何％かの事務手数料等が該当します。		○ ○	
支払利息・割引料	キャップローン契約の手数料 消法別表第一・三	キャップローン契約（貸出金利を市場金利と連動する変動金利とし，かつ，金利の最高限度を定めて貸出しを行うもの。）における手数料（上限金利設定手数料）は，実質的には金銭の貸付けに伴う利子と認められるので，非課税となります。		○	
支払利息・割引料	売上割引 消法38 消通14-1-4	支払期日よりも前に支払いを受けたこと等を起因として支払う売上割引は，元金，期間，利率による金銭の借入れに係る利子とはその性格が異なることから，売上げに係る対価の返還等に該当します。	○		
支払利息・割引料	有価証券売却損 消法別表第一・二	有価証券（ゴルフ会員権を除く。）の譲渡は，売却損益に関係なく非課税売上げとなります。なお，課税売上割合には，譲渡対価の額の5％を計上します。		○	
評価損	資産評価損 消法2①八	棚卸資産，有価証券，固定資産等の資産評価損は，事業者の内部計算であり，資産の譲渡等ではないので，課税対象外です。			○

科目等	項　　目	取　引　内　容	課税	非課税	対象外
償還差損	償還差損 消令48⑥	国債等の債券に係る償還差損(アモチゼーションによるものを含みます。)は，受取利息のマイナスとして課税売上割合の計算上分母の金額から控除します。		○	
負担金	負担者負担金 消基通5−5−6	1　専用側線利用権，電気ガス供給施設利用権，水道施設利用権，電気通信施設利用権のように具体的な使用権等の取得に係る負担金は，対価性があり，課税対象となります。 **(1)　課税資産の譲渡等のみを目的とする事業者→課売用** **(2)　非課税資産の譲渡等のみを目的とする事業者→非売用** **(3)　課税資産の譲渡等及び非課税資産の譲渡等を併業する事業者→共通用** 2　具体的な使用権等の取得を意味しない単なる反射的利益に対する負担金は，課税対象外となります。	○ 		 ○
雑損失	現金過不足額 消法2①八	小売店やスーパー等における現金残高とレジペーパーの集計額との差額は，資産の譲渡等の対価ではないので，課税対象外となります。			○

Ⅵ　特別損益

科目等	項　　目	取　引　内　容	課税	非課税	対象外
固定資産売却益	土地売却損益 消法別表第一・一	土地及び土地の上に存する権利の譲渡は非課税であり，課税売上割合の計算上，分母の金額に加算するのは，売却益ではなく，譲渡対価そのものです。		○	
	建物等の売却益 消法2①九	建物，構築物，車両運搬具などの譲渡は，課税資産の譲渡等として課税対象となり，課税売上割合の計算上分母・分子に売却益ではなく，その譲渡対価の額を計上します。	○		
	ゴルフ会員権の売却損益 消法2①九	ゴルフ会員権の売却については，上記の建物等の売却を損益と同じ処理となります。	○		

科目等	項　目	取　引　内　容	課税	非課税	対象外
補助金等	補助金，奨励金，助成金等の収入 消基通5－2－15	国又は地方公共団体等から受ける奨励金，助成金，補助金等のように，特定の政策目的の実現を図るための給付金は，資産の譲渡等に係る対価に該当しません。			○
対価補償金等	対価補償金 消法別表第一・一 消法2①八 消基通5－2－10	1　土地，借地権，地上権，永小作権，地役権に係るものは，資産の譲渡等に該当しますが，非課税です。		○	
		2　建物，立木，構築物，鉱業権，土石採掘権，温泉利用権等に係るものは，課税対象です。	○		
		3　公有水面埋立法に基づく公有水面の埋立てによる漁業権又は入漁権の消滅等のように収用者が権利を取得しないものに係る対価補償金は，課税対象外です。			○
		4　移転補償金であっても，その交付を受ける者が実際に資産を取り壊した場合には，租税特別措置法上は「対価補償金」として取り扱われます(措通64(2)－8）が，消費税法上は，資産の移転に要する費用又は取壊しに要する費用の補填に充てるために交付を受ける補償金(移転補償金・経費補償金等)は，資産の譲渡等に該当しませんから課税対象外となります。			○
	収益補償金等 消基通5－2－10	収益補償金は，資産の譲渡等の対価でないので課税対象外となります。			○
	休作補償金等 消法2①九 消法2①八	他人の農地で採石を行う場合には，農地を損失の補填として休作補償金又は休作補償金を支払うことがあります。この場合，採石権の対価及び採石料(貸借料）と，休作補償金等とを合理的に区分した場合には，区分した採石権の対価及び採石料(貸借料）は課税対象となり，休作補償金等に係る部分が課税対象外となります。	○		○
立退料	建物の退去に伴うもの 消基通5－2－7	1　借家の立退きに際して，その賃借人が受け取る立退料は，賃借権の消滅補償，収益補償，移転費用補償など種々の性格を有しており，資産の譲渡等として特定できないことから課税対象外として取り扱います。			○
		2　建物の借家人がその賃借人たる地位を第三者に譲渡してその対価として受ける立退料は課税対象です。	○		

科目等	項　目	取　引　内　容	課税	非課税	対象外
損害賠償金	損害賠償金	1　損害賠償金のうち物損を補填するもの，人的損害，精神的苦痛を補填するもの，逸失利益を補填するもの及び権利侵害を補填するものは，原則として課税対象外となります。			○
	消基通5−2−5	2　次に掲げる損害賠償金は，資産の譲渡等の対価の性格を有することから課税対象となります。			
		(1)　損害を受けた棚卸資産等が加害者（加害者に代わって損害賠償金を支払う者を含む。）に引き渡される場合で，その棚卸資産等がそのまま又は軽微な修理を加えることにより使用できるときに加害者からその棚卸資産等を所有する者が収受する損害賠償金	○		
		(2)　無体財産権の侵害を受けた場合に加害者からその無体財産権の権利者が収受する損害賠償金	○		
		(3)　不動産等の明渡し遅滞により加害者から賃貸人が収受する損害賠償金	○		
	遅延損害金 消法別表第一・三	金銭債務の返済遅延に伴う損害金は，利息に相当するものですから，非課税となります。		○	
	リース取引における規定損害金 消法2①八	1　リース物件の滅失に伴いユーザーがリース業者に支払う規定損害金は，課税対象外となります。			○
		2　ユーザーの倒産，廃業等により強制的にリース取引が解約された場合において，ユーザーがリース業者に支払う逸失利益の補填部分は，課税対象外となります。			○
	消法2①九	3　リース物件のバージョンアップ等のために，リース業者及びユーザーの双方の合意の基に解約した場合の解約損害金は，課税対象です。 **(1)　課税資産の譲渡等のみのための課税仕入れ→課売用** **(2)　非課税資産の譲渡等のみのための課税仕入れ→非売用** **(3)　課税資産の譲渡等及び非課税資産の譲渡等のための課税仕入れ→共通用**	○		

科目等	項　目	取 引 内 容	課税	非課税	対象外
損害賠償金（続き）	**クレーム処理費** 消法38	1　値引と認められる場合 品質の不良，相違，破損，納期遅延等のクレームにより支払う損害賠償金が，値引と認められる場合には，売上の対価の返還等となります。	○		
	消法2①八	2　値引と認められない場合 対価性がないので課税対象外となります。			○
	消法2①九	3　販売店等がメーカーに代わってクレーム処理を行った場合において，メーカーから受け取る対価は，課税対象となります。	○		
	損害賠償の請求に要した経費 消基通11-2-16	課税対象外となる損害賠償金を得るために要した課税仕入れ（弁護士費用等）は，個別対応方式を適用する場合においては，課税・非課税共通用となります。	○		
債務免除益	**債務免除益** 消基通12-1-7	課税仕入れに係る買掛金について債務免除を受けた場合においては，その債務免除は仕入れに係る対価の返還等に該当しないことから課税対象外となります。			○
保険金	**受取保険金** 消基通5-2-4	1　満期若しくは死亡，傷害，損害等の保険事故に基づき支払われる保険金，年金，共済金，満期返戻金等は，対価性がなく課税対象外となります。			○
	消基通11-2-10	2　受取保険金を原資として取得した建物等であっても，課税仕入れとなります。 **(1)　仕入時において課税資産の譲渡等のために行った仕入→課売用** **(2)　仕入時において非課税資産の譲渡等のために行った仕入→非課売用**	○		
固定資産売却損	**土地売却損** 消法別表第一・一	土地及び土地の上に存する権利の譲渡は非課税であり，課税売上割合の計算上，分母の金額に加算するのは，売却損ではなく，譲渡対価そのものです。		○	
	建物等売却損 消法2①九	建物，構築物，車両運搬具などの譲渡は，課税対象であり，課税売上割合の計算上，分母・分子の金額に加算するのは，売却損ではなく，譲渡対価そのものです。	○		
資産除却損	**固定資産除却損** 消基通5-2-13	資産について廃棄，火災，盗難又は滅失があった場合の除去損失等については，課税対象外となります。			○

科目等	項　目	取 引 内 容	課税	非課税	対象外
雑損失	建設中に不可抗力により生じた損害の負担 消法2①九，十二	建設中の建物やそれに要する資材等が地震，風水害等の不可抗力により滅失，毀損した場合に，建設工事の発注者が契約に基づき損害額（建設中の建物の復旧に要する費用相当額，資材の購入代金相当額等）を負担することがありますが，その復旧費用等は，建物等の建設対価を構成するものであるから，課税対象となります。 (1)　仕入時において課税資産の譲渡等のために行った仕入→課売用 (2)　仕入時において非課税資産の譲渡等のために行った仕入→非課売用	○		

第３節　輸出入取引

Ⅰ　輸　入

科目等	項　目	取引内容	課税	非課税	対象外
輸入	商品の輸入 消法4② 消法6② 消法別表第二	1　輸入(保税地域からの課税貨物の引取り)は，事業者，有償取引のほか非事業者，無償のいずれであっても課税対象となります。 **(1)　輸入時において課税資産の譲渡等のために行った仕入→課売用** **(2)　輸入時において非課税資産の譲渡等のために行った仕入→非課売用**	○		
		2　輸入の際に課税される消費税額は，その金額が仕入税額控除の対象となります。	○		
		3　次に掲げるものは，非課税です。 イ　有価証券等 ロ　郵便切手類 ハ　印紙・証紙 ニ　物品切手類 ホ　身体障害者用物品 ヘ　教科用図書		○	
	無償での輸入 消基通5-6-2	外国貨物については，非課税物品及び関税の課税価格が1万円以下のものを除いて，無償であっても課税対象となります。 この場合における課税標準額は，関税の課税価格に関税額及び消費税以外の個別消費税の額を加算した金額です。 **(1)　輸入時において課税資産の譲渡等のために行った仕入→課売用** **(2)　輸入時において非課税資産の譲渡等のために行った仕入→非課売用**	○		
	個人の輸入 消法5②	外国貨物に係る納税義務者は，その貨物の引取者ですから，事業者のほか個人が輸入する場合も課税対象となります。	○		

科目等	項　目	取　引　内　容	課税	非課税	対象外
輸入（続き）	無体財産権の伴う貨物の輸入 消基通5−6−3	1　輸入取引は，外国貨物の輸入のみが課税対象となり，工業所有権等の無体財産権そのものの外国からの輸入は課税対象外です。 **(1)　輸入時において課税資産の譲渡等のために行った仕入→課売用** **(2)　輸入時において非課税資産の譲渡等のために行った仕入→非課売用** 2　この場合の課税標準は，関税の課税価格（工業所有権（複製権を除く。）の使用に伴う対価の支払がその外国貨物の輸入取引の条件となっている場合は，その対価の額を含む。）に関税額及び消費税以外の個別消費税等の額を加算した金額となります。	○		○
	映画フイルムのネガ 消基通5−6−3	複製権の使用の対価は，関税の課税価格に含まれていないので，映画フィルムのネガを輸入する場合の課税標準は，配給実績に応じて支払うロイヤリティ（使用料）を含まないところの物としてのフィルムの価格となります。 **(1)　輸入時において課税資産の譲渡等のために行った仕入→課売用** **(2)　輸入時において非課税資産の譲渡等のために行った仕入→非課売用**	○		
	国外からの技術導入に伴って支払う技術使用料又は技術指導料 消法2①八 消法2①十二	1　技術導入に伴って支払われる使用料等は，輸入取引として課税の対象となりません。 2　技術使用料は，権利の貸付けの対価として支払われるものですから，その権利が特許権等のようなものである場合には，その権利の登録をした機関の所在地により国内取引か国外取引かの判断をし，国内取引であれば課税対象，国外取引であれば課税対象外となります。 3　技術指導料は，役務の提供の対価であり，国内において行われる技術指導料の対価の支払いは，課税対象です。 **(1)　支払時において課税資産の譲渡等のために行った仕入→課売用** **(2)　支払時において非課税資産の譲渡等のために行った仕入→非課売用**	○（2） ○（3）		○（1） ○（2）

科目等	項　目	取引内容	課税	非課税	対象外
輸入（続き）	公海上での魚類の買付け 消法4② 消法2①八	1　公海上で，外国の漁船が捕獲した魚類を買い付け，国内に搬入した場合には，その魚類は，外国貨物に該当し，保税地域から引き取る時に消費税が課税されます。	○		
		2　公海上で，日本の漁船が捕獲した魚類を買い付け，国内に搬入した場合には，その魚類は外国貨物に該当しないので，国内に持ち込む時には消費税は課税されません。また，公海上の取引ですから，課税対象外です。			○
	輸入物品のリベート 消法2①八	外国のメーカー等から受ける飛越しリベート等については，その金銭に消費税額が含まれていないことから仕入れの対価の返還等に該当しません。			○
	書籍等の輸入 輸徴法13①一	1　課税価格の合計額が1万円以下の場合には，免税	免		
		2　課税価格の合計額が1万円超の場合 (1)　記録文書その他の書籍（本，定期刊行物，新聞等）は，免税です。	免		
		(2)　絵本，絵画集，写真集は，課税対象です。	○		
	外航船舶等の輸入 消基通5-6-6	船舶運航事業者等が行う専ら国内と外国又は外国と外国との間にわたって行われる旅客若しくは貨物の輸送の用に供される船舶又は航空機の輸入は，輸出免税となっています。	免		
	輸出物品の返品 輸徴法13①一 輸徴法13①四	1　輸出した物品が仕様の違い、製品の瑕疵等の原因により国内に引き取られる場合には、関税が免除されるものは、消費税も免除される。	免		
		2　修繕物品に係る再輸出免税に該当するものについても，消費税は免除される。	免		
	外国の展示会に出品した物品の引取り 輸徴法13①一	1　本邦から輸出した物品が返品されて国内に引き取られる場合に，その物品について輸出許可の際の性質及び形状が変わっていないものとして関税が免除されるものは，消費税も免除されます。	免		
		2　外国において使用した形跡のあるものであっても，性質及び形状が変わっていないものであれば，同じ取扱いとなりますので，単なる展示用のもののほか，デモ用として使用されたものでも，免税となります。	免		

科目等	項　目	取 引 内 容	課税	非課税	対象外
輸入（続き）	保税地域における外国貨物の消費又は使用 消法4⑤	1　保税地域において外国貨物が消費され，又は使用された場合には，その消費又は使用をした者がその消費又は使用の時に当該外国貨物をその保税地域から引き取るものとみなして，課税対象となります。	○		
		2　外国貨物が課税貨物の原材料として消費，使用される場合には，課税対象外となります。			○
		3　税関職員等が法律の規定に基づいて外国貨物を消費，使用した場合は，課税対象外となります。			○
		4　外国貨物の災害等による亡失，滅失も課税対象外となります。			○
		5　２から４以外の外国貨物の消費・使用は，課税対象です。	○		
		6　保税作業により内国貨物が課税貨物の原材料として消費・使用される場合(これにより製造された貨物は，外国貨物とみなされる。)は，課税対象外です。			○
		7　保税地域内における加工行為(この行為は国内取引に該当し，かつ，輸出取引にも該当しません。)は課税対象です。	○		

Ⅱ　輸　出

科目等	項　目	取　引　内　容	課税	非課税	対象外
	適用要件 消法7	次の要件のすべてを満たしているものが，消費税は輸出免除になります。 1　その資産の譲渡等は，課税事業者により行われるものであること。 2　その資産の譲渡等は，国内において行われるものであること。 3　その資産の譲渡等は，原則として課税資産の譲渡等に該当するものであること。 4　その資産の譲渡等は，輸出取引に該当するものであること。 5　その資産の譲渡等は，輸出取引に該当するものであることにつき，証明されたものであること。	免		
輸	判定基準 消法9② 消法30 消法37⑥	輸出免税取引は，消費税の課税を受けないこととなっていますが，その輸出額は，基準期間の課税売上高に含まれ，消費税の納税義務者の判定，簡易課税制度の選択基準の判定，その課税期間の課税売上割合の計算上，分子及び分母に含めることとなっています。	―	―	―
出	輸出免税売上 消法7①一～五	1　本邦からの輸出として行われる資産の譲渡又は貸付け 2　外国貨物の譲渡又は貸付け（1に該当するものを除く。） 3　国際輸送又は国際通信 4　国際輸送の用に供される船舶又は航空機の譲渡若しくは貸付け又は修理 5　輸出類似取引 次に掲げる取引は，輸出類似取引として輸出免税の対象となります。 (1)　専ら国内以外の地域間で行われる旅客又は貨物の輸送の用に供される船舶又は航空機（専ら国内及び国内以外の地域にわたって行われる旅客又は貨物の輸送に供される船舶又は航空機と併せて，以下「外航船舶等」という。）の譲渡若しくは貸付け又は修理 (2)　国際輸送用コンテナーの船舶運行事業者等に対する譲渡，貸付け又はこれらの者の求めに応じて行われる修理	免 免		

科目等	項　目	取引内容	課税	非課税	対象外
輸出（続き）	輸出免税売上 消法7①一～五	(3)　外航船舶等の水先，誘導その他入出港若しくは離着陸の補助又は入出港，離着陸，停泊若しくは駐機のための施設の提供に係る役務の提供その他これらに類する役務の提供（外航船舶等の清掃，廃油の回収，汚水処理等をいい，その施設の貸付けを含む。）で外航船舶運行事業者等に対して行われるもの	免		
		(4)　外国貨物の荷役，運送，保管，検数，鑑定その他これらに類する外国貨物に対する役務の提供（外国貨物に係る検量，港湾運送関連事業に係る業務又は輸入貨物に係る通関手続若しくは青果物のくんじょう等），指定保税地域，保税蔵置場，保税展示場及び総合保税地域における内国貨物に係る荷役，保管，検数，鑑定，検量又は通関手続等の役務の提供			
		(5)　国際通信又は国際郵便			
		(6)　採石権等，特許権等，著作権等又は営業権等の譲渡又は貸付けで非居住者に対して行われるもの			
	消基通7-2-16	(7)　非居住者に対して行われる役務の提供で次に掲げるもの（課税対象）以外のもの			
		①　国内に所在する資産に係る運送又は保管	○		
		②　国内における飲食又は宿泊	○		
		③　①及び②に準ずるもので，次に掲げるような国内において直接便益を受けるもの イ　国内に所在する不動産の管理や修理 ロ　建物の建築請負 ハ　電車，パス，タクシー等による旅客の輸送 ニ　理容又は美容 ホ　医療又は療養 ヘ　劇場，映画館等の興業場における観劇等の役務の提供 ト　国内間の電話，郵便 チ　日本語学校等における語学教育等に係る役務の提供	○		

科目等	項　目	取 引 内 容	課税	非課税	対象外
輸出（続き）	非課税資産の輸出取引等 消法31	非課税資産の輸出取引等を行った場合において証明がされたものは，課税資産の輸出取引を行ったものとみなして仕入税額控除の規定を適用します。 したがって，この非課税資産の輸出取引に係る金額を課税売上割合の計算上，分母及び分子に算入します。	○ 免		
	輸出物品の下請加工等 消法2①九	次のような取引には，輸出免税の適用はなく，課税対象となります。 1　輸出する物品の製造業のための下請加工 2　輸出取引を行う事業者に対して行う国内での資産の譲渡等	○ ○		
	賃借物件の自己使用のための輸出 消法7①，31②	リース会社から資産を借り受けた事業者が自己使用や国外取引のためにその資産を国外の事業所に輸出した場合には，本来の輸出免税の対象になりませんが，その輸出につき証明がされているときは，課税資産の譲渡等に係る輸出取引を行ったものとみなされ，リース料等の課税仕入れに係る消費税額を控除することができます。 なお，この場合には，課税売上割合の計算上，輸出申告に係るＦＯＢ価格を分子・分母に算入することとされています。	○		
	親子会社間の輸出取引 消法7	親子関係の法人同士の取引であっても，非居住者である国外の法人に対して役務提供を行うものであれば，輸出免税の対象となります。 一方，これについて国内で課税仕入れがあるときは，仕入税額控除の適用があります。	免 ○		
	その他の免税取引 措法85① 消法7① 輸徴法12① 消基通7-2-20 措法86の2	次の取引は，所定の手続きを取ることにより輸出免税になります。 1　日本国籍の外航船（機）に積み込む船用品又は機用品の譲渡 2　外国籍の船舶又は航空機への内国貨物の積込み 3　外国籍の船舶又は航空機に船用品又は機用品として積み込む外国貨物の保税地域からの引取り 4　渡航先において贈答品に供するために出国に際して携帯する物品 5　米軍基地からの受注工事 6　海軍販売所等に対する物品の譲渡	免		

科目等	項　目	取 引 内 容	課税	非課税	対象外
輸出（続き）	簡易課税事業者の輸出免税 消法37	簡易課税事業者の仕入税額控除額は，輸出取引を除いた課税売上高に係る消費税額の原則60％相当額となっています。 したがって，簡易課税選択事業者については，輸出免税取引の適用がなく，還付される税額はないこととなります。	○		
	輸出証明 消規5一，二，三，四	輸出免税は，その課税資産の譲渡等について次に掲げる証明がされた場合に適用があります。 1　輸出として行われる資産の譲渡又は貸付け イ　輸出許可があったことを証する書類（通常は，輸出申告書に税関長の輸出許可の印を押捺したもの） ロ　郵便物の場合には，税関長の証明（20万円超）又はその事実を記載した帳簿又は書類（20万円以下） 2　国際運輸，国際通信及び国際郵便 その事業者がその事実を記載した帳簿又は書類 3　その他 取引の相手方との契約書その他その事実を証明する書類			
保税地域における譲渡	保税地域における貨物の譲渡 消法7	1　外国貨物の譲渡は，輸出免税です。 2　輸入許可を受けた貨物の譲渡は，課税対象です。	免 ○		
	国外で購入した貨物の保税地域経由で国外への譲渡 消法7	1　国外で購入した資産の国内の保税地域への搬入は，課税対象外です。 2　1の貨物を保税地域から引き取らず，第三国に有償譲渡し，国外へ搬出した場合には，国内における課税資産の譲渡等に該当し，かつ，外国貨物に該当し，輸出免税となります。	免		○
国際輸送	国際輸送 消法7	国際輸送とは，国内から国外への旅客若しくは貨物の輸送又は国外から国内への旅客若しくは貨物の輸送をいいます。 国外の港等から国外の港等の輸送は，国外取引に該当し，輸出免税の対象外です。			○

科目等	項　目	取　引　内　容	課税	非課税	対象外
国際輸送（続き）	国際輸送の一環として行われる国内輸送 消基通7-2-4 消基通7-2-5	1　次の要件を満たす場合には，その全体が国際輸送とみなされます。 (1)　契約において，国内輸送に係る部分が国際輸送の一環であることが明らかにされていること。 (2)　乗継時間が定期路線時刻表上で24時間以内であること。 2　海外赴任者のためのドアツードア・サービスのうち，輸出のための梱包や輸出関係書類の作成は，引っ越し荷物の国際輸送に不可欠の作業であることから，これらの付帯作業も含めて，国際輸送の一環として一の請負となっている場合には，その全体が輸出免税の対象となります。	免		
	公海上の地域から国内への魚類の輸送 消法7①三	国内及び国内以外の地域にわたって行われる貨物（内国貨物，外国貨物を問わない。）の輸送は，輸出免税となります。	免		
	月極運賃のうちに外国貨物に係るものが含まれる場合	仕事量にかかわらず一定期間当たりの対価が定額となっている場合には，実際に輸送した貨物の中に外国貨物が含まれているときであっても，輸出免税の規定は適用されません。	○		
外航船舶等の貸付け又は修理等	外航船舶等の貸付け 消令17①，二	外航船舶（航空機）の船舶運航事業者等に対する貸付けは，輸出免税です。 なお，船舶の貸付けには，裸用船契約に基づくものも含まれます。	免		
	外航船舶等の修理 消法7	1　船舶運航事業者等からの直接の求めに応じて行われる保守，点検又は修理は，輸出免税の対象です。 2　船舶運航事業者等以外の者の求めに応じて行われるものは，課税対象です。	○ ○		
	外航船舶等に対する水先業務 消基通7-2-11	1　船舶運航事業者等に対して直接行われる水先，誘導その他入出港若しくは離着陸の補助又は入出港，離着陸，停泊若しくは駐機のための施設の提供に係る役務の提供は，輸出免税の対象です。 2　船舶運航事業者等からの直接の依頼を受けた事業者の下請けとして行う水先業務等については，輸出免税の対象となりません。 3　外航船舶等の清掃，廃油の回収又は汚水処理等の役務提供で船舶運航事業者等に対して行うものは，輸出免税の対象です。	免 ○ 免		

科目等	項　目	取引内容	課税	非課税	対象外
外国貨物の荷役・運送等	外国貨物の荷役・輸送等 消法7	1　外国貨物の荷役，運送，保管，検数，鑑定，検量，通関手続，青果物の薫蒸，税関長への届出により行う内容の点検，改装，仕分け，貨物の記号・番号の刷換え，錆磨き，油差し，虫干し，風入れ等は，輸出免税の対象(これらの役務提供については，下請けでも輸出免税の適用がある。)です。 2　外国貨物に係る運送上の作成代行，通関事務以外の届出代行は輸出免税になりません。	免 ○		
	輸出しようとする貨物等の指定保税地域等における荷役運送等 消法7	次の役務提供は，輸出免税の対象となります。 1　対象貨物 輸出しようとする貨物及び輸入の許可を受けた貨物(輸入申告を行った際に蔵置されていた保税地域にあるものに限られる。) 2　場所 指定保税地域，保税蔵置場，保税展示場，総合保税地域 3　荷役の内容 荷役，運送，保管，検数，鑑定(美術品の鑑定を含む。)，検量，海上投棄，通関手続，青果物の薫蒸，税関長への届出により行う内容の点検，改装，仕分け，貨物の記号・番号の刷換え，錆磨き，油差し，虫干し，風入れ等 (注) 1　指定保税地域における見本の展示，簡単な加工その他これらに類する行為は課税対象です。 2　輸入許可後の保税地域間の移動，移動後の保税地域における保管等の役務の提供は課税対象です。	免		
	保税地域間の貨物輸送 消令17②四	1　外国貨物に係る保税地域間の貨物輸送は，輸出免税の対象となります。 2　１以外の貨物に係るものは課税対象です。	免 ○		
	通関手数料 消法7	通関手数料は，輸出免税の対象となっています。	免		
	岸壁使用料 消令17②三	外航船舶等に対する役務の提供の対価として受けるものは，輸出免税の対象です。	免		

科目等	項　目	取　引　内　容	課税	非課税	対象外
無体財産権等の非居住者に対する譲渡又は貸付け	無体財産権の譲渡又は貸付け 消法7 消法2①八	１　無体財産権の譲渡又は貸付けが国内取引に該当する場合には，輸出免税の対象となります。 ２　無体財産権の譲渡又は貸付けが国外取引に該当する場合には，課税対象外です。	免		○
	ノウハウの提供 消法7	国内の事業者が非居住者に対して行うノウハウの譲渡又は貸付けは，輸出免税の対象となります。	免		
非居住者に対する役務の提供	国外事業者のために行う設計 消令6②五，17②七	１　事務所等の所在地が国内にある場合 設計等については，設計を行う者の設計事務所等が国内にあれば国内取引に該当し課税対象となります。それが非居住者に対するものであれば輸出免税の対象となります。 ２　事務所等が国外にある場合 設計を行う者の設計事務所等が国外にあれば外国取引に該当し課税対象外となります。	○ 免		○
	外国企業の広告掲載 消法7 消基通7-2-17	１　外国企業（非居住者）が国内に事務所等を設置していない場合において，その企業からの依頼により国内において行う広告宣伝は，輸出免税の対象となります。 ２　外国企業（非居住者）が国内に事務所等を設置している場合においては，原則として居住者となるためその広告宣伝は課税対象となります。 ただし，次の要件のすべてを満たす場合には，輸出免税の対象となる役務の提供に該当する。 (1)　役務の提供が非居住者の国外の本店等との直接取引であり，その非居住者の国内の支店又は出張所等は，この役務の提供に直接的にも間接的にもかかわっていないこと。 (2)　役務の提供を受ける非居住者の国内の支店又は出張所等の業務は，その役務の提供に係る業務と同種，あるいは関連する業務でないこと。	免 ○ 免		

科目等	項　目	取　引　内　容	課税	非課税	対象外
非居住者に対する役務の提供（続き）	非居住者に対する国内情報の提供 消法7	情報提供に係る事務所等の所在地が国内に所在する場合には，国内取引に該当する。非居住者に対するものであれば輸出免税の対象となります。	免		
	国内の輸出業者に対する海外情報の提供 消法4	輸出に関する情報について，その提供者も提供を受ける者も国内の事業者であるときは，国内取引に該当することから輸出免税の対象となりません。	○		
	非居住者から受ける弁護士報酬 消令17②七	非居住者に対する弁護士業務として行われる役務の提供は，その役務の提供が国内で行われるものであっても，輸出免税の対象となります。	免		
	非居住者から受けるリース料 消法2①八 消法4	海外に所在するリース物件に係るリース料は，課税対象外となります。 国内に所在するリース物件の非居住者に対するものは，課税対象となります。	 ○		○
	国際間の証券取引に係る手数料 消法2①九 消法7	証券の国際間取引に係る手数料は，課税対象です。このうち非居住者に対するものは，輸出免税の対象となります。	○ 免		
	非居住者から受ける信用保証料 消法別表第一・三	信用保証をする者の事務所等が国内にある場合の非居住者に対する信用保証は，その信用保証に係る債権者が居住者，非居住者にかかわらず，非課税資産の譲渡に該当し輸出免税の対象となります。	免		
	非居住者から収受する有価証券の保管料等 消令17②七イ	1　有価証券の保管料及び引渡手数料は，課税対象です。 2　有価証券の名義書換手数料及び各種申請に係る事務代行手数料は，契約上区分されていれば輸出免税となりますが，区分されていない場合には，全体が課税対象となります。	○ 免 ○		
	代理業務手数料 消令17②七	海運代理店業者等が非居住者である船舶運航業者等のために入出港手続き，荷役手配等の代理業務は輸出免税となります。	免		

科目等	項　目	取引内容	課税	非課税	対象外
非居住者に対する役務の提供（続き）	非居住者から受け取る利子等 消令17③	次に掲げるものは，輸出免税の対象となります（それぞれのかっこ書に掲げる金額を課税売上割合の計算上，分母・分子に算入します。）。 1　非居住者に対する利子を対価とする金銭の貸付け（貸付金の利子） 2　非居住者に対する預貯金の預入（預貯金の利子） 3　外国債券の取得（外国債券の利子） 4　海外CD・CPの取得（海外CD・CPの利子・割引料） 5　外国の合同運用信託，証券投資信託又は特定公益信託の受益証券（国内販売に係る外国の合同運用信託証券等を含む。）の取得（外国の合同運用信託，証券投資信託，特定公益信託の受益証券の収益分配金・利子） 6　外国の抵当証券の取得（抵当証券の利息） 7　外国の割引債・利付債の取得（割引債，利付債の償還差益・利子） 8　割引を受けた者が非居住者である場合の手形の割引（手形の割引料） 9　非居住者が債務者である金銭債権の譲受け（金銭債権の買取り差益） 10　非居住者に対する有価証券及び登録国債等の貸付け（有価証券等の品貸料） 11　外国で行った延払条件付請負に係る工事の施主が非居住者である場合の延払金利（利子相当額）	免		

第４節　貸借対照表

Ⅰ　流動資産

科目等	項　目	取　引　内　容	課税	非課税	対象外
流動資産	現金，預貯金 消令48②二 受取手形，売掛金	現金による商品，製品の購入その他の仕入れや経費等の支払いは，取引対価の決済手段としての授受であるから課税対象外です。 両替及び支払手段の譲渡は非課税ですが，課税売上割合の計算上，分母の額に含めません。ただし，収集品及び販売用の記念コイン等は課税資産の譲渡に該当しますから分母，分子に算入します。 なお，資産の譲渡の対価として取得した金銭債権の譲渡については，課税売上割合の計算上，二重計上を回避するためその譲渡の対価の額は，課税売上割合の計算上分母の額に含めません。	○	○	○
	有価証券	「有価証券」の項（Ｐ.187）参照			
	棚卸資産	１　棚卸資産は，資産の引渡しを受けた時に課税仕入れに計上します。 **⑴　仕入時において課税資産の譲渡等のために行った仕入→課売用** **⑵　仕入時において非課税資産の譲渡等のために行った仕入→非課売用** ２　税抜経理処理によっている場合の期末棚卸資産の評価額には，消費税を含めてはなりません。 ３　売り手側，買い手側の計上時期が異なっている場合であっても，その計上基準が合理的で継続適用であれば認められます。	○ ○		
	消基通5-2-12	４　商品等を試験研究用又は展示用見本として消費又は使用した場合におけるその消費又は使用は，資産の譲渡に該当しません。			○

科目等	項　目	取 引 内 容	課税	非課税	対象外
流動資産（続き）	棚卸資産 消基通5-2-13 消法36① 消法36⑤	5　商品等の廃棄，盗難，滅失は資産の譲渡に該当しません。 6　免税事業者が課税事業者となった場合において，課税事業者となった課税期間の初日に存する棚卸資産に含まれる消費税額は，その課税期間の仕入れに係る消費税額に加算します。 **(1)　期首において課税資産の譲渡等のための棚卸資産→課売用** **(2)　期首において非課税資産の譲渡等のための棚卸資産→非課売用** 7　課税事業者が翌課税期間から免税事業者となる場合において，課税事業者である課税期間の末日に有する棚卸資産に含まれる消費税額は，課税事業者であった課税期間の最後の課税期間の消費税額から控除します。	○		
	末成工事支出金 消基通11-3-5	1　材料費については，引渡しを受けた日の属する課税期間の課税仕入れに計上します。 **(1)　仕入時において課税資産の譲渡等のために行った仕入→課売用** **(2)　仕入時において非課税資産の譲渡等のために行った仕入→非課売用** 2　外注費 (1)　出来高検収書がない場合 　下請けの提供する役務が人的役務のみである場合において，月単位で出来高を計上しているときは，その計上した出来高を課税仕入れに計上し，下請けの提供する役務が目的物の引渡しを要する請負契約である場合には，目的物の引渡しを受けた日の属する課税期間の課税仕入れに計上します。 **イ　仕入時において課税資産の譲渡のために行った用仕入→課売用** **ロ　仕入時において非課税資産の譲渡等のために行った仕入→非課売用**	○ ○		

科目等	項　　目	取　引　内　容	課税	非課税	対象外
流動資産（続き）	末成工事支出金 消基通11-3-5	(2)　出来高検収書を発行する場合 元請業者が下請業者の行った工事等の出来高について検収を行い，その内容及び出来高に応じた金額等を記載した出来高検収書を作成し，それに基づいて請負金額を支払っている場合には，その支払金額を課税仕入れに計上します。 **(1)　仕入時において課税資産の譲渡等のために行った仕入→課売用** **(2)　仕入時において非課税資産の譲渡等のために行った仕入→非課売用**	○		
		3　労務費 賃金，給与，賞与，退職金等の労務費は，課税対象外です。			○
		4　建設機械等の賃貸借による使用料 契約又は慣習により支払うべきこととされている日の属する課税期間の課税仕入れに計上します。 **(1)　仕入時において課税資産の譲渡等のために行った仕入→課売用** **(2)　仕入時において非課税資産の譲渡等のために行った仕入→非課売用**	○		
		5　特　　例 建設工事等に係る目的物を完成して相手方に引き渡した日の属する課税期間における課税仕入れに係る支払対価としているときは，継続適用を条件に認められます。 **(1)　仕入時において課税資産の譲渡等のために行った仕入→課売用** **(2)　仕入時において非課税資産の譲渡等のために行った仕入→非課売用**	○		
	未収入金 消基通6-2-1	未収入金そのものは消費税の課税対象外です。未収入金の譲渡は，金銭債権の譲渡に該当し，非課税となります。		○	

科目等	項　目	取引内容	課税	非課税	対象外
流動資産（続き）	立替金	自動車整備工場が車検のための費用のうち自賠責保険料，自動車重量税を立替払いし，これを立替金として経理処理している場合には，顧客から収受する代金のうちこれらに係る金額は立替金の入金であり課税売上げではなく，また整備工場が支払ったこれらの金額は課税仕入れになりません。 **＜立替金の経理処理＞** 他人のために資産の対価，サービス対価及び税金などを立て替えて支払った場合には，課税仕入れに該当しません。一方，立替金の入金も課税売上げにはなりません。 1　立替金の支出を借方「立替金」処理 2　立替金の入金を貸方「立替金」処理 3　立替金支払額に仕入税額を計上しない。 4　立替金入金額に売上税額を計上しない。 5　立替金にマージンを上乗せしない。			○
	前渡金・仮払金 消法2①十二	前渡金・仮払金として支出した時点では，課税仕入れに該当しません。現実に資産の引渡し又は役務の提供があった時に課税仕入れとなります。 **⑴　仕入時において課税資産の譲渡等用仕入→課売用** **⑵　仕入時において非課税資産の譲渡等用仕入→非課売用**	○		○
	前払費用 消基通11-3-8	前払費用は，原則として課税仕入れに該当しません。ただし，法人税及び所得税において短期前払費用の適用を受ける場合には，その支出した日の属する課税期間の課税仕入れとなります。 **⑴　仕入時において課税資産の譲渡等のために行った仕入→課売用** **⑵　仕入時において非課税資産の譲渡等のために行った仕入→非課売用**	○		○
	短期貸付金 消法別表第一・三	短期貸付金そのものは，消費税の課税対象外です。譲渡対価となるものは，その利子の額であり，非課税となります。 短期貸付金の貸倒れは，課税売上げによるものではないので，課税対象外となります。		○	○ ○

Ⅱ　有形固定資産

科目等	項　目	取　引　内　容	課税	非課税	対象外
固定資産	調整対象固定資産 消法2①十六 消令5	1　調整対象固定資産の意義と種類 調整対象固定資産とは，棚卸資産以外の資産で次に掲げるもののうち，その資産の税抜支払対価の額又は課税貨物の課税標準額が一の取引単位について100万円以上のものをいいます。			

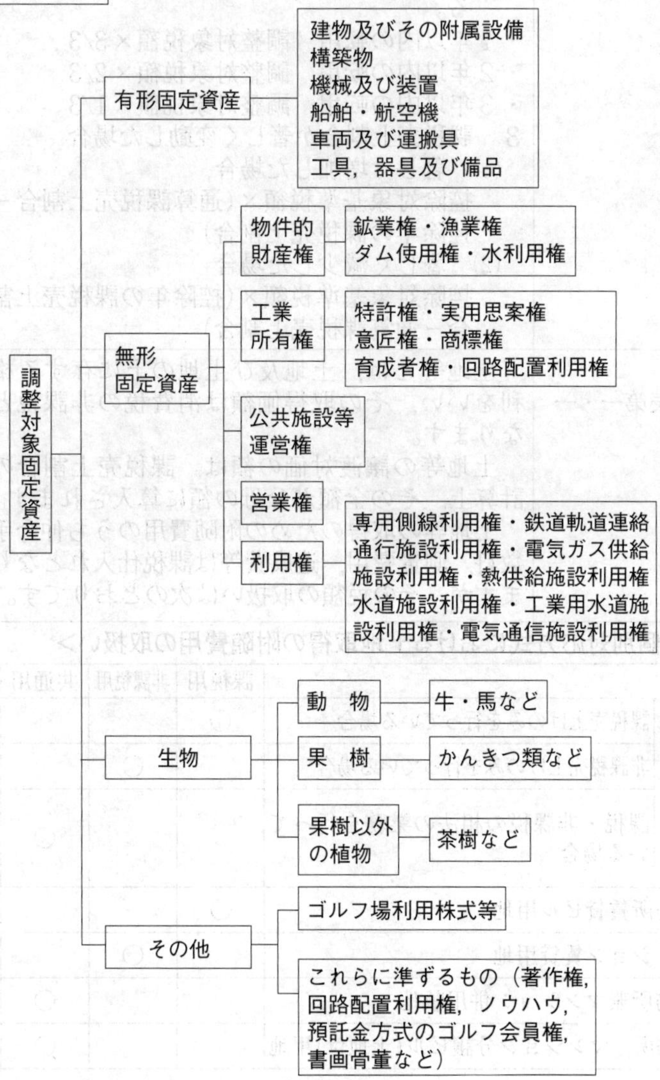

科目等	項　　目	取　引　内　容	課税	非課税	対象外
固定資産（続き）	調整対象固定資産 消法2①十六 消令5	2　調整対象固定資産の転用 (1)　課税から非課税へ全部転用する場合には，次の金額を当期の仕入税額から控除する。 ・1年以内の転用　調整対象税額×3/3 ・2年以内の転用　調整対象税額×2/3 ・3年以内の転用　調整対象税額×1/3 (2)　非課税から課税へ全部転用する場合には，次の金額を当期の仕入税額に加算する。 ・１年以内の転用　調整対象税額×3/3 ・２年以内の転用　調整対象税額×2/3 ・３年以内の転用　調整対象税額×1/3	○		
		3　課税売上割合が著しく変動した場合 (1)　著しく増加した場合 控除対象基準税額×（通算課税売上割合－控除年の課税売上割合） (2)　著しく減少した場合 控除対象基準税額×（控除年の課税売上割合－通算課税売上割合）	○		
有形固定資産	土地等 消法別表第一・一	土地等とは，土地及び土地の上に存する権利をいい，その取得価額は消費税の非課税となります。 土地等の譲渡対価の額は，課税売上割合の計算上，その全額が分母の額に算入されます。		○	
		土地等の取得のための附随費用のうち仲介手数料，測量費用，造成費等は課税仕入れとなりますが，その税額の取扱いは次のとおりです。	○		

＜個別対応方式における土地取得の附随費用の取扱い＞

			課税用	非課税用	共通用
仕入時の利用・使用目的	自社ビル用地	課税売上げのみを行っている場合	○		
		非課税売上げのみを行っている場合		○	
		課税・非課税の相法の業務を行っている場合			○
	事務所賃貸ビル用地		○		
	マンション賃貸用地			○	
	事務所兼マンション併用敷地				○
	事務所，マンション分譲ビル（土地付）用地				○

科目等	項　目	取　引　内　容	課税	非課税	対象外
有形固定資産（続き）	建物等 消法2①十二	1　建物，建物付属設備及び構築物の取得価額は，課税仕入れとなります。 **⑴　仕入時において課税資産の譲渡等のために行った仕入→課売用** **⑵　仕入時において非課税資産の譲渡等のために行った仕入→非課売用**	○		
		2　建物等の取得に伴って授受する未経過固定資産税，都市計画税の買い主負担金は，課税仕入れの支払対価として仕入税額控除の対象となります。	○		
		3　建物等の取得に当たって，取得価額に算入をしたもの，損金として区分処理したもののそれぞれについて消費税の課税取引，非課税取引及び対象外取引に区分します。 **＜区分処理したもののうち課税仕入れにならないもの＞** 運送保険料，関税，不動産取得税，自動車取得税，事業所税，登録免許税等，借入金の利子，免税取引に該当するもの	○	○	○
		4　個人事業者の家事共用資産としての建物の取得は，事業用部分のみが課税仕入れに該当し，家事用部分は課税対象外となります。	○		○
	建設仮勘定 消基通11－3－6	建物等の建設において，その目的物の一部について引渡しを受けた場合には，その引渡しを受けた日の属する課税期間の課税仕入れとなります。 **⑴　仕入時において課税資産の譲渡等のために行った仕入→課売用** **⑵　仕入時において非課税資産の譲渡等のために行った仕入→非課売用** なお，完成引渡時おいて一括して仕入税額控除の適用を受けることもできます。	○		

科目等	項　目	取　引　内　容	課税	非課税	対象外
有形固定資産（続き）	機械装置等 消法２①十二	機械装置，車両及び運搬具，工具，器具，備品等の取得価額は，原則として課税仕入れとなります。 **⑴　仕入時において課税資産の譲渡等のために行った仕入→課売用** **⑵　仕入時において非課税資産の譲渡等のために行った仕入→非課売用** なお，次に掲げる費用は，課税仕入れになりませんので注意したい。 イ　運送保険料 ロ　関税，自動車取得税，登録免許税等の租税公課 ハ　借入金の利子 ニ　輸出免税取引に該当するもの	○		

Ⅲ　無形固定資産

科目等	項　目	取　引　内　容	課税	非課税	対象外
無形固定資産	鉱業権等 消法２①十二	鉱業権，土石採取権，温泉利用権等の取得は，課税仕入れです。 **⑴　仕入時において課税資産の譲渡等のために行った仕入→課売用** **⑵　仕入時において非課税資産の譲渡等のために行った仕入→非課売用**	○		

科目等	項　　目	取　引　内　容	課税	非課税	対象外
無形固定資産（続き）	工業所有 消基通11-2-4	1　特許権，実用新案権，意匠権及び商標権の取得は，課税仕入れです。 **⑴　仕入時において課税資産の譲渡等用仕入→課売用** **⑵　仕入時において非課税資産の譲渡等用仕入→非課売用**	○		
		2　次に掲げる使用人等の発明等に係る報償金等の支給は，課税仕入れとなります。 ⑴　業務上有益な発明，考案又は創作をした使用人等からその発明，考案又は創作に係る特許を受ける権利，実用新案登録を受ける権利若しくは意匠登録を受ける権利又は特許権，実用新案権若しくは意匠権を承継したことにより支給するもの ⑵　特許権，実用新案権又は意匠権を取得した使用人等にこれらの権利に係る実施権の対価として支給するもの ⑶　事務若しくは作業の合理化，製品の品質改良又は経費の節約等に寄与する工夫，考案等をした使用人等に支給するもの **⑴　仕入時において課税資産の譲渡等のために行った仕入→課売用** **⑵　仕入時において非課税資産の譲渡等のために行った仕入→非課売用**	○		
	施設利用権 消基通5-5-6	次に掲げる公共施設に係る権利設定の対価は，負担金等であっても課税仕入れとなります。 専用側線利用権，鉄道軌道連絡通行施設利用権，電気ガス供給施設利用権，熱供給施設利用権，水道施設利用権，工業用水道施設利用権，電気通信施設利用権等 **⑴　仕入時において課税資産の譲渡等のために行った仕入→課売用** **⑵　仕入時において非課税資産の譲渡等のために行った仕入→非課売用**	○		

科目等	項目	取引内容	課税	非課税	対象外
無形固定資産（続き）	営業権 消基通5−7−8	営業権には，次に掲げる法令の規定，行政官庁の指導等による規制に基づく登録，認可，許可，割当て等に基づく権利（外国におけるこれらの権利を含む。）を取得するための費用が含まれます。 イ　繊維工業における織機の登録権利 ロ　許可漁業の出漁権 ハ　タクシー業のいわゆるナンバー権 ニ　内航海運業のいわゆる建造引当権 **(1)　仕入時において課税資産の譲渡等のために行った仕入→課売用** **(2)　仕入時において非課税資産の譲渡等のために行った仕入→非課売用**	○		
	差入保証金，敷金等 消基通5−2−6	1　返還するものは，課税対象外です。 2　返還しないものは，課税対象です。 **(1)　仕入時において課税資産の譲渡等のために行った仕入→課売用** **(2)　仕入時において非課税資産の譲渡等のために行った仕入→非課売用** 3　容器保証金については，当事者の取決めによって処理します。この場合には，その取決めを請求書等に明記する必要があります。	○		○
	ソフトウェア 消法2①十二	ソフトウェアを購入した場合には，その取得時点において課税仕入れとして計上し，自社製作の場合には，原材料費，外注費，その他経費（労務費を除く。）の発生時点においてそれぞれの費目ごとに課税仕入れを計上します。 **(1)　仕入時において課税資産の譲渡等のために行った仕入→課売用** **(2)　仕入時において非課税資産の譲渡等のために行った仕入→非課売用**	○		
	その他 消法2①十二	試掘権，採掘権，電話加入権などは，課税対象となります。 **(1)　仕入時において課税資産の譲渡等のために行った仕入→課売用** **(2)　仕入時において非課税資産の譲渡等のために行った仕入→非課売用**	○		

Ⅳ　投　　資

科目等	項　目	取引内容	課税	非課税	対象外
投資	投資有価証券 関係会社株式 関係会社社債 出資金 長期貸付金 長期前払費用 消法別表第一・二	1　これらの資産の譲渡は非課税ですからその取得も課税仕入れになりません。		○	
		2　有価証券の取得に際して支出する次に掲げる付随費用は，課税仕入れとなります。 (1)　購入手数料 (2)　通信費 (3)　名義書換料 **仕入時において非課税資産の譲渡等のために行った仕入→非課売用**	○		
	信託 消法14	**1　受益者等課税信託** 受益者等課税信託において，信託の受益者は，その信託の信託財産に属する資産を有するものとみなし，かつ，その信託財産に係る資産の譲渡等，課税仕入れ及び課税貨物の保税地域からの引取り（以下「資産等取引」といいます。）は，その受益者の資産等取引とみなして，その信託財産に係る資産の譲渡等の課税関係を処理します。	○	○	
		2　集団投資信託等 集団投資信託，法人課税信託，退職年金等信託又は特定公益信託等については，その信託財産の実質的な帰属者である受益者等ではなく，現実に信託財産を所有し，その運用等を行っている取引行為者である「受託者」が現実の取引のままにその信託財産に属する資産を有し，その信託財産に係る資産等取引を行ったものとし，課税資産の譲渡等が行われた場合には，その受託者が納税義務者となります。	○	○	

科目等	項　　目	取　引　内　容	課税	非課税	対象外
投資（続き）	会員権 消法2①八 消法2①九	ゴルフクラブ，レジャー施設の会員権等については，次のとおり取り扱います。 1　原始発行は，課税対象外となります。 2　会員権業者等からの購入，譲渡は課税対象となります。 3　年会費，ロッカー使用料等は課税対象となります。 **事業者の事業目的にかかわらず→共通用**	 ○ ○		 ○

V 繰延資産

科目等	項目	取引内容	課税	非課税	対象外
繰延資産	創業費 開業費 新株発行費 社債発行費 開発費 試験研究費 消法2①十二	1　創業費，開業費，新株発行費，社債発行費，開発費，試験研究費となる費用の支出は，その支出の時の課税仕入れとなります。 **事業者の事業目的にかかわらず→共通用** 2　次に掲げる費用は，1の支出であっても課税仕入れにはなりません。 イ　登録免許税，印紙税等の租税公課 ロ　給料，賃金等の労務費 ハ　借入金の利子，保険料	○		○
	社債発行差金 消法2①八	社債発行差金は，発行価額と償還金額との差額であり，利子・割引料の性格を有していることから課税仕入れになりません。			○
	公共施設の負担金，賦課金 消基通5-5-6 消基通11-2-8	公共施設の負担金等については，それが資産の譲渡等の対価であるかどうかを判定する必要があります。その判定は，負担金等と事業の実施に伴う役務の提供との間に明らかな対価関係があるかどうかによります。			
	資産を賃借するための権利金等 消法2①十二	1　建物を賃借するために支出する権利金，立退料その他の費用は，課税仕入れとなります。 **(1)　課税資産の譲渡等のみを行う事業者→課売用** **(2)　非課税資産の譲渡等のみを行う事業者→非売用** **(3)　課税資産の譲渡等及び非課税資産の譲渡等を併業する事業者→共通用** 2　電子計算機その他の機器の賃借に伴って支出する引取運賃，据え付け費その他の費用は課税仕入れとなります。 **(1)　仕入時において課税資産の譲渡等のために行った仕入→課売用** **(2)　仕入時において非課税資産の譲渡等のために行った仕入→非課売用**	○ ○		

科目等	項目	取引内容	課税	非課税	対象外
繰延資産（続き）	ソフトウェアの開発費 消法2①十二	ソフトウェアの提供を受けた場合又は他の者に委託してソフトウェアを開発した場合には，そのために支出した費用は，課税仕入れとなります。 **(1)　仕入時において課税資産の譲渡等のために行った仕入→課売用** **(2)　仕入時において非課税資産の譲渡等のために行った仕入→非課売用**	○		
	広告宣伝用資産の贈与費用 消基通11-2-17	自社製品のブランド名又は商標等を表示することを条件として陳列棚，ショーケースなどの取得の助成金は，広告宣伝のためのものであることから，課税仕入れとなります。 **(1)　仕入時において課税資産の譲渡等のために行った仕入→課売用** **(2)　仕入時において非課税資産の譲渡等のために行った仕入→非課売用**	○		
	同業者団体の加入金 消基通5-5-3 消基通11-2-6	同業者団体の加入金については，その加入金と同業者団体等の構成員に対する役務の提供との間に，明白な対価関係があるかどうかにより判定します。 なお，対価性の判定が困難なものについて，同業者団体等が対価性のないものとして，かつ，その入会金を支払う事業者側にそのことを通知し，事業者が課税仕入れにしないこととしているときには，課税対象外となります。			○

第３部

簡易課税の事業区分

第1章
日本標準産業分類からみた簡易課税の事業区分

I　事業区分と定義

簡易課税制度において，課税売上げに係る消費税額から控除する仕入税額控除額は実額ではなく，その事業者が営む事業の種類によるみなし仕入率をそれぞれの事業に係る課税売上げに係る消費税額に乗じて計算することとされています。

この場合におけるみなし仕入率は，事業者が営む事業の種類に応じて90%から50%までとなっており，これらの事業の定義と事業ごとのみなし仕入率は，次のとおりとなっています。

事業区分	みなし仕入率	事業の種類と定義
第1種事業	90%	卸売業（他の者から購入した商品をその性質及び形状を変更しないで他の事業者に対して販売する事業をいいます。）
第2種事業	80%	小売業（他の者から購入した商品をその性質及び形状を変更しないで販売する事業で，第1種事業（卸売業）以外のものをいいます。）
第3種事業	70%	農業，林業，漁業，鉱業，建設業，製造業（製造小売業を含みます。），電気業，ガス業，熱供給業及び水道業をいい，第1種事業又は第2種事業に該当するもの及び加工賃その他これに類する料金を対価とする役務の提供を行う事業を除きます。
第4種事業	60%	第1種事業，第2種事業，第3種事業及び第5種事業に掲げる事業以外の事業をいいます。具体的には第3種事業を営む事業者が行う加工賃その他これに類する料金を対価とする役務の提供に係る事業，飲食店業，金融業，保険業等が該当します。
第5種事業	50%	不動産業，運輸通信業，サービス業（飲食店業を除きます。）及びこれらの事業に係る加工賃その他これに類する料金を対価とする役務の提供を行う事業をいい，他の者から購入した商品をその性質及び形状を変更しないで販売する事業を除きます。

Ⅱ　事業者が行う事業の区分

事業者が行う事業が第１種事業から第５種事業のいずれに該当するかの判定は，原則として，その事業者が行う課税資産の譲渡等ごとに行います。したがって，その事業者が２以上の種類の事業を行っているときは，その課税資産の譲渡等を行う都度事業区分を行わなければなりません。例えば，ホームベーカリーで喫茶店の場合には，自家製パンの販売は第３種事業，仕入商品のパンの販売は第１種事業又は第２種事業，喫茶店のコーヒーなどの売上げは第４種事業となります。

ただし，資産の譲渡に伴い通常役務の提供が併せて行われる取引の場合で，その譲渡を行う事業者がその役務の提供の対価を受領していないと認められるときには，その取引の全体が資産の譲渡に係る事業に該当するものとして第１種事業から第５種事業までのいずれの事業に該当するかを判定することができます。

例えば，電気器具販売店でWOWOWなどの衛星放送設備の取付けに際してその取付料を無償としているような場合には，その取引全体が資産の譲渡に係る事業に該当するものとして事業区分することができます。

【事業区分判定フローチャート】

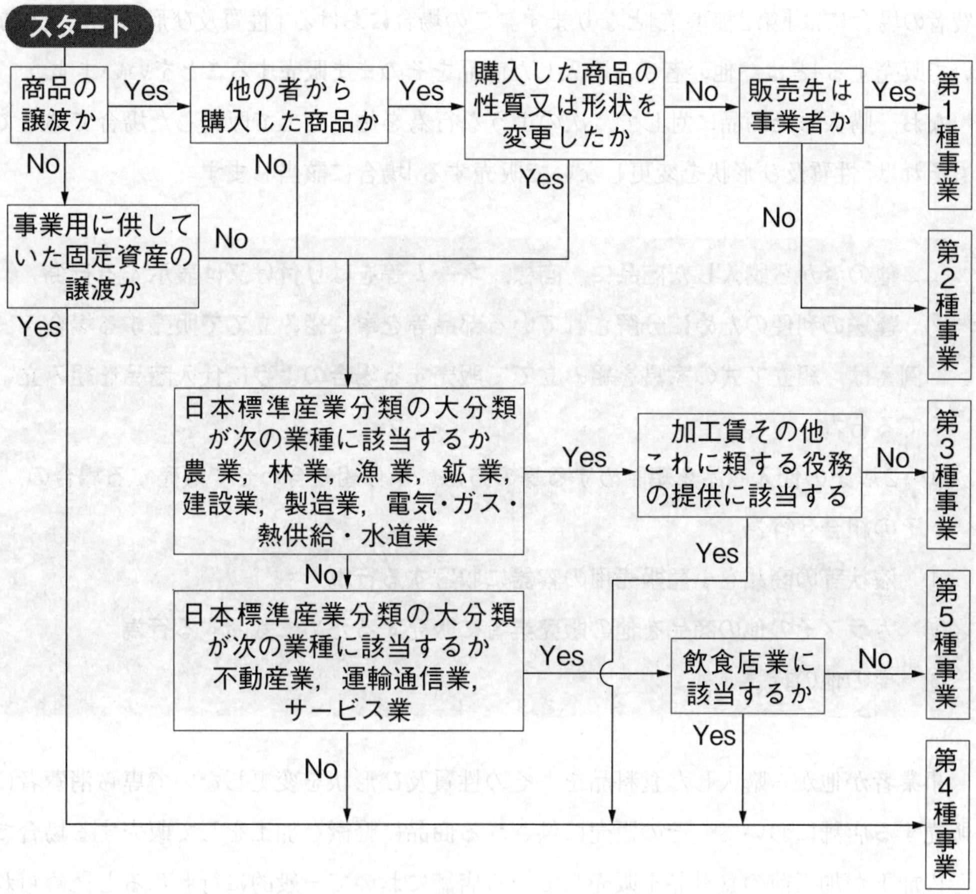

Ⅲ　性質及び形状を変更しないことの意義

第1種事業及び第2種事業は，いずれも他の者から購入した商品をその性質及び形状を変更しないで販売する事業をいい，その相手先が事業者の場合には「第1種事業」，消費者の場合には「第2種事業」となります。この場合における「性質及び形状を変更しないで販売する」とは，他の者から購入した商品をそのまま販売することをいいます。

なお，購入した商品に対して，次のような行為を施した上で販売した場合であってもそれは「性質及び形状を変更しないで販売する」場合に該当します。

①　他の者から購入した商品に，商標，ネーム等をはり付け又は表示する行為

②　運送の利便のために分解されている部品等を単に組み立てて販売する場合，例えば，組立て式の家具を組み立てて販売する場合のように仕入商品を組み立てる行為

③　２以上の仕入商品を箱詰めする等の方法により組み合わせて販売する場合のその組合せ行為

④　液状等の商品を小売販売用の容器に収容する行為

⑤　ガラスその他の商品を他の販売業者に販売するために裁断する行為

⑥　その他の行為

事業者が他から購入した食料品を，その性質及び形状を変更しないで専ら消費者に販売する店舗において，その販売に供される商品に軽微な加工をして販売する場合で，その加工が加工前の食料品を販売している店舗において一般的に行われると認められるもので，その加工後の商品が加工前の商品と同一の店舗において販売されるものであるときのその加工後の商品の譲渡を行う事業，つまり，その性質及び形状を変更しないで専ら消費者に販売する店舗において，販売に供される商品に軽微な加工（切る，刻む，漬ける，干す，つぶす，混ぜ合わせるなど熱を加えない加工）をして販売する場合で，その加工が加工前の食料品を販売している店舗において一般的に行われると認められるもので，加工後の商品が加工前の商品と同一の店舗において販売されるものであるときのその加工後の商品の譲渡を行う事業をいい，第２種事業に該当します

(消基通13－2－3)。

こっっｚれに対して，食料品を加工する場合において，その加工が焼く(生のハンバーグを焼く)，煮る(野菜の煮物)，茹でる(枝豆やそら豆を茹でる)，妙める(肉と野菜を合わせて妙める)，焙る(たたみいわしを焙る)，揚げる(パン粉をつけたトンカツを揚げる) など食料品に熱を加えて調理した場合には，性質及び形状を変更したものとして第３種事業(製造業)に区分されます。

Ⅳ　第3種事業の範囲

第3種事業に該当することとされている農業，林業，漁業，鉱業，建設業，製造業(製造小売業(自己の製造した商品を直接消費者に販売する事業をいいます。)を含みます。)，電気業，ガス業，熱供給業及び水道業(以下「製造業等」といいます。) の範囲は，おおむね日本標準産業分類(総務庁)の大分類に掲げる分類を基礎として判定します。

なお，日本標準産業分類の大分類の区分では製造業等に該当することとなる事業であっても，他の者から購入した商品をその性質及び形状を変更しないで販売する事業は，第1種事業又は第2種事業に該当し，また，加工賃その他これに類する料金を対価とする役務の提供を行う事業は，第4種事業に該当します。

次に掲げる事業は，製造業等に該当します。

①　自己の計算において原材料等を購入し，これをあらかじめ指示した条件に従って下請加工させて完成品として販売する，いわゆる製造問屋としての事業

なお，顧客から特注品の製造を受注し，下請先(又は外注先)等に製品を製造させ顧客に引き渡す事業は，顧客からその特注品の製造を請け負うものですから，原則として第3種事業に該当します。

②　自己が請け負った建設工事(第3種事業に該当するものに限る。)の全部を下請けに施工させる元請けとしての事業

③　天然水を採取して瓶詰等して人の飲用に販売する事業

【第３種事業の区分判定】

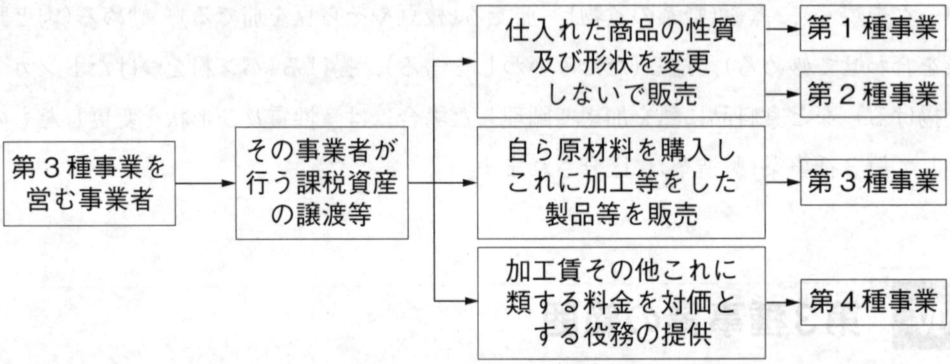

Ⅴ　第5種事業の範囲

第5種事業に該当することとされている不動産業，運輸通信業及びサービス業（以下「サービス業等」といいます。）の範囲は，日本標準産業分類の大分類の区分によりⅣに定める製造業等以外の事業とされたものについて，おおむね同産業分類に掲げる分類を基準として判定します。つまり，事業者の営む事業について，まず製造業等に該当するかどうかを判定し，その結果製造業等に該当しない場合には，おおむね日本標準産業分類によってサービス業等に該当するかどうかを判定します。

ただし，その分類によってサービス業等に該当することとなる事業であっても，他の者から購入した商品をその性質及び形状を変更しないで販売する事業，例えば，不動産売買業における住宅の販売，リース取引のうち売買とされるもの，美容院における化粧品等の販売，自動車整備業におけるタイヤ，オイル等の商品の販売は，第1種事業又は第2種事業に該当します。

Ⅵ 加工賃その他これに類する料金を対価とする役務の提供の意義

Ⅰの事業区分の第3種事業における「加工賃その他これに類する料金を対価とする役務の提供を行う事業」とは，Ⅲの製造業等の範囲により判定した結果，製造業等に該当することとなる事業に係るもののうち，対価たる料金の名称のいかんを問わず，他の者の原料，材料又は製品等に加工等を施して，その加工等の対価を受領する役務の提供又はこれに類する役務の提供を行う事業をいい，これに係る事業は第4種事業となります。

一方，Ⅴの判定により「サービス業等」に該当することとなる事業に係る「加工賃その他これに類する料金を対価とする役務の提供を行う事業」は，サービス業等そのものが「加工賃その他これに類する料金を対価とする役務の提供」ですから，すべて第5種事業となります。つまり，サービス業等に分類された事業は，その事業内容が第1種事業，第2種事業又は第3種事業に該当するもの以外はすべて第5種事業となります。

Ⅶ 複数の事業を行っている場合の事業区分

簡易課税制度を選択している事業者が2以上の事業を継続的に行っている場合におけるその事業の区分は，Ⅱに示したとおり，その課税資産の譲渡等ごとに判定することとなっています。

そこで，複数以上の事業を行っている事業者の事業区分の原則を示すと，次頁表のとおりになります。

【複数の事業を行っている場合の事業区分の原則】

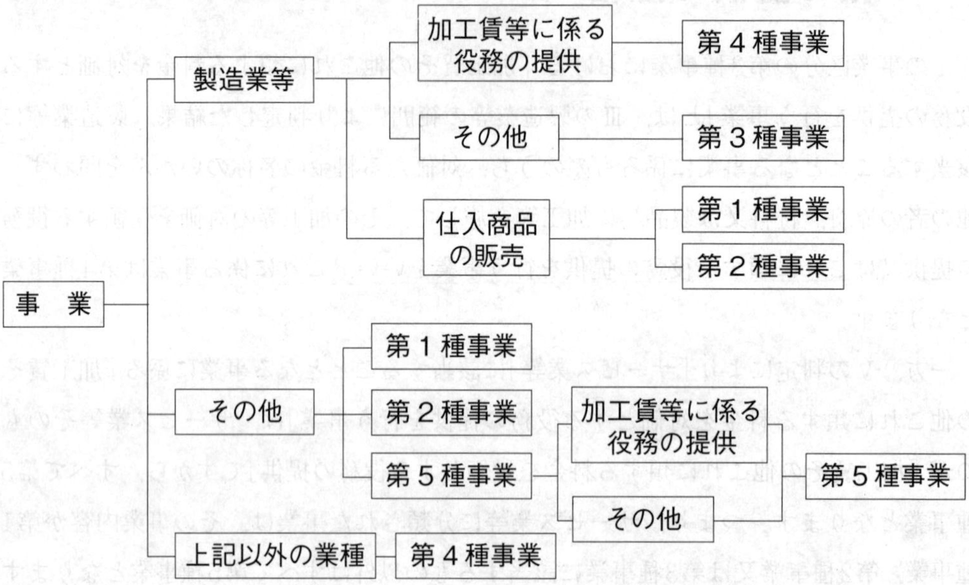

第2章 日本標準産業分類による事業区分

I　大分類Ａ－農業

この大分類には，耕種，養畜(養きん，養ほう，養蚕を含みます。）及び農家に直接関係するサービス業務を行う事業所が分類されます。

なお，植木の刈り込みのような園芸サービスを行う事業所も本分類に含まれます。

1　耕種農業及び養畜農業の定義と範囲

(1)　耕種農業とは

① 水稲，陸稲，麦類，雑穀，豆類，いも類，野菜，果樹，工芸農作物，飼肥料作物，花き，薬用作物，採種用作物，桑の栽培をいいます。

② しいたけ，たけのこ，こうぞ，みつまた，はぜ，こりやなぎ，くり，くるみ，つばきなどを栽培し，単に下刈り程度の管理のみでなく施肥(刈敷は施肥とみなさない)を行っている場合は耕種とみなします。

③ 天然性のしいたけ，たけのこ，わさびなどの採取並びに用材又は薪炭材の生産を主目的とする植物の栽培は耕種としません。

(2)　畜産農業とは

① 乳用牛，肉用牛，馬，鹿，豚，いのぶた，いのしし，めん羊，やぎ，にわとり，あひる，うずら，七面鳥，うさぎ，たぬき，きつね，ミンクなどの飼養，ふ卵，育すうを行うことで，種付け目的のものも含まれます。

モルモット，マウス，ラット，カナリヤ，文鳥などを実験用又は愛玩用に供することを目的として飼育する場合及びいたち，きじなどを森林保護又は種族保護を目的として人工的に増殖，飼育する場合も含まれます。

② 蚕の飼育及び蚕種の製造も含まれます。

③ 競馬などに専ら使用する目的で飼養しているもの及び家畜仲買商が一時的に飼養しているものは含まれません。

④ 店舗で愛がん用の鳥獣を飼養する場合は含まれません。

2　日本標準産業分類による農業又は林業と他産業との関係

⑴　農家又は林家で製造活動を行っている場合

① 主として他から購入した原材料を使用して製造，加工を行っている場合は，農業又は林業の活動とはしません。

② 主として自家栽培した原材料を使用して製造，加工を行っている場合は農業又は林業の活動とします。ただし，同一構内に工場，作業所とみられるものがあり，その製造活動に専従の常用従業者がいるときは，農業又は林業の活動とはしません。

⑵ 農業協同組合の事業所で信用事業又は共済事業と併せて，他の大分類にわたる事業を行っているものは，大分類Q－複合サービス事業[8711]に分類されます。農業協同組合の事業所で，単独で工場，店舗等を構えて単一の事業を行っているものは，その行う事業によって製造業，小売業等それぞれの産業に分類されます。

なお，複数の大分類にわたる事業を行う農業協同組合の事業所であっても，信用事業又は共済事業を行っていない場合は，その事業所で行う事業のうち，主要な経済活動によりそれぞれの産業に分類されます。

⑶ 森林組合の事業所で信用事業又は共済事業と併せて，他の大分類にわたる事業を行っているものは大分類Q－複合サービス事業[8714]に分類されます。森林組合の事業所で，単独で工場，店舗等を構えて単一の事業を行っているものは，その行う事業によって製造業，小売業等それぞれの産業に分類されます。

なお，複数の大分類にわたる事業を行う森林組合の事業所で、あっても，信用事業又は共済事業を行っていない場合は，その事業所で行う事業のうち，主要な経済活動によりそれぞれの産業に分類されます。

中分類	小分類		事業区分	具体的事項
	No	業　種		
農業(01)	011	耕種農業	第3種事業	・　農業従事者が他の農業事業者の田植え，稲刈り等を手伝う場合は第4種事業。 ・　野菜等の原種を購入して自己の畑で育成し，農家等に種として販売する事業は第3種事業。 ・　観光果樹園を併設し，入園料を受領してもぎ取り，食用又は持ち帰りさせる事業は第3種事業。 ・　種馬による種付けする事業（畜産サービス業）は第4種事業。
	012	畜産農業		・　委託を受けて牛馬等を放牧，育成し成長させて引き渡す事業（畜産サービス事業）は第4種事業。 ・　育成中の牛の売却は第3種事業，事業用の乳牛の売却は事業用資産の売却ですから第4種事業。 ・　愛玩用のペットを飼育，育成して販売する事業は第3種事業。 ・　養蚕農業は，農業として分類され，第3種事業。
	013	農業サービス業（園芸サービス業を除きます。）	おおむね第4種事業	・　農業用水供給事業，土地改良区は第3種事業。 ・　庭師が行う植木の剪定は第4種事業。 ・　造園工事（造園造りを含みます。）を請け負う事業は第3種事業。
	014	園芸サービス業		・　第3種事業の中分類<農業>に区分される農業サービス業及び園芸サービス業は第5種事業ではなく，第4種事業となります。

Ⅱ　大分類A－林業

この大分類には，山林用苗木の育成・植栽，材木の保育・保護，材木からの素材生産，薪及び木炭の製造，樹脂，樹皮，その他の林産物の採集及び林業に直接関係するサービス業務並びに野生動物の狩猟及び昆虫類，へびなどの採捕を行うことが分類されます。

<table>
<tr><th rowspan="2">中分類</th><th colspan="2">小分類</th><th rowspan="2">事業区分</th><th rowspan="2">具体的事項</th></tr>
<tr><th>No</th><th>業　種</th></tr>
<tr><td rowspan="5">林業(02)</td><td>021</td><td>育林業</td><td rowspan="3">第3種事業</td><td rowspan="3">・　林業従事者が他の林業事業者の苗木の保育，雑草の下刈り，枝打ち，炭焼き，丸太の皮剥ぎ等又は他の林業事業者の立木の伐採，運搬等を行う場合は第4種事業。
・　製薪炭業は第3種事業。
・　松やに，漆等の樹脂・樹皮の採取，天然きのこ，松茸，野草等を採取して事業者に販売する事業は第3種事業。</td></tr>
<tr><td>022</td><td>素材生産業</td></tr>
<tr><td>023</td><td>特用林産物生産業（きのこ類の栽培を除きます。）</td></tr>
<tr><td>024</td><td>林業サービス業</td><td>おおむね第4種事業</td><td>・　苗木，立木を購入して育林を行う事業は第3種事業。
・　第3種事業の中分類＜林業＞に区分される育林サービス業，素材生産サービス業，山林種苗サービス業（苗木，立木を購入する場合を除きます。）は，第5種事業ではなく，第4種事業となります。</td></tr>
<tr><td>029</td><td>その他の林業</td><td>第3種事業</td><td>・　狩猟，天然きのこの採取は第3種事業。
・　毛皮用，食用のための鳥獣の捕獲，害鳥獣の捕獲又はへび，昆虫類の捕獲並びに山林用種苗を事業者に販売する事業は，第3種事業。</td></tr>
</table>

Ⅲ　大分類B－漁業

この大分類には，海面及び内水面において自然繁殖している水産動植物を採捕する事業所，海面又は内水面において人工的施設を施し，水産動植物の養殖を行う事業所並びにこれに直接関係するサービス業務を行う事業所が分類されます。

日本標準産業分類による漁業，水産養殖業と他産業との関係は次のとおりです。

1　漁家で，製造活動を行っている場合

⑴　主として他から購入した原材料を使用して製造，加工を行っている場合は，漁業活動とはしないこととされています。

⑵　主として自家取得した原材料・を使用して製造，加工を行っている場合は漁業活動とする。ただし，同一構内に工場，作業所とみられるものがあり，その製造活動に専従の常用従業者がいるときは漁業活動とはされません。

2　漁船内で行う製造，加工は漁業活動の一部とみなして木分類に含まれます。

3　漁業協同組合の事業所で信用事業又は共済事業と併せて，他の大分類にわたる事業を行っているものは大分類Ｑ－複合サービス事業[8712]に分類されます。漁業協同組合の事業所で，単独で工場，店舗等を構えて単一の事業を行っているものは，その行う事業によって製造業，小売業等それぞれの産業に分類されます。

なお，複数の大分類にわたる事業を行う漁業協同組合の事業所であっても，信用事業又は共済事業を行っていない場合は，その事業所で行う事業のうち，主要な経済活動によりそれぞれの産業に分類されます。

4　冷蔵倉庫業は，大分類Ｈ－運輸業，郵便業[4721]に分類されます。

中分類	小分類		事業区分	具体的事項
	No	業　種		
漁業(03)	031	海面漁業	第3種事業	・　漁業従事者が他の漁業事業者の漁船に乗り込んで漁業に従事する場合で，給与以外の人的役務の提供の対価は第4種事業。 ・　第3種事業の中分類<漁業>に分類される事業者が行う漁業に直接関係するサービス業は，第5種事業ではなく第4種事業となります。 ・　捕鯨業が産業分類から除かれましたが，第3種事業に分類されます。
	032	内水面漁業		
水面養殖業(04)	041	海面養殖業	第3種事業	・　漁業従業者が他の漁業事業者の養殖等を手伝う場合は第4種事業 ・　委託により稚魚，稚貝の支給を受けて養殖する事業は第4種事業。 ・　養殖の育成をしないで，成魚を仕入れて販売する事業は，他から仕入れた商品を性質及び形状を変更しないで販売することから第1種事業又は第2種事業。 ・　第3種事業の中分類<水面養殖業>に分類される事業者が行う水面養殖業に直接関係するサービス業は，第5種事業ではなく第4種事業となります。
	042	内水面養殖業		

Ⅳ　大分類Ｃ－鉱業，採石業，砂利採取業

この大分類には，有機物，無機物を問わず，天然に固体，液体又はガスの状態で生ずる鉱物を採掘，採石する事業所及びこれらの選鉱その他の品位向上処理を行う事業所が分類されます。

鉱物を探査するための地質調査，物理探鉱，地化学探鉱，試錐などの探鉱作業及び開坑，掘さく，排土などの鉱山開発作業，その他鉱業に直結する作業も本分類に含まれます。

なお，探鉱，鉱山開発又は鉱山内の鉱物運搬等の作業を請負う事業所も本分類に含まれます。

硫黄鉱を掘採し，硫黄の製錬を行う事業所及びろう石クレー，陶石クレーの製造を行う事業所も本分類に含まれます。

日本標準産業分類による鉱業，採石業，砂利採取業と他産業との関係は次のとおりです。

⑴　鉱石から含有する金属を抽出するための製錬及び精製を行う事業所は大分類Ｅ－製造業[23]に分類されます。

⑵　石炭からのコークス製造及びコークスの副産物製造を行う事業所は大分類Ｅ－製造業[1731]に，石炭からガスを製造し，導管により供給する事業所は大分類Ｆ－電気・ガス・熱供給・水道業[3411]に分類されます。

⑶　天然ガスを導管により一般の需要に応じ供給する事業所は大分類Ｆ－電気・ガス・熱供給・水道業[3411]に分類されます。

⑷　石油の精製を行う事業所は大分類Ｅ－製造業[1711]に分類されます。

⑸　掘採された岩石の破砕，粉砕を行う事業所は大分類Ｅ－製造業[2181，2186]に，一定の大きさの石に切る事業所は大分類Ｅ－製造業[2184]に，砕石，墓石の彫刻や仕上げを行い小売する事業所は大分類Ｉ－卸売業，小売業[6099]に分類されます。

ただし，採石現場で行うものは本分類に含まれます。

中分類	小分類		事業区分	具体的事項
	No	業　　種		
鉱業，採石業，砂利採取業(05)	051	金属鉱業	第3種事業	・ダイナマイト等の原材料を自己で持たないで他の者の鉱区を下請により採掘する事業は第4種事業。 ・他の鉱業従事者の採掘した鉱物を請負により破砕，粉砕，選別する事業は第4種事業。
	052	石炭・亜炭鉱業		・第3種事業の中分類＜金属鉱業・石炭・亜炭鉱業＞に分類される事業者が行うこれらの事業に直接関係するサービス業は，第5種事業ではなく第4種事業となります。
	053	原油・天然ガス鉱業		・他の者の鉱区を下請によりボーリング又は採掘する事業は第4種事業。 ・第3種事業の中分類＜原油・天然ガス鉱業＞に分類される事業者が行う原油・天然ガス鉱業に直接関係するサービス業は，第5種事業ではなく第4種事業となります。
	054	採石業、砂・砂利・玉石採取業		・ダイナマイト等の原材料を自己で持たないで他の者の鉱区を下請により採掘する事業は第4種事業。 ・他の鉱業従事者の採掘した鉱物を請負により破砕，粉砕，選別する事業は第4種事業。
	055	窯業原料用鉱物鉱業（耐火物・陶磁器・ガラス・セメント原料用に限る）		・山林所有者から無償で土砂の取り崩しの許諾を得て採掘した砂利の販売及び自己が有償で採取した砂利の販売は第3種事業。 ・他から購入した砂利を販売する事業は第1種事業又は第2種事業。
	059	その他の鉱業		・第3種事業の中分類＜非金属鉱業＞に分類される事業者が行う非金属鉱業に直接関係するサービス業は，第5種事業ではなく第4種事業となります。

V　大分類D－建設業

この大分類には，主として注文又は自己建設によって建設工事を施工する事業所が分類されます。

ただし，主として自己建設で維持補修工事を施工する事業所及び建設工事の企画，調査，測量，設計，監督等を行う事業所は含まない。

1　建設業の定義と範囲

建設工事とは，現場において行われる次の工事をいいます。

(1)　建築物，土木施設その他土地に継続的に接着する工作物及びそれらに附帯する設備を新設，改造，修繕，解体，除却若しくは移設すること。

(2)　土地，航路，流路などを改良若しくは造成すること。

(3)　機械装置をすえ付け，解体若しくは移設すること。

2　建設業における事業所

建設業の事業所は，本店(個人経営などで本店のような事務所を持たない場合は事業主の住居)，支店又はその他の事務所で常時建設工事の請負契約を締結する事務所あるいは建設工事の現場を管理する事務所とします。

なお，建設工事の行われている現場は事業所とせず，その現場を管理する事務所に含めて一事業所とします。

3　日本産業分類による建設業と他産業との関係

(1)　建設材料，その他の製品を生産又は販売する事業所が，自己の生産品又は販売品を用いる建設工事(機械装置の据付け，解体，移設工事を除く)を併せ営む場合には，主な業務により製造業，卸売業又は建設業に分類されます。

(2)　金属，非金属，石炭，石油，天然ガスなどの鉱物を採取するための試掘，坑道掘さく，さく井，排土作業を主として請け負う事業所は大分類C－鉱業，採石業，砂利採取業[05]に分類されます。

(3)　土地，建物などの不動産の賃貸業，代理業，仲介業，管理業，建物建売業(自ら労働者を雇用して建物を建設し，それを分譲する事業所を除く），土地分譲業（自ら労働者を雇用して，土地造成を行い，それを分譲する事業所を除く）は大分類K－不動産業，物品賃貸業[68，69]に分類されます。

(4)　主として試錐（鉱山用を除く），測量又は建設工事のコンサルタント，設計，監理を行う事業所は大分類L－学術研究，専門・技術サービス業[742]に分類されます

(5)　国，地方公共団体等の工事事務所，土木事務所の類は，主として建設工事を自己建設（維持補修を除く）で行うもの以外は大分類L－学術研究，専門技術サービス業[7421]に分類されます。

(6)　石油精製，化学，製鉄，発電等のプラントを対象として，企画，設計，調達，施工，施工管理を一括して請け負い，これらのサービスを提供する事業所は大分類L－学術研究，専門・技術サービス業[7499]に分類されます。

中分類	小分類 No	小分類 業種	事業区分	具体的事項
総合工事業（06）	061	一般土木建築工事業	第3種事業	・　建設業のうち他の事業者から原材料の支給を受け建設工事の一部を行う人的役務の提供は第4種事業。 ・　建設業者が行う修理は第3種事業，原材料の支給を受けて行う修理は第4種事業。 ・　自己が請け負った建設工事を自ら行わないで，全部を下請けに施工させる工事の丸投げ及び建設工事の元請けを業とする事業は第3種事業。 ・　道具等を持参し又は道具等を持参しないで行う人的役務の提供は第4種事業。 ・　補助的な建設資機材（釘，針金，接着剤，道具又は建設機材等）を受託者が調達しても主要原材料の無償支給を受けている場合には，第4種事業。 ・　第3種事業に該当する事業に伴い生じた加工くず，副産物等の譲渡は第3種事業，第4種事業に該当する人的役務の提供に伴って生じた加工くず，副産物等で原材料の支給者がその所有権を放棄したものの譲渡は第4種事業。 ・　しゅんせつ工事は，水底をさらって土砂などを取り除く工事であり，建物等の工作物に係る工事ではないことから第4種事業。
	062	土木工事業（舗装工事業を除きます。）		
	063	舗装工事業		
	064	建築工事業（木造建築工事業を除きます。）		
	065	木造建築工事業		
	066	建築リフォーム工事業		

中分類	小分類		事業区分	具体的事項
	No	業　　種		
職別工事業（設備工事業を除きます。）(07)	071	大工工事業	おおむね第３種事業	・　とび工事業は，建方，足場組立金属製架設工事，支柱工事，ひき屋工事を行う事業であり，足場等を使用させるサービスを提供させるものですから第4種事業。 ・　大工工事業者が増改築工事一式を請け負い，解体工事と建設工事とを別個に請求した場合であっても解体工事を増改築工事の一部と考えて全体を第3種事業とします。 ・　建設業のうち他の事業者から原材料の支給を受け建設工事の一部を行う人的役務の提供は第4種事業。 ・　個別工事業者が行う修理は第3種事業，原材料の支給を受けて行う修理は第4種事業。 ・　道具等を持参し又は道具等を持参しないで行う次に掲げる人的役務の提供は第4種事業。 1　工事用資材を自己で持たず他の事業者の工事に人夫を派遣する事業 2　他の者からの委託を受けて行うはつり，解体工事 ・　他の者の求めに応じ，建物，鉄塔，橋，船舶などに塗装する事業は，第3種事業 ・　サッシ等のコーキング工事業（サッシとガラスの隙間又はサッシと建物の隙間等にコーキング剤を使用して埋め込む事業）は第3種事業。 ・塗装工事業は第3種事業ですが，看板書きを主とするペンキ屋，看板屋は第5種事業。
	072	とび・土工・コンクリート工事業		
	073	鉄骨・鉄筋工事業		
	074	石工・れんが・タイル・ブロック工事業		
	075	左官工事業		
	076	板金・金物工事業		
	077	塗装工事業		
	078	床・内装工事業		
	079	その他の職別工事業		

中分類	小分類		事業区分	具体的事項
	No	業　　種		
設備工事業(08)	081	電気工事業	第3種事業	・　水道工事業者が主要材料の一部の無償支給を受け，残りを自己で調達して水道工事を行った場合には，主要原材料の一部を自己で調達していることから第3種事業。 ・　配管業者が注文により水道管等の長さを調整し，裁断して販売する事業は，性質又は形状を変更していないものとして第1種事業又は第2種事業。 ・　水道管工事業者がカタログ完成品である洗浄装置付便座を仕入れ取付け販売する場合で，商品の販売と取付手数料等を区分しているときには，商品の消費者への販売は第2種事業，取付手数料は第4種事業。 ・　建築資材等の販売業者がメーカーから仕入れた規格品を工務店との一括請負契約によって据え付けた場合は第3種事業。 ・　原油採取業及び天然ガス採取業は，日本標準産業分類の原油・天然ガス鉱業に該当し第3種事業。 ・　冷暖房設備工事業者が冷房機の保守点検の際に必要に応じて行うフロンガスの充填は，その他の建物サービス業に該当し，第5種事業。
	082	電気通信・信号装置工事業		
	083	管工事業（さく井工事業を除きます。）		
	084	機械機具設置工事業		
	089	その他の設備工事業		

Ⅵ　大分類Ｅ－製造業

この大分類には，有機又は無機の物質に物理的，化学的変化を加えて新製品を製造し，これを卸売する事業所が分類されます。

1　製造業の定義と範囲

製造業とは，主として次の業務を行う事業所をいいます。

⑴　新たな製品の製造加工を行う事業所であること

したがって，単に製品を選別するとか，包装の作業を行う事業所は製造業とはしません。

なお，完成された部分品を組み立てるだけの作業(組立作業)を行う事業所は製造業に分類されます。

ただし，土地に定着する工作物については，組立作業であっても製造業としません。また，修理と呼ばれる行為のなかには，製造行為とみなされますものがあり，そのような事業所は製造業に分類されます。

すなわち，船舶の修理，鉄道車両の修理又は改造(自家用を除く)，航空機及び航空機用原動機のオーバーホール並びに金属工作機械又は金属加工機械をすえ付け，多種多様の機械及び部分品の製造加工と修理を行う事業所です。

⑵　新たな製品を主として卸売する事業所であること

ここでいう卸売とは次の業務をいいます。

①　卸売業者又は小売業者に販売すること。

②　産業用使用者(工場，鉱業所，建設業者，法人組織の農林水産業者，各種会社，官公庁，学校，病院，ホテルなど)に大量又は多額に製品を販売すること。

③　主として業務用に使用されます商品(事務用機械及び家具，病院，美容院，レストラン，ホテルなどの設備，産業用機械(農業用器具を除く)，建設材料(木材，セメント，板ガラス，かわらなど)など)を販売すること。

④　同一企業に属する他の事業所(同一企業の他の工場，販売所など)に製品を引き渡すこと。

⑤　自ら製造したものを店舗によらず個人へ販売すること。

上記(1)及び(2)の条件を備えた事業所が製造業となります。

したがって，日本標準産業分類ではいわゆる製造小売業は製造業としません。

2　日本標準産業分類による製造業と他産業との関係

(1)　農林漁業との関係

①　農家，漁家が同一構内(屋敷内)で製造活動を行っている場合，主として自家取得物の原材料を使用して製造加工を行っている場合は大分類Ａ－農業又は大分類Ｃ－漁業に分類されます。

ただし，同一構内に工場，作業所とみられるものがあり，その製造活動に専従の常用労働者を使用するときは製造業に分類されます。

②　船内において行う製造加工は製造業とせず，大分類Ｃ－漁業に分類されます。

③　木炭の製造，立木からの素材生産，採木現場に移動して行う製材，採取現場における粗製しょう脳の製造は産業分類では製造業とせず，大分類Ｂ－林業に分類されます。

(2)　情報通信業との関係

①　新聞社・出版社に属する事業所であっても，印刷のみを行うものは，産業分類において製造業に分類されます。ただし，新聞社・出版社で自ら印刷を行う場合であっても，主として発行，出版の事業を行っている事業所は，産業分類において製造業としない。消費税においては，第3種事業に区分されます。

②　情報を記録した物を大量に複製・製造する場合は，産業分類において製造業とします。ただし，マスターテープなどの原盤を制作する場合には産業分類では製造業としません。

3　卸売業，小売業との関係

(1)　農林水産物の出荷のために選別，調整，洗浄，包装などを行うものは製造業としません。消費税においても製造業ではなく，第1種事業又は第2種事業となります。

ただし，生乳の殺菌・瓶詰を行って卸売するものは製造業に分類されます。消費税においては，殺菌のために加熱する場合には，第3種事業となります。

(2)　家庭消費者に主として直接販売するため製造加工(製造小売)を行うものは産業分類では製造業とせず，大分類Ｉ－卸売・小売業，飲食店に分類されます。消費税においては，製造小売りは第3種事業に区分されます。

(3)　自らは製造を行わないで，自己の所有に属する原材料を下請工場などに支給して製品をつくらせ，これを自己の名称で販売する製造問屋は，産業分類では製造業とせず，大分類I－卸売・小売業に分類されます。消費税においては第3種事業に分類されます。

4　サービス業(他に分類されないもの)との関係

(1)　修　理　業

修理を専門としている事業所は製造業とせず，修理業に分類されます。また，修理のために同一事業所で補修品を製造している場合も修理業とします。

ただし，船舶の修理，鉄道車両の修理又は改造(自家用を除く)，航空機及び航空機用原動機のオーバーホールを行う事業所は，過去1年間に製造行為を行っていなくても製造業とします。

また，機械修理工場といわれるものであっても金属工作機械又は金属加工機械を据え付け，多種多様な機械及び部分品の製造加工と修理とを行っている場合は製造業とします。

これらは，その工場設備から見ても製造能力がなければできないことから，特例として製造業とします。

(2)　賃加工業

他の業者の所有巣に属する原材料に加工処理を加えて加工賃を受け取る賃加工業も製造に分類されます。

ただし，直接個々の家庭消費者からの委託による賃加工業は製造業とはしません。

(3)　と　畜　場

と畜場は大分類R－サービス業(他に分類されないもの)［9521］に分類されます。ただし，内製品製造のために一貫作業として，と殺を行うものは製造業とします。

中分類	小分類		事業区分	具体的事項
	No	業　種		
食料品製造業(09)	091	畜産食料品製造業	第3種事業	・　他の者から仕入れた商品を性質及び形状を変更しないで販売する事業は第1種事業又は第2種事業。 ・　食料品製造業者が原料となる食品の支給を受けて行う加工等は第4種事業。 ・　生わかめを乾燥わかめとして販売，生椎茸を乾し椎茸として販売，落花生を煎って殻から取り出してピーナッツとして販売，鰻を開いて串に刺して販売，鰹節を購入して削り節として販売する事業はいずれも第3種事業。 ・　自己で製造したお茶と他から仕入れたお茶を混ぜ合わせて販売する事業は第3種事業。 ・　味噌製造業者が味噌の主原料である大豆，米のうち大豆の無償支給を受け，米及び副原料であるこうじ食塩等は自己が調達する場合には，主原料の一部を自ら調達しているので第3種事業。 ・牛乳の製造業者から牛乳を仕入れて自社のタンクで殺菌のための熱処理をして自社ブランドを表示した牛乳瓶に小分けして販売する事業は第3種事業。 ・　と畜場は第5種事業。
	092	水産食料品製造業		
	093	野菜缶詰・果実缶詰・農産保存食料品製造業		
	094	調味料製造業		
	095	糖類製造業		
	096	精穀・製粉業		
	097	パン・菓子製造業		
	098	動植物油脂製造業		
	099	その他の食料品製造業		
飲料・たばこ・飼料製造業(10)	101	清涼飲料製造業	第3種事業	・　他の者から仕入れた商品を性質及び形状を変更しないで販売する事業は第1種事業又は第2種事業。 ・　天然水を採取して瓶詰等にして人の飲用のために販売する事業は第3種事業。 ・　酒類又は果実等の支給を受けて行う酒類の瓶詰め又はジュースの製造は第4種事業。
	102	酒類製造業		
	103	茶・コーヒー製造業（清涼飲料を除きます。）		
	104	製氷業		
	105	たばこ製造業		
	106	飼料・有機質肥料製造業		

中分類	小分類		事業区分	具体的事項
	No	業　種		
繊維工業(10)	111	製糸業，紡績業，化学繊維，ねん糸等製造業	第3種事業	・　他の者から仕入れた商品を性質及び形状を変更しないで販売する事業は第1種事業又は第2種事業。 ・　繊維等製造業者が糸，生地の支給を受けて行う巻き取り，染色，織物製造，裁断，刺繍又は縫製は第4種事業。
	112	織物業		
	113	ニット生地製造業		
	114	染色整理業		
	115	綱・網・レース・繊維粗製品製造業		
	116	外衣・シャツ製造業（和式を除きます。）		
	117	下着類製造業		
	118	和製製品・その他の衣服・繊維製身の回り品製造業		
	119	その他の繊維製品製造業		

中分類	小分類 No	小分類 業　種	事業区分	具体的事項
木材・木製品製造業（家具を除きます。）(12)	121	製材業，木製品製造業	第３種事業	・　他の者から仕入れた商品を性質及び形状を変更しないで販売する事業は第1種事業又は第2種事業。 ・　木製品製造業者が木材の無償支給を受けて行う容器，家具等の製造・組立，彫刻又は塗装（漆塗りを含みます。）する事業は第4種事業。 ・　建材販売業者が在庫の材木に防虫剤等を注入して販売する事業は第3種事業。 ・　9寸角の木材を仕入れ，3寸角の柱にして販売する事業は第3種事業。 ・　床柱用の木材を仕入れ，皮むき・切断等を行い床柱にして販売する事業は第3種事業。 ・　輪島塗の作家が本体の材料の無償支給を受け，これに蒔絵又は沈金を施す行為は第4種事業。 ・　自己の材木から生ずるこくずの販売は第3種事業，他の者の材木を賃挽きしたことにより生ずるこくずの販売は第4種事業，自己の分と他の者の分が混在し区分することが困難である場合おいて，自己のこくずとして販売するものは第3種事業。 ・　木材の支給を受けて皮むき，切断する事業，木材の支給を受けて行う折箱等の製造はいずれも第4種事業。
	122	造作材，合板，建築用組立材料製造業		
	123	木製容器製造業（竹・とうを含みます）		
	129	その他の木製品製造業（竹，とうを含みます）		
家具・装備品製造業(13)	131	家具製造業	第３種事業	・　他の者から仕入れた商品を性質及び形状を変更しないで販売する事業は第1種事業又は第2種事業。 ・　家具製造業者等が木材等の支給を受けて行う家具等の製造，組立彫刻又は塗装（漆塗りを含みます。）する事業は第4種事業。 ・　家具修理業，表具業はサービス業として第5種事業。
	132	宗教用具製造業		
	133	建具製造業		
	139	その他の家具・装備品製造業		

中分類	小分類		事業区分	具体的事項
	No	業　種		
パルプ・紙・紙加工品製造業（14）	141	パルプ製造業	第3種事業	・他の者から仕入れた商品を性質及び形状を変更しないで販売する事業は第1種事業又は第2種事業。 ・紙加工業者が紙の支給を受けて行う紙製品の製造・加工は第4種事業。
	142	紙製造業		
	143	加工紙製造業		
	144	紙製品製造業		
	145	紙製容器製造業		
	149	その他のパルプ・紙・紙加工品製造業		
印刷・同関連事業（15）	151	印刷業	第3種事業	・他の者から仕入れた商品を性質及び形状を変更しないで販売する事業は第1種事業又は第2種事業。 ・新聞における折込広告収入は第5種事業，紙上広告は第5種事業。 ・印刷業者が紙，葉書などの無償支給を受けて行う印刷は第4種事業。 ・写真植字業は第3種事業。 ・製本業者が印刷物の無償支給を受けて行う製本事業は第4種事業。 ・印刷業者が受注した印刷を他の印刷業者に紙の調達，製版，印刷等印刷の全部を行わせ（印刷の丸投げ），注文者に引き渡す場合には，第3種事業。 ・箔押し業（印刷物以外に行うもの）は，サービス業として，第5種事業。 ・印刷関連サービス業は，日本標準産業分類上製造業に該当するから，第4種事業。
	152	製版業		
	153	製本業，印刷物加工業	第4種事業	
	159	印刷関連サービス業		
化学工業（16）	161	化学肥料製造業	第3種事業	・他の者から仕入れた商品を性質及び形状を変更しないで販売する事業は第1種事業又は第2種事業。 ・原材料の支給を受けて行う加工処理，製品の支給を受けて行う包装，ろうの支給を受けて行うろうそくの製造等はいずれも第4種事業。 ・小分類171から174までを参照。
	162	無機化学工業製品製造業		
	163	有機化学工業製品製造業		
	164	油脂加工製品・石けん・合成洗剤・界面活性剤・塗料製造業		
	165	医薬品製造業		
	167	化粧品・歯磨・その他の化粧用調整品製造業		
	169	その他の化学工業		

中分類	小分類		事業区分	具体的事項
	No	業　種		
石油製品・石炭製品製造業（17）	171	石油精製業	第3種事業	・　他の者から仕入れた商品を性質及び形状を変更しないで販売する事業は第1種事業又は第2種事業。 ・　原材料の支給を受けて行う加工処理は第4種事業。 ・　他から仕入れた廃油を再生して加工・販売する事業は第3種事業。
	172	潤滑油・グリース製造業（石油精製業によらないもの）		
	173	コークス製造業		
	174	舗装材料製造業		
	179	その他の石油製品・石炭製品製造業		
プラスチック製品製造業（別掲を除きます。）（18）	181	プラスチック板・棒・管・継手・異形押出製品製造業	第3種事業	・　他の者から仕入れた商品を性質及び形状を変更しないで販売する事業は第1種事業又は第2種事業。 ・　成型用樹脂の無償支給を受けて行う成形加工，プラスチック製品の無償支給を受けて行うメッキ，塗装又は組立は第4種事業。 ・　アルミのインゴット，プレス加工済みの半製品等の無償支給を受け，これに塗装する事業は第4種事業。 ・　プラスチック・スケールの無償支給を受けて，これに社章等を焼き付ける事業（ホットプレート）は第4種事業。
	182	プラスチックフィルム・シート・床材・合成皮革製造業		
	183	工業用プラスチック製品製造業		
	184	発泡・強化プラスチック製品製造業		
	185	プラスチック成形材料製造業（廃プラスチックを含みます）		
	189	その他のプラスチック製品製造業		

中分類	小分類		事業区分	具体的事項
	No	業　種		
ゴム製品製造業(19)	191	タイヤ・チューブ製造業	第３種事業	・　他の者から仕入れた商品を性質及び形状を変更しないで販売する事業は第1種事業又は第2種事業。 ・　原材料の支給を受けて行う加工処理は第4種事業。 ・　自動車タイヤ修理業はサービス業として第5種事業。
	192	ゴム製・プラスチック製履物・同附属品製造業		
	193	ゴムベルト・ゴムホース・工業用ゴム製品製造業		
	199	その他のゴム製品製造業		
なめし革・同製品・毛皮製造業(20)	201	なめし革製造業	第３種事業	・　他の者から仕入れた商品を性質及び形状を変更しないで販売する事業は第1種事業又は第2種事業。 ・　なめし革製造業者が革の支給を受けて行うなめし，調整，塗装又は縫製の加工処理は，第4種事業。
	202	工業用革製品製造業（手袋を除きます。）		
	203	革製履物用材料・同附属品製造業		
	204	革製履物製造業		
	205	革製手袋製造業		
	206	かばん製造業		
	207	袋物製造業		
	208	毛皮製造業		
	209	その他のなめし革製品製造業		

中分類	小分類		事業区分	具体的事項
	No	業　　種		
窯業・土石製品製造業(21)	211	ガラス・同製品製造業	第3種事業	・　他の者から仕入れた商品を性質及び形状を変更しないで販売する事業は第1種事業又は第2種事業。 ・　陶磁器等の支給を受けて行う塗装，メッキ，蒔絵，沈金を施す事業は第4種事業。
	212	セメント・同製品製造業		
	213	建設用粘土製品製造業（陶磁器製を除きます。）		
	214	陶磁器・同関連製品製造業		
	215	耐火物製造業		
	216	炭素・黒鉛製品製造業		
	217	研磨材・同製品製造業		
	218	骨材・石工品等製造業		
	219	その他の窯業・土石製品製造業		
鉄鋼業(22)	221	製鉄業	第3種事業	・　他の者から仕入れた商品を性質及び形状を変更しないで販売する事業は第1種事業又は第2種事業。 ・　金属の支給を受けて行うメッキ表面処理，鍛造，鋳造又は圧延の加工処理は，第4種事業。 ・　線材の支給を受けて行う鉄線・ピアノ線の加工処理は第4種事業。 ・　鉄くず破砕請負業は，その他の事業サービス業として第5種事業。
	222	製鋼・製鋼圧延業		
	223	製鋼を行わない鋼材製造業（表面処理鋼材を除きます。）		
	224	表面処理鋼材製造業		
	225	鉄素形材製造業		
	229	その他の鉄鋼業		

中分類	小分類		事業区分	具体的事項
	No	業　　種		
非鉄金属製造業(23)	231	非鉄金属第1次精錬・精製業	第3種事業	・　他の者から仕入れた商品を性質及び形状を変更しないで販売する事業は第1種事業又は第2種事業。 ・　金属の支給を受けて行うプレス，シャーリング，表面処理，鍛造，鋳造又は圧延の加工処理は第4種事業。
	232	非鉄金属第2次精錬・精製業(非鉄金属合金製造業を含みます)		
	233	非鉄金属・同合金圧延業(抽伸，押出しを含みます)		
	234	電線・ケーブル製造業		
	235	非鉄金属素形材製造業		
	239	その他の非鉄金属製造業		
金属製品製造業(24)	241	ブリキ缶・その他のめっき板等製品製造業	第3種事業	・　他の者から仕入れた商品を性質及び形状を変更しないで販売する事業は第1種事業又は第2種事業。 ・　金属製品製造業者が金属の支給を受けて行う打ち抜き，プレス，旋盤加工又は彫刻は第4種事業。 ・　金属製品製造業者が金型の支給を受け，金属を自己が調達して打ち抜き，プレス等をする場合は第3種事業。 ・　めっき業者が金属の支給を受けて行うメッキ加工は第4種事業。 ・　刃物，手道具，金物等の支給を受けて行う修理は第4種事業。 ・　サッシ取引において，枠を切断して規格外のサッシ窓とする場合規格品であっても建築請負用の工事の一部として窓部分等を請け負う場合には第3種事業。 ・　素材の無償支給を受けて自己が調達した金を用いて行うメッキ加工は第4種事業。 ・　原材料の支給を受けて行うヤスリの目立て加工は第4種事業。 ・　金属製品の支給を受けて行う彫刻，メッキ，塗装は第4種事業。 ・　ペンキ塗装で主として看板書きはサービス業として第5種事業。
	242	洋食器・刃物・手道具・金物類製造業		
	243	暖房装置・配管工事用附属品製造業		
	244	建設用・建築用金属製品製造業(製缶板金業を含みます)		
	245	金属素形材製品製造業		
	246	金属被膜・彫刻業，熱処理業(ほうろう鉄器を除きます。)		
	247	金属線製品製造業(ねじ類を除きます。)		
	248	ボルト・ナット・リベット・小ネジ・木ネジ等製造業		
	249	その他の金属製品製造業		

中分類	小分類		事業区分	具体的事項
	No	業　種		
はん用機械器具製造業(25)	251	ボイラ・原動機製造業	第３種事業	・一般機械の修理を行う事業は第5種事業。 ・原材料の支給を受けて行う加工処理は，第4種事業。 **[例]** ・機械の組立を請け負って行う事業。 ・原材料の支給を受けて行う旋盤等による部品の下請加工。 ・パイプの支給を受け切断，曲げ作業等を行う事業。
	252	ポンプ・圧縮機器製造業		
	253	一般産業用機械・装置製造業		
	259	その他のはん用機械・同部分品製造業		
生産用機械器具製造業(26)	261	農業用機械製造業（農業用器具を除きます。）	第３種事業	・機械の修理を行う事業は第5種事業に。 ・原材料の支給を受けて行う加工処理は，第4種事業。 **[例]** ・機械の組立を請け負って行う事業。 ・原材料の支給を受けて行う旋盤等による部品の下請加工。 ・パイプの支給を受け切断，曲げ作業等を行う事業。
	262	建設機械・鉱山機械製造業		
	263	繊維機械製造業		
	264	生活関連産業用機械製造業		
	265	基礎素材産業用機械製造業		
	266	金属加工機械製造業		
	267	半導体・フラットパネルディスプレイ製造装置製造業		
	269	その他の生産用機械・同部分品製造業		

中分類	小分類		事業区分	具体的事項
	No	業　　種		
業務用機械器具製造業(27)	271	事務用機械器具製造業	第３種事業	・　機械の販売と据付けが別の取引と認められる場合には，本体部分は第3種事業，据付け料金部分は第5種事業に該当します（製造から据付けまでの一貫した請負契約の場合には，全体が第3種事業に該当します。） ・　機械の修理を行う事業は第5種事業。 ・　原材料の支給を受けて行う加工処理は，第4種事業。 **[例]** ・部品の支給を受けて組立を行う事業。 ・完成品の検査を行う事業は商品検査業（7441）に該当し，第5種事業。
	272	サービス用・娯楽用機械器具製造業		
	273	計量器・測定器・分析機器・試験機・測量機械器具・理化学機械器具製造業		
	274	医療用機械器具・医療用品製造業		
	275	光学機械器具・レンズ製造業		
	276	武器製造業		
電子部品・デバイス・電子回路製造業(28)	281	電子デバイス製造業	第３種事業	・　原材料の支給を受けて行う加工処理は，第4種事業に該当します。 **[例]** ・機械の組立を請け負って行う事業
	282	電子部品製造業		
	283	記録メディア製造業		
	284	電子回路製造業		
	285	ユニット部品製造業		
	286	その他の電子部品・デバイス・電子回路製造業		

中分類	小分類		事業区分	具体的事項
	No	業　種		
電気機械器具製造業(29)	291	発電用・送電用・配電用・産業用電気機械器具製造業	第3種事業	・　他の者から仕入れた商品を性質及び形状を変更しないで販売する事業は第1種事業又は第2種事業。 [例] 他の事業者が開発したソフトウェアや周辺機器を購入して販売する事業。 ただしOSとして機械本体に組み込んで販売する場合には，全体の売上が第3種事業。 ・　機械等の製造業者が部品の支給を受けて行う加工，組立は第4種事業。 ・　基板の無償支給を受けて基板に文字を印刷する事業は第4種事業。 ・　日本標準産業分類で製造業とされる電気機械器具製造業者が行う電気機械器具の修理は第4種事業。
	292	産業用電気機械器具製造業		
	293	民生用電気機械器具製造業		
	294	電球・電気照明器具製造業		
	295	電池製造業		
	296	電子応用装置製造業		
	297	電気計測器製造業		
	299	その他の電気機械器具製造業		
情報通信機械器具製造業(30)	301	通信機械器具・同関連機械器具製造業	第3種事業	・　他の者から仕入れた商品（ソフトなど）を性質及び形状を変更しないで販売する事業は第1種事業又は第2種事業。 ・　電子部品等の支給を受けてこれにシステムを書き込む事業は第4種事業。
	302	映像・音響機械器具製造業		
	303	電子計算機・同附属装置製造業		

中分類	小分類		事業区分	具体的事項
	No	業　　種		
輸送用機械器具製造業(31)	311	自動車・同附属品製造業	第3種事業	・　他の者から仕入れた商品を性質及び形状を変更しないで販売する事業は第1種事業又は第2種事業。 ・　機械等の製造業者が部品の支給を受けて行う加工，組立，溶接は，第4種事業。 ・　鉄道車両の製造業者が行う鉄道車両の修理，船舶の製造業者が行う船舶の修理又は航空機用エンジンメーカーが行う航空エンジンのオーバーホールは，これらの修理を行う事業者が日本標準産業分類において製造業に該当する場合には第3種事業，日本標準産業分類において製造業以外の事業に該当する場合には，第5種事業。 ・　船の販売において，艇体とエンジンを別個に仕入れ，これを取り付けて事業者に販売する場合の事業区分。 (1)　エンジンが着脱可能な船外機関で，単に取り付ける程度のものであり，日本標準産業分類において船舶の製造に該当しない場合は第1種事業 (2)　エンジンが船内機関の場合は原則として1と同じですが，取付行為に相当の工程，作業，技術等を要し，船舶の製造に該当する場合は第3種事業 (3)　エンジンが着脱可能な船外機関で，艇体価格とエンジン価格を表示し，顧客の選択による取り付け販売は第1種事業，取付料を別途受領している場合の取付料は第4種事業 ・　トラックなど自動車の無償支給を受け，自己で調達した材料である保冷用ユニット，コンテナ用ユニットを用いて，保冷車又は輸送用コンテナトラックに改造する事業は第4種事業。
	312	鉄道車両・同部分品製造業		
	313	船舶製造・修理業，船用機関製造業		
	314	航空機・同附属品製造業		
	315	産業用運搬車両・同部品・附属品製造業		
	319	その他の輸送用機械器具製造業		

中分類	小分類		事業区分	具体的事項
	No	業　　種		
その他の製造業(32)	321	貴金属・宝石製品製造業	第3種事業	・　他の者から仕入れた商品を性質及び形状を変更しないで販売する事業は第1種事業又は第2種事業。 ・　日本標準産業分類で製造業とされる事業者が行う修理は第4種事業。 ・　指輪の支給を受けて行うサイズ直し，宝石の支給を受けて行う切断，研磨，取付けは第4種事業。 ・　真珠の染色は第3種事業，真珠の支給を受けて行う染色は第4種事業。 ・　単品による販売も行う商品を仕入れ，自己の製造した製品とセットして販売する場合。 (1)　自己で製造した製品と仕入れ商品とを組み合わせセット商品としての販売は第3種事業。 (2)　組合せ商品についての売上が単品ごとに区分できる状態にある場合で，かつ，その売上を自己で製造した製品と仕入商品とに区分しているときには，その区分に応じてそれぞれ第3種事業と第1種事業又は第2種事業とします。 ・　葬儀業者又は花輪店が他の者から仕入れた造花及び脚を用いて花輪を制作し販売する事業は，装具製造業として第3種事業。 ・　ミュージックテープなどの情報記憶物の製造は第3種事業，ソフトウエアを製作設計し，パッケージソフトとして販売する事業，ビデオの製作販売は，情報サービス業として第5種事業。 ・　看板書きを主とするペンキ屋，看板書き業はサービス業として第5種事業。 ・　情報提供業はサービス業として第5種事業。 ・　弾薬装てん組立業は，第4種事業。
	322	装身具・装飾品・ボタン・同関連品製造業（貴金属・宝石製を除きます。）		
	323	時計・同部分品製造業		
	324	楽器製造業		
	325	玩具・運動用具製造業		
	326	ペン・鉛筆・絵画用品・その他の事務用品製造業		
	327	漆器製造業		
	328	畳・傘等生活雑貨製品製造業		
	329	他に分類されない製造業		

Ⅶ　大分類Ｆ－電気・ガス・熱供給・水道業

この大分類には，電気，ガス，熱及び水（かんがい用水を除きます。）を供給する事業所並びに汚水・雨水の処理等を行う事業所が分類されます。

電気業とは，一般の需要に応じ電気を供給する事業所又はその事業所に電気を供給する事業所をいいます。自家用発電の事業所も電気業に含まれます。

ガス業とは，一般の需要に応じ導管によりガスを供給する事業所，一定数量以上の需要に応じて導管によりガスの供給を行う事業所，及び自らが維持し運用する一定規模以上の導管でガスの供給を行う事業所をいいます。

熱供給業とは，一般の需要に応じ蒸気，温水，冷水等を媒体とする熱エネルギー又は蒸気若しくは温水を導管により供給する事業所をいいます。

水道業とは，一般の需要に応じ水道管及びその他の設備をもって給水を行う事業所並びに公共下水道，流域下水道又は都市下水路により汚水・雨水の排除又は処理を行う事業所をいいます。

中分類	小分類		事業区分	具体的事項
	No	業種		
電気業(33)	331	電気業	第3種事業	・　電気保安協会は専門サービス業として第5種事業。 ・　ガス業は導管によりガスを供給するものに限り，上水道には導管により供給する簡易水道業を含める。 ・　ガス・水道などのサービスステーションが行う修理・点検等は第5種事業。 ・　温泉供給業は専門サービスとして第5種事業。 ・　接岸する船舶に給水栓からパイプを使って又は停泊する船舶にタンク船を接続して飲料水の供給を行う船舶給水業は第1種事業又は第2種事業。 ・　水質検査業は専門サービス業として第5種事業。 ・　産業用配管洗浄業及び産業用上下水道管洗浄業は，その他の事業サービス業として第5種事業。 ・　清掃事務所はサービス業として第5種事業。
ガス業(34)	341	ガス業		
熱供給業(35)	351	熱供給業		
水道業(36)	361	上水道業		
	362	工業用水道業		
	363	下水道業		

Ⅷ　大分類G－情報通信業

この大分類には，情報の伝達を行う事業所，情報の処理，提供などのサービスを行う事業所，インターネットに附随したサービスを行う事業所及び伝達することを目的として情報の加工を行う事業所が分類されます。

情報の伝達を行う事業所とは，電磁，非電磁を問わず，映像，音声，文字等の情報を伝達する事業所及び伝達するための手段の設置運用を行う事業所をいいます。

情報の処理，提供などのサービスを行う事業所とは，電子計算機のプログラムの作成を行う事業所，委託により電子計算機等を用いて情報の処理を行う事業所及び情報を収集・加工・蓄積し，顧客の求めに応じて提供する事業所をいいます。

インターネットに附随したサービスを提供する事業所とは，インターネットを通じて，上記以外の通信業及び情報サービス業を行う事業所をいいます。

情報の加工を行う事業所とは，新聞，雑誌，ラジオ，テレビジョン，映画などの媒体を通じて不特定多数の受け手を対象に大量に情報を伝達させるために，映像，音声，文字等の情報を加工する事業所をいいます。

日本標準産業分類による情報通信業と他産業との関係は次のとおりです。

1　製造業との関係

① 主として新開発行又は書籍等の出版を行う事業所は情報通信業としますが，主として新聞又は書籍等の印刷及びこれに関連した補助的業務を行う事業所は大分類Ｅ－製造業［15］に分類されます。

② 情報記録物（新聞，書籍等の印刷物を除く）の原版を制作する事業所は情報通信業としますが，自ら原版の制作を行わず，情報記録物の大量複製のみを行う事業所は大分類Ｅ－製造業［3296］に分類されます。

2　運輸業との関係

情報記録物，新聞，書籍等の運送を行う事業所は大分類Ｈ－運輸業，郵便業に分類されます。

3　卸売・小売業との関係

情報記録物，新聞，書籍等を購入して販売する事業所は大分類I－卸売業，小売業に分類されます。

4　サービス業との関係

① 情報記録物，書籍等を賃貸する事業所は大分類K－不動産業，物品賃貸業[709]に分類されます。

② 主として依頼人のために広告に係る総合的なサービスを提供する事業所及び広告媒体のスペース又は時間を当該広告媒体企業と契約し，依頼人のために広告する事業所は大分類L－学術研究，専門・技術サービス業[73]に分類されます。

③ 個人で詩歌，小説などの文芸作品の創作，文芸批評，評論などの専門的なサービスを提供する事業所は大分類L－学術研究，専門・技術サービス業[727]に分類されます。

④ 工業デザイン，クラフトデザイン，インテリアデザインなどの工業的，商業的デザインに関する専門的なサービスを提供する事業所は大分類L－学術研究，専門・技術サービス業[726]に分類されます。

中分類	小分類		事業区分	具体的事項
	No	業　　種		
通信業(37)	371	固定電気通信業	第5種事業	・　他の者から仕入れた商品をその性質及び形状を変更しないで販売する事業は第1種事業又は第2種事業。 ・　通信事業者が他の者から仕入れた電話加入権を販売する事業は第5種事業。 ・　録画済みのビデオテープ，CD－Rのマスターテープ又はCD－Rの無償支給を受けて，自社で複製して委託者に販売する事業は第5種事業。 ・　ソフトウェアの設計を外注先に依頼し，設計させて顧客に納品する事業は第5種事業。 ・　ゲームソフトなどのソフトウェアの制作は第5種事業。
	372	移動電気通信業		
	373	電気通信に附帯するサービス業		
放送業(38)	381	公共放送業（有線放送業を除きます。）		
	382	民間放送業（有線放送業を除きます。）		
	383	有線放送業		
情報サービス業(39)	391	ソフトウェア業		
	392	情報処理・提供サービス業		
インターネット附随サービス(40)	401	インターネット附随サービス業		
映像・音声・文字情報製作業(41)	411	映像情報制作・配給業		
	412	音声情報制作業		
	413	新聞業		・新聞印刷業・印刷出版業は第5種事業。 ・新聞などの折込広告収入は第5種事業。
	414	出版業		
	415	広告制作業		
	416	映像・音声・文字情報製作に附帯するサービス業		

Ⅸ　大分類Ｈ－運輸業，郵便業

この大分類には，鉄道，自動車，船舶，航空機及びその他の運送用具による旅客，貨物の運送業並びに運輸に附帯するサービス業，倉庫業，通信業及び通信に附帯するサービス業を含む事業所が分類されます。

中分類	小分類		事業区分	具体的事項
	No	業　種		
鉄道業(42)	421	鉄道業	第5種事業	・　運輸・通信業を営む事業者が行う車両，自動車・通信機器等の修理等は，加工賃その他これに類する料金を対価とする役務の提供に該当し，かつ，これらの事業が日本標準産業分類の製造業等に該当しないことから第5種事業となります。 ・　貸自動車業は，自動車賃貸業としての第5種事業。 ・　水運業に関連して船舶給水業を行っている場合において，船舶給水業は日本標準産業分類上水道業の上水道業に該当し，原則として第３種事業となります。なお，接岸する船舶に給水栓からパイプを使って又は停泊する船舶にタンク船を接続して飲料水の供給を行う場合には第1種事業又は第2種事業となります。
道路旅客運送業(43)	431	一般乗合旅客自動車運送業		
	432	一般乗用旅客自動車運送業		
	433	一般貸切旅客自動車運送業		
	439	その他の道路旅客運送業		
道路貨物運送業(44)	441	一般貨物自動車運送業		
	442	特定貨物自動車運送業		
	443	貨物軽自動車運送業		
	444	集配利用運送業		
	449	その他の道路貨物運送業		
水運業(45)	451	外航海運業		
	452	沿海海運業		
	453	内陸水運業		
	454	船舶貸渡業		
航空運輸業(46)	461	航空運送業		
	462	航空機使用業（航空運送業を除きます。）		

中分類	小分類		事業区分	具体的事項
	No	業　　種		
倉庫業(47)	471	倉庫業（冷蔵倉庫業を除きます。）	第5種事業	・　運輸・通信業を営む事業者が行う車両，自動車・通信機器等の修理等は，加工賃その他これに類する料金を対価とする役務の提供に該当し，かつ，これらの事業が日本標準産業分類の製造業等に該当しないので第5種事業となります。 ・　運輸に附帯するサービスは，製造業等に該当する事業者が行うものではないことから第5種事業。 ・　通訳案内業及び観光案内業は，いずれもサービス業としての第5種事業。 ・　船舶解体請負業は，その他の事業サービス業としての第5種事業。
	472	冷蔵倉庫業		
運輸に附帯するサービス業(48)	481	港湾輸送業		
	482	貨物運送取扱業（集配利用運送業を除きます。）		
	483	運送代理店		
	484	こん包業		
	485	運輸施設提供業		
	489	その他の運輸に附帯するサービス業		
郵便業（信書便事業を含む）(49)	491	郵便業（信書便事業を含みます）		

X　大分類Ⅰ－卸売・小売業

この大分類には，原則として，有体的商品を購入して販売する事業所が分類されます。なお，販売業務に附随して軽度の加工(簡易包装，洗浄，選別等)，取付修理は本業務中に含まれます。

1　卸売・小売業の定義と範囲

(1)　卸売業

卸売業とは，産業分類では次の業務を行う事業所をいいます。

① 小売業又は他の卸売業に商品を販売するもの。

② 建設業，製造業，運輸業，飲食店，宿泊業，病院，学校，官公庁等の産業用使用者に商品を大量又は多額に販売するもの。

③ 主として業務用に使用される商品(事務用機械及び家具，病院，美容院，レストラン，ホテルなどの設備，産業用機械(農業用器具を除く)，建設材－料(木材，セメント，板ガラス，かわらなど)など)を販売するもの

④ 製造業の会社が別の場所に経営している自己製品の卸売事業所(主として統括的管理的事務を行っている事業所を除く)。

⑤ 他の事業所のために商品の売買の代理行為を行い，又は仲立人として商品の販売のあっせんをするもの。

(2)　小売業

小売業とは，産業分類では次の業務を行う事業所をいいます。

① 個人用又は家庭用消費のために商品を販売するもの。

② 産業用使用者に少量又は小額の商品を販売するもの。

小売業は普通その取り扱う主要商品によって分類される場合と，洋品雑貨店，小間物店，荒物店などのように通常の呼称によって分類される場合とがあります。

(3)　小売業に分類される事業

① 商品を販売し，かつ，同種商品の修理を行う事業所は大分類Ｉ－卸売業，小売業に分類されます。

なお，修理を専業としている事業所は大分類Ｒ－サービス業(他に分類されないも

の）[89, 90]に分類されます。修理のために部分品などを取替えても販売とはみなしません。

②　製造小売業

製造した商品をその場所で個人又は家庭用消費者に販売するいわゆる製造小売業(菓子屋，パン屋などにこの例が多い)は製造業とせず，小売業に分類されます。ただし，消費税では第3種事業に該当します。

③　ガソリンスタンドは小売業に分類されます。

④　行商，旅商，露天商など

これらは一定の事業所を持たないもの，また，恒久的な事業所を持たないものが多く，その業務の性格上小売業に分類されます。

⑤　官公庁，会社，工場，団体，劇場，遊園地などの中にある売店で当該事業所の経営に係るものはその事業所に含めますが，その売店が当該事業所以外のものによって経営される場合には別の独立した事業所として小売業に分類されます。

中分類	小分類		事業区分	具体的事項
	No	業　種		
各種商品卸売業(50)	501	各種商品卸売業	第１種事業又は第２種事業	・　販売した商品の修理等は第5種事業
繊維・衣服等卸売業（51）	511	繊維品卸売業（衣服，身の回り品を除きます。）		・　繊維製品卸売業者が自生地を仕入れ，外注先を使って染色して販売する事業は製造問屋に該当し第3種事業。 ・　ワイシャツ等の仕入商品に外注を使って自社ブランド（ロゴ）を入れて販売する事業は，商品に対する名入れ等の行為が性質及び形状を変更したことにならないから第1種事業又は第2種事業。
	512	衣服卸売業		
	513	身の回り品卸売業		
飲食料品卸売業（52）	521	農畜産物・水産物卸売業		・　次に掲げる行為による販売は第1種事業又は第2種事業。 ⑴　農家からさつまいもを買い取り酒類製造業者に酒類の原料として販売。 ⑵　農家から野菜を仕入れ，キャベツの千切り，レタスの区分け，じゃがいもの皮むき，細切り等を行いレストランに販売。 ⑶　マグロの卸売業者が市場で購入したマグロを四割りにして販売。 ⑷　仲買人が市場から仕入れたうに，あわび，さざえ，ほやなどの殻や海草等を塩水などで除去し，箱詰したものを販売。 ・　次に掲げる行為は性質及び形状の変更に当たるので第3種事業。 ⑴　落花生を煎って殻から取り出してピーナッツとして販売。 ⑵　生椎茸を乾燥椎茸として販売。 ⑶　ブロイラーを仕入れて解体し焼鳥用として串に刺して販売。 ⑷　生さけに塩をまぶして新巻として販売。 ⑸　生さけから卵を取り出して塩漬けにしてイクラとして販売。 ⑹　生魚を20度の塩水に2時間漬け，その後1～2時間水切りしたものを「丸干し」として販売。 ⑺　牛を購入して，屠殺して牛肉塊，原皮等にして販売。 ⑻　鰹節を購入し，自社で削り，削り節として販売。 ⑼　生わかめを乾燥わかめとして販売。 ⑽　水産加工業者が仕入れた生タコを塩でもみ，蒸して販売。 ⑾　釣り餌販売業者が生の鰯をミンチにして冷凍して販売。

中分類	小分類		事業区分	具体的事項
	No	業　種		
飲食料品卸売業（52）（続き）	522	食料・飲料卸売業	第１種事業又は第２種事業	・ 次に掲げる行為による販売は，第1種事業又は第2種事業。 (1) 酒類卸売業者が酒類小売業者に酒類を販売（第1種事業）。 (2) 業務用として飲食店・ホテルなどに飲料等を販売（第1種事業）。 (3) 清酒製造業者から瓶詰清酒を仕入れ，事業者がそれにラベルを貼付して販売（製造問屋に該当する場合を除き，第1種）。 (4) 清酒製造業者から原酒を仕入それをローリーで搬入して事業者がそれに詰口・ラベルを貼付して販売（製造問屋に該当する場合を除き，第1種事業）。 (5) ハム等の卸売業者が仕入商品を組合せセット商品として小売業者に販売（第1種事業）。 (6) 海苔を仕入れ，これを切断して袋に小分けして販売。 (7) 茶類卸売業者が他から仕入れた茶どうしを単に混ぜ合わせて販売。 ・ 次に掲げる行為は性質及び形状の変更に当たるので第3種事業。 (1) 牛乳の製造業者から牛乳をローリーで仕入れて，自社のタンクで熱処理を加え，自社ブランドを表示した牛乳瓶に小分けして販売。 (2) 自己で製造した茶と他から仕入れた茶を混ぜ合わせて販売。 (3) 茶問屋が荒茶を農家等から仕入れ，荒茶どうしをブレンド，裁断し，小分けして仕上げ茶として販売。

中分類	小分類		事業区分	具体的事項
	No	業　種		
建築材料，鉱物・金属材料等卸売業（53）	531	建築材料卸売業	第１種事業又は第２種事業	・　材木店が行う建設業者に対する木材，竹材の販売は第1種事業。 ・　ガラスを仕入れ，注文に応じて縦・横に裁断して建設業者に販売する場合は第1種事業。 ・　建築資材（Ｐタイル，アルミサッシ等）をそのままの状態で建設業者に販売する場合は第1種事業。 ・　サッシ販売業者が枠を切断して規格外のサッシ窓とする場合又は規格品であっても建築請負契約等の工事の一部として窓部分等を請け負う場合には第3種事業，サッシと窓ガラスを別々に仕入れ規格品使用のサッシ窓とする場合で売買契約によるものは第1種事業又は第2種事業。 ・　仕入れた電線を注文に応じて切断し，販売する場合は第1種事業又は第2種事業。
	532	化学製品卸売業		・　ベンジンを18L缶で仕入れ，小売り用容器に小分けして販売。
	533	石油・鉱物卸売業		・　性質及び形状の変更があるものは第3種事業。 [例] ・　例えば，次のものは性質及び形状を変更しないものとします。 ・　木材に防虫剤を注入して販売する事業。 ・　土砂を購入して選別，水洗いし，生コン用，埋め立て用として他の事業者に販売する事業 ・　廃車処理業（解体を主とするもの）における中古車の解体販売 ・　仕入れたサッシとガラスを組立て規格品仕様のサッシ窓として事業者に販売する事業 （注）　仕入れたサッシ及びガラスに切断等の加工を行い規格外のサッシ窓とする場合やサッシ窓の製作等を請け負う場合は第3種事業に該当します。
	534	鉄鋼製品卸売業		
	535	非鉄金属卸売業		
	536	再生資源卸売業		

中分類	小分類		事業区分	具体的事項
	No	業　種		
機械器具卸売業(54)	541	産業機械器具卸売業	第1種事業又は第2種事業	・　事務用の機械及び家具，病院・美容院・レストラン・ホテル等の設備，産業用機械，建設材料，商品陳列棚の事業者への販売は第1種事業。 ・　建設機械の販売店が行う建設業者へのパワーショベルの販売は第1種事業 ・　農機具（トラクター等）の農家への販売は第1種事業。 ・　業務用消費者（運送業者，タクシー業者等）に対するタイヤ，オイル，燃料等の販売は第1種事業。 ・　自転車の部品を異なるメーカーから仕入れ，販売する場合において，自転車の部品を選択させてこれを組み立てて販売する場合には第3種事業。 ・　機械の販売業者がメーカーから規格品である二段式駐車場設備を，仕入れ，基礎工事を行い，組立て，据え付けて販売する場合は，第3種事業。
	542	自動車卸売業		
	543	電気機械器具卸売業		
	549	その他の機械器具卸売業		
その他の卸売業(55)	551	家具・建具・じゅう器等卸売業		・　事業会社を最終ユーザーとしての事務機器の販売は第1種事業。 ・　店舗陳列什器販売業者が自己の企画した陳列ケースを外注先に製造させ，その製品を仕入れてカタログにより事業者へ販売する場合には第1種事業。 ・　事務用の機械及び家具，病院・美容院・レストラン・ホテル等の設備，産業用機械，建設材料，商品陳列棚の事業者への販売は第1種事業。
	552	医薬品・化粧品卸売業		・　化粧品の無店舗販売で事業者である販売員に販売する場合は第1種事業。 ・　国外の事業者から輸入した医療器具を国内の事業者に販売する場合は第1種事業。
	553	紙・紙製品卸売業		

中分類	小分類		事業区分	具体的事項
	No	業　　種		
その他の卸売業(55)（続き）	559	他に分類されない卸売業	第1種事業又は第2種事業	・　出版社から印刷物（本）の発注を受け，それをそのまま下請けに外注して完成品を納品させる，いわゆる印刷ブローカーは第3種事業。 ・　ボールペンの完成品を仕入れ，下請けを使って10本ずつ小箱に詰めて商品化して小売業者に販売する場合は第1種事業。 ・　苗木を購入し，こもをそのままの状態で一旦土に埋め，そのままの状態で抜いて事業者に販売する場合は第1種事業。 ・　卸売市場から生花を仕入れ，盛花，かご花として葬儀業者へ販売する場合は第1種事業，仕入れた生花等を使用して花祭壇等として飾り付けて葬儀業者に販売する場合は第3種事業。 ・　農家が作付けした芝生をそのままの状態で購入し，一定の規格にして事業者に販売する場合は第1種事業 ・　画家から絵画を購入して額縁にはめ込んで事業者に販売する場合は第1種事業。 ・　肥料の販売業者が他から購入した種類の異なる肥料を混ぜ合わせ新たな商品として販売する場合は第3種事業。 ・　ロープの先端に輪を作って（金具を使わず，先端の縒りを戻す程度の軽微な加工）運送業者に販売する場合は第1種事業。 ・　荒縄を仕入れて仕立て器にかけ，縄のケバをとり柔らかくして事業者に販売する場合は第1種事業。 ・　タオルを仕入れ，水を吸いやすくする等のために水洗い又は湯洗いをして事業者に販売する場合は第1種事業。 ・　消化器の販売業者が有効期限の切れた消火器の薬剤を詰め替えて販売する場合は第1種事業又は第2種事業。

中分類	小分類		事業区分	具体的事項
	No	業　種		
その他の卸売業(55)（続き）	559	他に分類されない卸売業	第1種事業又は第2種事業	・　貴金属製工芸材料の販売業者が加工業者に製品のデザイン，企画等を指示しその金型を製作させ，その金型により指示した原材料に基づき製品を製造させ，事業者に販売する場合で，原材料を下請け業者が調達したものは第1種事業。 ・　鋳型販売業者が自社で製造した金型を下請加工業者に支給して鋳物製品を製造させ事業者に販売する場合で，流込材料を下請加工業者が調達したものは第1種事業。 ・　販売業者が顧客から名刺の印刷を受注し，外注先に印刷を指示，製作して販売した場合は第3種事業。 ・　基板の無償支給を受け，基板に文字を印刷する場合は，第4種事業。 ・　ソフトウェアの販売業者が，ソフトウェアの設計を受注し，外注先に設計を依頼し納入させた場合には第5種事業。 ・　雑貨販売業者がライター，タオル，カレンダー等を仕入れ，販売先の求めに応じてその商品に名入れを行って事業者に販売する場合は第1種事業。
各種商品小売業(56)	561	百貨店，総合スーパー		・　デパートのテナントとデパートの契約で，テナントが売上高の一定率のテナント料（手数料）を支払うことを内容としている場合のテナントが行う販売は第2種事業。 ・　いわゆる消化仕入れの方法によっている場合等，テナントとデパートとの商品販売を内容とする契約でテナントが行う販売は第1種事業。
	569	その他の各種商品小売業（従業員が常時50人未満のもの）		・　請求書等に個人事業者名を○○商店のように記載して仕入商品（お茶，酒，ガソリン，新聞等）を販売する場合は第1種事業。

<table>
<tr><th rowspan="2">中分類</th><th colspan="2">小分類</th><th rowspan="2">事業区分</th><th rowspan="2">具体的事項</th></tr>
<tr><th>No</th><th>業　種</th></tr>
<tr><td rowspan="5">織物・衣服・身の回り品小売業(57)</td><td>571</td><td>呉服・服地・寝具小売業</td><td rowspan="6">第2種事業又は第1種事業</td><td rowspan="5">・　商品の販売に伴い別途収受する直し賃部分は第5種事業。
・　洋服の仕立小売業において，服地代と仕立代を区分して販売した場合であっても全体が第3種事業。
・　顧客からカタログ商品等の既製品であるユニフォーム又は制服等の製造を受注し，外注先に指示して製造，納品（単にチーム名又は社名を入れる）させて消費者が販売（製造問屋に該当せず，かつ，その製品を仕入れ，販売として処理）する場合は第2種事業。
・　呉服店が消費者に反物を販売し併せて仕立てを依頼された場合には製造販売として第3種事業。
・　呉服店で消費者に反物を販売し後日仕立てを依頼された場合において，反物の販売と仕立ての請負いとが明確に別個の取引と認められるときは，反物の販売は第2種事業，仕立ての請負は第5種事業。</td></tr>
<tr><td>572</td><td>男子服小売業</td></tr>
<tr><td>573</td><td>婦人・子供服小売業</td></tr>
<tr><td>574</td><td>靴・履物小売業</td></tr>
<tr><td>579</td><td>その他の織物・衣服・身の回り品小売業</td></tr>
<tr><td>飲食料品小売業(58)</td><td>581</td><td>各種食料品小売業</td><td>・　自動販売機で飲食料品等を販売（カップラーメン，ジュース，コーラ，コーヒー等で機械の中で，お湯，水，ミルク，ガス，氷，砂糖等が混合される場合を含みます。）する場合は第2種事業，ホテル等における自動販売機による飲料等の販売は第2種事業，飲食店内にある酒類等のセルフサービスを目的とした自動販売機による販売は第4種事業，ホテルの部屋に備えつけの冷蔵庫による飲料等の販売で別途請求するものは第4種事業。
・　自動販売機を他の者の施設内に設置させ手数料を受領する場合は第4種事業。</td></tr>
</table>

中分類	小分類 No	小分類 業　種	事業区分	具体的事項
飲食料品小売業(58)（続き）	582	野菜・果実小売業	第２種事業又は第１種事業	・　八百屋における漬け物，刻み野菜の詰め合わせ販売は第2種事業又は第1種事業。 ・　農家から仕入れた野菜を切り，刻み，皮むきをしてレストランに販売する場合は第1種事業。
	583	食肉小売業		・　次に掲げる行為は性質及び形状を変更しないものとして取扱い，第2種事業又は第1種事業。 (1)　精肉，挽き肉，内臓等味付け肉。 (2)　ハム，ソーセージでスライス又はカットしたもの。 (3)　生のままの豚カツ，焼き鳥，ハンバーグ。 (4)　仕入れた肉まんを保温して販売。 ・　焼く，揚げる，煮る，ゆでる，あぶるなど加熱処理した次のものは製造販売として第3種事業 タタキ，チャーシュー，ローストビーフ，豚カツ，チキンカツ，ビーフかつ，焼き鳥，ハンバーグ，コロッケ，餃子，シューマイ，ポテトサラダ
	584	鮮魚小売業		・　次に掲げる行為は性質及び形状を変更しないものとして取扱い，第2種事業又は第1種事業。 丸売り（イワシ，サンマ），2枚おろし（アジ，サバ），むき身（赤貝，アサリ），さく取り（マグロ），すり身（イワシ，タラ）、漬ける（サワラ，マナガツオ），和える（青柳，イカ），みりん干し，ひらき（キス，アナゴ），3枚おろし（カツオ，ブリ），刺身（ヒラメ，マグロ，タイ），しめる（サバ，アジ），干す（アジ，キンメ），酢漬け（イカ，タコ） ・　焼く（アジ，キンキ，タイ），揚げる（アジ，エビ），煮る（カレイ，イカ），ゆでる（カニ，タコ），あぶる（カツオ）など加熱処理したものは製造販売として第3種事業。

中分類	小分類		事業区分	具体的事項
	No	業　種		
飲食料品小売業（58）（続き）	585	酒小売業	第２種事業又は第１種事業	・　酒類小売店において，立ち飲みコーナーを設け酒類をコップ売り（冷酒，かん酒）する行為は第4種事業。
	586	菓子・パン小売業		・　他から仕入れた菓子，パンの販売は第2種事業又は第1種事業。 ・　菓子・パンの製造小売りは，第3種事業。 ・　落花生を煎って殻から取り出してピーナッツとして販売する場合は第3種事業。 ・　アイスクリーム屋，駄菓子屋におけるソフトクリームの販売は第2種事業。
	589	その他の飲食料品小売業		・　天然水を採取して瓶詰等をして人の飲料のために販売する場合は第3種事業。 ・　予め決まったメニューにそった食材を注文によって配達する事業で，店売りがなく調理を行わない場合には第2種事業，調理を伴う場合は第3種事業。

中分類	小分類		事業区分	具体的事項
	No	業　種		
自動車・自転車小売業(59)	591	自動車小売業	第2種事業又は第1種事業	・　自動車小売業者が下取りした中古車に板金，塗装，部品の取り替え等をして販売する場合は第3種事業，点検，ワックス及び清掃程度の作業を行って販売する場合は第2種事業又は第1種事業。 ・　タイヤ・オイル交換等で工賃を区分していない場合は第2種事業又は第1種事業，別途工賃を区分している場合には第5種事業。 ・　個人事業者への自動車の販売 (1)　普通乗用自動車の販売で屋号等を塗装して販売した場合は第1種事業，そうでない場合は第2種事業。 (2)　バス，業務用トラック，バンの販売は第1種事業 (3)　キャンピングカーの販売は第2種事業 ・　自動車販売業者が顧客の注文に応じ，仕入車の車体に販売先である事業者の屋号を名入れして販売する場合は第1種事業。 ・　マウンテンバイクの組み立てでユーザーの選択した部品を使用した場合は第3種事業，別途組立料を受領した場合の組立料は第5種事業。 ・　ユーザーの自転車を改造し，部品代と技術料を区分して領収した場合の全体の代金は第5種事業。
	592	自転車小売業		
	593	機械器具小売業（自動車，自転車を除きます。）		
その他の小売業(60)	601	家具・建具・畳小売業		・　畳の裏返し，修理は第5種事業。 ・　オーダーカーテン，オーダーカーペットの販売は第3種事業。 ・　家具製造小売業，建具製造小売業及び畳製造小売業は第3種事業。 ・　表具業は第5種事業。
	602	じゅう器小売業		
	603	医薬品・化粧品小売業		・　調剤薬局の調剤薬品の販売は第3種事業。
	604	農耕用具小売業		・　農家に農耕具（トラクター等）を販売する場合には第1種事業。 ・　農家に，肥料，種子等を販売する場合は第1種事業。 ・　鍬，鎌等の柄と金具を別々に購入して，これを組み立てて農家に販売する場合で，組立に特別の技術を要しないものは第1種事業。

中分類	小分類		事業区分	具体的事項
	No	業　　種		
その他の小売業(60)（続き）	605	燃料小売業	第２種事業又は第１種事業	・　ガソリンスタンドが官公庁，民間企業にタンクローリーで重油を販売する場合は第1種事業。 ・　ガソリンスタンドがガソリン等を販売する場合で，車両に屋号などが塗装されているものに販売するときは，事業者への販売として第1種事業。 ・　タイヤやオイルの販売で，工賃を区分していない場合には，第2種事業又は第1種事業，工賃を区別している場合の工賃部分は第5種事業。 ・　プロパンガスを家庭用ボンベ等に詰め替えて小売業者に販売する場合は第1種事業。
	606	書籍・文房具小売業		・　新聞の折込広告収入は第5種事業。 ・　販売業者が顧客から印鑑，表札などの製作（印材に名を彫る）を受注し，外注先に製作させて販売する場合は第3種事業。
	607	スポーツ用品・がん具・娯楽用品・楽器小売業		・　釣り餌販売業者が生の鰯をミンチにして冷凍し，販売する場合には第3種事業。 ・　スポーツ用品販売店が行う各種スポーツ用品の修理は第5種事業。
	608	写真機・時計・眼鏡小売業		・　フィルムの現像・焼付・引き伸ばしは第5種事業。 ・　カメラ店等がフィルムの現像等の依頼を受け，外注先に発注しプリントとして販売する場合は第5種事業。 ・　時計の電池交換は第2種事業又は第1種事業，専門的技術を要する修理は第5種事業。 ・　眼鏡の販売でレンズの加工を伴っても，別途加工料金を区分しないで出来上がり価額として請求する場合には第2種事業。
	609	他に分類されない小売業		・　質屋の流質物の販売は第2種事業又は第1種事業。

中分類	小分類		事業区分	具体的事項
	No	業　　種		
その他の小売業(60)（続き）	609	他に分類されない小売業	第２種事業又は第１種事業	・　花屋が葬儀用の生花，結婚式等の盛花を作って事業者に販売する場合は第1種事業，ディスプレイ料等手数料を別途受領している場合の手数料部分は第4種事業，仕入れた生花等を使用して花祭壇用として飾り付けて葬儀業者に販売する場合は第3種事業，葬儀用の花輪の賃貸は第5種事業。 ・　苗木を購入して，苗木の根に付いているこもをそのままの状態で一旦土に埋め，そのままの状態で抜いて販売する場合は第2種事業又は第1種事業。 ・　真珠の染色は第3種事業，真珠の支給を受けて行う染色は第4種事業。 ・　仕入れた裸石と空枠を指輪に加工して消費者に販売する場合は第2種事業。 ・　指輪の加工で加工賃を別途収受しない次の販売は第2種事業。 (1)　小売価格を表示して陳列する裸石と空枠を消費者に選択させ指輪にして販売。 (2)　消費者が持参した裸石に消費者が希望する販売用の空枠を取り付けて指輪として販売。 (3)　消費者が持参した空枠に消費者が希望する販売用の裸石を取り付けて指輪として販売。 ・　仕入れた真珠のネックレスで単に真珠に糸をとおしたものを小売価格を表示して陳列し，消費者の希望により2連に加工しクラブスを取り付けて消費者に販売する場合は第2種事業。 ・　仕入れた真珠のネックレスで単に真珠に糸をとおしたものの2本を2連ネックレスに加工して店頭に陳列して消費者に販売する場合は第3種事業。 ・　金具を取り付けないで，ロープの先端の縒りを戻す程度の軽微な加工により輪を作り，運送業者に販売する場合は第1種事業。 ・　仕入れたタオルの生地をタオルの大きさに切断した後，生地の回りを縫製してネーム等を入れてタオルとして販売する場合は第3種事業。

中分類	小分類 No	小分類 業種	事業区分	具体的事項
その他の小売業(60)（続き）	609	他に分類されない小売業	第2種事業又は第1種事業	・消化器の販売会社が有効期限が切れた消火器の薬剤を詰め替える場合は第2種事業又は第1種事業。 ・観光みやげ店が，ビデオ製作会社に観光用のビデオの製作を依頼し，そのビデオを仕入れて消費者に販売する場合で製造問屋に当たらないときは，第2種事業。 ・販売業者が顧客から名刺の印刷を受注し，外注先に印刷を指示，製作させて販売する場合は第3種事業。 ・記念品小売業者が仕入れたトロフィーに顧客からの注文で文字を入れて販売する場合は第2種事業又は第1種事業。 ・雑貨品販売業者がライター，タオル，カレンダー等を仕入れ，販売先に注文に応じその商品に名入れを行って消費者に販売する場合は，第2種事業。 ・記念品小売業者が仕入れたトロフィーに顧客からの注文で文字を入れて販売する場合は第2種事業又は第1種事業。 ・雑貨品販売業者がライター，タオル，カレンダー等を仕入れ，販売先に注文に応じその商品に名入れを行って消費者に販売する場合は第2種事業。 ・基板の無償支給を受けて基板に文字を印刷する場合は第4種事業。 ・ゴルフ会員権の販売を業とする者が行うゴルフ会員権の販売は第2種事業又は第1種事業。 ・機械の販売業者がメーカーから規格品である2段式組立駐車場設備を仕入れ，基礎工事を行い，組立，据え付けて販売する場合は第3種事業。
無店舗小売業(61)	611	通信販売・訪問販売小売業		・他の者から購入した商品をその性質及び形状を変更しないで販売する事業で他の事業者以外の者に対して販売するものは第２種事業に該当します。 ・他の者から購入した商品をその性質及び形状を変更しないで他の事業者に対して販売する事業は第1種事業に該当します。 ・性質及び形状の変更のあるものは第3種事業に該当します。
	612	自動販売機による小売業		
	619	その他の無店舗小売業		

XI　大分類Ｊ－金融・保険業

この大分類には，金融業及び保険業を営む事業所が分類されます。

専ら金融又は保険の事業を営む協同組合，農業又は漁業に係る共済事業を行う事業所並びに漁船保険を行う事業所は本分類に含まれます。

ただし，社会保険事業を行う事業所は，大分類Ｐ－医療，福祉[8511]又は大分類Ｓ－公務(他に分類されるものを除く）[9731，9811，9821]に分類されます。

金融業は，資金の貸し手と借り手の間に立って資金の融通を行う事業所及び両者の間の資金取引の仲介を行う事業所が分類されます。

このうち，資金の融通を行う事業所には次のものが含まれます。

①　資金の貸付に併せ，預金の受入れを行う銀行業，中小企業等金融業及び農林水産金融業を営む預金取扱機関

②　貸金業，クレジットカード業等非預金信用機関

また，資金取引の仲介を行う事業所は金融商品取引業，商品先物取引業，商品投資業等が含まれます。

保険業は，不測の事故に備えようとする者から保険料の払込みを受け，所定の事故が発生した場合に保険金を支払うことを業とするもので，保険業(生命保険，損害保険)，共済事業・少額短期保険業及びこれらに附帯する保険媒介代理業，保険サービス業を営む事業所が分類されます。

中分類	小分類		事業区分	具体的事項
	No	業種		
銀行業(62)	621	中央銀行	第４種事業	・　これらの事業を経営する者が行う資産の譲渡等のうち，第1種事業又は第2種事業に該当するものは，それぞれ第1種事業又は第２種事業。
	622	銀行（中央銀行を除きます。）		
協同組織金融業(63)	631	中小企業等金融業		
	632	農林水産金融業		
貸金業、クレジットカード業等非預金信用機関(64)	641	貸金業		・　課税となる各種受取手数料等が対象。
	642	質屋		
	643	クレジットカード業、割賦金融業		
	644	その他の非預金信用機関		
	649	その他の非預金信用機関		
金融商品取引商品先物取引業(65)	651	金融商品取引業		・　課税となる各種受取手数料等が対象。 ・　商品の自己売買は第1種又は第2種事業。 （注）資産の引渡しを伴わない差金決済は不課税。
	652	商品先物取引業、商品投資業		
補助的金融業，金融附帯業(66)	661	補助的金融業，金融附帯業		・　課税となる各種受取手数料等が対象。
	662	信託業		
	663	金融代理業		
保険業（保険媒介代理業，保険サービス業を含みます。）(67)	671	生命保険業		・　これらの事業を経営する者が行う資産の譲渡等のうち，第1種事業又は第2種事業に該当するものは，それぞれ第1種事業又は第２種事業。
	672	損害保険業		
	673	共済事業・少額短期保険業		
	674	保険媒介代理業		
	675	保険サービス業		

Ⅻ　大分類K－不動産業，物品賃貸業

この大分類には，主として不動産の売買，交換，賃貸，管理又は不動産の売買，賃借，交換の代理若しくは仲介を行う事業所が分類されます。主として自動車の駐車のための場所を賃貸する事業所も本分類に含まれます。

不動産とは，土地，建物その他土地に定着する工作物をいいます。

物品賃貸業には，主として産業用機械器具，事務用機械器具，自動車，スポーツ・娯楽用品，映画・演劇用品などの物品を賃貸する事業所が分類されます。

日本標準産業分類による不動産業と他産業との関係は次のとおりです。

１　映画館，劇場，スポーツ施設などを賃貸する事業所は大分類N－生活関連サービス業，娯楽業[8011，8021，804]に分類されます。

２　講演会，展示会，集会など主として各種集会及び催しの利用に供する施設を運営する事業所は大分類R－サービス業(他に分類されないもの)［9511]に分類されます。

３　主として自ら労働者を雇用して土地の造成又は建物の建設を行い，それを分譲する事業所は大分類D－建設業[0611，0621，0641又は0651]に分類されます。

４　不動産に関する鑑定評価，調査などを行う事業所は大分類L－学術研究，専門・技術サービス業[7294]に分類されます。

中分類	小分類		事業区分	具体的事項
	No	業　　種		
不動産取引業(68)	681	建物売買業，土地売買業	第5種事業	・　不動産業で，土地付建物の買取販売において性質及び形状を変更しないで販売した場合には第1種事業又は第2種事業，購入した中古住宅をリメイク（塗装，修理等）して販売した場合は第3種事業，建売は第3種事業。 ・　不動産販売業者が販売目的で取得したマンションを買い手がつかなかったため一時的に事務所として使用した後消費者に販売した場合には第2種事業。 ・　不動産販売業者が取得したマンションを長期的に事務所として具体的に使用する計画に基づいて使用していたものをその後消費者に販売した場合には第4種事業。 ・　不動産代理業・仲介料は第5種事業。 ・　事業用固定資産の売却は第4種事業。
	682	不動産代理業・仲介業		
不動産賃貸業・管理業(69)	691	不動産賃貸業（貸家業，貸間業を除きます。）		・　他の者から購入した商品を性質及び形状を変更しないで販売する場合は第1種事業又は第2種事業。 ・　事業用固定資産の売却は第4種事業。
	692	貸家業，貸間業		
	693	駐車場業		
	694	不動産管理業		
物品賃貸業(70)	701	各種物品賃貸業		・　リース取引のうち，売買とされる取引は，第1種事業又は第2種事業に該当します。
	702	産業用機械器具賃貸業		
	703	事務用機械器具賃貸業		
	704	自動車賃貸業		
	705	スポーツ・娯楽用品賃貸業		
	709	その他の物品賃貸業		

XIII　大分類L－学術研究，専門・技術サービス業

この大分類には，主として学術研究，専門・技術サービス業を行う事業所が分類されます。

中分類	小分類		事業区分	具体的事項
	No	業　種		
学術・開発研究機関(71)	711	自然科学研究所	第5種事業	・　地質調査を行う事業も第5種事業。 ・　事業内容によっては第1種事業又は第2種事業に該当するものもあります。
	712	人文・社会科学研究所		
専門サービス業（他に分類されないもの）(72)	721	法律事務所，特許事務所		
	722	公証人役場，司法書士事務所，土地家屋調査士事務所		
	723	行政書士事務所		
	724	公認会計士事務所，税理士事務所		
	725	社会保険労務士事務所		
	726	デザイン業		
	727	著述・芸術家業		
	728	経営コンサルタント業、純粋持株会社		
	729	その他の専門サービス業		
広告業(73)	731	広告業		
技術サービス業（他に分類されないもの）(74)	741	獣医業		・　地質調査を行う事業も第5種事業。 ・　結婚式・七五三等の写真を撮影し，単に台紙等にはめ込み，記念写真として作成・引き渡す事業は第5種事業。 ・　写真館が小学校等からネガの支給を受け，又は自ら撮影した写真を基に卒業アルバム等を製作する事業は，第3種事業。
	742	土木建築サービス業		
	743	機械設計業		
	744	商品・非破壊検査業		
	745	計量証明業		
	746	写真業		
	749	その他の技術サービス業		

XIV　大分類M－宿泊業，飲食サービス業

この大分類は，その場所で飲食又は宿泊させる事業所が分類されます。

1　サービス業

飲食サービス業とは，主として客の注文に応じ調理した飲食料品，その他の食料品又は飲料をその場所で飲食させる事業所並びに，客の注文に応じ調理した飲食料品をその場所で提供又は客の求める場所に届ける事業所及び客の求める場所において，調理した飲食料品を提供する事業所をいいます。

なお，ここでいう調理とは，形状・性質を変える加熱，切断，調整(成型・味付)をいい，単に再加熱するだけのものは含みません。

なお，デパート，遊園地などの一区画を占めて飲食店が営まれている場合には，それが独立した事業所であればこの分類に含まれます。

消費税においては，飲食等の提供をどのような事業者が行うかにより事業区分するのではなく，その課税資産の譲渡等が事業が飲食店業に該当すればすべて飲食店業として第4種事業となります。

2　宿泊業

宿泊業とは，一般公衆，特定の会員等に対して宿泊又は宿泊と食事を提供する事業所をいいます。

中分類	小分類		事業区分	具体的事項
	No	業　　種		
宿泊業(75)	751	旅館，ホテル	第5種事業	・　自動販売機（ジュース、コーヒー等）や売店の売上げは第2種事業に該当します。 ・　宿泊料金と区分してある客室冷蔵庫の飲物等の売上げは第4種事業に該当します。 ・　ゲームコーナーの売上げはその他の遊戯場（8069）に該当し，第5種事業となります。
	752	簡易宿所		
	753	下宿業		
	759	その他の宿泊業		
飲食店(76)	761	食堂，レストラン（専門料理店を除きます。）	第4種事業	・　飲食店等において客の注文により出前又は仕出しを行う場合には第4種事業 ・　飲食店がみやげ用として，仕入れた商品を販売した場合は第2種事業又は第1種事業，飲食店が調理した商品を販売した場合には，製造小売として第3種事業。 ・　立ち食いそば，カレースタンドなどは第4種事業。 ・　材料を自己で調達し，調理施設は無償で提供を受けて行う給食事業は第4種事業。 ・　学校給食の委託を受けて行う学校内の食堂の経営及び寄宿舎内での食事の提供で食材を自己が調達する場合は第4種事業。 ・　飲食設備のない宅配ピザ店は第3種事業。 ・　飲食設備のない仕出し専門店は第3種事業。
	762	専門料理店		
	763	そば・うどん店		
	764	すし店		
	765	酒場，ビヤホール		
	766	バー，キャバレー，ナイトクラブ		

中分類	小分類		事業区分	具体的事項
	No	業　種		
飲食店（76）	767	喫茶店	第4種事業	・酒屋で立ち飲みコーナーを設けて行う酒類のコップ売りは第4種事業。 ・　ホテル内にあるホテル直営の売店がホテルが調理したサンドウィッチ，オードブル等を販売する場合は製造小売として第3種事業。 ・　ホテル内にあるホテル直営の売店がホテルが調理したサンドウィッチ，オードブル等を宿泊客等の注文により部屋まで運ぶ場合で請求書等により別途表示しているときであっても第5種事業。 ・　ホテル内にあるホテル直営の売店がホテルが調理したサンドウィッチ，オードブル等を販売する場合は製造小売として第3種事業。 ・　飲食店内にある酒類等のセルフサービスを目的とした自動販売機による販売は第4種事業。 ・　ケーキの製造販売と喫茶店経営を兼業している場合で製造した商品を店頭販売している部分は第3種事業，喫茶店営業として顧客に提供している部分は第4種事業。 ・店内に飲食施設があるファーストフード店で製造した商品のテイクアウト販売は第3種事業，購入した商品のテイクアウト販売は第2種事業。
	769	その他の飲食店		
持ち帰り・配達飲食サービス業（77）	771	持ち帰り飲食サービス業	第3種事業又は第4種事業	・　ハンバーガーショップ等の持ち帰り用の販売は第3種事業（製造した製品）又は第2種事業（購入した商品）に該当します。 ・　飲食のための施設を有する飲食店等が行う仕出し，出前は第4種事業に該当します。 ・　飲食設備を有しない宅配ピザ店・仕出専門店が行うピザの宅配・仕出料理の宅配は第3種事業に該当します。
	772	配達飲食サービス業		

XV　大分類N－生活関連サービス業，娯楽業

この大分類は，主として個人に対して日常生活と関連して時農・技術を提供し，又は施設を提供するサービス業及び娯楽あるいは余暇利用に係る施設又は技能・技術を提供するサービスを行う事業所が分類されます。

中分類	小分類 No	小分類 業種	事業区分	具体的事項
洗濯・理容・美容・浴場業(78)	781	洗濯業	第5種事業	・　化粧品等の販売は第2種事業。 ・　シャンプー，自動販売機等の売上げは第2種事業。
	782	理容業		
	783	美容業		
	784	一般公衆浴場業		
	785	その他の浴場業		
	789	その他の洗濯・理容・美容・浴場業		
その他の生活関連サービス業(79)	791	旅行業		・　火葬料，埋葬料は非課税。 ・　骨壺等の販売は第2種事業。
	792	家事サービス業		
	793	衣服裁縫修理業		
	794	物品預り業		
	795	火葬・墓地管理業		
	796	冠婚葬祭業		
	797	他に分類されない生活関連サービス業		
娯楽業(80)	801	映画館		・　潮干狩（貝の採取）は漁業であり，第3種事業。 ・　店内飲食用の酒類等の提供は第4種事業。
	802	興行場（別掲を除きます。），興行団		
	803	競輪・競馬等の競走場，競技団		
	804	スポーツ施設提供業		
	805	公園，遊園地		
	806	遊技場		
	809	その他の娯楽業		

XVI　大分類O－教育，学習支援業

この大分類には，学校教育を行う事業所，学校教育を除く組織的な教育活動を行う事業所，学校教育の補習教育を行う事業所及び教養，技能，技術などを教授する事業所が分類されます。

通信教育業，学習塾，図書館，博物館，植物園などの事業所もこの分類に含まれます。

中分類	小分類		事業区分	具体的事項
	No	業種		
学校教育(81)	811	幼稚園	第5種事業	・　他の者から仕入れた商品を性質及び形状を変更しないで販売する場合は第1種事業又は第2種事業。 ・　学校教育における非課税以外のテキスト，教材等の販売は第2種事業。 ・　学習塾，各種教育支援・技能教授等に係る役務の提供は第5種事業。
	812	小学校		
	813	中学校		
	814	高等学校，中等教育学校		
	815	特別支援学校		
	816	高等教育機関		
	817	専修学校，各種学校		
	818	学校教育支援機関		
その他の社会教育・学習支援業(82)	821	社会教育		
	822	職業・教育支援施設		
	823	学習塾		
	824	教養・技能教授業		
	829	他に分類されない教育，学習支援業		

XVII　大分類P－医療，福祉業

この大分類は，医療，保健衛生，社会保険，社会福祉及び介護に関するサービスを提供する事業所が分類されます。

1　医療，福祉業の定義と範囲

医療業とは，医師又は歯科医師等が患者に対して医業又は医業類似行為を行う事業所及びこれに直接関連するサービスを提供する事業所をいいます。

保健衛生とは，保健所，健康相談施設，検疫所(動物検疫所，植物防疫所を除く)など保健衛生に関するサービスを提供する事業所をいいます。

社会保険・社会福祉・介護事業とは，公的年金，公的医療保険，公的介護保険，労働災害補償などの社会保険事業を行う事業所及び児童，老人，障害者などに対して社会福祉，介護等に関するサービスを提供する事業所をいいます。

2　日本産業分類による医療，福祉と他産業との関係

①　卸売業，小売業との関係

主として医師又は歯科医師が発行する処方せんに基づいて，医薬品を調剤する事業所は大分類Ｉ－卸売業，小売業[6033]に分類されます。

②　金融業，保険業との関係

社会保険以外の保険業を行う事業所，保険会社及び保険契約者に対して保険サービスを提供する事業所は大分類Ｊ－金融業，保険業[67]に分類されます。

中分類	小分類		事業区分	具体的事項
	No	業種		
医療業(83)	831	病院	第5種事業	・ 公的な医療保障制度に係る療養、医療，施設療養又はこれらに類するものとしての資産の譲渡等は非課税です。 ・ 医師，助産師その他医療に関する施設の開設者による助産に係る役務の提供は非課税です。
	832	一般診療所		
	833	歯科診療所		
	834	助産・看護業		
	835	療術業		
	836	医療に附帯するサービス業		
保健衛生(84)	841	保健所		
	842	健康相談施設		
	849	その他の保健衛生		
社会保険、社会福祉・介護事業(85)	851	社会保険事業団体		・ 社会福祉法に規定する社会福祉事業及び更生保護事業法に規定する更生保護事業として行われる資産の譲渡等は非課税です。ただし，授産施設等を経営する事業において授産活動としての作業に基づき行われるものは課税です。
	852	福祉事務所		
	853	児童福祉事業		
	854	老人福祉・介護事業		
	855	障害者福祉事業		
	859	その他の社会保険・社会福祉・介護事業		

XVIII　大分類Ｑ－複合サービス事業

この大分類には，複数の大分類にわたる各種のサービスを提供する事業所であって，法的に事業の種類や範囲が決められている郵便局，農業協同組合等が分類されます。

<table>
<tr><th rowspan="2">中分類</th><th colspan="2">小分類</th><th rowspan="2">事業区分</th><th rowspan="2">具体的事項</th></tr>
<tr><th>No</th><th>業　種</th></tr>
<tr><td rowspan="2">郵便業（86）</td><td>861</td><td>郵便業</td><td rowspan="4">第5種事業</td><td rowspan="4">・　協同組合が行う信用事業，共済事業は非課税事業。
・　協同組合が生産者から農林水産物を購入してそのまま販売する場合はは第1種事業又は第2種事業。
　なお，性質又は形状を変更して販売した場合は第3種事業。</td></tr>
<tr><td>862</td><td>郵便受託業</td></tr>
<tr><td rowspan="2">協同組合（他に分類されないもの）(87)</td><td>871</td><td>農林水産業協同組合（他に分類されないもの）</td></tr>
<tr><td>872</td><td>事業協同組合（他に分類されないもの）</td></tr>
</table>

XIX　大分類Ｒ－サービス業（他に分類されないもの）

この大分類には，主として個人又は事業所に対してサービスを提供する他の大分類に分類されない事業所が分類されます。

本分類には，次のような各種のサービスを提供する事業所が含まれます。

①　廃棄物の処理に係る技能・技術等を提供するサービス[廃棄物処理業]

②　物品の整備・修理に係る技能・技術を提供するサービス[自動車整備業，機械等修理業]

③　労働者に職業をあっせんするサービス及び労働者派遣サービス[職業紹介・労働者派遣業]

④　企業経営に対して提供される他の分類に属さないサービス[その他の事業サービス業]

⑤　会員のために情報等を提供するサービス[政治・経済・文化団体，宗教]

⑥　その他のサービス[その他のサービス業，外国公務]

日本標準産業分類によるサービス業と他産業との関係は次のとおりです。

1　農林漁業との関係

(1)　農業事業所に対して請負により又は委託を受けて刺:種，畜産に直接関係する農業サービス及び植木の刈り込みのような園芸サービスを提供する事業所は大分類A－農業，林業[013，014]に分類されます。

(2)　山林の下刈り，林木の枝下しのような林業に直接関係するサービスを提供する事業所は大分類A－農業，林業[024]に分類されます。

(3)　漁業事業所に対して請負により又は委託を受けて漁業に直接関係するサービスを提供する事業所は大分類B－漁業[03，04]に分類されます。

2　鉱業との関係

鉱物を探査するための地質調査，物理探鉱，地化学探鉱，試すい(錐)などの探鉱作業及び開坑，掘削，排土などの鉱山開発作業を行う事業所は大分類C－鉱業，採石業，砂利採取業[05]に分類されます。

3　製造業との関係

(1)　新製品を製造加工し，かつ，同種製品の修理を行う事業所は大分類E－製造業に分類されますが，修理を専業としている事業所は本分類に含まれます。修理のために補修品を製造している場合も本分類に含まれます。

ただし，船舶の修理，鉄道車両の修理又は改造(鉄道業の自家用を除きます。)，航空機のオーバーホールを行う事業所は，過去1年間に製造行為を行わなくとも製造業に分類されます。

また，主として自己又は他人の所有する材料を機械処理して，多種類の機械及び部分品の製造加工及び修理を行っている事業所は大分類E－製造業(2699)に分類されます。

(2)　他の業者の所有に属する原材料に加工処理を行って加工賃を受け取る賃加工業

は大分類Ｆ－製造業に分類されます。

４　運輸業との関係

⑴　財貨の運搬，保管を行う事業所は大分類Ｈ－運輸業，郵便業に分類されます。

⑵　運輸のあっせん，運輸施設の提供，船積の検数，水先案内などの運輸に附帯するサービスを行う事業所は大分類Ｈ－運輸業，郵便業(48)に分類されます。

５　卸売・小売業との関係

商品を販売し，かつ，同種商品の修理を行う事業所は大分類Ｊ－卸売・小売業に分類されます。したがって，修理を専業としている事業所がサービス業に含まれます。修理のために部分品などを取り替えても本分類とします。

６　金融・保険業，不動産業との関係

⑴　保険業を行う事業所，保険会社及び保険契約者に対して保険サービスを提供する事業所は大分類Ｊ－金融業，保険業[67]に分類されます。

⑵　不動産の運用及び仲介を行う事業所は大分類Ｋ－不動産業，物品賃貸業に分類されます。

７　専門・技術サービス業との関係

⑴　石油精製，化学，製鉄，発電等のプラントを対象として，機能の維持・改善等に必要なサービスを総合的に提供する事業所は，大分類Ｌ－学術研究，専門・技術サービス業[7499]に分類されます。

⑵　依頼を受け，看板書きを行う事業所は，本分類に含まれます。ただし依頼人のために広告に係る総合的なサービスを提供する事業所は，大分類Ｌ－学術研究，専門・技術サービス業[7311]に分類されます。

中分類	小分類 No	小分類 業種	事業区分	具体的事項
廃棄物処理業(88)	881	一般廃棄物処理業	第5種事業	
	882	産業廃棄物処理業		
	889	その他の廃棄物処理業		
自動車整備業(89)	891	自動車整備業		・　自動車の修理は，第5種事業に該当します。この場合，修理に伴う部品代金を区分してもその部品代金も含めて第5種事業に該当します。 ・　タイヤやオイル交換による商品の販売代金は，第1種又は第2種事業に該当し，工賃等の部分は第5種事業に該当します（工賃等の部分が無償である場合は，全体が第1種又は第2種事業に該当します）。
機械等修理業（別掲を除きます。）(90)	901	機械修理業（電気機械器具を除きます。）		・　機械等の修理は，第5種事業。この場合，修理に伴う部品代金を区分してもその代金を含めて第5種事業に該当します。 ・　表具業者が，軸装，額装により新たに掛軸等を製作する場合は，第3種事業。 ただし，例えば，主要原材料である作品及び額の支給を受けて額装を行う事業は，第4種事業。
	902	電気機械器具修理業		
	903	表具業		
	909	その他の修理業		
職業紹介・労働者派遣業(91)	911	職業紹介業		
	912	労働者派遣業		

中分類	小分類		事業区分	具体的事項
	No	業　種		
その他の事業サービス業(92)	921	速記・ワープロ入力・複写業	第５種事業	・　学校から学校給食（学校の食堂）の委託を受けて行う食堂の経営及び学校の寄宿舎での食事の提供は，第4種事業に該当します。 ・　冷暖房施設工事業者が冷房機の保守点検において行うフロンガスの充填は，第5種事業。 ・　トレーディングスタンプ業は第5種事業。 ・　温泉の泉源を有し，ゆう出する温泉を旅館などに供給する温泉供給業は，第5種事業。
	922	建物サービス業		
	923	警備業		
	929	他に分類されない事業サービス業		
政治・経済・文化団体(93)	931	経済団体		・　事業内容によって第1種又は第２種事業となるものもあります。
	932	労働団体		
	933	学術・文化団体		
	934	政治団体		
	939	他に分類されない非営利的団体		
宗教(94)	941	神道系宗教		・　課税となる博物館，宝物殿等の入館料，駐車場の利用料等が対象となります。 ・　事業内容によって第2種事業となるものがあります。 [例] ・絵葉書，写真帳，暦等の販売
	942	仏教系宗教		
	943	キリスト教系宗教		
	949	その他の宗教		
その他のサービス業(95)	951	集会場		
	952	と畜場		
	959	他に分類されないサービス業		

XX　大分類S－公務（他に分類されるものを除く）

この大分類には，国又は地方公共団体の機関のうち，国会，裁判所，中央官庁及びその地方支分部局，都道府県庁，市区役所，町村役場など本来の立法事務，司法事務及び行政事務を行う官公署が分類されます。

なお，国又は地方公共団体の官公署で，社会公共のために主に権力によらない業務を行う事業所は，一般の産業と同様にその行う業務により，それぞれの産業に分類されます。

中分類	小分類		事業区分	具体的事項
	No	業　種		
分類不能の産業(99)	999	分類不能の産業	第4種事業	

第４部

経理処理と税額計算

第1章 経理処理

Ⅰ 税抜経理処理と税込経理処理

資産の譲渡，資産の貸付け及び役務の提供に係る消費税及び地方消費税（以下「消費税等」という。）の経理処理については，消費税額及び地方消費税の額（以下「消費税額等」という。）を課税売上高及び課税仕入高に含めないで処理する「税抜経理方式」と消費税額等を課税売上高と課税仕入高に含めて処理する「税込経理方式」があります。

Ⅱ 税抜経理方式

1　税抜経理方式の根拠と特徴

消費税等の会計処理としての税抜経理方式によるべきという理由は，次のとおりです。

(1)　資産の取得に係る消費税等は，課税仕入れに係る消費税額として当期に即時控除できること。

(2)　税込経理方式による企業利益，課税所得の変動を避けることができること。

(3)　消費税等は，国及び地方公共団体に対する債権，債務であること。

(4)　時価評価において，税込経理方式では課税・非課税・免税の関係で一物一価が崩れること。

(5)　税込価額は税の転嫁が困難になる部分と便乗値上げをチェックする機能がなくなるおそれがあること。

2　税抜経理処理による仕訳例

次に，消費税等の経理処理としての税抜経理方式の具体的仕訳事例を示すと次のとおりとなります。

①　商品1,000万円を販売し，消費税額等500,000円とともに売掛金に計上しました。

売　掛　金	10,500,000	売　　　上	10,000,000
		仮受消費税等	500,000

②　商品700万円を仕入れ，消費税額等350,000円とともに買掛金に計上しました。

仕　　　入	7,000,000	買　掛　金	7,350,000
仮払消費税等	350,000		

③　当期に売り上げた商品のうち420,000円が返品されましたた。

売上値引戻り高	400,000	売　掛　金	420,000
仮受消費税等	20,000		

④　得意先各社に対して売上割戻しとして315,000円を現金で支払いました。

売 上 割 戻	300,000	現　　　金	315,000
仮受消費税等	15,000		

⑤　財務処理，在庫管理及び労務関係処理のためにパソコン（60万円）を購入し，消費税額等30,000円とともに現金で支払いました。

備　　　品	600,000	現　　　金	630,000
仮払消費税等	30,000		

⑥　仮受消費税等が4,560,000円，仮払消費税等が3,380,000円，納付すべき消費税額等が1,180,000円でした。

＜仕入税額控除額の振替＞

仮受消費税等	3,380,000	仮払消費税等	3,380,000

＜納付税額の処理＞

仮受消費税等	1,180,000	未払消費税等	1,180,000

⑦　仮受消費税等が3,200,000円，仮払消費税等が3,780,000円，還付される消費税額等580,000円であった。

＜仕入税額控除額の振替＞

仮受消費税等	3,780,000	仮払消費税等	3,780,000
未　収　入　金	580,000	仮払消費税等	580,000

３　仮受消費税等勘定及び仮払消費税等勘定の記入内容

上記の消費税等の処理による仮受消費税等勘定及び仮払消費税等勘定の記入内容は次のとおりです。

仮受消費税等

○ 売上げの対価の返還等に係る消費税額等	○ 課税売上げに係る消費税額等
○ 貸倒れに係る消費税額等	○ 個人事業者の家事消費に係る消費税額等
○ 中間納付額仕入税額控除額（仮払消費税等から）	○ 法人の役員に対する贈与に係る消費税額等
○ 納付税額（未払消費税等へ）	○ 仕入れに係る対価の返還等を受けた場合の消費税額等のうち控除しきれない税額
	○ 調整対象固定資産について，課税売上割合が著しく減少した場合の仕入税額から控除しきれない税額
	○ 調整対象固定資産を課税業務用から非課税業務用に転用した場合の仕入税額から控除しきれない税額

仮払消費税等

○ 課税仕入れ等に係る消費税額等	○ 仕入れに係る対価の返還等を受けた場合の消費税額等
○ 調整対象固定資産について，課税売上割合が著しく増加した場合の控除税額	○ 調整対象固定資産について，課税売上割合が著しく減少した場合の仕入税額から控除する税額
○ 調整対象固定資産を非課税業務用から課税業務用へ転用した場合の控除税額	○ 調整対象固定資産を課税業務用から非課税業務用に転用した場合の仕入税額から控除できない税額
○ 免税事業者が課税事業者となった場合の手持在庫に係る消費税額	○ 課税事業者が免税事業者となった場合の当期仕入分の期末在庫に係る消費税額等
○ 簡易課税により納付しない消費税額等（雑収入へ）	○ 仕入税額控除額（仮受消費税等へ）
	○ 課税仕入れ等に係る消費税額のうち控除対象外消費税額等（繰延消費税等へ）（交際費へ）（租税公課へ）

Ⅲ　税込経理方式

1　税込経理方式の根拠と特徴

消費税等の会計処理として税込経理方式によるべきという理由は，次のとおりです。

⑴　消費税等は資産を取得するか，又はサービスの提供を受けるために要した費用であるため，その資産又はサービスの取得価額を構成すること。

⑵　会計処理が簡単であること。

⑶　期末棚卸資産の評価を仕入れに係る消費税額等を含めて計算するために，消費税額等分だけ当期利益が過大計上されること。

⑷　交際費等税務上一定の限度額計算を要求されているものについて，税込経理方式の場合には，消費税額等がその計算に影響を及ぼすこととなります。例えば，中小企業の交際費について，その支出額の10％が損金不算入とされていますから消費税額等込みで交際費を計上すると消費税額等の10％に対して法人税の課税を受けることとなります。

⑸　減価償却資産の場合には，消費税等が取得価額に含まれることになることから，消費税額等を支払時損金又は必要経費として即時控除することができず，それぞれの資産の耐用年数に対応する期間で減価償却費として処理されること。

2　税込経理処理による仕訳例

この税込経理方式による経理処理の具体的仕訳事例を上記Ⅱの税抜経理方式の設例を基に示すと次のとおりとなります。

①	売　掛　金	10,500,000	売　　　上	10,500,000
②	仕　　　入	7,350,000	現　　　金	7,350,000
③	売上値引戻り高	420,000	売　掛　金	420,000
④	売　上　割　戻	315,000	現　　　金	315,000
⑤	備　　　品	30,000	現　　　金	630,000
⑥	租　税　公　課	1,180,000	現　　　金	1,180,000
⑦	未　収　入　金	580,000	雑　収　入	580,000

第2章

経理方式の適用

Ⅰ 経理方式の選択

1　選択と組み合わせ

消費税等の経理処理に係る税抜経理方式又は税込経理方式は，すべての取引についてどちらかを統一して適用することが原則です。

ただし，事業者が売上等の収益に係る取引について，税抜経理方式を適用している場合に限って，固定資産，繰延資産，棚卸資産（以下「固定資産等」という）の取得に係る取引又は販売費，一般管理費（以下「経費等」という）のの支出に係る取引のいずれかの取引について税込経理方式を選択適用することができます。つまり，売上げに係る収益について税抜経理処理を条件として，固定資産等又は経費等のいずれか一つについて税抜経理方式を適用していればその経理処理は税抜経理処理となります。

また，棚卸資産の取得（仕入れ）に係る取引については，継続適用を条件として，固定資産及び繰延資産と異なる方式を選択適用することが認められています。これらの経理処理の組合せを示すと次頁のとおりです。

【税抜・税込経理方式の選択適用一覧表】

<table>
<tr><th colspan="2" rowspan="2">経理処理の区分</th><th rowspan="2">売　上</th><th colspan="2">固定資産等</th><th rowspan="2">経　費</th><th rowspan="2">備　考</th></tr>
<tr><th>棚卸資産</th><th>固定資産
繰延資産</th></tr>
<tr><td rowspan="2">原則法</td><td>①</td><td colspan="4">税込経理処理（以下「税込」）</td><td rowspan="2">全取引
同一経理</td></tr>
<tr><td>②</td><td colspan="4">税抜経理処理（以下「税抜」）</td></tr>
<tr><td rowspan="6">混合方式</td><td>③</td><td rowspan="6">税抜</td><td colspan="2">税抜</td><td>税込</td><td rowspan="2">選択適用</td></tr>
<tr><td>④</td><td colspan="2">税込</td><td>税抜</td></tr>
<tr><td>⑤</td><td rowspan="2">税抜</td><td rowspan="2">税込</td><td>税込</td><td rowspan="4">棚卸資産
については，継続
適用</td></tr>
<tr><td>⑥</td><td>税抜</td></tr>
<tr><td>⑦</td><td rowspan="2">税込</td><td rowspan="2">税抜</td><td>税込</td></tr>
<tr><td>⑧</td><td>税抜</td></tr>
</table>

２　期末一括税抜経理処理

税抜経理方式による経理処理は，原則として取引の都度税抜経理処理を行いますが，期中処理は税込経理処理を行い，期末に一括して税抜経理処理することも認められます。

なお，すべての取引について期末に一括して税抜経理処理するほか，月末，四分期又は半期毎に一括して税抜経理処理することも認められます。

Ⅱ　税込経理方式による場合の消費税等の損金算入・益金算入の時期

消費税等の会計処理を税込経理処理方式によっている場合においては，課税期間（暦年又は事業年度）の終了とともに，納付すべき又は還付を受けるべき消費税額等を計算し，それぞれ損金の額又は益金の額に算入することとなります。

これら損金算入又は益金算入の時期は，それぞれ次に掲げる日の属する暦年又は事業年度となります。

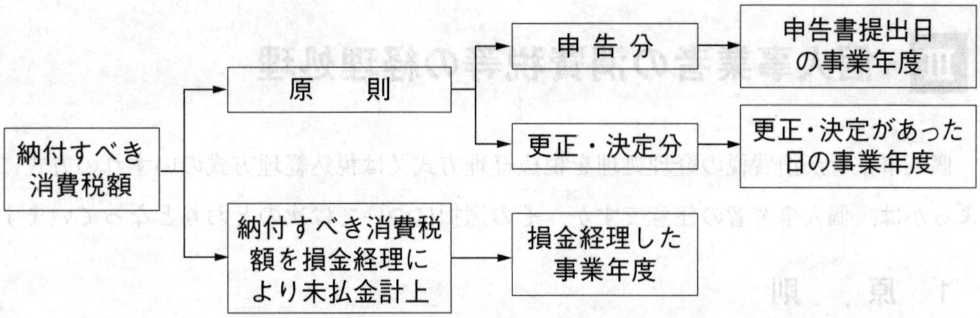
納付すべき消費税額
原　　則
申告分
申告書提出日の事業年度
更正・決定分
更正・決定があった日の事業年度
納付すべき消費税額を損金経理により未払金計上
損金経理した事業年度

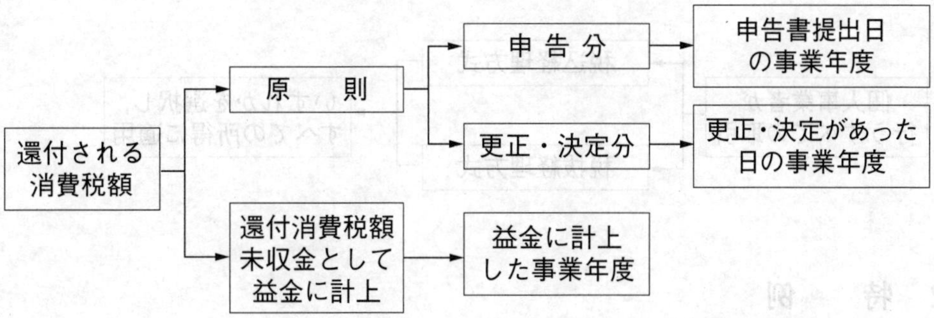
還付される消費税額
原　　則
申告分
申告書提出日の事業年度
更正・決定分
更正・決定があった日の事業年度
還付消費税額未収金として益金に計上
益金に計上した事業年度

Ⅲ　個人事業者の消費税等の経理処理

個人事業者が消費税の経理処理を税抜経理方式又は税込経理方式のいずれの方式によるかは，個人事業者の任意ですが，その選択については次のとおりとなっています。

１　原　　則

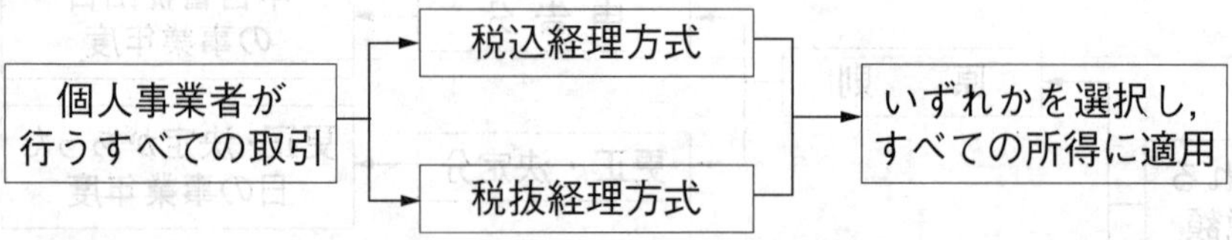

２　特　　例

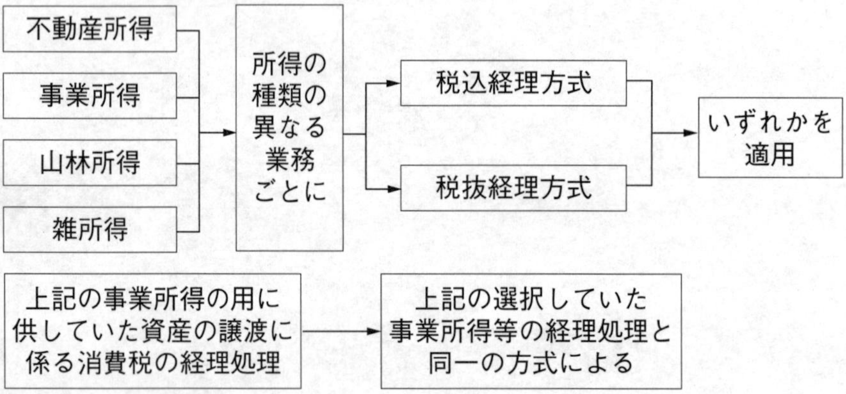

３　譲渡所得がある場合の経理処理

課税事業者である個人事業者がその事業の用に供している固定資産等を譲渡した場合には，所得税の譲渡所得課税と共に消費税が課税されます。

この場合において，その譲渡した資産に係る消費税額はその事業所得等を生ずべき業務に係る経理方式と同一の経理処理によることとなっています。

したがって，その課税事業者が税込経理方式を選択している場合には，納付すべき消費税額等は事業所得等の必要経費に算入し，一方，還付を受けるべき消費税額等については事業所得等の総収入金額に算入することとなります。

税抜経理方式を選択している場合には，その譲渡所得に係る売上税額を仮受消費税等勘定に計上し，この売上税額を含めて計算した納付すべき消費税額等を未払税金又は未払金に計上することとなります。

Ⅳ　簡易課税制度の適用を受ける場合における経理処理

1　税抜経理方式の場合

簡易課税制度を選択している課税事業者が消費税の経理処理を税抜経理方式によっている場合においては，みなし仕入率による仕入税額控除額が実額による仕入税額控除額よりも大きいときはその差額は雑収入に計上し，反対に小さいときはその差額を雑損として処理します。雑収入又は雑損の計上時期は，その課税期間を含む年とされています。

2　税込経理方式の場合

簡易課税制度を選択している課税事業者が消費税の経理処理を税込経理方式によっている場合においては，課税売上に係る消費税額からみなし仕入率による仕入税額控除額を控除して納付税額を計算します。

Ⅴ　資産の取得価額等と税抜経理方式と税込経理方式

すべての課税資産の譲渡等に消費税等が課税されることから，消費税等の経理処理により資産の取得価額や販売費一般管理費等の支出額は次のとおり処理されます。

<table>
<tr><th></th><th>税抜経理方式</th><th>税込経理方式</th></tr>
<tr><td>資産の評価</td><td>本体価格により評価</td><td>消費税額等を含めて評価</td></tr>
<tr><td>減価償却資産の取得価額</td><td rowspan="2">本体価格で判定</td><td rowspan="2">本体価格＋消費税額等</td></tr>
<tr><td>繰延資産の取得価額</td></tr>
<tr><td>少額減価償却資産</td><td>本体価格により計上</td><td>消費税額等込価額で判定</td></tr>
<tr><td>貸倒引当金の対象貸金</td><td colspan="2">帳簿価額（消費税額等込み）</td></tr>
<tr><td>交際費</td><td>控除対象外消費税額等は損金算入</td><td>消費税額等を含む</td></tr>
<tr><td>その他の課税仕入れ</td><td>本体価格</td><td>本体価格＋消費税額等</td></tr>
</table>

Ⅵ　税抜経理方式による場合の会計処理

1　取引実態と合わせた消費税等の会計処理

消費税額等の計算は消費税法及び地方税法に定められており，一方経理処理については，法人税及び所得税の通達において定められています。このため両者は基本的には一致しません。そこで，税抜経理処理を適用する場合に消費税額等の計算と経理処理を一致させるために，次のような経理処理を行うことが必要となります。

(1)　総額表示取引

①　総額表示取引の税抜本体価格については，それぞれの勘定科目を「◇◇◇（内税）勘定」で処理します。

②　総額表示取引の消費税額等5%については，「仮受消費税等（内税）」で処理します。

（売上）	売　掛　金	8,400	売上（内税）	8,000
			仮受消費税等（内税）	400
（仕入）	仕入（内税）	5,000	買　掛　金	5,250
	仮払消費税等（内税）	250		

(2)　(1)以外の取引（事業者間取引）

①　本体価格については，それぞれの勘定科目を「◇◇◇（外税）勘定」で処理します。

②　消費税額等5%については，「仮受消費税等（外税）勘定」及び「仮払消費税等（外税）勘定」で処理します。

(売上)	売　掛　金	10,500	売上（外税）	10,000
			仮受消費税等(外税)	500
(仕入)	仕入（外税）	6,000	買　掛　金	6,300
	仮払消費税等(外税)	300		

(3)　中間申告消費税額等5%の納付処理

(支払額)	仮受消費税等	150	現　預　金	150

(4)　決算処理

①　仕入税額控除額5%（仮払消費税等勘定残高)の振替

仮受消費税等　○○○　仮払消費税等　○○○

②　納付する消費税額等5%の計上

仮受消費税等　◇◇◇　未払(税)金　◇◇◇

③　仮受消費税等の清算

④　仮受消費税等勘定の貸借差額の振替

⑤　仮払消費税等の清算

(a)　控除対象外消費税額等の処理

(b)　仮払消費税等勘定の貸借差額の振替

2　税抜経理処理による消費税額等の清算

消費税等の会計処理を税抜経理処理によっている場合において，消費税法及び地方税法の規定による課税売上げに係る消費税額等と仮受消費税等勘定の残高及び課税仕入れに係る消費税額等と仮払消費税等勘定の残高とに差額が発生します。

また，簡易課税の適用を受ける場合又は経理処理を混合方式によっている場合には，仮受消費税等勘定と仮払消費税等勘定との差額と納付税額又は還付税額が一致しないことから，その一致しない金額については，その課税期間を含む事業年度の益金の額若しくは損金の額又はその年の事業所得等の総収入金額若しくは必要経費に算入します。

(1)　原則課税による端数処理

【設　例】

イ　消費税法及び地方税法の規定による税額

課税売上げに係る消費税額等　4,589,123円

仕入税額控除額（5％）　3,169,406円

ロ　勘定残高

仮受消費税等勘定　4,576,236円

仮払消費税等勘定　3,084,197円

【計　算】

イ　仕入税額控除額の振替

仮受消費税等　3,169,406　　　　仮払消費税等　3,169,406

ロ　納付税額の計上

4,589,123円－3,169,406円＝1,419,717円

仮受消費税等　1,419,700　　　　未払消費税等　1,419,700

ハ　仮受消費税等勘定の清算

4,576,236円－3,169,406円－1,419,700円＝△12,870円

租　税　公　課　12,870　　　　仮受消費税等　12,870

ニ　仮払消費税等勘定の清算

3,084,197円－3,169,406円＝△85,209円

仮払消費税等　85,209　　　　雑　収　入　85,209

(2)　簡易課税の適用を受ける場合（第２種事業）

【設　例】

イ　課税売上高　46,972,000円

ロ　課税仕入高　24,068,500円

ハ　仮受消費税等勘定　2,348,600円

ニ　仮払消費税等勘定　1,203,425円

【計　算】

イ　本来納付すべき消費税額等

2,348,600円－1,203,425円＝1,145,175円→1,145,100円

ロ　簡易課税により納付すべき消費税額等

（消費税額）

46,972,000円×4％×（1－0.8）＝375,776円→375,700円

（地方消費税額）

375,700円×25％＝93,925円→93,900円

ハ　仕入税額控除額とその振替

46,972,000円×5%×80%＝1,878,880円

仮受消費税等　1,878,880　　仮払消費税等　1,878,880

ニ　納付税額の計上

仮受消費税等　469,600　　末払消費税等　469,600

ホ　仮受消費税等勘定の清算

2,348,600円－1,878,880円－469,600円＝120円

仮受消費税等　120　　雑　収　入　20

ヘ　仮払消費税等勘定の清算

1,203,425円－1,878,880円＝△675,455円

仮払消費税等　675,455　　雑　収　入　675,455

(3)　経理処理を混合方式によっている場合

【設　例】

イ　課税売上高　1億2,000万円

ロ　課税仕入高　8,600万円

ハ　仮受消費税等勘定　600万円

ニ　仮払消費税等勘定　320万円（棚卸資産及びその他の資産に係る税額）

ホ　経費勘定に含まれる税額　110万円（税込処理）

【計　算】

イ　仕入税額控除額とその振替

仮受消費税等　4,300,000　　仮払消費税等　4,300,000

（注）320万円＋110万円＝430万円

ロ　納付税額の計上

6,000,000円－4,300,000円＝1,700,000円

仮受消費税等　1,700,000　　未　払　金　1,700,000

ハ　仮払消費税等勘定の清算

3,200,000円－4,300,000円＝△1,100,000円

仮払消費税等　1,100,000　　雑　収　入　1,100,000

3　控除対象外消費税額等の処理

(1)　控除対象外消費税等の意義

消費税において，その課税期間の課税売上高が5億円以下で，かつ，課税売上割合が95％以上である場合には，課税仕入れ等に係る消費税額の全額を課税売上げに係る消費税額から控除します。地方消費税は納付する消費税を課税標準額としているので同様の扱いとなります。

これに対して，その課税期間の課税売上高が5億円超の場合又は課税売上割合が95％未満の場合には，課税仕入れ等に係る消費税額等のうち課税売上割合に対応する金額を控除する方式(一括比例配分方式)又は課税売上げにのみ要する課税仕入れ等に係る消費税額等の全額及び課税売上・非課税売上共通の課税仕入れ等に係る消費税額等のうち課税売上割合に対応する金額を控除する方式(個別対応方式)により仕入税額を控除した場合において，控除できなかった課税仕入れ等の税額を『控除対象外消費税額等』といいます。

消費税等の経理処理を税込経理処理で行っている場合においては，消費税額等の全額が取引金額に吸収されるため，この『控除対象外消費税額等』は発生せず棚卸資産，固定資産等の取得価額，販売管理費の支払金額を通じて各事業年度の損金の額又は各年の必要経費に算入されることとなります。

これに対して，税抜経理処理を採用している場合において，その事業年度又は暦年に『控除対象外消費税額等』が生じたときには，その控除対象外消費税額等として仕入税額控除できなかった金額が仮払消費税等勘定の借方に残高として残ってしまいます。

この仮払消費税等勘定に残った控除対象外消費税額等は，その発生事業年度及びその後の事業年度の損金として処理することとなっています。

この控除対象外消費税額等は，次のように取り扱うこととなっています。

なお，この経理処理は消費税等について簡易課税制度を選択している事業者についても適用があるので注意したい。

(2)　控除対象外消費税額等の原則的な処理

控除対象外消費税額等は，資産に係るもの及び経費に係るものに区分し，資産に係るものは課税売上割合が80％以上の場合，一の資産に係る控除対象外消費税額等が20万円未満の場合及び棚卸資産に係るものについては損金経理を条件として，損金の額又は必要経費に算入され，これら以外のものは5年間の繰延処理により損金の額又は必要経費に算入します。経費に係るものはその事業年度の損金として処理することができることとなっている。これらの処理を表で示すと次のとおりです。

控除対象外消費税額等	資産に係るもの	課税売上割合が80%以上の場合	法人は損金経理を条件に損金の額に算入 個人事業者は必要経費に算入
		一の資産に係る控除対象外消費税額等が20万円未満の場合	
		棚卸資産に係るもの	
		上記以外のもの	5年以上の期間で損金経理により損金の額又は必要経費に算入
	経費に係るもの		損金の額又は必要経費に算入

（注）法人税と所得税は，それぞれ事業年度又は暦年を単位として所得金額を計算することから，消費税において短期の課税期間を採用している場合であっても控除対象外消費税額等を計算する場合の課税売上割合は，その法人の事業年度ベース又は個人の暦年ベースで再計算します。

⑶　資産に係る控除対象外消費税額等の５年間の均等償却

課税売上割合が80％以上である事業年度において生じた資産に係る控除対象外消費税額等について損金経理をしなかったもの，一の資産に係る控除対象外消費税額等が20万円未満であるもの及び棚卸資産に係る控除対象外消費税額等について損金経理しなかったもの，及びこれら以外の資産に係る控除対象外消費税額等（以下「繰延消費税額等」という。）については，その繰延消費税額等が発生した事業年度以後5年間の各事業年度において，次に掲げる算式により計算した金額を損金の額に算入します。

①　繰延消費税額等が生じた事業年度

$$\text{繰延消費税額等}\times\frac{\text{その事業年度の月数}}{60}\times\frac{1}{2}=\text{損金算入限度額}$$

②　繰延消費税額等が生じた事業年度後の事業年度

$$\text{繰延消費税額等}\times\frac{\text{その事業年度の月数}}{60}=\text{損金算入限度額}$$

（注）上記算式中の月数は，暦に従って計算し，１月未満の端数を生じたときはこれを１月とします。

なお，棚卸資産をはじめ資産に係る控除対象外消費税額等について，その発生事業年度において損金経理をしていないときは，その後の事業年度において，棚卸資産を販売し，また固定資産を譲渡し，その本体を保有していない場合でも繰延消費税額等の5年間の均等償却の適用を受けます。つまり，翌期以降においてその資産を販売，譲渡，除却等をした場合でも，その資産に係る控除対象外消費税額等はその販売等と切り放して繰延処理することとなります。

(4)　資産に係る控除対象外消費税額等の繰延消費税額等処理と取得価額処理の選択

資産に係る控除対象外消費税額等については，上記(2)の損金処理若しくは(3)の繰延消費税額等の処理又は取得価額算入のいずれかの方法を選択できますが，(2)又は(3)の処理を選択したときは，資産に係る控除対象外消費税額等の全額については，次のとおり損金処理又は繰延消費税額等処理を適用しなければなりません。

①　全部選択の場合

資産に係る控除対象外消費税額等の全額について損金処理又は繰延消費税額等処理の適用を受けます。

②　一部選択の場合

資産に係る控除対象外消費税額等の一部について損金処理又は繰延消費税額等処理の適用を受けなかった場合には，その受けなかった金額についても損金処理又は繰延消費税額等の処理の適用を受けることとなります。

③　全部不選択の場合

資産に係る控除対象外消費税額等の全額について損金処理又は繰延消費税額等処理の適用を受けない場合には，資産に係る控除対象外消費税額等を資産の個々の取得価額等に配賦します。

(5)　控除対象外消費税額等の具体的な経理処理

①　原則課税を選択している場合

(a)　課税売上割合80％以上，一の資産の控除対象外消費税額等が20万円以下，棚卸資産に係るもの及び経費に係る控除対象外消費税額等の損金経理処理

租　税　公　課　○○○　　　　仮払消費税等　○○○

(注) 交際費に係る控除対象外消費税額等は，法人税申告書別表15に加算して限度額計算を行う必要があります。

(b)　(a)以外に係る控除対象外消費税額等

(発生事業年度)

繰延消費税等　◇◇◇／仮払消費税等　◇◇◇

(当期損金算入額：10分の１償却)

繰延消費税等償却　□□□／繰 延 消 費 税 等　□□□

(2年度以後：５分の１償却)

繰延消費税等償却　△△／繰 延 消 費 税 等　△△

【計算例】

1　仮払消費税等勘定の内訳

(1)　棚卸資産の仕入れに係る税額 2,459万6,320円(課税売上分)

(2)　(1)以外の資産の購入に係る税額

Ａ資産分 500万円(共通分)

Ｂ資産分 190万円(課税売上分)

Ｃ資産分 55万円(非課税売上分)

(3)　交際費等の支払いに係る税額60万円(35万円は課税売上分，25万円は非課税売上分)

(4)　(3)以外の販売管理費の支払いに係る税額1,020万円(715万円は課税売上分，305万円は共通分)

2　課税売上割合 75%

3　個別対応方式により仕入税額控除額を計算

【計　算】

1　仕入税額控除額の計算

課税売上対応分　2,459万6,320円+190万円+35万円+715万円
= 3,399万6,320円

共通分　(500万円＋305万円)× 75% = 603万7,500円

合計額　4,003万3,820円

経理処理　仮受消費税等　40,033,820　　　仮払消費税等　40,033,820

2　控除対象外消費税額等

棚卸資産以外の資産に係るもの(初年度10分の１償却)

(500万円× 25% = 125万円) + 55万円 = 180万円

経理処理　繰 延 消 費 税　1,800,000　　　仮払消費税等　1,800,000

経理処理　繰延消費税償却　180,000　　　繰 延 消 費 税　180,000

交際費等に係るもの25万円

経理処理　租税公課　250,000　　　仮払消費税等　250,000

その他の仕入れに係るもの

経理処理　305万円×25％＝76万2,500円

経理処理　租税公課　762,500　　　仮払消費税等　762,500

仮払消費税等

棚卸資産分	24,596,320	仕入税額控除額	40,033,820
資産Ａ分	5,000,000	繰延消費税等	1,800,000
資産Ｂ分	1,900,000	交際費分	250,000
資産Ｃ分	550,000	その他分	762,500
販売管理費分	10,800,000		

② 簡易課税を選択している場合

簡易課税制度は，その課税期間中の課税資産の譲渡等に係る消費税額等(売上げに係る対価の返還等に係る消費税額等を控除した後の金額）の60％（90％，80％，70％又は50％）を課税仕入れに係る消費税額等とみなして，その課税期間の課税資産の譲渡等に係る消費税額等からその60％（90％，80％，70％又は50％）相当額を控除して納付税額を計算します。

簡易課税制度を選択適用している事業者で消費税等の経理処理を『税抜経理処理』によっている場合において，仮払消費税等勘定の借方残高が計算されるときにおけるその仮払消費税等勘定の借方残高の処理については，

(a) 簡易課税制度を適用した場合
(b) 簡易課税制度を適用しないで一般の仕入税額控除を適用する場合

の方法があります。それぞれの計算は次のとおりです。

(a) 簡易課税制度を適用した場合

この計算は，実額による仕入税額(仮払消費税等勘定の借方残高)とみなし仕入率による税額との差額を「控除対象外消費税額等」とし，この控除対象外消費税額等を繰延消費税額等と一時損金算入額に区分して計算します。この場合の税額の区分は，仮払消費税等勘定の借方残高のうち投資等に係る繰延消費税額等に対応する金額，棚卸資産その他一時損金算入額に係る消費税額に対応する金額として計算します。

【計算例】

1　課税売上高　　　　4,500万円(第４種事業)
2　非課税売上高　　　3,500万円
3　課税仕入高(税込)　　7,500万円
　　うち棚卸資産　　　　2,000万円
　　うち建物・機械　　　4,000万円
　　うち販売管理費　　　1,500万円
4　仮払消費税額等　　　　375万円

【計　算】

1　課税売上割合　　4,500万円÷(4,500万円＋3,500万円)＝56.25％

2　仮払消費税等　　375万円

3　みなし仕入率による税額　　4,500万円×５％×60％＝135万円

4　控除対象外消費税額等　　375万円－135万円＝240万円

5　繰延消費税額等(建物・機械分)

$$240\text{万円}\times\frac{200\text{万円}}{375\text{万円}}=1{,}280{,}000\text{円}$$

6　損金算入控除対象外消費税額等

$$240\text{万円}\times\frac{175\text{万円}}{375\text{万円}}=1{,}120{,}000\text{円}$$

7　繰延消費税額等の初年度の償却額

$$128\text{万円}\times\frac{12}{60}\times\frac{1}{2}=128{,}000\text{円}$$

8　２年目以降

$$128\text{万円}\times\frac{12}{60}=256{,}000\text{円}$$

【仕　訳】

仮受消費税額等	2,250,000	仮払消費税等	3,750,000
控除対象外消費税額等	2,400,000	未払消費税額等	900,000
繰延消費税額等	1,280,000	控除対象外消費税額等	1,280,000
租税公課・交際費等	1,120,000	控除対象外消費税額等	1,120,000

繰延消費税額等償却	128,000	繰延消費税額等	128,000

(b)　簡易課税制度を適用しないで一般の仕入税額控除を適用する場合

この方法は，仕入税額控除額を一般の仕入税額控除に課税売上割合を乗じた金額と仮払消費税等の金額との差額を控除対象外消費税額等とし，これを(a)と同じ基準により区分して計算します。(a)の事例を基に計算すると次のとおりとなります。

1　一般の仕入税額控除に課税売上割合を乗じた金額

375万円×56.25％＝2,109,375円

2　仮払消費税等　　375万円

3　控除対象外消費税額等　　375万円－2,109,375円＝1,640,625円

4　繰延消費税額等（建物・機械分）

$$1{,}640{,}625\text{円}\times\frac{200\text{万円}}{375\text{万円}}=875{,}000\text{円}$$

5　損金算入控除対象外消費税額等

$$1{,}640{,}625\text{円}\times\frac{175\text{万円}}{375\text{万円}}=765{,}625\text{円}$$

6　繰延消費税額等の初年度の償却額

$$328{,}125\text{円}\times\frac{12}{60}\times\frac{1}{2}=32{,}812\text{円}$$

8　２年目以降

$$328{,}125\text{円}\times\frac{12}{60}=64{,}625\text{円}$$

【仕　訳】

仮受消費税額等	2,250,000	仮払消費税等	3,750,000
控除対象外消費税額等	1,640,625	未払消費税額等	900,000
雑損失	759,375		
繰延消費税額等	875,000	控除対象外消費税額等	875,000
租税公課・交際費等	765,625	控除対象外消費税額等	765,625
繰延消費税額等償却	32,812	繰延消費税額等	32,812

第3章
税額計算

Ⅰ　課税標準額と消費税額等の計算

1　事業者間取引で外税方式により販売する場合

いわゆる外税方式により販売する場合，つまり本体価格と消費税額等を区分して領収する場合の「課税資産の譲渡等に係る決済上受領すべき金額」は，その販売形態によって次のように区分されます。

(1)　事業者に販売した複数の商品(課税資産に限る。)を一括して引き渡した場合には，これらの商品の代金として顧客から一括して受領した場合におけるその領収書(レシートその他代金の受領事実を証するものとして顧客に交付するものを含む。)に記載された金額の合計額

(2)　取引の都度掛売りをし，その掛売りの額について一定期間分をまとめて請求する場合には，一の請求書に係る金額

(3)　電気，ガス，水道水等を継続的に供給し，又は提供するもので，その一定期間分の料金をまとめて請求する場合には，一の請求書に係る金額

(4)　納品の都度請求書を発行する場合には，納品の都度発行される請求書に係る金額

(1)から(4)までの本体価格と消費税額等とを区分して領収する場合における課税標準額は，(1)から(4)までのそれぞれの金額を合計した金額となります。

次に，上記(1)から(4)までにおいて，商品の本体価格とそれに課されるべき消費税額等相当額とに区分して領収する場合において，その消費税額等の1円未満の端数の処理(切捨て，切上げ又は四捨五入)は，(1)の場合には領収書ごとに行うこととなり，(2)

から⑷までの場合には交付する請求書ごとに行うこととなります。

そして，消費税額等については，その課税期間中に端数処理した上記の消費税額等相当額の合計額となります。この場合の消費税額等の積上計算は，外税方式により販売した商品等について預かった消費税額等相当額以上の税額を支払うことはできないことから認められた方式であり，上記⑴から⑷までに掲げる本体価格の表示方法以外の販売価格の設定はすべて内税扱いとなる点に注意して下さい。

外税取引の場合において，課税売上げについては，本体価格が課税標準額となり，本体価格と区分して領収した税額（消費税額と地方消費税額の合計額）は5％相当額ですから，この税額に80％を乗じて計算した金額が売上に係る消費税額となります。

【課税標準額の計算】

本体価格の合計額＝課税標準額（千円未満切捨て）

【課税標準額に対する消費税額】

消費税額＝領収した税額の合計額×80％

2　消費者に対する総額表示義務（内税方式）による場合

⑴　内税売上で税込経理処理を行っている場合

商品の販売価格，請負金額，サービス価額など消費税の課税売上げとなる取引価格を事業者が内税価格として設定している場合のその内税金額に係る課税標準額は，その課税期間中の内税売上額の合計額に105分の100を乗じて計算した金額（1,000円未満の端数を切捨て）です。つまり，内税売上の場合には，売上の都度消費税額等を計算しないので，取引金額及び税額の端数処理はしません。

この場合の消費税額は，その課税期間中の内税売上高の合計額について計算された課税標準額に100分の4を乗じて計算します。

【課税標準額の計算】

その課税期間の内税売上高の合計額×$\frac{100}{105}$＝課税標準額（千円未満切捨て）

【課税標準額に対する消費税額】

その課税期間の課税標準額×４%＝消費税額

上記の事業者間取引及び消費者への総額表示による販売による課税標準額と消費税額の計算を示すと次のとおりとなります。

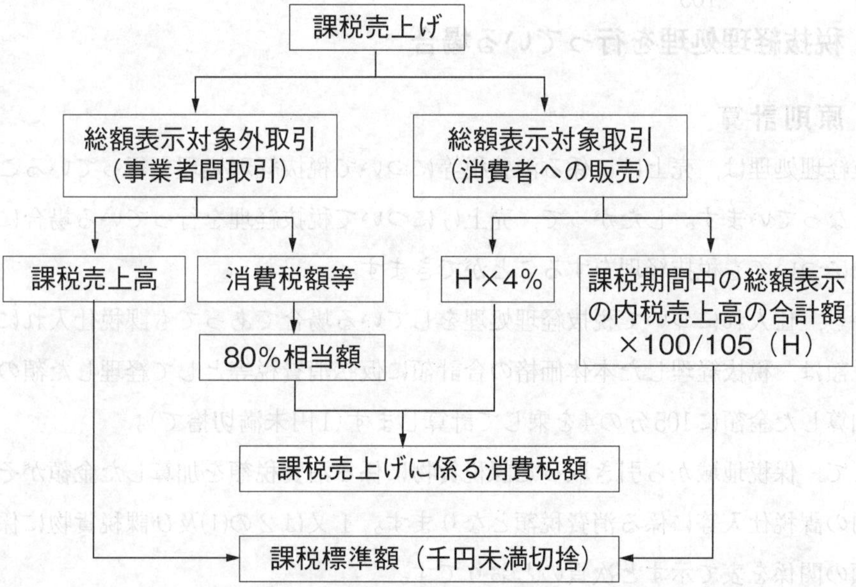

Ⅱ　課税仕入れに係る消費税額

課税仕入れに係る消費税額の具体的計算は次のとおりです。

1　原　　則

課税標準額に対する消費税額から控除する仕入れに係る消費税額は，原則として，その課税期間中に国内において行った課税仕入れに係る支払対価の額の合計額に105分の4を乗じて計算します（1円未満切捨て）。

その課税期間の課税仕入れに係る支払対価の額の合計額 $\times \frac{4}{105}$ ＝課税仕入れに係る消費税額

【計算例】

その課税期間中における課税仕入れについて支払った対価の額の合計額が，556,458,775円で，4%の税率が適用される場合

【仕入れに係る消費税額の計算】

$$556{,}458{,}775円 \times \frac{100}{105} = 21{,}198{,}429円$$

2　税抜経理処理を行っている場合

⑴　原則計算

税抜経理処理は，売上げに係る消費税等について税抜経理処理を行っていることが条件となっています。したがって，売上げについて税抜経理を行っている場合には，仕入れについても税抜経理をすることができます。

しかし，仕入れについて税抜経理処理をしている場合であっても課税仕入れに係る消費税額は，税抜経理した本体価格の合計額に仮払消費税等として経理した額の合計額を加算した金額に105分の4を乗じて計算します(1円未満切捨て)。

そして，保税地域から引き取った課税貨物に係る消費税額を加算した金額がその課税期間の課税仕入等に係る消費税額となります。１又は２の⑴及び課税貨物に係る消費税額の関係を表で示すと次頁のとおりです。

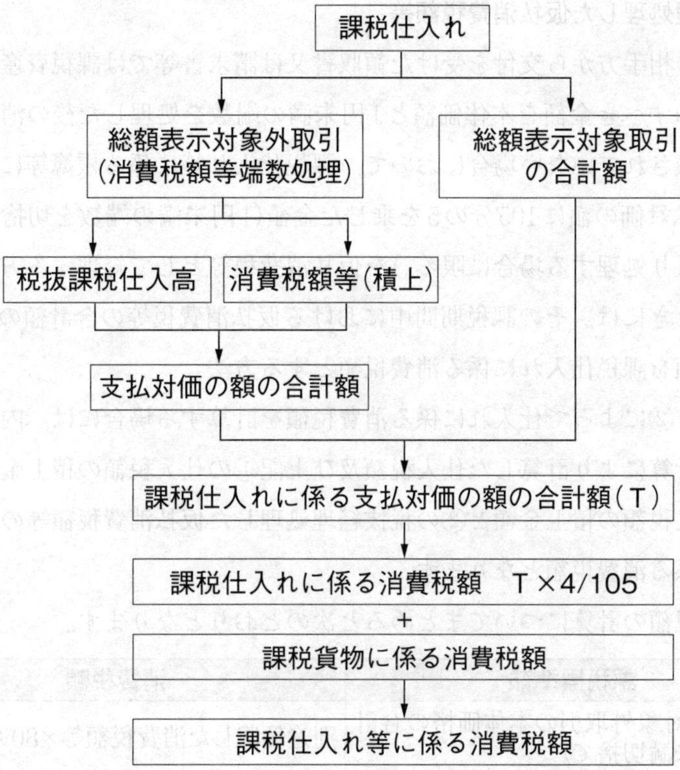

⑵　特例計算

実務上，課税仕入れの都度課税仕入れに係る支払対価の額について，税抜経理方式により課税仕入れについて税抜経理処理した金額を仮払消費税額等として処理しており，この仮払消費税等勘定に計上した仕入税額を控除額として処理できれば事務手続きの簡素化となり，法人税の経理処理と一体として処理できることとなります。

そこで，次の2方法による仕入税額の計算を認めることとして実務上の便宜を図っています(平成16，課消１－8)。

①　仕入税額の積上げ(総額表示対象外取引による仕入税額)

課税仕入れの相手方が課税資産の譲渡等に係る決済上受領すべき金額を本体価額と１円未満の端数を処理した後の消費税額等とに区分して領収する場合に作成した領収書又は請求書等において別記されているその消費税額等を仮払消費税等として経理し，その課税期間中における仮払消費税等の合計額の100分の80に相当する金額を課税仕入れに係る消費税額とする方法。

②　税抜経理処理した仮払消費税額等

課税仕入れの相手方から交付を受けた領収書又は請求書等では課税資産の譲渡等に係る決済上受領すべき金額を本体価額と１円未満の端数を処理した後の消費税額等とに区分して記載されていない場合において，課税仕入れ等に係る帳簿等により課税仕入れに係る支払対価の額に105分の５を乗じた金額（１円未満の端数を切捨て又は四捨五入の方法により処理する場合に限る。）を仮払消費税等として経理する方法を継続的に行っているときには，その課税期間中における仮払消費税等の合計額の100分の80に相当する金額を課税仕入れに係る消費税額とする方法。

なお，①及び②によって仕入れに係る消費税額を計算する場合には，内税取引について(1)の原則計算により計算した仕入税額及び上記①の仕入税額の積上金額との合計額又は①の仕入税額の積上金額と②の税抜経理処理した仮払消費税額等の合計額が課税仕入れ等に係る消費税額となります。

以上による税額の計算についてまとめると次のとおりとなります。

<table>
<tr><td rowspan="3">売上</td><td colspan="2">課税標準額</td><td>消費税額</td></tr>
<tr><td colspan="2">総額表示対象外取引の本体価格の合計額（千円未満切捨て）</td><td>別途領収した消費税額等×80%</td></tr>
<tr><td colspan="2">総額表示対象取引の内税売上高
×100／105＝T（千円未満切捨て）</td><td>T×4%</td></tr>
<tr><td rowspan="4">仕入</td><td colspan="3">仕入れに係る消費税額</td></tr>
<tr><td>原則</td><td colspan="2">その課税期間の課税仕入れに係る支払対価の額の合計額×4／10</td></tr>
<tr><td rowspan="2">特例</td><td colspan="2">総額表示対象外取引の仕入税額×80%
＋総額表示対象取引金額の合計額×4／105</td></tr>
<tr><td colspan="2">（総額表示対象外取引の仕入税額＋総額表示対象取引の消費税額等）×80%</td></tr>
</table>

第5部

消費税申告書の書き方

第1章 消費税申告書及びその付表の種類

現行の消費税及び地方消費税の申告は，次の１又は２の当該課税期間に係る消費税及び地方消費税の確定申告書を所轄税務署へ提出することにより行い，このほか消費税法第45条第5項の規定により付表を作成し，申告書に添付することになっています。

1　当該課税期間に係る消費税及び地方消費税の確定申告書(一般用)

2　当該課税期間に係る消費税及び地方消費税の確定申告書(簡易課税用)

3　付表1　旧・新税率別，消費税額計算表兼地方消費税の課税標準となる消費税額計算表(経過措置対象課税期間の譲渡等を含む課税期間用)(一般用)

4　付表2　課税売上割合・控除対象仕入税額等の計算表(一般用)

5　付表2－(2)　課税売上割合・控除対象仕入税額等の計算表(経過措置対象課税資産の譲渡等を含む課税期間用)（一般用)

6　付表4　旧・新税率別，消費税額計算表兼地方消費税の課税標準となる消費税額計算表(経過措置対象課税資産の譲渡等を含む課税期間用)(簡易課税用)

7　付表5　控除対象仕入税額の計算表(簡易課税用)

8　付表5－(2)　控除対象仕入税額の計算表(消費税の税額及び地方消費税の課税標準となる消費税額の計算用)（経過措置対象課税資産の譲渡等を含む課税期間用）（簡易課税用)

9　還付申告明細書

消費税の還付申告に関する明細書(個人事業者用)

消費税の還付申告に関する明細書(法人用)

これらによる申告書及び付表は，一般課税用と簡易課税用とに区分されており，これには平成９年４月１日以後の課税資産の譲渡等又は課税仕入れ等で税率４％（地方消費税込５％）のみの取引について使用するものと税率４％（地方消費税込５％）のほか消費税法の経過措置の規定により３％の税率が適用されるもの（以下「経過措置対象課税資産の譲渡等」若しくは「経過措置対象課税仕入れ等」又は「経過措置対象取引」という。）がある場合に使用するものとがあります。

上記の申告書と付表の組み合わせ及び関係は次のとおりです。

【一般課税用】

<table>
<tr><th></th><th>経過措置対象取引がある場合</th><th>4%のみの場合</th></tr>
<tr><td>申告書</td><td colspan="2">当該課税期間に係る消費税及び地方消費税の確定申告書（一般用）</td></tr>
<tr><td rowspan="2">付　表</td><td>付表1　旧・新税率別，消費税額計算表兼地方消費税の課税標準となる消費税額計算表（経過措置対象課税期間の譲渡等を含む課税期間用）（一般用）</td><td>付表2　課税売上割合・控除対象仕入税額等の計算表（一般用）</td></tr>
<tr><td>付表2−(2)　課税売上割合・控除対象仕入税額等の計算表（経過措置対象課税期間の譲渡等を含む課税期間用）（一般用）</td><td></td></tr>
<tr><td>還付明細書</td><td colspan="2">消費税の還付申告に関する明細書（法人用・個人事業者用）</td></tr>
<tr><td rowspan="5">計算書</td><td colspan="2">消費税の課税標準額及び消費税額の計算書（法人用）（P.458）</td></tr>
<tr><td colspan="2">課税売上割合の計算書（法人用）（P.460）</td></tr>
<tr><td colspan="2">課税仕入れに係る消費税額の計算書（法人用）（P.465）</td></tr>
<tr><td colspan="2">調整対象固定資産の調整計算書（P.468）</td></tr>
<tr><td colspan="2">個人事業者の消費税の原則課税計算書（P.481）</td></tr>
</table>

【簡易課税用】

<table>
<tr><th></th><th>経過措置対象取引がある場合</th><th>4%のみの場合</th></tr>
<tr><td>申告書</td><td colspan="2">当該課税期間に係る消費税及び地方消費税の確定申告書（簡易課税用）</td></tr>
<tr><td rowspan="2">付　表</td><td>付表4　旧・新税率別，消費税額計算表兼地方消費税の課税標準となる消費税額計算表（経過措置対象課税期間の譲渡等を含む課税期間用）（簡易課税用）</td><td>付表5　控除対象仕入税額の計算表（簡易課税用）</td></tr>
<tr><td>付表5−(2)　控除対象仕入税額の計算表（消費税の税額及び地方消費税の課税標準となる消費税額の計算用）（経過措置対象課税期間の譲渡等を含む課税期間用）（簡易課税用）</td><td></td></tr>
<tr><td>計算書</td><td colspan="2">簡易課税計算書（P.476）</td></tr>
</table>

第2章
申告書作成のための資料整理

消費税及び地方消費税の申告書作成に当たっては，事業者のその課税期間における課税売上高及び課税仕入れに関して，その価格設定(総額表示対象取引，総額表示対象外外税取引)，取引形態，経理処理(税込経理処理，税抜経理処理)を確認し，さらに申告書作成のための付表との関連から次のような資料整理が必要となります。本書では，この資料収集と計算のため次の計算書を用意し，申告書作成の利便を図っています。

第１節　消費税の課税標準額及び消費税額の計算書

Ⅰ　消費税の計算書１(以下「計算書１」)

１　課税売上げについて(消法28)

まず，課税売上げに関する取引を事業者間(外税)取引と総額表示対象取引(内税取引)に区分し，さらに旧税率３％の課税対象となる取引がある場合には，３％の課税対象取引を確認してから次の処理を行います。

⑴　事業者間(外税)取引

課税資産の譲渡等について事業者間(外税)取引について，本体価格と消費税額等とを区分して領収している場合には，本体価格の合計額が課税標準額のベースとなり，一方区分して領収した消費税額等は積上集計した金額が課税売上に係る消費税額等のベースとなります。したがって，事業者間(外税)取引による販売形態を採用している場合には，計算書1の事業者間(外税) 取引の全部について本体価格及び消費税額等を集計します。

この集計において，課税標準額は売上対価の返還等の金額を控除する前の金額，一方，課税売上割合を計算する場合の課税売上高は売上対価の返還等の金額を控除した後の金額であることから，この計算書１では双方が計算できるよう区分しています。

消費税に関する経理処理を税抜経理処理で行っている場合には，事業者間(外税)取引に関する消費税等は，「仮受消費税等勘定」などの勘定科目で処理しておくことが必要です。

一方，税込経理処理を行っている場合には，事業者間(外税)取引に関しては，いわゆる総勘定元帳による管理ではなく，別途「事業者間(外税)取引該当取引管理帳」などによって本体価格及び消費税額等を管理することが必要です。

(2)　総額表示対象取引(内税取引)

課税資産の譲渡等において，消費税額等を別途表示しない内税販売やイの総額表示対象外取引(外税取引) の販売で税額相当額を値引きしたり，10円未満，100円未満の端数金額を切り捨てたような場合には，消費税法においてはすべて総額表示対象外外税取引(内税取引)として扱うこととなっています。したがって，(1)の事業者間(外税)取引に該当する販売形態以外の販売については、総額表示対象取引(内税取引)として扱われますので，税込経理処理及び税抜経理処理のいかんにかかわらず，すべて内税金額を集計する必要があります。

なお，税抜経理処理を行っている場合には，売上勘定及び仮受消費税等勘定に内税取引であることを示すコードや名称をつけておくことが必要です。例えば，「内税売上(本体価格) 勘定」，「仮受消費税等(内税分) 勘定」などで識別する必要があります。一方，税込経理処理においては，売上勘定をそのまま消費税等の内税売上高として集計すればよいでしょう。

2　輸出免税売上高(消法7)

消費税において，輸出取引は免税取引となっており，いわゆる課税標準額には含みませんが，課税売上割合の計算には含めることとなっています。また，非課税資産のうち一定の輸出取引は，課税売上割合の計算に含め，さらに海外支店への資産の移送分についても課税売上割合の計算に含めます。

そこで，計算書1では付表2及び付表2－⑵の課税売上割合の計算と付表1の課税標準額，さらにこれらの取引について生じた売上対価の返還等の税抜金額を計算できるよう作成してあります。

3　売上対価の返還等（消法38）

課税資産及び非課税資産に係る売上対価の返還等については，課税売上割合の計算においてはそれぞれの売上高から控除することとなっていますから，会計処理上売上対価の返還等を別途処理している場合には，その売上対価の返還等の金額（税込経理処理の場合には，その返還等の金額，税抜経理処理の場合には，税抜きした本体価格とその消費税額等の合計額）を管理集計する必要があります。
なお，勘定科目による管理集計が可能であれば勘定科目からの集計でよいでしょう。

4　貸倒関係（消法39）

課税売上高に係る債権について貸倒れが発生した場合，また貸倒処理した債権を回収できた場合には，それぞれその貸倒れに係る消費税額等，回収した債権に係る消費税額等は，いずれも売上に係る消費税額等に加算・減算することとなっていますが，この貸倒れについては，得意先元帳や債権管理帳等で管理していることからその記録により処理を行います。なお，貸倒れに関しては消費税額等を計算するというルールになっているので注意が必要です。

【事例1】　一般課税適用（課税標準額及び消費税額等の計算資料）

(1)	棚卸資産の販売	事業者間取引	本体価格	451,368,200円
			消費税額等（５％）	22,568,410円
		総額表示取引	内税金額	387,766,420円
(2)	賃貸ビル賃貸収入		本体価格	60,000,000円
			消費税額等（５％）	3,000,000円
(3)	商品補修等収入	総額表示取引		12,600,000円
(4)	売上対価の返還等	事業者間取引	本体価格	5,448,330円
			消費税額等（５％）	272,390円
		総額表示取引	内税金額	3,338,610円
(5)	貸倒損失額	５％対象取引		5,000,000円
(6)	貸倒回収額	５％対象外		1,220,800円
(7)	海外への輸出売上額			87,258,950円
(8)	海外子会社への機械の輸出			50,000,000円
(9)	非課税売上	土地の譲渡対価の額		59,424,000円
		有価証券の譲渡対価の額		23.545,900円
		金融資産の受取利息		1,030,100円

5　計算書１の記入要領

事業者間（外税）取引の外税売上高の本体価格451,368,200円は，計算書１の①の行Ａ欄に記入します。外税売上高の消費税額22,568,410円は，計算書１の①の行Ｂ欄に記入します。

商品等の総額表示対象取引（内税売上高）の税込金額387,766,420円を計算書１の①の行Ｃの欄に記入します。

賃貸ビル賃貸収入の外税売上高の本体価格60,000,000円は，計算書１の②の行Ａ欄に記入します。外税売上高の消費税額3,000,000円は，計算書１の②の行Ｂ欄に記入します。

商品補修等収入の総額表示取引金額12,600,000円は，計算書１の③の行Ｃの欄に記入します。

その他の資産の譲渡等の総額表示取引金額38,766,420円は，計算書１の⑤の行Ｃ欄に記入します。

計算書１の⑥の行ＡからＤは次により記入します。

まず，Ａの欄はそれぞれＡ欄の①から⑤の金額の合計額を円位の金額511,368,200円を，Ｂの欄はそれぞれＢ欄の①から⑤の金額の合計額を円位の金額25,568,410円を，Ｃ欄は①から⑤のＣ欄の金額の合計額51,366,420円の105分の100相当額48,920,400円を記入します。Ｄ欄は空欄のままとしておきます。

⑦の行Ａ欄は，⑥のＡ欄511,368,200円の千円未満を切り捨てた511,368千円を，⑦の行Ｂ欄は，⑥のＢ欄の25,568,410円を記入します。⑦の行Ｃ欄は，⑥の行Ｃ欄48,920,400円の千円未満を切り捨てた48,920千円を記入します。⑦の行Ｄ欄は，Ｃ欄の48,920千円に４％を乗じた消費税額1,956,800円を記入します。

⑦の行「課税標準額」欄は，⑦の行Ａ欄511,368千円と⑦の行Ｃ欄48,920千円の合計額560,288千円を記入します。この合計額560,288千円を申告書付表１の①Ｂ欄に転記します。

⑦の行「消費税額」欄は，⑦のＢ欄25,568,410円の80％相当額と⑦のＤ欄1,956,800円の合計額22,411,528円を記入します。この合計額22,411,528円を申告書付表１④のＢ欄に転記します。

売上対価の返還等の金額については，⑧・⑨に記入します。

⑧のＡ欄には対価の返還等の税抜価額5,448,305円を記入します。⑧のＢ欄には対価の返還等の消費税額272,390円を記入します。

⑨のＢ欄は，税込対価の返還等の合計額(⑧のＡ欄＋⑧のＢ欄) 5,720,720円の105分の100相当額5,448,304円を，⑨のＤ欄は同じく合計額5,720,720円の105分の４相当額217,932円を記入します。217,932円は申告書付表１⑨のＢ欄に転記します。

⑩欄の課税売上高は，⑥のＡ欄の金額511,368,200円に⑥のＣ欄の金額48,920,400円を加算し，その金額560,288,600円から⑨のＢ欄の金額5,448,304円を控除した金額554,840,296円になり，申告書付表２①又は申告書付表２－⑵①Ｂに転記します。

貸倒発生額の消費税額は，5,000,000円の105分の４相当額190,476円を⑪のＢ欄へ，貸倒回収額の消費税額は，1,220,800円の105分の４相当額46,507円を⑪のＤ欄に記入します。

法人名

消費税の課税標準額及び消費税額の計算書１

課税期間　　自　平成24年４月１日　　至　平成25年３月31日

	売上区分		事業者間（外税）取引		総額表示対象取引	
			本体価格Ａ	消費税額等Ｂ	税込価格Ｃ（税抜価額）	（消費税額等Ｄ）
４％課税対象分	棚卸資産等売上高	①	451,368,200	22,568,410	38,766,420	
	資産の賃貸料収入	②	60,000,000	3,000,000		
	サービス対価の額	③			12,600,000	
	みなし譲渡の対価の額	④				
	その他の資産の譲渡等の対価	⑤			38,766,420	
	小計	⑥	（①～⑤）の合計額 511,368,200	（①～⑤）の合計額 25,568,410	（①～⑤）×100/105 48,920,400	⑥Ｃ×４％
	課税標準額と消費税額（付表１①Ｂ及び④Ｂ）へ	⑦	511,368 千円	25,568,410 円	48,920 千円	1,956,800 円
			課税標準額	⑦Ａ＋⑦Ｃ（千円） 560,288	消費税額	⑦Ｂ×80%＋⑦Ｄ（円） 22,411,528
	⑥に係る対価の返還等の金額（付表１⑨Ｂ）へ	⑧	5,448,330	272,390		
		⑨	⑧の合計額×100/105	5,448,304	⑧×4/105	217,932
	課税売上高	⑩	⑥Ａ＋⑥Ｃ−⑨Ｂ（付表２①又は付表２−⑵①Ｂ）へ			554,840,296
	貸倒処理（付表１⑩Ｂ・⑦Ｂ）へ	⑪	発生額×４/105	190,476	回収額×4/105	46,507
３％課税対象分	３％課税対象分（付表１②Ａ及び⑤Ａ）へ	⑫				
			課税標準額	⑫Ａ＋⑫Ｃ×100/103	消費税額	⑫Ｂ＋⑫Ｃ×3/103
	⑫に係る対価の返還等（付表１⑨Ａ）へ	⑬				
		⑭	（⑬合計金額×100/103）		（⑬合計金額×3/103）	
	３％の課税売上高（付表２−⑵①Ａ）へ	⑮	⑬Ａ＋⑫Ｃ×100/103−⑬Ｂ			
	３％の貸倒処理（付表１⑩Ａ・⑦Ａ）へ	⑯	発生額×3/103		回収額×3/103	
課税売上高（⑩＋⑮）		⑰	（付表２①及び付表２−⑵①）へ			554,840,296
輸出免税売上高		⑱	（付表２②及び付表２−⑵②）へ			87,258,950
非課税資産の輸出の金額		⑲	（付表２③及び付表２−⑵③）へ			50,000,000
課税資産の譲渡等の対価の額 ⑰＋⑱＋⑲		⑳	（付表２④⑤及び付表２−⑵④⑤）へ			692,099,246
非課税資産の譲渡等の対価の額		㉑	（付表２⑥及び付表２−⑵⑥）へ			61,631,395

（注）㉑欄の非課税売上高の計算において，有価証券は譲渡対価の額の５％を計上します。

Ⅱ　課税売上割合計算書２（以下「計算書２」）

この計算書は，消費税の仕入税額控除の計算方法である「個別対応方式」又は「一括比例配分方式」において適用する課税売上割合を算定するためのものです。

Ⅰの**計算書１**の⑰から㉑までの課税売上高，輸出免税売上，非課税資産の輸出及び非課税売上高の資料を基に課税売上割合の計算書を作成します。その課税期間の課税売上高が年換算額で５億円を超える事業者及び5億円以下で，かつ，課税売上割合95％未満の事業者は，常に仕入税額控除の計算を上記の「個別対応方式」又は「一括比例配分方式」のいずれかの方法で計算することとされ，その計算に当たって適用するのが課税売上割合です。

上記事例１の資料により課税売上割合計算書を作成すると次のとおりです。

課税売上割合の計算書2

項目		金額（円）	備考
課税資産の譲渡等の合計額	①	554,840,296	税抜価額：円位まで計算のこと
輸出売上高	②	87,258,950	輸出証明があるもの
非課税資産の輸出売上高	③		有価証券・支払手段・金銭債権等の輸出額を除く。
海外支店への資産の積送高	④	50,000,000	輸出証明があるもの
小　　計（①～④）	⑤	692,099,246	申告書⑮の課税資産の譲渡等の対価の額の欄へ
土地の譲渡収入・地代収入	⑥	59,424,000	
有価証券の譲渡収入の５％	⑦	1,177,295	有価証券・登録国債等・ＣＤ・ＣＰ：５％
出資・抵当証券の譲渡収入	⑧		
買現先の売戻債権差額（差益）	⑨		売現先の譲渡対価は含まない。
買現先の売戻債権差額（差損）	⑩	△	
貸付金等の受取利息その他金融収入：保険料収入：共済掛金収入	⑪	1,030,100	金銭債権等の譲受対価の額は原則として利子の額，預金利子，公社債の利子，貸付金利子，信用保証料，抵当証券の利息，合同運用信託の収益分配金，定期積金の給付補填金，割引債（利付債）の利子，割引債の償還差益，手形の割引料，物上保証料，有価証券の品貸料，割賦販売手数料その他非課税とされる利子等
国債の償還差損	⑫	△	
商品券，プリペイドカード等	⑬		原始発行は課税対象外収入
身体障害者用物品の譲渡等	⑭		譲渡，貸付け，制作の請負，修理
住宅家賃	⑮		契約ベスが要件，社宅，転貸を含む。
その他の非課税資産の譲渡等	⑯		社会保険診療報酬，社会福祉事業，学校教育，助産，埋葬・火葬料等をいい，支払手段，金銭債権，特別引出権の譲渡を除く。
小　　計（⑥～⑯）	⑰	61,631,395	
合　　計（⑤＋⑰）	⑱	753,730,641	申告書⑯の資産の譲渡等の対価の額の欄へ
課税売上割合（⑤÷⑱）	⑲	0.91823154	95%以上：仕入税額の全額控除 95%未満：個別対応方式又は一括比例配分方式

（注）課税売上高及び非課税売上高の計算において対価の返還等の金額を控除します。

Ⅲ　課税仕入れ等に係る消費税額の計算書３

（以下「計算書３」という。）

1　課税仕入れ等に関する経理処理

課税仕入れに係る税額の計算は，個別通達（平成16年2月29日課消1-8ほか）により次のいずれかの方法により計算します。

⑴　消費税法第30条の規定による「原則計算」

課税仕入れに係る支払対価の額 $\times \frac{4}{105}\left(\frac{3}{103}\right)$ ＝仕入税額

⑵　「原則計算」と「総額表示対象外外税取引による請求額に係る消費税額の積上計算」

課税仕入れに係る支払対価の額 $\times \frac{4}{105}$ ＋ 総額表示対象外外税取引の積上消費税額（5％×80％＋3％） ＝仕入税額

⑶　「総額表示対象外（外税取引）による請求額に係る消費税額の積上計算」と「総額表示対象（内税取引）の税抜経理処理の消費税額

総額表示対象外（外税取引）の積上消費税額（5％×80％＋3％） ＋ 税抜経理処理の消費税額（5％×80％＋3％） ＝仕入税額

そこで，これらの経理処理のうちどの方法によって経理処理を行っているかを確認する必要があります。

2　課税仕入れの区分

課税仕入れに関して，毎日の経理処理のなかで課否判定を行っている場合には，各勘定科目ごとに処理された課税仕入れについて税込支払対価の額（税込経理処理を行っている場合には，その勘定科目の中で課税仕入れとして処理された金額の合計額，税抜経理処理を行っている場合には，各勘定科目の中で課税仕入れとして処理した税抜金額の合計額に仮払消費税等の金額を加算をした金額）を集計します。この集計のために「計算書３」を使用します。特に，資産購入に関してはその集計漏れをしないように注意が必要です。

課税貨物に係る消費税額については，輸入申告書控等の書類によってその税額を確認することができます。この場合の消費税額は，国内取引である課税仕入れとは別途処理するものですから，計算書３においては別枠で処理するように作成してあります。

次に，課税仕入れに係る消費税額及び課税貨物に係る消費税額について，その課税期間の課税売上高が年換算額で５億円を超える事業者及び5億円以下で，かつ，課税売上割合95％未満の事業者の場合には，これらの消費税額を「課税売上げにのみ要するもの」，「非課税売上げにのみ要するもの」及び「課税売上げ及び非課税売上げに共通して要するもの」に区分する必要があります。この区分は，課税仕入を行った時点で判定することとされていますが，この区分については第2部第2章第2節「仕入れ」の項を参照して下さい。

なお，これらの区分をすべて経理処理に委ねることはできないので，消費税の計算のための管理表を別途作成しておくことが必要です。

【事例２】　一般課税（課税仕入れ）

１	棚卸資産の仕入れ	事業者間取引	本体価格	346,881,457円
			消費税額等（５％）	17,344,065円
		総額表示取引	内税金額	68,587,850円
	税額区分	棚卸資産の仕入れは，すべて課税売上にのみ要するもの		
２	賃貸ビル管理費用		本体価格	7,200,000円
			消費税額等（５％）	360,000円
	税額区分	管理費用の支払は，すべて課税売上にのみ要するもの		
３	商品補修等関係仕入れ			
		総額表示取引		444,000円
	税額区分	補修関係支払は，すべて課税売上にのみ要するもの		
４	仕入の対価の返還等	事業者間取引	本体価格	2,226,120円
			消費税額等（５％）	111,255円
		総額表示取引	内税金額	1,578,360円
	税額区分	対価の返還は，すべて課税売上にのみ要するもの		
５	販売費	すべて課税売上にのみ要するもの		18,639,423円
６	一般管理費	課税売上にのみ要するもの		6,921,470円
		非課税売上げにのみ要するもの		2,242,700円
		共通に要するもの		4,525,600円
７	海外子会社へ輸出した機械の仕入れ			52,500,000円

３　課税仕入れに係る消費税額の計算書３の記入要領

課税仕入れに係る消費税額の計算を消費税法第30条の規定による場合，つまりすべての課税仕入れに係る支払対価の額の合計額を基礎として，その金額の105分の4を仕入税額控除額とする場合には，次により計算書を作成します。

まず，支払対価の額を事業者間（外税）取引によって相手先から請求されたものと総額表示対象取引（内税取引）金額として請求されたものを計算書①から④までその区分に従い各金額欄に記入します。

商品等仕入れの事業者間（外税）取引の本体価額346,881,457円，消費税額17,344,065円，内税取引価額68,587,850円をそれぞれ①のＡ欄からＤ欄までに記入します。

以上の要領で外注費，販売管理費，営業外費用，資産購入その他の取引について事業者間（外税）取引の本体価格と消費税額，総額表示対象取引（内税取引）の税込価額をそれぞれ計算書2の②から⑤のＡ欄からＣ欄までに記入します。

仕入の対価の返還等については，⑥の行のＡ欄からＤ欄にマイナス記入し，⑥のＡからＤの金額をそれぞれ①から⑤までの合計額から控除した金額を⑦のＡ欄からＤ欄に記入します。

計算書3の⑦のＡ欄からＤ欄の金額の合計額521,730,830円を⑧のＤ欄に記入します。⑧のＤ欄に記入した課税仕入れに係る支払対価の額521,730,830円の105分の4相当額19,875,460円を計算書3の⑨のＢ欄に記入します。

これらの課税仕入れに係る支払対価の額及び課税仕入れに係る消費税額を付表2－⑵の③と⑨のＢ欄に記入します。

次に，３％適用分の取引がある場合には，その支払対価の額と消費税額を計算書3の⑪のＡ欄とＢ欄に記入します。これをベースとして３％適用分の支払対価の額とその消費税額を⑬の欄に記入します。

これらの課税仕入れに係る支払対価の額及び課税仕入れに係る消費税額を付表2－⑵の③と⑨のＡ欄に記入します。

課税貨物に係る消費税額は，輸入申告書控に記載された消費税額を基礎として計算します。

課税貨物に係る消費税額を計算書３⑩のＢ欄及び⑯のＢ欄に記載します。この金額を付表2－⑵の⑮に記入します。

課税仕入れに係る消費税額及び課税貨物に係る消費税額の用途区分を経理処理又は個別区分管理表などにより「課税売上にのみ要するもの」「非課税売上にのみ要するもの」「課税・非課税に共通して要するもの」に課税仕入れ等の都度区分することが今後の消費税の実務処理において最も重要な項目となることは間違いないことから，これらに対処するマニュアルを早急に作成し，関係部署に配布説明することが必要となります。

なお，課税仕入れ等の用途区分については，本書第２部の「課否判定」において説明してありますので参照ください。

法人名

課税仕入れに係る消費税額の計算書３

課税期間　　　自　平成24年４月１日　　　至　平成25年３月31日

☑ １　原則計算（消法30）を選択している。

□ ２　総額表示対象外取引の消費税額の積上計算と総額表示対象取引に原則計算を選択している。

□ ３　総額表示対象外取引の消費税額の積上計算と総額表示対象取引に税抜経理を選択している。

仕入区分（課税対象分）				事業者間（外税）取引		総額表示対象取引	
				本体価格Ａ	消費税額等Ｂ	税込価格Ｃ（税抜価格）	（消費税額等Ｄ）
４％課税対象分	棚卸資産仕入		①	円 346,881,457	円 17,344,065	円 68,587,850	円
	賃貸ビル賃貸管理費用		②	7,200,000	360,000		
	補修関係仕入れ		③			444,000	
	販売費・一般管理費		④			32,329,193	
	資産購入その他		⑤	50,000,000	2,500,000		
	仕入に係る対価の返還等		⑥	-2,226,120	-111,255	-1,578,360	△
	差引計（①～⑥）		⑦	401,855,337	20,092,810	99,782,683	
	支払対価の合計額		⑧	⑦（Ａ＋Ｂ＋Ｃ＋Ｄ）の合計額		付表２⑧又は２－⑵⑧Ｂへ	521,730,830
	１を選択	付表２⑨又は２－⑵⑨Ｂへ	⑨	⑧Ｄ×4/105	19,875,460	課税売上用	19,617,620
	２を選択			⑦Ｂ×80％＋（⑦Ｃ＋⑦Ｄ）×4/105		非課税売上用	85,436
	３を選択			（⑦Ｂ＋⑦Ｄ）×80％		共通用	172,403
	課税貨物に係る消費税額		⑩	付表２⑩又は２－⑵⑩Ｂへ	2,500,000		
３％課税対象分	課税仕入れの支払対価		⑪				
	仕入に係る対価の返還等		⑫	△	△	△	△
	差引計（⑪－⑫）		⑬				
	支払対価の合計額		⑭	⑬（Ａ＋Ｂ＋Ｃ＋Ｄ）の合計額		付表２－⑵⑧Ａへ	
	１を選択	付表２－⑵⑨Ａへ	⑮	⑭Ｄ×3/103		課税売上用	
	２を選択			⑬Ｂ＋（⑬Ｃ＋⑬Ｄ）×3/103		非課税売上用	
	３を選択			⑬Ｂ＋⑬Ｄ		共通用	
	課税貨物に係る消費税額		⑯	付表２－⑵⑩Ａへ			

Ⅳ　調整対象固定資産の調整計算書４（以下「計算書４」）

1　課税売上割合が著しく変動した場合の調整（消法34）

調整対象固定資産を購入した課税期間において，比例配分法によってその調整対象固定資産に係る消費税額の控除を受けた場合において，その課税期間を含めて３年間の通算課税売上割合が著しく変動した場合には，当初の仕入税額控除額の調整を必要とします。この場合の調整対象固定資産の調整計算を計算書４で行います。

この計算に当たっては，調整対象固定資産の税抜本体価額，その消費税額とその控除額及び取得期間から３年間の毎年の課税売上割合が計算上必要です。

これらの資料をベースとして計算書４によって調整計算を行います。

2　調整対象固定資産の転用（消法35）

調整対象固定資産を課税業務用として取得した後３年以内に非課税業務用に全部転用した場合，反対に非課税業務用として取得した後３年以内に課税業務用に全部転用した場合にはその課税仕入等に係る消費税額の調整が必要となります。

この場合の調整計算を計算書４で行います。

この計算に当たっては，調整対象固定資産の税抜本体価額，その消費税額とその控除額及び取得時期と転用時期が計算上必要です。これらの資料をベースとして計算書4によって調整計算を行います。

【事例３】

1　課税売上割合の著しい変動による調整計算

項　　目	前々事業年度	前事業年度	当事業年度
1　調整対象固定資産の取得（税込）	577,500,000円	－	－
2　課税売上高（税抜価額）	2,400,000円	2,400,000円	2,400,000円
3　非課税売上高	0円	48,000,000円	52,800,000円

2　課税売上割合の全部転用

平成Ｘ－1年4月15日に取得した課税業務用コンピュータ（取得価額2,500,000円，消費税額４％100,000円）を平成Ｘ年10月20日に非課税業務用へ全部転用した。

調整対象固定資産の調整計算書

資産の種類		取得年月日	平成　　年　　月　　日	取得価額	
用　途	課税売上用：非課税売上用：共通用	転用年月日	平成　　年　　月　　日		

＜通算課税売上割合が著しく変動した場合の調整計算＞

調整対象基準税額（取得時の消費税額）		T	27,500,000 円
通算課税売上割合と各年の課税売上割合の計算			
通算課税期間中の課税資産の譲渡等の対価の額	前々年：平成　　年の課税資産の譲渡等の対価の額	1	2,400,000 円
	前　年：平成　　年の課税資産の譲渡等の対価の額	2	2,400,000 円
	当　年：平成　　年の課税資産の譲渡等の対価の額	3	2,400,000 円
	合計額（1+2+3）	4	7,200,000 円
通算課税期間中の資産の譲渡等の対価の額	前々年：平成　　年の資産の譲渡等の対価の額	5	2,400,000 円
	前　年：平成　　年の資産の譲渡等の対価の額	6	50,400,000 円
	当　年：平成　　年の資産の譲渡等の対価の額	7	55,200,000 円
	合計額（5+6+7）	8	108,000,000 円
第一年度（前々年：平成　　年）の課税売上割合（1÷5）		9	100 %
通算課税売上割合（4÷8）		10	6.666666666667 %

課税売上割合が50%以上増加した場合

1. 変動率

{ (10)　　%－ (10)　　%} ÷ (9) 6　　%＝　　%≧50%

2. 変動差

(9)　　%－ (10)　　%＝ 6　　%≧5%

3. 調整税額

（調整対象税額）　　円×（通算課税売上割合）　　%－（当初の控除税額）　　円＝　　　円

付表２⑱へ

課税売上割合が50%以上減少した場合

1. 変動率

{ (9) 100　%－ (10) 6.667　%} ÷ (9) 100　%＝　93.33 %≧50%

2. 変動差

(9) 100　%－ (10) 6.667　%＝　93.33 %≧5%

3. 調整税額

（当初の控除税額）27,500,000 円－（調整対象税額）27,500,000 円×（通算課税売上割合）6.6666　%＝　25,666,666　円

付表２⑱へ

＜調整対象固定資産を転用した場合＞

課税業務用（X−1年4月）→非課税業務用（X年10月）		非課税業務用（　　年　　月）→課税業務用（　　年　　月）	
1年以内の転用 （調整対象税額）　　円×3/3＝	6　付表２⑲へ 円	1年以内の転用 （調整対象税額）　　円×3/3＝	付表２⑲へ 円
2年以内の転用 （調整対象税額）100,000 円×２/3＝	円） 66,666 円	2年以内の転用 （調整対象税額）　　円×２/3＝	円） 円
3年以内の転用 （調整対象税額）　　円×1/3＝	円	3年以内の転用 （調整対象税額）　　円×1/3＝	円

Ⅴ　免税事業者から課税事業者となった場合又は課税事業者から免税事業者となった場合の棚卸資産に係る消費税額の調整(消法36)

1　免税事業者から課税事業者となった場合には，課税事業者となる直前に所有していた棚卸資産は課税事業者となった後は課税売上げとなることから，その棚卸資産に含まれる消費税額を課税事業者となった課税期間の売上げに係る消費税額から控除します。

2　反対に，課税事業者から免税事業者となった場合には，免税事業者となる日の前日に所有している棚卸資産は免税事業者となった後は免税売上げとなることから，その棚卸資産に含まれるその課税期間における課税仕入れ等に係る消費税額は，その課税期間の仕入に係る消費税額から控除することとなっています。

これらの計算は，付表2及び付表2－(2)において計算します。

Ⅵ　付表及び申告書の記入例

上記1から3までの**事例**を基礎として消費税の申告書及びその付表の記入例を示すと次のとおりです。

付表２　課税売上割合・控除対象仕入税額等の計算表

課税期間	・　・　～　・　・	氏名又は名称	

項目		金額
課税売上額（税抜き）	①	554,840,296 円
免税売上額	②	87,258,950
非課税資産の輸出等の金額、海外支店等へ移送した資産の価額	③	50,000,000
課税資産の譲渡等の対価の額（①＋②－③）	④	※申告書の⑮欄へ 692,099,246
課税資産の譲渡等の対価の額（④の金額）	⑤	692,099,246
非課税売上額	⑥	61,631,395
資産の譲渡等の対価の額（⑤＋⑥）	⑦	※申告書の⑯欄へ 753,730,641
課税売上割合（④／⑦）		〔91.823153836%〕※端数切捨て
課税仕入れに係る支払対価の額（税込み）	⑧	※注2参照 521,730,830
課税仕入れに係る消費税額（⑧×4／105）	⑨	※注3参照 19,875,460
課税貨物に係る消費税額	⑩	2,500,000
納税義務の免除を受けない（受ける）こととなった場合における消費税額の調整（加算又は減算）額	⑪	
課税仕入れ等の税額の合計額（⑨＋⑩±⑪）	⑫	22,375,460
課税売上高が5億円以下、かつ、課税売上割合が9.5%以下の場合　（⑫の金額）	⑬	
課税売上高が5億円超又は課税売上割合が95%未満の場合　個別対応方式　⑫のうち、課税売上げにのみ要するもの	⑭	22,117,620
課税売上高が5億円超又は課税売上割合が95%未満の場合　個別対応方式　⑫のうち、課税売上げと非課税売上げに共通して要するもの	⑮	172,403
課税売上高が5億円超又は課税売上割合が95%未満の場合　個別対応方式　個別対応方式により控除する課税仕入れ等の税額〔⑭＋（⑮×④／⑦）〕	⑯	22,275,925
課税売上高が5億円超又は課税売上割合が95%未満の場合　一括比例配分方式により控除する課税仕入れ等の税額（⑫×④／⑦）	⑰	
控除税額の調整　課税売上割合変動時の調整対象固定資産に係る消費税額の調整（加算又は減算）額	⑱	
控除税額の調整　調整対象固定資産を課税業務用（非課税業務用）に転用した場合の調整（加算又は減算）額	⑲	
差引　控除対象仕入税額〔(⑬、⑯又は⑰の金額)±⑱±⑲〕がプラスの時	⑳	※申告書の④欄へ 22,275,925
差引　控除過大調整税額〔(⑬、⑯又は⑰の金額)±⑱±⑲〕がマイナスの時	㉑	※申告書の③欄へ
貸倒回収に係る消費税額	㉒	※申告書の③欄へ 190,476

注意 1　金額の計算においては，１円未満の端数を切り捨てる。

付表１　旧・新税率，消費税額計算表
兼地方消費税の課税標準となる消費税額計算表

（経過措置対象課税資産の譲渡等を含む課税期間用）

課税期間	24・4・1～ 25・3・31	氏名又は名称	

区分			旧税率適用分 A	税率４％適用分 （地方消費税の課税標準となる消費税額）B	合計 （A＋B） （消費税の税額）C
課税標準額	税率4%適用分	①		円 560,288,000	円 560,288,000
	旧税率適用分	②	円 ０００		０００
	計 （①＋②）	③	０００	560,288,000	※申告書の①欄へ 560,288,000
消費税額	税率4%適用分 （①×4%）	④		22,411,528	22,411,528
	旧税率適用分	⑤			
	計 （④＋⑤）	⑥		22,411,528	※申告書の②欄へ 22,411,528
控除過大調整税額		⑦	※付表2-(2)の㉑・㉒Ａ欄の合計金額	※付表2-(2)の㉑・㉒Ｂ欄の合計金額 190,476	※申告書の③欄へ 190,476
控除税額	控除対象仕入税額	⑧	※付表2-(2)の⑳Ａ欄の金額	※付表2-(2)の⑳Ｂ欄の金額 22,275,925	※申告書の④欄へ 22,275,925
	返還等対価に係る税額	⑨		217,932	※申告書の⑤欄へ 217,932
	貸倒れに係る税額	⑩		46,507	※申告書の⑥欄へ 46,507
	控除税額小計 （⑧＋⑨＋⑩）	⑪		22,540,364	※申告書の⑦欄へ 22,540,364
控除不足還付税額 （⑪－⑥－⑦）		⑫		※申告書の⑰欄へ	
差引税額 （⑥＋⑦－⑪）		⑬		※申告書の⑱欄へ 61,640	61,640
合計差引税額 （⑬－⑫）		⑭			※マイナスの場合は申告書の⑧欄へ ※プラスの場合は申告書の⑨欄へ 61,640

●消費税申告書（一般用）平成24年４月１日以後に開始する課税期間用

第27－(1)号様式

平成　年　月　日　（収受印）	税務署長殿
納税地	（電話番号　－　－　）
（フリガナ）	コウ　カブシキガイシャ
名称又は屋号	甲《コウ》　株式会社《カブシキガイシャ》
（フリガナ）	コウヤマ　タロウ
代表者氏名又は氏名	甲山《コウヤマ》　太郎《タロウ》　㊞
経理担当者氏名	○川　△雄

※税務署処理欄			
一連番号		翌年以降送付不要	
所管	要否	整理番号	
申告年月日	平成　年　月　日		
申告区分	指導等	庁指定	局指定
通信日付印	確認印	省略年月日	
年　月　日		年　月　日	
指導年月日	相談	区分1	区分2　区分3
平成			

自　平成24年4月1日
至　平成25年3月31日

課税期間分の消費税及び地方消費税の（　確定　）申告書

（中間申告の場合の対象期間　自　平成　年　月　日　至　平成　年　月　日）

この申告書による消費税の税額の計算

項目	番号	金額（十兆 千 百 十 億 千 百 十 万 千 百 十 一円）	欄
課税標準額	①	560288000	03
消費税額	②	22411528	06
控除過大調整税額	③	190476	07
控除税額　控除対象仕入税額	④	22275925	08
控除税額　返還等対価に係る税額	⑤	217932	09
控除税額　貸倒れに係る税額	⑥	46507	10
控除税額　控除税額小計（④+⑤+⑥）	⑦	22540364	
控除不足還付税額（⑦－②－③）	⑧		13
差引税額（②+③－⑦）	⑨	61600	15
中間納付税額	⑩	00	16
納付税額（⑨－⑩）	⑪	61600	17
中間納付還付税額（⑩－⑨）	⑫	00	18
この申告書が修正申告である場合　既確定税額	⑬		19
この申告書が修正申告である場合　差引納付税額	⑭	00	20
課税売上割合　課税資産の譲渡等の対価の額	⑮	692099246	21
課税売上割合　資産の譲渡等の対価の額	⑯	753730641	22

この申告書による地方消費税の税額の計算

項目	番号	金額	欄
地方消費税の課税標準となる消費税額　控除不足還付税額（⑧）	⑰		51
地方消費税の課税標準となる消費税額　差引税額（⑨）	⑱	61600	52
譲渡割額　還付額（⑰×25％）	⑲		53
譲渡割額　納税額（⑱×25％）	⑳	15400	54
中間納付譲渡割額	㉑	00	55
納付譲渡割額（⑳－㉑）	㉒	15400	56
中間納付還付譲渡割額（㉑－⑳）	㉓	00	57
この申告書が修正申告である場合　既確定譲渡割額	㉔		58
この申告書が修正申告である場合　差引納付譲渡割額	㉕	00	59
消費税及び地方消費税の合計（納付又は還付）税額	㉖	77000	60

㉖＝（⑪＋㉒）－（⑧＋⑫＋⑲＋㉓）・修正申告の場合㉖＝⑭＋㉕
㉖が還付税額となる場合はマイナス「－」を付してください。

付記事項				
割賦基準の適用	有	○	無	31
延払基準等の適用	有	○	無	32
工事進行基準の適用	有	○	無	33
現金主義会計の適用	有	○	無	34
課税標準額に対する消費税額の計算の特例の適用	○	有	無	35

参考事項			
控除税額の計算方法	課税売上高５億円超又は課税売上割合95％未満	○	個別対応方式
			一括比例配分方式（41）
	上記以外		全額控除
①・②の内訳　課税標準額	4％分	560,288千円	
	旧税率分　3％分	千円	
		千円	
①・②の内訳　消費税額	4％分	円	
	旧税率分　3％分	22,411,528円	
		円	
基準期間の課税売上高		円	

還付を受けようとする金融機関等		
銀行／金庫・組合／農協・漁協	本店・支店／出張所／本所・支所	
預金	口座番号	
ゆうちょ銀行の貯金記号番号	－	
郵便局名等		

※税務署整理欄

税理士署名押印	㊞（電話番号　－　－　）
○	税理士法第30条の書面提出有
○	税理士法第33条の2の書面提出有

平成九年四月一日以後終了課税期間分（一般用）

（注）　調整対象固定資産については，含めていません。

【付表１，付表２・２－⑵・申告書（一般用）の記入の対応表】

付表1	付表２・２－⑵	申告書
＜課税標準額の欄＞ ①　税率４％課税分 ②　旧税率課税分		課税標準額①
＜消費税額の欄＞ ④　税率４％課税分 ⑤　旧税率課税分		消費税額②
	①　課税売上割合（税抜き） ②　免税売上高 ③　非課税資産の輸出等の金額 海外支店へ移送した資産の価額	
	④⑤　課税資産の譲渡等の 対価の額	⑮　課税資産の譲渡等 の対価の額
	⑥　非課税売上額	
	⑦　資産の譲渡等の対価の額	⑯　資産の譲渡等の対 価の額
	＜課税仕入れ等の税額の合計額＞ ⑧　課税仕入れ等に係る支払対価 の額（税込み） ⑨　課税仕入れに係る消費税額 ⑩　課税貨物に係る消費税額 ⑪　納税義務の免除を受けない（受 ける）こととなった場合における消 費税額の調整（加算又は減算）額 ⑫　課税仕入れ等の税額の合計額 ＜控除税額の欄＞ ⑬　課税売上高が５億円以下，かつ， 課税売上割合が95%以下の場合 ⑭⑮⑯⑰　課税売上高が５億円超 又は，課税売上割合が 95%未満の場合 ⑱⑲　控除税額の調整	
⑧　控除対象仕入税額	⑳　控除対象仕入税額	④　控除対象仕入税額
⑦　控除過大調整税額	㉑　控除過大調整税額 ㉒　貸倒回収に係る消費税額	③　控除過大調整税額
⑨　返還等対価に係る 税額		⑤　返還等対価に係る 税額
⑩　貸倒れに係る税額		⑥　貸倒れに係る税額

【事例４】　簡易課税

項　　　　　目	取　引　金　額		税額（5%）	
1　商品の他の事業者への販売	本体価格	8,065,200円	消費税額等	403,296円
2　商品の消費者への販売	税込金額	9,057,200円		
3　自社製造の事業者への販売	本体価格	4,089,450円	消費税額等	204,470円
4　自社製品の消費者への販売	税込金額	25,967,550円		
5　販売商品・製品の修理収入	税込金額	2,489,200円		
6　売上対価の返還等				
(1)　商品の他の事業者への販売分の返品	本体価格	115,600円	消費税額等	5,780円
(2)　商品の消費者への販売値引き	税込金額	189,200円		
(3)　自社製造の事業者への販売分の返品	本体価格	48,300円	消費税額等	2,415円
(4)　自社製品の消費者への販売値引き	税込金額	415,480円		
7　消費者販売のうち貸倒損失	税込金額	350,000円		
8　消費者販売の貸倒回収額	税込金額	550,000円		

【解　説】

上記の簡易課税の税額計算を「簡易課税計算書５」「付表５　控除対象仕入税額の計算表」及び「消費税申告書（簡易課税用）」で示すと次のとおりです。

簡易課税制度の特徴は，仕入税控除税額を売上げに係る消費税額に法定のみなし仕入率を乗じて算定するところにあります。この場合の計算のポイントは，次のとおりです。

(1)　「控除対象仕入税額計算の基礎となる消費税額」を総売上高に対する消費税額に貸倒の回収に係る消費税額を加算し，その加算後の金額から売上対価の返還等に係る消費税額を控除して計算すること。つまり，貸倒れに係る消費税額を仕入税額控除の計算に反映していることに注意して，476頁の簡易課税計算書の㉗「控除対象仕入税額計算の基礎となる消費税額」の計算で確認してください。

(2)　次にみなし仕入率を算定するためのそれぞれの課税売上高をそれぞれの総売上高から売上対価の返還等に係る消費税額を控除して計算すること。次頁の簡易課税計算書の⑱はそれぞれの事業ごとの売上対価の返還等の金額を控除した金額の合計額として計算しています。

この⑱の課税売上高に対する消費税額についても課税標準宅に対する消費税額㉔から売上対価の返還等に係る消費税額㉖を控除して㉗に記載しています。

(3)　仕入税額控除の計算の基礎となるみなし仕入率を，①原則計算，②１事業で75％以上の場合の計算及び③２種類の事業合計で75％以上の場合の計算をそれぞれ計算し，これらのうち最も大きい金額を仕入控除税額として計算します。

●簡易課税計算書

			税抜課税売上高（A）円	消費税額（円）5%		4%
第一種	税抜総売上高	①	8,065,200			322,637
	対価の返還等	②	115,600			4,624
	差引（①−②）	③	7,949,600		⑲	318,013
	申告書には千円未満四捨五入：（%は③/⑱）　16.8%					
第二種	税抜総売上高	④	8,625,904			345,036
	対価の返還等	⑤	180,190			7,207
	差引（④−⑤）	⑥	8,445,714		⑳	337,829
	申告書には千円未満四捨五入：（%は⑥/⑱）　17.9%					
第三種	税抜総売上高	⑦	28,820,450			1,152,816
	対価の返還等	⑧	441,924			17,676
	差引（⑦−⑧）	⑨	28,378,526		㉑	1,135,140
	申告書には千円未満四捨五入：（%は⑨/⑱）　60.1%					
第四種	税抜総売上高	⑩	2,370,666			94,827
	対価の返還等	⑪	0			0
	差引（⑩−⑪）	⑫	2,370,666		㉒	94,827
	申告書には千円未満四捨五入：（%は⑫/⑱）　5.0%					
第五種	税抜総売上高	⑬	0			0
	対価の返還等	⑭	0			0
	差引（⑬−⑭）	⑮	0		㉓	0
	申告書には千円未満四捨五入：（%は⑮/⑱）					
課税標準額と税額（①＋④＋⑦＋⑩＋⑬）		⑯	47,882,000	外税取引の税額＋内税の課税標準額×税率	㉔	1,915,315
貸倒回収額の５%・４%					㉕	20,952
返還等の金額（②＋⑤＋⑧＋⑪＋⑭）		⑰	737,714	外税取引の税額＋内税の課税標準額×税率	㉖	29,507
課税売上高と消費税額（⑯−⑰）		⑱	47,144,286		㉗	1,885,808
控除対象仕入税額計算の基礎となる消費税額（㉔＋㉕−㉖）					㉘	1,906,760
仕入税額控除額	原則：㉘×｛⑲×90%＋⑳×80%＋㉑×70%＋㉒×60%＋㉓×50%｝÷㉗				㉙	1,423,611
	(A)のうち１事業で75%以上の場合：㉘×該当事業のみなし仕入率				㉚	0
	(A)のうち２つの事業75%以上の場合	１種と２種：㉘×｛⑲×90%＋（㉗−⑲）×80%｝÷㉗				
		１種と３種：㉘×｛⑲×90%＋（㉗−⑲）×70%｝÷㉗				1,399,041
		１種と４種：㉘×｛⑲×90%＋（㉗−⑲）×60%｝÷㉗				
		１種と５種：㉘×｛⑲×90%＋（㉗−⑲）×50%｝÷㉗				
		２種と３種：㉘×｛⑳×80%＋（㉗−⑳）×70%｝÷㉗				1,368,890
		２種と４種：㉘×｛⑳×80%＋（㉗−⑳）×60%｝÷㉗				
		２種と５種：㉘×｛⑳×80%＋（㉗−⑳）×50%｝÷㉗				
		３種と４種：㉘×｛㉑×70%＋（㉗−㉑）×60%｝÷㉗				
		３種と５種：㉘×｛㉑×70%＋（㉗−㉑）×50%｝÷㉗				
		４種と５種：㉘×｛㉒×60%＋（㉗−㉒）×50%｝÷㉗				
	仕入控除税額（上記のうち大きい金額）				㉛	1,423,611
貸倒れに係る消費税額					㉜	13,333
差引計の税額（㉔+㉕-㉖-㉛-㉜）					㉝	469,800
中間納付額					㉞	0
納付税額					㉟	469,800
地方消費税額（㉝×25%）					㊱	117,400
地方消費税中間納付額					㊲	0
合計納付税額（㉟+㊱−㊲）					㊳	587,200

● 付表５　控除対象仕入税額の計算表

課税期間	・　～　・	氏名又は名称	

項目		金額
課税標準額に対する消費税額（申告書②欄の金額）	①	1,915,315 円
貸倒回収に係る消費税額（申告書③欄の金額）	②	20,952
売上対価の返還等に係る消費税額（申告書⑤欄の金額）	③	29,590
控除対象仕入税額計算の基礎となる消費税額（①＋②－③）	④	1,906,677
１種類の事業の専業者の場合〔控除対象仕入税額〕 ④×みなし仕入率（90％・80％・70％・60％・50％）	⑤	※申告書④欄へ

2種類以上の事業を営む事業者の場合

課税売上高に係る消費税額：区分		事業区分別の課税売上高（税抜き）	売上割合		左の課税売上高に係る消費税額
事業区分別の合計額	⑥	※申告書「事業区分」欄へ　47,142,440 円		⑥	(①-③)　1,885,725 円
第一種事業（卸売業）	⑦	※　〃　7,949,600	％ 16.8	⑦	253,462
第二種事業（小売業）	⑧	※　〃　8,445,714	17.9	⑧	337,829
第三種事業（製造業等）	⑨	※　〃　28,376,460	60.1	⑨	1,135,057
第四種事業（その他）	⑩	※　〃　2,370,666	5.0	⑩	94,827
第五種事業（サービス業等）	⑪	※　〃		⑪	

控除対象仕入税額の計算式区分			算出額
原則計算を適用する場合 ④×みなし仕入率 〔（⑬×90％＋⑭×80％＋⑮×70％＋⑯×60％＋⑰×50％）／⑫〕		⑱	1,423,611 円
特例計算を適用する場合：1種類の事業で75％以上 （⑦/⑥・⑧/⑥・⑨/⑥・⑩/⑥・⑪/⑥）≧75％ ④×みなし仕入率（90％・80％・70％・60％・50％）		⑲	
2種類の事業で75％以上：（⑦＋⑧）/⑥≧75％	④×［⑬×90％＋（⑫－⑬）×80％］/⑫	⑳	
（⑦＋⑨）/⑥≧75％	④×［⑬×90％＋（⑫－⑬）×70％］/⑫	㉑	1,399,041
（⑦＋⑩）/⑥≧75％	④×［⑬×90％＋（⑫－⑬）×60％］/⑫	㉒	
（⑦＋⑪）/⑥≧75％	④×［⑬×90％＋（⑫－⑬）×50％］/⑫	㉓	
（⑧＋⑨）/⑥≧75％	④×［⑭×80％＋（⑫－⑭）×70％］/⑫	㉔	1,368,890
（⑧＋⑩）/⑥≧75％	④×［⑭×80％＋（⑫－⑭）×60％］/⑫	㉕	
（⑧＋⑪）/⑥≧75％	④×［⑭×80％＋（⑫－⑭）×50％］/⑫	㉖	
（⑨＋⑩）/⑥≧75％	④×［⑮×70％＋（⑫－⑮）×60％］/⑫	㉗	
（⑨＋⑪）/⑥≧75％	④×［⑮×70％＋（⑫－⑮）×50％］/⑫	㉘	
（⑩＋⑪）/⑥≧75％	④×［⑯×60％＋（⑫－⑯）×50％］/⑫	㉙	
【控除対象仕入税額】 選択可能な計算方式による⑱～㉙の内から選択した金額		㉚	※申告書④欄へ　1,423,611

注意１　金額の計算においては，１円未満の端数を切り捨てる。

● 消費税申告書(簡易課税用)

第27－(2)号様式

平成　年　月　日　　税務署長殿

収受印

納税地	(電話番号　－　－　)
(フリガナ) 名称又は屋号	乙川《オツカワ》　株式会社《カブシキガイシャ》
(フリガナ) 代表者氏名又は氏名	乙△　伸○　㊞
経理担当者氏名	丙○　春□

※税務署処理欄

一連番号			翌年以降送付不要	
所管	要否	整理番号		
申告年月日	平成　年　月　日			
申告区分	指導等	庁指定	局指定	
通信日付印	確認印	省略年月日		
年　月　日		年　月　日		
指導年月日	相談	区分1	区分2	区分3
平成				

㊂

自 平成24年 4月 1日
至 平成25年 3月31日

課税期間分の消費税及び地方消費税の(　確定　)申告書

(中間申告の場合の対象期間　自 平成　年　月　日　至 平成　年　月　日)

平成九年四月一日以後終了課税期間分(簡易課税用)

この申告書による消費税の税額の計算

(十 兆 千 百 十 億 千 百 十 万 千 百 十 一円)

課税標準額		①	47882000	03
消費税額		②	1915315	06
貸倒回収に係る消費税額		③	20952	07
控除税額	控除対象仕入税額	④	1423611	08
	返還等対価に係る税額	⑤	20957	09
	貸倒れに係る税額	⑥	13333	10
	控除税額小計(④+⑤+⑥)	⑦	1466451	
控除不足還付税額(⑦−②−③)		⑧		13
差引税額(②+③−⑦)		⑨	469800	15
中間納付税額		⑩	00	16
納付税額(⑨−⑩)		⑪	469800	17
中間納付還付税額(⑩−⑨)		⑫	00	18
この申告書が修正申告である場合	既確定税額	⑬		19
	差引納付税額	⑭	00	20
この課税期間の課税売上高		⑮		21
基準期間の課税売上高		⑯		

この申告書による地方消費税の税額の計算

地方消費税の課税標準となる消費税額	控除不足還付税額(⑧)	⑰		51
	差引税額(⑨)	⑱	469800	52
譲渡割額	還付額(⑰×25%)	⑲		53
	納税額(⑱×25%)	⑳	00	54
中間納付譲渡割額		㉑	117400	55
納付譲渡割額(⑳−㉑)		㉒	00	56
中間納付還付譲渡割額(㉑−⑳)		㉓	117400	57
この申告書が修正申告である場合	既確定譲渡割額	㉔		58
	差引納付譲渡割額	㉕	00	59
消費税及び地方消費税の合計(納付又は還付)税額		㉖	587200	60

㉖＝(⑪＋㉒)－(⑧＋⑫＋⑲＋㉓)・修正申告の場合㉖＝⑭＋㉕
㉖が還付税額となる場合はマイナス「－」を付してください。

付記事項

項目	有	無	
割賦基準の適用		○	31
延払基準等の適用		○	32
工事進行基準の適用		○	33
現金主義会計の適用		○	34
課税標準額に対する消費税額の計算の特例の適用	○		35

参考事項

事業区分	課税売上高(免税売上高を除く) 千円	売上割合 %	
第1種	7,949	16.8	36
第2種	8,445	17.9	37
第3種	28,378	60.1	38
第4種	2,370	5.0	39
第5種		.	42
計	47,142		

特例計算適用(令57③)　有　無　40

①・②の内訳

課税標準額	4％分	47,882	千円
	旧税率分 3％分		千円
			千円
消費税額	4％分	1,915,315	円
	旧税率分 3％分		円
			円

還付を受けようとする金融機関等

銀行 金庫・組合 農協・漁協		本店・支店 出張所 本所・支所
預金	口座番号	
ゆうちょ銀行の貯金記号番号	－	
郵便局名等		

※税務署整理欄

税理士署名押印　㊞
(電話番号　－　－　)

税理士法第30条の書面提出有
税理士法第33条の2の書面提出有

【付表５　申告書（簡易課税用）の対応表】

付表５	申告書（簡易課税用）
	①　課税標準額
①　課税標準額に対する消費税額	②　消費税額
②　貸倒回収に係る消費税額	③　貸倒回収に係る消費税額
③　売上対価の返還等に係る消費税額	⑤　返還等対価に係る消費税額
	⑥　貸倒れに係る税額
④　控除対象仕入税額計算の基礎となる消費税額（①＋②－③）	
⑥～⑰　課税売上高に係る消費税額の計算	
⑱～㉙　控除対象仕入税額の計算式区分	
㉚　控除対象仕入税額	④　控除対象仕入税額

【事例5】　個人事業者の一般課税による消費税の計算

1　事業所得は，生鮮食品小売業で，内税価格により販売しています。

2　不動産所得は，駐車場賃貸と貸事務所で，外税価格と内税価格が混在しています。

3　経理処理は，いずれも税込経理処理をしています。

4　事業及び不動産の銀行預金の利息が25,220円あります。

勘定科目	事業所得	不動産所得
	税込金額（円）	税込金額（円）
売上高	63,569,220	14,443,680
雑収入	248,760	
自家消費	600,000	
事業用固定資産の譲渡	1,000,000	
商品仕入金額	31,094,550	
荷造運賃	368,740	
水道光熱費	1,586,334	
旅費交通費	457,800	
通信費	266,480	
広告宣伝費	420,000	240,000
接待交際費	174,630	
修繕費	555,400	1,336,000
消耗品費	1,687,300	
福利厚生費	136,970	
地代（駐車場賃借）	240,000	
貸倒損失	150,000	
雑費	669,780	360,000
固定資産購入	2,100,000	2,789,400

【解　説】

個人事業者の消費税では，その個人に帰属する所得を10種類に分類し，その所得のうち独立，継続，反復して行う資産の譲渡等が対象となります。したがって，一般的には，事業所得，不動産所得及びこれらの所得のために保有する固定資産の譲渡，並びに雑所得による課税資産の譲渡等が消費税の課税対象となります。

個人事業者が複数以上の所得を有する場合であっても消費税では，これらの所得がその個人に帰属することから消費税の課税対象となる所得を全て合算して課税標準及び消費税額を計算します。

上記の資料により，個人事業者の消費税を「個人事業者の消費税の原則課税計算書６」を使って計算すると次のとおりとなります。

この計算書６は，所得税の事業所得の決算書及び不動産所得の決算書に併せて作成してありますので，決算書の各勘定科目の金額が内税か外税かを確認して順次記入・計算をしていけば消費税申告書の基礎資料を作成することができます。

●　個人事業者の消費税の原則課税計算書６

勘定科目（金額は内税価格）		事業所得 イ	不動産所得 その他 ロ	非課税取引 課税対象外 ハ	税込取引金額 イ＋ロ−ハ＝ニ
売上高（収入金額）	Ⓐ	63,569,220	14,443,680		78,012,900
家事消費・雑収入	Ⓑ	828,760			828,760
事業用資産の譲渡収入	Ⓒ	1,000,000			1,000,000
課税売上高	Ⓓ	65,397,980	14,443,680		79,841,660
課税標準額	Ⓔ	Ⓓニ　79,841,660		円×100/105	76,039,000
消費税額	Ⓕ	Ⓔニ　76,039,000		円×４％	3,041,500
貸倒回収に係る税額	Ⓖ	回収額		円×4/105	
期首棚卸高	Ⓗ	課税事業者：期首棚卸額×4/105　→　加算			
期末棚卸高	Ⓘ	免税事業者：期末棚卸額×4/105　→　減算			
商品仕入高	①	31,094,550			31,094,550
荷造運賃	②	368,740			368,740
水道光熱費	③	1,586,334			1,586,334
旅費交通費	④	457,800			457,800
通信費	⑤	266,480			266,480
広告宣伝費	⑥	420,000	240,000		660,000
接待交際費（慶弔費除外）	⑦	174,630			174,630
修繕費	⑧	555,400	1,336,000		1,891,400
消耗品費（軽油税除外）	⑨	1,687,300			1,687,300
福利厚生費	⑩	136,970			136,970
店舗家賃・駐車場代	⑪	240,000			240,000
雑費	⑫	669,780	360,000		1,029,780
事業用資産の購入	⑬	2,100,000	2,789,400		4,889,400
その他の課税仕入れ	⑭				0
課税仕入れの合計額	⑮	①から⑭の合計額			44,483,384
仕入税額の計算	⑯	⑮ニ　44,483,384		円×4/105＋Ⓗ−Ⓘ	1,694,600
貸倒損失に係る税額	⑰	150,000		円×4/105	5,714

● 消費税申告書

第27－(1)号様式

平成　年　月　日　収受印	税務署長殿
納税地	（電話番号　－　－　）
（フリガナ） 名称又は屋号	富○商店
（フリガナ） 代表者氏名又は氏名	富○　山△　㊞
経理担当者氏名	

※税務署処理欄				
一連番号			翌年以降送付不要	○
所管	要否	整理番号		
申告年月日	平成　年　月　日			
申告区分	指導等	庁指定	局指定	
通信日付印 年　月　日	確認印	省略年月日 年　月　日		
指導年月日 平成	相談	区分1	区分2	区分3

平成九年四月一日以後終了課税期間分（一般用）

自 平成25年1月1日
至 平成25年12月31日

課税期間分の消費税及び地方消費税の（　確定　）申告書

（中間申告の場合の対象期間　自 平成　年　月　日　至 平成　年　月　日）

この申告書による消費税の税額の計算			
課税標準額	①	76039000	03
消費税額	②	3041500	06
控除過大調整税額	③		07
控除税額：控除対象仕入税額	④	1694600	08
控除税額：返還等対価に係る税額	⑤		09
控除税額：貸倒れに係る税額	⑥	5714	10
控除税額：控除税額小計（④＋⑤＋⑥）	⑦	1700314	
控除不足還付税額（⑦－②－③）	⑧		13
差引税額（②＋③－⑦）	⑨	1341100	15
中間納付税額	⑩	00	16
納付税額（⑨－⑩）	⑪	1341100	17
中間納付還付税額（⑩－⑨）	⑫	00	18
この申告書が修正申告である場合：既確定税額	⑬		19
この申告書が修正申告である場合：差引納付税額	⑭	00	20
課税売上割合：課税資産の譲渡等の対価の額	⑮	76039676	21
課税売上割合：資産の譲渡等の対価の額	⑯	76039676	22
この申告書による地方消費税の税額の計算			
地方消費税の課税標準となる消費税額：控除不足還付税額（⑧）	⑰		51
地方消費税の課税標準となる消費税額：差引税額（⑨）	⑱	1341100	52
譲渡割額：還付額（⑰×25%）	⑲		53
譲渡割額：納税額（⑱×25%）	⑳	335200	54
中間納付譲渡割額	㉑	00	55
納付譲渡割額（⑳－㉑）	㉒	335200	56
中間納付還付譲渡割額（㉑－⑳）	㉓	00	57
この申告書が修正申告である場合：既確定譲渡割額	㉔		58
この申告書が修正申告である場合：差引納付譲渡割額	㉕	00	59
消費税及び地方消費税の合計（納付又は還付）税額	㉖	1676300	60

㉖＝（⑪＋㉒）－（⑧＋⑫＋⑲＋㉓）・修正申告の場合㉖＝⑭＋㉕
㉖が還付税額となる場合はマイナス「－」を付してください。

付記事項				
割賦基準の適用	有	○ 無	31
延払基準等の適用	有	○ 無	32
工事進行基準の適用	有	○ 無	33
現金主義会計の適用	有	○ 無	34
課税標準額に対する消費税額の計算の特例の適用	有	○ 無	35

参考事項			
控除税額の計算方法	課税売上高5億円超又は課税売上割合95%未満	個別対応方式 / 一括比例配分方式	41
	上記以外	○ 全額控除	

①・②の内訳			
課税標準額	4%分		千円
課税標準額	旧税率 3%分		千円
			千円
消費税額	4%分		円
消費税額	旧税率 3%分		円
			円
基準期間の課税売上高			円

還付を受けようとする金融機関等	
銀行・金庫・組合・農協・漁協	本店・支店・出張所・本所・支所
預金	口座番号
ゆうちょ銀行の貯金記号番号	－
郵便局名等	

※税務署整理欄

税理士署名押印	㊞ （電話番号　－　－　）
○	税理士法第30条の書面提出有
○	税理士法第33条の2の書面提出有

第3章
申告書作成事例

【ケース１】　一般法人（原則課税：課税売上割合95％以上）税抜経理処理

【設　例】

１　納税地　　東京都台東区秋葉原１－２－３
２　社　名　　Ａ株式会社
３　代表者　　磯山健夫
４　資本金　　３億円
５　業　種　　家庭用電気器具小売業
６　課税期間　平成24年４月１日から平成25年３月31日
７　販売方法等

商品販売は，事業者間（外税）販売と消費者への総額表示対象取引（内税販売）の組み合わせであり，経理処理については事業者間（外税）販売に係る消費税等は「仮受消費税等（外税）勘定」で，内税販売に係る消費税等（月次税抜経理処理）は，「仮受消費税等（内税）勘定」でそれぞれ処理しています。

課税仕入れについては，すべて「仮払消費税等勘定」によって税抜経理処理を行い，課税仕入れに係る勘定科目についてはその税抜価額を管理集計しています。当社の仕入税額控除は，消費税法第30条の原則計算によっています。

8　売上関係資料（４％対象取引）　　　　　　　　　　　　　　　　　　　　　　　（単位：円）

科　　目	事業者間（外税）販売		総額表示対象取引	
	本体価格	消費税額等(5%)	税抜価格	消費税額等(5%)
商品等売上高	533,658,110	26,682,905	211,428,571	10,571,428
みなし譲渡			1,904,761	95,238
資産売却	50,000,000	2,500,000		
返品・値引等	11,669,540	583,477	4,345,000	217,250
輸出免税売上	155,420,000			
非課税売上高	2,180,000			
貸倒発生額			2,380,953	119,047
貸倒回収額			1,904,761	95,239

9　仕入関係資料　　　　　　　　　　　　　　　　　　　　　　　　　　　　　　　（単位：円）

科　　目	事業者間（外税）取引		総額表示対象取引	
	本体価格	消費税額等(5%)	税抜価格	消費税額等(5%)
商品等仕入高	330,619,400	16,530,970	43,778,559	2,188,921
修理外注費	5,443,800	272,190	1,904,761	95,238
販売費	33,781,500	1,689,075		
一般管理費				
課税売上用	22,496,553	1,124,827		
共通用	1,850,000	92,500		
返品・値引等	6,367,450	318,725	1,285,714	64,286
課税貨物	103,504,000	5,175,200		
3%リース料（課税売上用）	1,440,000	43,200		

10　中間納税額

(1)　消　費　税　額　　8,000,000円

(2)　地方消費税額　　2,000,000円

【計　算】

1　課税標準額・消費税額と計算書作成

A株式会社は，商品販売については，事業者間（外税）取引と総額表示対象取引（内

税によるの）の2種類があり，その経理処理においては事業者間（外税）取引該当分と総額表示対象取引（内税販売）の税抜経理処理分を仮受消費税等勘定の使い分けによって区分しています。そこで，Ａ株式会社の申告書記入のために計算書を次により作成します。

● 計算書1の記入

法人名　Ａ株式会社

消費税の課税標準額及び消費税額の計算書１

課税期間　　自　平成24年４月１日　　至　平成25年３月31日

	売上区分		事業者間（外税）取引		総額表示対象取引	
			本体価格Ａ	消費税額等Ｂ	税込価格Ｃ（税抜価格額）	（消費税額等Ｄ）
４％課税対象分	棚卸資産等売上高	①	533,658,110	26,682,905	211,428,571	10,571,428
	資産の賃貸料収入	②				
	サービス対価の額	③				
	みなし譲渡の対価の額	④			1,904,761	95,238
	その他の資産の譲渡等の対価	⑤	50,000,000	2,500,000		
	小計	⑥	Ａ（①～⑤）の合計額 583,658,110	Ｂ（①～⑤）の合計額 29,182,905	Ｃ（①～⑤）×100/105 213,333,331	Ｄ（①～⑤） 10,666,666
	課税標準額と消費税額（付表１①Ｂ及び④Ｂ）へ	⑦	千円 583,658	円 29,182,905	（⑥C）千円 213,333	（⑥Ｃ×４％）円 8,533,320
			課税標準額	⑦Ａ＋⑦Ｃ（千円） 796,991	消費税額	⑦Ｂ×80％＋⑦Ｄ（円） 31,879,644
	⑥に係る対価の返還等の金額（付表１⑨Ｂ）へ	⑧	11,669,540	583,477	4,345,000	217,250
		⑨	⑧の合計額×100/105	16,014,540	⑧の合計額×4/105	640,582
	課税売上高	⑩	⑥Ａ＋⑥Ｃ−⑨Ｂ（付表２①又は付表２−⑵①Ｂ）へ			780,976,901
	貸倒処理（付表１⑩Ｂ・⑦Ｂ）へ	⑪	発生額×４/105	95,238	回収額×4/105	76,190
３％課税対象分	３％課税対象分（付表１②Ａ及び⑤Ａ）へ	⑫				
			課税標準額	⑫Ａ＋⑫Ｃ×100/103	消費税額	⑫Ｂ＋⑫Ｃ×3/103
	⑫に係る対価の返還等（付表１⑨Ａ）へ	⑬				
		⑭	（⑬合計金額×100/103）		（⑬合計金額×3/103）	
	３％の課税売上高（付表２−⑵①Ａ）へ	⑮	⑬Ａ＋⑫Ｃ×100/103−⑬Ｂ			
	３％の貸倒処理（付表１⑩Ａ・⑦Ａ）へ	⑯	発生額×3/103		回収額×3/103	
課税売上高（⑩＋⑮）		⑰	（付表２①及び付表２−⑵①）へ			780,976,901
輸出免税売上高		⑱	（付表２②及び付表２−⑵②）へ			155,420,000
非課税資産の輸出の金額		⑲	（付表２③及び付表２−⑵③）へ			
課税資産の譲渡等の対価の額　⑰＋⑱＋⑲		⑳	（付表２④⑤及び付表２−⑵④⑤）へ			936,396,901
非課税資産の譲渡等の対価の額		㉑	（付表２⑥及び付表２−⑵⑥）へ			2,180,000

●　課税仕入れに係る消費税額の計算書

法人名　Ａ株式会社

課税仕入れに係る消費税額の計算書３

課税期間　　自　平成24年４月１日　　至　平成25年３月31日

☑　１　原則計算（消法30）を選択している。

□　２　総額表示対象外取引の消費税額の積上計算と総額表示対象取引に原則計算を選択している。

□　３　総額表示対象外取引の消費税額の積上計算と総額表示対象取引に税抜経理を選択している。

仕入区分　（課税対象区分）				事業者間（外税）取引		総額表示対象取引	
				本体価格Ａ	消費税額等Ｂ	税込価格Ｃ（税抜価額）	（消費税額等Ｄ）
４％課税対象分	棚卸資産仕入		①	円 330,619,400	円 16,530,970	円 43,778,559	円 2,188,921
	資産の借受に係る対価		②				
	サービス提供に係る対価		③	5,443,800	272,190	1,904,761	95,238
	販売費・一般管理費		④	58,128,053	2,906,402		
	資産購入その他		⑤				
	仕入に係る対価の返還等		⑥	-6,367,450	-318,725	-1,285,714	-64,286
	差引計（①～⑥）		⑦	387,823,803	19,390,837	44,397,606	2,219,873
	支払対価の合計額		⑧	⑦（Ａ＋Ｂ＋Ｃ＋Ｄ）の合計額		付表２⑧又は２-⑵⑧Ｂへ	453,832,119
	１を選択	付表２⑨又は２-⑵⑨Ｂへ	⑨	⑧Ｄ×4/105	17,288,842	課税売上用	21,336,502
	２を選択			⑦Ｂ×80%＋（⑦Ｃ＋⑦Ｄ）×4/105		非課税売上用	
	３を選択			（⑦Ｂ＋⑦Ｄ）×80%		共通用	92,500
	課税貨物に係る消費税額		⑩	付表２⑩又は２-⑵⑩Ｂへ	4,140,160		
３％課税対象分	課税仕入れの支払対価		⑪	1,440,000	43,200		
	仕入に係る対価の返還等		⑫				
	差引計（⑪-⑫）		⑬	1,440,000	43,200	0	0
	支払対価の合計額		⑭	⑬（Ａ＋Ｂ＋Ｃ＋Ｄ）の合計額		付表２-⑵⑧Ａへ	1,483,200
	１を選択	付表２-⑵⑨Ａへ	⑮	⑭Ｄ×3/103	43,200	課税売上用	43,200
	２を選択			⑬Ｂ＋（⑬Ｃ＋⑬Ｄ）×3/103		非課税売上用	
	３を選択			⑬Ｂ＋⑬Ｄ		共通用	
	課税貨物に係る消費税額		⑯	付表２-⑵⑩Ａへ			

●　付表2－2　課税売上割合・控除対象仕入税額等の計算表

付表2－2　課税売上割合・控除対象仕入税額の計算表
〔経過措置対象課税資産の譲渡等を含む課税期間用〕

	課税期間	24・4・1～ 25・3・31	氏名又は名称	A株式会社	
項目			旧税率適用分 A	新税率適用分 B	合計金額 (A+B)＝C
	課税売上額（税抜き）	①	円	円 780,976,901	円 780,976,901
	免税売上額	②		155,420,000	155,420,000
	非課税資産の輸出等の金額、海外支店等へ移送した資産の価額	③			
	課税資産の譲渡等の対価の額（①+②−③）	④		936,396,901	※申告書の⑮欄へ 936,396,901
	課税資産の譲渡等の対価の額（④の金額）	⑤		936,396,901	936,396,901
	非課税売上額	⑥		2,180,000	2,180,000
	資産の譲渡等の対価の額（⑤−⑥）	⑦		938,576,901	※申告書の⑯欄へ 938,576,901
課税売上割合（④／⑦）					〔99%〕※端数切捨て
	課税仕入れに係る支払対価の額（税込み）	⑧	1,483,200	453,832,119	455,315,319
	課税仕入れに係る消費税額	⑨	43,200	17,288,842	17,332,042
	課税貨物に係る消費税額	⑩		4,140,160	4,140,160
	納税義務の免除を受けない（受ける）こととなっ場合における消費税額の調整（加算又は減算）額	⑪			
課税仕入れ等の税額の合計額（⑨＋⑩±⑪）		⑫	43,200	21,429,002	21,472,202
課税売上高が5億円以下、かつ、課税売上割合が9.5%以下の場合　（⑫の金額）		⑬			
課税売上高が5億円超又は課税売上割合が95%未満の場合／個別対応方式	⑫のうち、課税売上げにのみ要するもの	⑭	43,200	21,336,502	21,379,702
課税売上高が5億円超又は課税売上割合が95%未満の場合／個別対応方式	⑫のうち、課税売上げと非課税売上げに共通して要するもの	⑮		92,500	92,500
課税売上高が5億円超又は課税売上割合が95%未満の場合／個別対応方式	個別対応方式により控除する課税仕入れ等の税額　〔⑭＋（⑮×④／⑦）〕	⑯	43,200	21,428,077	21,471,277
課税売上高が5億円超又は課税売上割合が95%未満の場合	一括比例配分方式により控除する課税仕入れ等の（⑫×④／⑦）	⑰			
控除税額の調整	課税売上割合変動時の調整対象固定資産に係る消費税額の調整（加算又は減算）額	⑱			
控除税額の調整	調整対象固定資産を課税業務用（非課税業務用）に転用した場合の調整(加算又は減算）額	⑲			
差引	控除対象仕入税額〔(⑬、⑯又は⑰の金額)±⑱±⑲〕がプラスの時	⑳	※付表1の⑧A欄へ 43,200	※付表1の⑧B欄へ 21,428,077	21,471,277
差引	控除過大調整税額〔(⑬、⑯又は⑰の金額)±⑱±⑲〕がマイナスの時	㉑	※付表1の⑦A欄へ	※付表1の⑦B欄へ	
貸倒回収に係る消費税額		㉒	※付表1の⑦A欄へ	※付表1の⑦B欄へ 76,190	76,190

● 付表1　旧・新税率，消費税額計算表

付表1　旧・新税率，消費税額計算表
兼地方消費税の課税標準となる消費税額計算表

（経過措置対象課税資産の譲渡等を含む課税期間用）

課税期間	24・4・1〜 25・3・31	氏名又は名称	A株式会社

区分			旧税率適用分 A	税率4％適用分 （地方消費税の課税標準となる消費税額） B	合計 （A＋B） （消費税の税額） C
課税標準額	税率4％適用分	①		円 796,991,000	円 796,991,000
	旧税率適用分	②	円 ０００		０００
	計 （①＋②）	③	０００	796,991,000	※申告書の①欄へ 796,991,000
消費税額	税率4％適用分 （①×4％）	④		31,879,644	31,879,644
	旧税率適用分	⑤			
	計 （④＋⑤）	⑥		31,879,644	※申告書の②欄へ 31,879,644
控除過大調整税額		⑦	※付表2-(2)の㉑・㉒A欄の合計金額	※付表2-(2)の㉑・㉒B欄の合計金額 76,190	※申告書の③欄へ 76,190
控除税額	控除対象仕入税額	⑧	※付表2-(2)の⑳A欄の金額 43,200	※付表2-(2)の⑳B欄の金額 21,428,077	※申告書の④欄へ 21,471,277
	返還等対価に係る税額	⑨		640,582	※申告書の⑤欄へ 640,582
	貸倒れに係る税額	⑩		95,238	※申告書の⑥欄へ 95,238
	控除税額小計 （⑧＋⑨＋⑩）	⑪	43,200	22,163,897	※申告書の⑦欄へ 22,207,097
控除不足還付税額 （⑪－⑥－⑦）		⑫		※申告書の⑰欄へ	
差引税額 （⑥＋⑦－⑪）		⑬		※申告書の⑱欄へ 9,791,937	9,748,737
合計差引税額 （⑬－⑫）		⑭			※マイナスの場合は申告書の⑧欄へ ※プラスの場合は申告書の⑨欄へ 9,748,737

● 消費税申告書

第27－(1)号様式

平成　年　月　日	東京上野　税務署長殿
収受印	
納税地	東京都台東区秋葉原1-2-3 (電話番号　03 - 5638 - 1234　)
(フリガナ)	エー　カブシキガイシャ
名称又は屋号	A　株式会社
(フリガナ)	イソヤマ　タテオ
代表者氏名又は氏名	磯山　建夫　㊞
経理担当者氏名	

※税務署処理欄				
一連番号			翌年以降送付不要	
所管	要否	整理番号		
申告年月日	平成　年　月　日			
申告区分	指導等	庁指定	局指定	
通信日付印	確認印	省略年月日		
年　月　日		年　月　日		
指導年月日	相談	区分1	区分2	区分3
平成				

平成九年四月一日以後終了課税期間分（一般用）

自 平成 24 年 4 月 1 日
至 平成 25 年 3 月 31 日

課税期間分の消費税及び地方消費税の（　確定　）申告書

中間申告の場合の対象期間　自 平成　年　月　日　至 平成　年　月　日

この申告書による消費税の税額の計算

		十兆千百十億千百十万千百十一円	
課税標準額	①	796991000	03
消費税額	②	31879644	06
控除過大調整税額	③	76190	07
控除税額　控除対象仕入税額	④	21471277	08
控除税額　返還等対価に係る税額	⑤	640582	09
控除税額　貸倒れに係る税額	⑥	95238	10
控除税額　控除税額小計(④+⑤+⑥)	⑦	22207097	
控除不足還付税額(⑦−②−③)	⑧		13
差引税額(②+③−⑦)	⑨	9748700	15
中間納付税額	⑩	8000000	16
納付税額(⑨−⑩)	⑪	1748700	17
中間納付還付税額(⑩−⑨)	⑫	00	18
この申告書が修正申告である場合　既確定税額	⑬		19
この申告書が修正申告である場合　差引納付税額	⑭	00	20
課税売上割合　課税資産の譲渡等の対価の額	⑮	936396901	21
課税売上割合　資産の譲渡等の対価の額	⑯	938576901	22

この申告書による地方消費税の税額の計算

地方消費税の課税標準となる消費税額　控除不足還付税額(⑧)	⑰		51
地方消費税の課税標準となる消費税額　差引税額(⑨)	⑱	9791000	52
譲渡割額　還付額(⑰×25%)	⑲		53
譲渡割額　納税額(⑱×25%)	⑳	2447700	54
中間納付譲渡割額	㉑	2000000	55
納付譲渡割額(⑳−㉑)	㉒	447700	56
中間納付還付譲渡割額(㉑−⑳)	㉓	00	57
この申告書が修正申告である場合　既確定譲渡割額	㉔		58
この申告書が修正申告である場合　差引納付譲渡割額	㉕	00	59
消費税及び地方消費税の合計(納付又は還付)税額	㉖	2196400	60

㉖＝(⑪+㉒)－(⑧+⑫+⑲+㉓)・修正申告の場合㉖＝⑭+㉕
㉖が還付税額となる場合はマイナス「－」を付してください。

付記事項	割賦基準の適用	有　○無	31
付記事項	延払基準等の適用	有　○無	32
付記事項	工事進行基準の適用	有　○無	33
付記事項	現金主義会計の適用	有　○無	34
参考事項	課税標準額に対する消費税額の計算の特例の適用	○有　無	35
参考事項　控除税額の計算方法	課税売上高5億円超又は課税売上割合95%未満	個別対応方式	
		一括比例配分方式	41
	上記以外	○全額控除	

①・②の内訳			
課税標準額	4％分	796,991	千円
課税標準額	旧税率　3％分		千円
消費税額	4％分		円
消費税額	旧税率　3％分	31,879,644	円
基準期間の課税売上高			円

還付を受けようとする金融機関等		
銀行・金庫・組合・農協・漁協	本店・支店・出張所・本所・支所	
預金	口座番号	
ゆうちょ銀行の貯金記号番号	－	
郵便局名等		

※税務署整理欄

税理士署名押印	㊞ (電話番号　－　－　)

◯	税理士法第30条の書面提出有
◯	税理士法第33条の2の書面提出有

【ケース２】 一般法人（原則課税：課税売上割合95％未満）税抜経理処理

【設　例】

１　納税地　東京都中央区八丁堀４－５－６

２　社　名　Ｂ株式会社

３　代表者　岩山智也

４　資本金　５億円

５　業　種　民生用電気器具販売業

６　課税期間　平成24年4月1日から平成25年3月31日

７　販売方法等

商品販売は，事業者間（外税）販売と消費者への総額表示対象取引（内税販売）の組み合わせであり，経理処理については外税販売（事業者間（外税）取引適用分）に係る消費税等は「仮受消費税等（外税）勘定」で，内税販売に係る消費税等（月次税抜経理処理）は仮受消費税等（内税）勘定」でそれぞれ処理しています。

なお，輸出売上高は，全額輸出免税取引の要件を満たしています。

課税仕入れについては，相手先から事業者間（外税）取引に該当する請求書等に記載されている消費税等は「仮払消費税等（外税）勘定」で，内税取引に係る消費税は，その都度「仮払消費税等（内税）勘定」によって税抜経理を行っています。

なお，当社の仕入税額控除は，「仮払消費税等（外税）勘定」と「仮払消費税等（内税）勘定」の合計額によっています。

なお，資料９の仕入関係資料は，これらの仮払消費税等勘定の合計額によっています。

８　売上関係資料

売上高に対する消費税額等の金額は地方消費税額を含めた５％相当額により集計しています。

非課税売上高は，金融機関からの融資金額の返済のために売却した土地の譲渡対価の額と社宅家賃の入金額等です。

当社は，ベトナムに関連会社を持ち同社に対して積極的な経営支援を行っており，1,500万円はそのためのコンピュータの輸出価額です。

科　　目	事業者間（外税）取引		総額表示対象取引	
	本体価格	消費税額等	税抜価格	消費税額等
商品等売上高	250,000,000	12,500,000	300,000,000	15,000,000
サービス提供の売上			35,000,000	1,750,000
みなし譲渡			1,500,000	75,000
その他の課税対象	5,000,000	250,000		
返品・値引き等	4,500,000	225,000	3,600,000	180,000
輸出免税売上	270,000,000			
非課税資産の輸出	15,000,000			
非課税売上	2,500,000,000			
貸倒発生額			2,000,000	100,000
貸倒回収額			1,480,000	74,000

9　仕入関係

科　　目	事業者間（外税）取引		課税売上用	非課税売上用	共通用
	本体価格	仮払消費税額等			
商品等仕入高	320,000,000	16,000,000	16,000,000		
販売費	65,000,000	3,250,000	2,830,000		420,000
一般管理費	35,000,000	1,750,000		100,000	1,650,000
営業外費用	4,000,000	200,000			200,000
資産購入	70,000,000	3,500,000	3,500,000		
返品・値引等	△12,000,000	△600,000	△600,000		
課税貨物	42,000,000	2,100,000	2,100,000		

10　調整対象固定資産の調整

平成22年12月5日に課税・非課税共通用として取得した次の調整対象固定資産について，取得課税期間において仕入税額の全額控除の適用を受けた。

(1)　調整対象固定資産の資料

①　税抜支払対価の額　　1,000万円

②　消費税額等　　　　　　50万円

(2)　課税売上割合の資料

①　平成22年４月１日から平成23年３月31日

・　課税売上高　　　700,000,000円

・　非課税売上高　　　1,400,000円

②　平成23年４月１日から平成24年３月31日

・　課税売上高　　　750,000,000円

・　非課税売上高　　　1,800,000円

11　調整対象固定資産の転用

平成23年8月10日に非課税業務（プリペイドカード）管理用のために購入したコンピュータ3,150,000円（5％税込金額）を平成24年12月10日に課税業務用に全部転用しました。

12　中間申告納税額

(1)　消費税　　　3,500,000円

(2)　地方消費税　　875,000円

【計　算】

この事例は，課税売上割合が95％未満で，３年前に調整対象固定資産を取得して全額仕入税額控除を受け，さらに調整対象固定資産を非課税業務用から課税業務用に転用している場合のケースです。

1　売上関係の計算書１の作成と付表１への転記

Ｂ株式会社の商品販売は，事業者間（外税）取引適用と総額表示対象取引（内税販売）であり，それぞれの販売形態ごとに仮受消費税等を管理しています。そこで，事例１と同じ要領によって次の「計算書１」を作成します。

●　消費税の課税標準額及び消費税額の計算書

法人名　Ｂ株式会社

消費税の課税標準額及び消費税額の計算書１

課税期間　　自　平成24年４月１日　　至　平成25年３月31日

売上区分			事業者間（外税）取引 本体価格Ａ	事業者間（外税）取引 消費税額等Ｂ	総額表示対象取引 税込価格Ｃ（税抜価額）	総額表示対象取引 （消費税額等Ｄ）
４％課税対象分	棚卸資産等売上高	①	250,000,000	12,500,000	300,000,000	15,000,000
	資産の賃貸料収入	②				
	サービス対価の額	③			35,000,000	1,750,000
	みなし譲渡の対価の額	④			1,500,000	75,000
	その他の資産の譲渡等の対価	⑤	5,000,000	250,000		
	小計	⑥	A（①～⑤）の合計額 255,000,000	B（①～⑤）の合計額 12,750,000	C（①～⑤）×100/105 336,500,000	D（①～⑤） 16,825,000
	課税標準額と消費税額 （付表１①Ｂ及び④Ｂ）へ	⑦	千円 255,000	円 12,750,000	（⑥C）千円 336,500	（⑥Ｃ×４％）円 13,460,000
			課税標準額	⑦Ａ＋⑦Ｃ（千円） 591,500	消費税額	⑦Ｂ×80%＋⑦Ｄ（円） 23,660,000
	⑥に係る対価の返還等の金額（付表１⑨Ｂ）へ	⑧	4,500,000	225,000	3,600,000	180,000
		⑨	⑧の合計額×100/105	8,100,000	⑧の合計額×4/105	324,000
	課税売上高	⑩	⑥Ａ＋⑥Ｃ−⑨Ｂ （付表２①又は付表２−⑵①Ｂ）へ			583,400,000
	貸倒処理 （付表１⑩Ｂ・⑦Ｂ）へ	⑪	発生額×４/105	80,000	回収額×4/105	59,200
３％課税対象分	３％課税対象分 （付表１②Ａ及び⑤Ａ）へ	⑫				
			⑫Ａ＋⑫Ｃ×100/103 課税標準額		⑫Ｂ＋⑫Ｃ×3/103 消費税額	
	⑫に係る対価の返還等 （付表１⑨Ａ）へ	⑬				
		⑭	（⑬合計金額×100/103）		（⑬合計金額×3/103）	
	３％の課税売上高 （付表２−⑵①Ａ）へ	⑮	⑬Ａ＋⑫Ｃ×100/103−⑬Ｂ			
	３％の貸倒処理 （付表１⑩Ａ・⑦Ａ）へ	⑯	発生額×3/103		回収額×3/103	
課税売上高（⑩＋⑮）		⑰	（付表２①及び付表２−⑵①）へ			583,400,000
輸出免税売上高		⑱	（付表２②及び付表２−⑵②）へ			270,000,000
非課税資産の輸出の金額		⑲	（付表２③及び付表２−⑵③）へ			15,000,000
課税資産の譲渡等の対価の額 ⑰＋⑱＋⑲		⑳	（付表２④⑤及び付表２−⑵④⑤）へ			868,400,000
非課税資産の譲渡等の対価の額		㉑	（付表２⑥及び付表２−⑵⑥）へ			2,500,000,000

２　仕入関係の計算書２の作成

Ｂ株式会社の仕入税額の処理は，事業者間（外税）取引の消費税額の積上計算と総額表示対象取引（内税取引）の税抜経理処理の積上計算となっています。そこで仕入税額は，仮払消費税勘定の合計額の80％相当額によることとなり，計算書２の⑨に記入します。

なお，外国貨物に係る消費税額は，４％の金額を対象として計算することとなるので注意が必要です。また，このケースでは３％対象取引はありません。

法人名　Ｂ株式会社

課税仕入れに係る消費税額の計算書３

課税期間　　自　平成24年４月１日　　至　平成25年３月31日

□　１　原則計算（消法30）を選択している。

□　２　総額表示対象外取引の消費税額の積上計算と総額表示対象取引に原則計算を選択している。

☑　３　総額表示対象外取引の消費税額の積上計算と総額表示対象取引に税抜経理を選択している。

仕入区分		（課税対象区分）		事業者間（外税）取引		総額表示対象取引	
				本体価格Ａ	消費税額等Ｂ	税込価格Ｃ（税抜価額）	（消費税額等Ｄ）
４％課税対象分	棚卸資産仕入		①	円 320,000,000	円 16,000,000	円	円
	資産の借受に係る対価		②				
	サービス提供に係る対価		③				
	販売費・一般管理費		④	104,000,000	5,200,000		
	資産購入その他		⑤	70,000,000	3,500,000		
	仕入に係る対価の返還等		⑥	-12,000,000	-600,000		
	差引計（①～⑥）		⑦	482,000,000	24,100,000	0	0
	支払対価の合計額		⑧	⑦（Ａ＋Ｂ＋Ｃ＋Ｄ）の合計額		付表２⑧又は２-⑵⑧Ｂへ	506,100,000
	１を選択	付表２⑨又は２-⑵⑨Ｂへ	⑨	⑧Ｄ×4/105		課税売上用	19,064,000
	２を選択			⑦Ｂ×80％＋（⑦Ｃ＋⑦Ｄ）×4/105		非課税売上用	80,000
	３を選択			（⑦Ｂ＋⑦Ｄ）×80％	19,280,000	共通用	1,816,000
	課税貨物に係る消費税額		⑩	付表２⑩又は２-⑵⑩Ｂへ	1,680,000		

３　調整対象固定資産の調整の可否

Ｂ株式会社は，３年前の課税期間において，課税非課税共通用の調整対象固定資産を取得してその仕入税額の全額控除を受けています。当課税期間における課税売上割合が25.78％と著しく減少していますので，当初の課税売上割合と通算課税売上割合を計算して調整の可否を判定しなければなりません。そこで，計算書４により通算課税売上割合が著しく変動した場合の調整計算をします。

計算書４の１から10までの該当欄に過去２年間と当課税期間の課税資産の譲渡等の対価の額と資産の譲渡等の対価の額を記入して，算式に従って課税売上割合を計算します。この結果，通算課税売上割合48.08％と取得時の課税期間の課税売上割合99.8％との変動率が50％以上であり，かつ，変動率の差が５％以上であるので調整対象固定資産の調整が必要となります。

調整計算は，当初取得時において，控除を受けた399,201円（400,000円×99.8003992％）から192,334円（400,000円×48.0836236％）を控除した金額206,867円を当期の仕入税額控除から控除することとなります。

４　調整対象固定資産の非課税業務用から課税業務用への転用

Ｂ株式会社は，平成23年８月に非課税業務用のために取得したコンピュータの課税仕入れに係る消費税額を非課税資産にのみ要するものとして仕入税額控除を受けていませんでした。このコンピュータ3,150,000円を平成24年12月に課税業務用に全部転用したので，当初の課税仕入れに係る消費税額を転用をした当課税期間において控除することができます。

そこで，このコンピュータの課税仕入れに係る消費税額のうち転用までの期間が２年以内であるので150,000円の80％の３分の２に相当する金額の80,000円を当期の仕入税額控除額に加算することとなります。

調整対象固定資産の計算書４を示すと次頁のとおりです。

●　調整対象固定資産の調整計算書４

資産の種類		取得年月日	平成　　年　　月　　日	取得価額	
用　　途	課税売上用：非課税売上用：共通用		転用年月日	平成　　年　　月　　日	

＜通算課税売上割合が著しく変動した場合の調整計算＞

調整対象基準税額（取得時の消費税額）		T	400,000 円
通算課税売上割合と各年の課税売上割合の計算			
通算課税期間中の課税資産の譲渡等の対価の額	前々年：平成23年の課税資産の譲渡等の対価の額	1	700,000,000 円
	前　年：平成24年の課税資産の譲渡等の対価の額	2	750,000,000 円
	当　年：平成25年の課税資産の譲渡等の対価の額	3	868,400,000 円
	合計額（1+2+3）	4	2,318,400,000 円
通算課税期間中の資産の譲渡等の対価の額	前々年：平成23年の課税資産の譲渡等の対価の額	5	701,400,000 円
	前　年：平成24年の課税資産の譲渡等の対価の額	6	751,800,000 円
	当　年：平成25年の課税資産の譲渡等の対価の額	7	3,368,400,000 円
	合計額（5+6+7）	8	4,821,600,000 円
第一年度（前々年：平成23年）の課税売上割合（1÷5）		+	0.998003992 %
通算課税売上割合（4÷8）		10	0.480836236934 %

課税売上割合が50%以上増加した場合

1. 変動率
　{　　　%−　　　%}÷　　　%＝　　　%≧50%

2. 変動差
　　　%−　　　%＝　　　%≧5%

3. 調整税額
　（調整対象税額）　円×（通算課税売上割合）　%−（当初の控除税額）　円＝　　　円
付表２⑱へ

課税売上割合が50%以上減少した場合

1. 変動率
　{(9) 99.8 %− (10) 48.08 %}÷(9) 99.8 %＝ 51.8 %≧50%

2. 変動差
　(9) 99.8 %− (10) 48.08 %＝ 51 %≧5%

3. 調整税額
　（当初の控除税額）399,202 円−（調整対象税額）400,000 円×（通算課税売上割合）48.084 %＝ 206,867 円
付表２⑱へ

＜調整対象固定資産を転用した場合＞

課税業務用（　年　月）→非課税業務用（　年　月）		非課税業務用（23年８月）→課税業務用（24年10月）	
１年以内の転用 （調整対象税額）　　円×3/3＝	6　付表２⑲へ 円	１年以内の転用 （調整対象税額）　　円×3/3＝	付表２⑲へ 円
２年以内の転用 （調整対象税額）　　円×２/3＝	円	２年以内の転用 （調整対象税額）120,000 円×２/3＝	80,000 円
３年以内の転用 （調整対象税額）　　円×1/3＝	円	３年以内の転用 （調整対象税額）　　円×1/3＝	円

５　付表及び申告書の作成

上記１から４の資料に基づき申告書付表１，付表２及び申告書を示すと次のとおりです。

● 付表2　課税売上割合・控除対象仕入れ税額等の計算表

付表2　課税売上割合・控除対象仕入れ税額等の計算表

課税期間	24.4.1～25.3.31	氏名又は名称	B株式会社

区分	項目		金額
	課税売上額（税抜き）	①	583,400,000円
	免税売上額	②	270,000,000
	非課税資産の輸出等の金額、海外支店等へ移送した資産の価額	③	15,000,000
	課税資産の譲渡等の対価の額（①＋②－③）	④	※申告書の⑮欄へ 868,400,000
	課税資産の譲渡等の対価の額（④の金額）	⑤	868,400,000
	非課税売上額	⑥	2,500,000,000
	資産の譲渡等の対価の額（⑤＋⑥）	⑦	※申告書の⑯欄へ 3,368,400,000
	課税売上割合（④／⑦）		〔25.780786129%〕※端数切捨て
	課税仕入れに係る支払対価の額（税込み）	⑧	※注2参照 506,100,000
	課税仕入れに係る消費税額（⑧×4／105）	⑨	※注3参照 19,280,000
	課税貨物に係る消費税額	⑩	1,680,000
	納税義務の免除を受けない（受ける）こととなった場合における消費税額の調整（加算又は減算）額	⑪	
	課税仕入れ等の税額の合計額（⑨＋⑩±⑪）	⑫	20,960,000
	課税売上高が5億円以下、かつ、課税売上割合が9.5%以下の場合（⑫の金額）	⑬	
課税売上高が5億円超又は課税売上割合が95%未満の場合　個別対応方式	⑫のうち、課税売上げにのみ要するもの	⑭	19,064,000
課税売上高が5億円超又は課税売上割合が95%未満の場合　個別対応方式	⑫のうち、課税売上げと非課税売上げに共通して要するもの	⑮	1,816,000
課税売上高が5億円超又は課税売上割合が95%未満の場合　個別対応方式	個別対応方式により控除する課税仕入れ等の税額〔⑭＋（⑮×④／⑦）〕	⑯	19,532,179
課税売上高が5億円超又は課税売上割合が95%未満の場合	一括比例配分方式により控除する課税仕入れ等の税額（⑫×④／⑦）	⑰	
控除税額の調整	課税売上割合変動時の調整対象固定資産に係る消費税額の調整（加算又は減算）額	⑱	-206,867
控除税額の調整	調整対象固定資産を課税業務用（非課税業務用）に転用した場合の調整（加算又は減算）額	⑲	80,000
差引	控除対象仕入税額〔(⑬、⑯又は⑰の金額)±⑱±⑲〕がプラスの時	⑳	※申告書の④欄へ 19,405,312
差引	控除過大調整税額〔(⑬、⑯又は⑰の金額)±⑱±⑲〕がマイナスの時	㉑	※申告書の③欄へ
	貸倒回収に係る消費税額	㉒	※申告書の③欄へ 59,200

注意 1　金額の計算においては，1円未満の端数を切り捨てる。

2　⑧欄には，値引き，割引きなど仕入対価の返還等の金額がある場合（仕入対価の返還等の金額を仕入金額から直接減額している場合を除く。）には，その金額を控除した後の金額を記入する。

3　上記2に該当する場合には，⑨欄には次の算式により計算した金額を記入する。

$$\text{税仕入れに係る消費税額⑨}=\left(\text{課税仕入れに係る支払対価の額（仕入対価の返還等の金額を控除する前の税込金額）}\times\frac{4}{105}\right)-\left(\text{仕入対価の返還等の金額（税込み）}\times\frac{4}{105}\right)$$

4　㉑欄と㉒欄のいずれにも記載がある場合は，その合計金額を申告書③に記入する。

● 付表1　旧・新税率，消費税計算表

付表1　旧・新税率，消費税額計算表
兼地方消費税の課税標準となる消費税額計算表
（経過措置対象課税資産の譲渡等を含む課税期間用）

課税期間	24・4・1〜 25・3・31	氏名又は名称	B株式会社

区分			旧税率適用分 A	税率4％適用分 （地方消費税の課税標準となる消費税額）B	合計 （A＋B） （消費税の税額）C
課税標準額	税率4%適用分	①		円 591,500,000	円 591,500,000
	旧税率適用分	②	円 000		000
	計 (①＋②)	③	000	591,500,000	※申告書の①欄へ 591,500,000
消費税額	税率4%適用分 (①×4%)	④		23,660,000	23,660,000
	旧税率適用分	⑤			
	計 (④＋⑤)	⑥		23,660,000	※申告書の②欄へ 23,660,000
控除過大調整税額		⑦	※付表2-(2)の㉑・㉒A欄の合計金額	※付表2-(2)の㉑・㉒B欄の合計金額 59,200	※申告書の③欄へ 59,200
控除税額	控除対象仕入税額	⑧	※付表2-(2)の⑳A欄の金額 0	※付表2-(2)の⑳B欄の金額 19,405,312	※申告書の④欄へ 19,405,312
	返還等対価に係る税額	⑨		324,000	※申告書の⑤欄へ 324,000
	貸倒れに係る税額	⑩		80,000	※申告書の⑥欄へ 80,000
	控除税額小計 (⑧＋⑨＋⑩)	⑪	0	19,809,312	※申告書の⑦欄へ 19,809,312
控除不足還付税額 (⑪−⑥−⑦)		⑫		※申告書の⑰欄へ	
差引税額 (⑥＋⑦−⑪)		⑬	0	※申告書の⑱欄へ 3,909,888	3,909,888
合計差引税額 (⑬−⑫)		⑭			※マイナスの場合は申告書の⑧欄へ ※プラスの場合は申告書の⑨欄へ

● 消費税申告書

第27－(1)号様式

平成　年　月　日	京橋　税務署長殿
収受印	
納税地	東京都中央区八丁堀4-5-6 （電話番号　03 - 1234 - 5678　）
名称又は屋号	B《ビー》　株式会社《カブシキガイシャ》
代表者氏名又は氏名	岩山《イワヤマ》　智也《トモヤ》　㊞
経理担当者氏名	

※税務署処理欄

一連番号			翌年以降送付不要
所管	要否	整理番号	
申告年月日	平成　年　月　日		
申告区分	指導等	庁指定	局指定
通信日付印	確認印	省略年月日	
年　月　日		年　月　日	
指導年月日	相談	区分1	区分2	区分3
平成				

自 平成 24年 4月 1日
至 平成 25年 3月 31日

課税期間分の消費税及び地方消費税の（　確定　）申告書

（中間申告の場合の対象期間　自 平成　年　月　日　至 平成　年　月　日）

この申告書による消費税の税額の計算

			十兆千百十億千百十万千百十一円	
課税標準額		①	591500000	03
消費税額		②	23660000	06
控除過大調整税額		③	59200	07
控除税額	控除対象仕入税額	④	19405312	08
	返還等対価に係る税額	⑤	324000	09
	貸倒れに係る税額	⑥	80000	10
	控除税額小計（④+⑤+⑥）	⑦	19809312	
控除不足還付税額（⑦−②−③）		⑧		13
差引税額（②+③−⑦）		⑨	3909800	15
中間納付税額		⑩	8000000	16
納付税額（⑨−⑩）		⑪	00	17
中間納付還付税額（⑩−⑨）		⑫	4090200	18
この申告書が修正申告である場合	既確定税額	⑬		19
	差引納付税額	⑭	00	20
課税売上割合	課税資産の譲渡等の対価の額	⑮	868400000	21
	資産の譲渡等の対価の額	⑯	3368400000	22

この申告書による地方消費税の税額の計算

地方消費税の課税標準となる消費税額	控除不足還付税額（⑧）	⑰		51
	差引税額（⑨）	⑱	3909800	52
譲渡割額	還付額（⑰×25%）	⑲		53
	納税額（⑱×25%）	⑳	977400	54
中間納付譲渡割額		㉑	2000000	55
納付譲渡割額（⑳−㉑）		㉒	1022600	56
中間納付還付譲渡割額（㉑−⑳）		㉓	00	57
この申告書が修正申告である場合	既確定譲渡割額	㉔		58
	差引納付譲渡割額	㉕	00	59
消費税及び地方消費税の合計（納付又は還付）税額		㉖	−5112800	60

㉖＝(⑪＋㉒)－(⑧＋⑫＋⑲＋㉓)・修正申告の場合㉖＝⑭＋㉕
㉖が還付税額となる場合はマイナス「－」を付してください。

付記事項	割賦基準の適用		有	○	無	31
	延払基準等の適用		有	○	無	32
	工事進行基準の適用		有	○	無	33
	現金主義会計の適用		有	○	無	34
参考事項	課税標準額に対する消費税額の計算の特例の適用	○	有		無	35
	控除税額の計算方法：課税売上高5億円超又は課税売上割合95%未満	○	個別対応方式			41
			一括比例配分方式			
	上記以外		全額控除			
	①・②の内訳 課税標準額 4%分		591,500千円			
	旧税率分 3%分		千円			
			千円			
	消費税額 4%分		円			
	旧税率分 3%分		23,660,000円			
			円			
	基準期間の課税売上高		700,000,000円			

還付を受けようとする金融機関等

銀行・金庫・組合・農協・漁協	本店・支店・出張所・本所・支所
預金	口座番号
ゆうちょ銀行の貯金記号番号	－
郵便局名等	

※税務署整理欄

税理士署名押印	㊞ （電話番号　－　－　）

○	税理士法第30条の書面提出有
○	税理士法第33条の2の書面提出有

平成九年四月一日以後終了課税期間分（一般用）

【ケース３】　一般法人（簡易課税制度）税抜経理処理

【設　例】

1　納税地　東京都中央区潮見５－６－７

2　社　名　Ｃ株式会社

3　代表者　塔野昭夫

4　資本金　1,500万円

5　業　種　食料品製造・小売業

6　課税期間　平成24年4月1日から平成25年3月31日

7　販売方法等

商品販売は，事業者への販売は外税販売の適用対象となるものであり，消費者への販売は総額表示対象取引（内税販売）の組み合わせであり，経理処理については事業者への販売（事業者間（外税）取引適用分）に係る消費税等５％は「仮受消費税等Ａ勘定」で，消費者への内税販売に係る消費税等５％（月次税抜経理理）は仮受消費税等Ｂ勘定」でそれぞれ処理しています。

8　売上関係資料

売上管理は，事業者への販売と消費者への総額表示販売を毎日簡易課税制度の事業ごとに区分して上記の経理処理を行っています。その経理処理による結果は次のとおりです。

事業の種類		本体価額	消費税額等
第一種	売上高	6,500,000	325,000
第二種	売上高	28,496,200	1,424,810
	売上対価の返還等	1,040,500	52,025
第三種	売上高	14,398,650	719,932
	売上対価の返還等	668,400	33,420
第四種	売上高	2,224,000	112,000
貸倒損失	5％取引分（税込）	250,000	
貸倒回収額	5％取引分（税込）	178,630	

【計　算】

この事例は，簡易課税制度選択事業者で第一種事業，第二種事業，第三種事業及び第四種事業を営んでいる食料品製造・小売業のケースです。

1　簡易課税計算書の記入

簡易課税制度において，事業ごとの課税売上高とその消費税額等及び売上対価の返還等の処理や当期発生の貸倒損失の処理及び過年度に貸倒処理した債権を回収した場合の消費税額などの計算を事前に行っておく必要があります。そこで，本書では次の簡易課税計算書に，これらの金額を記入して課税標準額とその消費税額及び控除対象仕入税額とこれに適用するみなし仕入率による税額を事前に確定することとします。この簡易課税計算書の記載例は次頁のとおりです。

●　簡易課税計算書

			税抜課税売上高（A）円	消費税額（円）5%		4%
第一種	税抜総売上高	①	6,500,000			260,000
	対価の返還等	②	0			0
	差引（①−②）	③	6,500,000		⑲	260,000
	申告書には千円未満四捨五入：（%は③/⑱）					
第二種	税抜総売上高	④	28,496,200			1,139,848
	対価の返還等	⑤	1,040,500			41,620
	差引（④−⑤）	⑥	27,455,700		⑳	1,098,228
	申告書には千円未満四捨五入：（%は⑥/⑱）					
第三種	税抜総売上高	⑦	14,398,650			575,946
	対価の返還等	⑧	668,400			26,736
	差引（⑦−⑧）	⑨	13,730,250		㉑	549,210
	申告書には千円未満四捨五入：（%は⑨/⑱）					
第四種	税抜総売上高	⑩	2,224,000			88,960
	対価の返還等	⑪	0			0
	差引（⑩−⑪）	⑫	2,224,000		㉒	88,960
	申告書には千円未満四捨五入：（%は⑫/⑱）					
第五種	税抜総売上高	⑬	0			0
	対価の返還等	⑭	0			0
	差引（⑬−⑭）	⑮	0		㉓	0
	申告書には千円未満四捨五入：（%は⑮/⑱）					
課税標準額と税額（①＋④＋⑦＋⑩＋⑬）		⑯	51,618,000	外税取引の税額＋内税の課税標準額×税率 ⑯×４％	㉔	2,064,720
貸倒回収額の５%・４%					㉕	6,804
返還等の金額（②＋⑤＋⑧＋⑪＋⑭）		⑰	1,708,900	外税取引の税額＋内税の課税標準額×税率	㉖	68,356
（③+⑥+⑨+⑫+⑮）		⑱	49,909,950		㉗	1,996,398
控除対象仕入税額計算の基礎となる消費税額（㉔＋㉕−㉖）					㉘	2,003,168
仕入税額控除額	原則：㉘×｛⑲×90%＋⑳×80%＋㉑×70%＋㉒×60%＋㉓×50%｝÷㉗				㉙	1,555,663
	(A)のうち１事業で75%以上の場合：㉘×該当事業のみなし仕入率				㉚	0
	(A)のうち２つの事業75%以上の場合	１種と２種：㉘×｛⑲×90%＋（㉗−⑲）×80%｝÷㉗				
		１種と３種：㉘×｛⑲×90%＋（㉗−⑲）×70%｝÷㉗				
		１種と４種：㉘×｛⑲×90%＋（㉗−⑲）×60%｝÷㉗				
		１種と５種：㉘×｛⑲×90%＋（㉗−⑲）×50%｝÷㉗				
		２種と３種：㉘×｛⑳×80%＋（㉗−⑳）×70%｝÷㉗				1,512,412
		２種と４種：㉘×｛⑳×80%＋（㉗−⑳）×60%｝÷㉗				
		２種と５種：㉘×｛⑳×80%＋（㉗−⑳）×50%｝÷㉗				
		３種と４種：㉘×｛㉑×70%＋（㉗−㉑）×60%｝÷㉗				
		３種と５種：㉘×｛㉑×70%＋（㉗−㉑）×50%｝÷㉗				
		４種と５種：㉘×｛㉒×60%＋（㉗−㉒）×50%｝÷㉗				
	仕入控除税額（上記のうち大きい金額）				㉛	1,555,663
貸倒れに係る消費税額					㉜	9,523
差引計の税額（㉔+㉕-㉖−㉛−㉜）					㉝	437,900
中間納付額					㉞	0
納付税額					㉟	437,900
地方消費税額（㉝×25%）					㊱	109,400
地方消費税中間納付額					㊲	0
合計納付税額（㉟+㊱−㊲）					㊳	547,300

２　付表５への転記

付表5は，法定のみなし仕入率により仕入控除税額を計算する計算表ですが，前頁の簡易課税計算書（以下「簡易計算書」という。）から次のとおり転記します。

「課税標準額に対する消費税額（申告書②欄の金額）①」には，簡易計算書の課税標準額⑯51,618,000円と税額欄（4%）㉔の2,064,720円を記入します。

「貸倒回収に係る消費税額（申告書③欄の金額）②」には，簡易計算書㉕の貸倒回収額の4%の6,804円を記入します。

「売上対価の返還等に係る消費税額（申告書⑤欄の金額）③」には，簡易計算書㉖の4%の68,356円を記入します。

「控除対象仕入税額計算の基礎となる消費税額④」は，付表5の①の課税標準額に対する消費税額2,064,720円に②の貸倒回収に係る消費税額6,804円を加え，この合計額から③の売上対価の返還等に係る消費税額68,356円を控除した金額2,003,168円を記入します。

次に，事業ごとの課税売上高とその売上割合及び事業ごとの消費税額を簡易計算書から転記します。

この場合の事業ごとの課税売上高はいわゆる総売上高ではなく，売上の対価の返還等の金額を控除した後の金額であることから簡易計算書の③（第一種事業），⑥（第二種事業），⑨（第三種事業），⑫（第四種事業）又は⑮（第五種事業）を転記することとなります。このケースでは，第一種事業，第二種事業，第三種事業及び第四種事業の四種類の事業ですから，これらの事業の課税売上高をそれぞれ付表5の⑦に第一種事業分6,500,000円，⑧に第二種事業分27,455,700円，⑨に第三種事業分13,730,250円及び⑩に第四種事業分2,224,000円を記入します。これらの合計金額49,909,100円を⑥に記入します。

各事業に係る消費税額は，課税売上高と同じく売上対価の返還等に係る消費税額を控除した後の金額の４％相当額により計算することから簡易計算書の第一種事業⑲の260,000円を付表5の⑬へ，同じく第二種事業⑳の1,098,228円を付表5の⑬へ，第三種事業㉑の549,210円を付表5の⑬へ，第四種事業㉒の89,600円を付表5の⑯へ転記し，これらの合計額1,997,038円を付表5の⑫に記入します。

なお，各事業の売上割合は，簡易計算書の各事業ごとの割合の付表５の該当欄に転記します。

控除対象仕入税額は，次の算式によって計算することとなっています。

控除対象仕入税額計算の基礎となる消費税額④×みなし仕入率＝仕入控除税額

この仕入控除税額の計算は付表5の⑱から㉙までの該当する計算式に当てはめると自動的に上の算式による仕入税額控除額が計算できることとなっています。したがって，事業ごとの売上割合とその消費税額が確定すると算式に合わせて仕入控除税額を計算することができます。

そこで，付表５の各欄を記入しますと次のとおりとなります。

付表5の⑬の「原則計算を適用する場合」の仕入控除税額は，

$$2{,}003{,}842\text{円}\times\frac{260{,}000\text{円}\times 90\%+1{,}098{,}228\text{円}\times 80\%+549{,}210\text{円}\times 70\%+89{,}600\text{円}\times 60\%}{1{,}997{,}038\text{円}}=1{,}556{,}072\text{円}$$

となります。また「特例計算を適用する場合」の仕入控除税額は，第二種事業と第三種事業の売上割合の合計が75%を超えることとなるので，第二種事業の消費税額には80%のみなし仕入率を適用し，その他の事業に係る消費税額には第三種事業のみなし仕入率70%を適用して次のとおり仕入控除税額を計算します。

$$2{,}003{,}842\text{円}\times\frac{1{,}098{,}228\text{円}\times 80\%+(1{,}997{,}038\text{円}-1{,}098{,}228\text{円})\times 70\%}{1{,}997{,}038\text{円}}=1{,}512{,}886\text{円}$$

となります。

ここで注意したいのは，貸倒回収に係る消費税額があるときは，付表5の④の消費税額と付表５の⑫の消費税額が異なることです。仕入税額控除の基礎となる消費税額には，貸倒回収に係る消費税額を含めているのに対して，みなし仕入率を計算するための事業区分ごとの消費税額の合計額には含めないことから両者の税額が異なるのです。

●　付表５　控除対象仕入税額の計算表

付表５　控除対象仕入税額の計算表

課税期間	24・4・1〜25・3・31	氏名又は名称	C株式会社

項目		金額
課税標準額に対する消費税額（申告書②欄の金額）	①	円 2,064,720
貸倒回収に係る消費税額（申告書③欄の金額）	②	6,804
売上対価の返還等に係る消費税額（申告書⑤欄の金額）	③	68,356
控除対象仕入税額計算の基礎となる消費税額（①＋②－③）	④	2,003,168
１種類の事業の専業者の場合〔控除対象仕入税額〕 ④×みなし仕入率（90％・80％・70％・60％・50％）	⑤	※申告書④欄へ

２種類以上の事業を営む事業者の場合

課税売上高に係る消費税額

区分		事業区分別の課税売上高（税抜き）	売上割合		左の課税売上高に係る消費税額
事業区分別の合計額	⑥	※申告書「事業区分」欄へ　円 49,909,100		⑫	円 1,996,398
第一種事業（卸売業）	⑦	※　〃　6,500,000	％ 13.0	⑬	260,000
第二種事業（小売業）	⑧	※　〃　27,455,700	55.0	⑭	1,098,228
第三種事業（製造業等）	⑨	※　〃　13,730,250	27.5	⑮	549,210
第四種事業（その他）	⑩	※　〃　2,224,000	4.5	⑯	88,960
第五種事業（サービス業等）	⑪	※　〃		⑰	

控除対象仕入税額の計算式区分			算出額
原則計算を適用する場合 ④×みなし仕入率 〔（⑬×90％＋⑭×80％＋⑮×70％＋⑯×60％＋⑰×50％）／⑫〕		⑱	円 1,555,663
特例計算を適用する場合：1種類の事業で75％以上 （⑦/⑥・⑧/⑥・⑨/⑥・⑩/⑥・⑪/⑥）≧75％ ④×みなし仕入率（90％・80％・70％・60％・50％）		⑲	
特例計算を適用する場合：2種類の事業で75％以上　（⑦＋⑧）/⑥≧75％	④×{⑬×90％＋（⑫－⑬）×80％}/⑫	⑳	
（⑦＋⑨）/⑥≧75％	④×{⑬×90％＋（⑫－⑬）×70％}/⑫	㉑	
（⑦＋⑩）/⑥≧75％	④×{⑬×90％＋（⑫－⑬）×60％}/⑫	㉒	
（⑦＋⑪）/⑥≧75％	④×{⑬×90％＋（⑫－⑬）×50％}/⑫	㉓	
（⑧＋⑨）/⑥≧75％	④×{⑭×80％＋（⑫－⑭）×70％}/⑫	㉔	1,512,412
（⑧＋⑩）/⑥≧75％	④×{⑭×80％＋（⑫－⑭）×60％}/⑫	㉕	
（⑧＋⑪）/⑥≧75％	④×{⑭×80％＋（⑫－⑭）×50％}/⑫	㉖	
（⑨＋⑩）/⑥≧75％	④×{⑮×70％＋（⑫－⑮）×60％}/⑫	㉗	
（⑨＋⑪）/⑥≧75％	④×{⑮×70％＋（⑫－⑮）×50％}/⑫	㉘	
（⑩＋⑪）/⑥≧75％	④×{⑯×60％＋（⑫－⑯）×50％}/⑫	㉙	
【控除対象仕入税額】 選択可能な計算方式による⑱〜㉙の内から選択した金額		㉚	※申告書④欄へ 1,555,663

注意１　金額の計算においては，１円未満の端数を切り捨てる。

２　課税売上げにつき返品を受け又は値引き・割戻しをした金額（売上対価の返還等の金額）があり，売上（収入）金額から減算しない方法で経理して経費に含めている場合には，⑥から⑪の欄にはその売上対価の返還等の金額（税抜き）を控除した後の金額を記入する。

3　付表5の記入が済んだら最後は申告書の作成を行います。

申告書①の課税標準額には簡易計算書の⑯の欄の金額51,618,000円を(千円未満切捨)転記します。

申告書②の消費税額には簡易計算書の㉔の欄の金額2,065,720円を転記します。

申告書③の貸倒回収に係る消費税額には簡易計算書の㉕の欄の金額6,804円を転記します。

申告書④の控除対象仕入税額には付表5の㉚欄の金額1,556,072円を転記します。

申告書⑤の返還等対価に係る税額には付表5の③欄の金額68,356円を転記します。

申告書⑦の控除税額小計には申告書④から⑥の合計額1,633,542円を記入します。

申告書⑨の差引税額には②の2,065,720円に③の6,804円を加え，これから⑦の1,633,542円を差し引いた金額437,900円(百円未満切捨)を記入します。

申告書⑮のこの課税期間の課税売上高には簡易計算書の⑬の49,909,950円を転記します。

申告書⑬の差引税額には申告書⑨の差引税額437,900円を転記し，この金額の25%相当額109,400円を⑳に記入し，地方消費税額を確定させます。

以上の結果，納付すべき消費税額は437,900円，地方消費税額は109,400円となります。

申告書右欄の付記事項欄は，該当するものの欄に「○」をつけます。

参考事項欄の事業区分ごと課税売上高については，付表5の⑦から⑪までの売上対価の返還等の金額を控除した金額を記入します。

簡易課税による申告書を示すと次頁のとおりとなります。

●　消費税申告書

第27－(2)号様式

平成　年　月　日（収受印）	京橋　税務署長殿
納税地	東京都中央区潮見5-6-7（電話番号　03 － 5678 － 1234　）
（フリガナ）名称又は屋号	C《シー》　株式会社《カブシキガイシャ》
（フリガナ）代表者氏名又は氏名	塔野《トウノ》　昭夫《アキオ》　㊞
経理担当者氏名	

※税務署処理欄				
一連番号			翌年以降送付不要	
所管	要否	整理番号		
申告年月日	平成　年　月　日			
申告区分	指導等	庁指定	局指定	
通信日付印	確認印	省略年月日		
年　月　日		年　月　日		
指導年月日	相談	区分1	区分2	区分3
平成				

自　平成 24 年 4 月 1 日
至　平成 25 年 3 月 31 日

課税期間分の消費税及び地方消費税の（　確定　）申告書

（中間申告の場合の対象期間　自　平成　年　月　日　至　平成　年　月　日）

この申告書による消費税の税額の計算

項目	番号	金額（円）	
課税標準額	①	51618000	03
消費税額	②	2064720	06
貸倒回収に係る消費税額	③	6804	07
控除税額　控除対象仕入税額	④	1555663	08
控除税額　返還等対価に係る税額	⑤	68356	09
控除税額　貸倒れに係る税額	⑥	9523	10
控除税額　控除税額小計（④+⑤+⑥）	⑦	1633542	
控除不足還付税額（⑦－②－③）	⑧		13
差引税額（②+③－⑦）	⑨	437900	15
中間納付税額	⑩	00	16
納付税額（⑨－⑩）	⑪	437900	17
中間納付還付税額（⑩－⑨）	⑫	00	18
この申告書が修正申告である場合　既確定税額	⑬		19
この申告書が修正申告である場合　差引納付税額	⑭	00	20
この課税期間の課税売上高	⑮	49909949	21
基準期間の課税売上高	⑯		

この申告書による地方消費税の税額の計算

項目	番号	金額（円）	
地方消費税の課税標準となる消費税額　控除不足還付税額（⑧）	⑰		51
地方消費税の課税標準となる消費税額　差引税額（⑨）	⑱	437900	52
譲渡割額　還付額（⑰×25％）	⑲		53
譲渡割額　納税額（⑱×25％）	⑳	00	54
中間納付譲渡割額	㉑	109400	55
納付譲渡割額（⑳－㉑）	㉒	00	56
中間納付還付譲渡割額（㉑－⑳）	㉓	109400	57
この申告書が修正申告である場合　既確定譲渡割額	㉔		58
この申告書が修正申告である場合　差引納付譲渡割額	㉕	00	59
消費税及び地方消費税の合計（納付又は還付）税額	㉖	547300	60

㉖=（⑪+㉒）－（⑧+⑫+⑲+㉓）・修正申告の場合㉖=⑭+㉕
㉖が還付税額となる場合はマイナス「－」を付してください。

付記事項

項目	有	無	
割賦基準の適用		○	31
延払基準等の適用		○	32
工事進行基準の適用		○	33
現金主義会計の適用		○	34
課税標準額に対する消費税額の計算の特例の適用	○		35

参考事項

事業区分	課税売上高（免税売上高を除く）千円	売上割合％	
第1種	6,500	13.0	36
第2種	27,456	55.0	37
第3種	13,730	27.5	38
第4種	2,224	4.4	39
第5種			42
計	49,910		

特例計算適用（令57③）	有	無	
		○	40

①・②の内訳

課税標準額	4％分	51,618 千円
課税標準額	旧税率分　3％分	千円
課税標準額	旧税率分	千円
消費税額	4％分	2,064,720 円
消費税額	旧税率分　3％分	円
消費税額	旧税率分	円

還付を受けようとする金融機関等		
銀行・金庫・組合・農協・漁協		本店・支店・出張所・本所・支所
預金	口座番号	
ゆうちょ銀行の貯金記号番号	－	
郵便局名等		

※税務署整理欄

税理士署名押印	㊞（電話番号　－　－　）
	税理士法第30条の書面提出有
	税理士法第33条の2の書面提出有

平成九年四月一日以後終了課税期間分（簡易課税用）

【ケース4】　公益法人（特定収入割合5％超：課税売上割合95％以上）

【設　例】

1　納税地　神奈川県藤沢市鵠沼2－3－4

2　法人名　公益財団法人　藤沢社会福祉センター

3　代表者　藤沢俊樹

4　基本金　２億円

5　業種目　社会福祉事業

6　課税期間　平成24年4月1日から平成25年3月31日

7　申告資料一覧

(1)　課税売上高及び各種補助金等の収入内訳

イ　料金収入（課税売上高）　84,000,000円

ロ　備品売却収入（課税売上高）　6,300,000円

ハ　預金利息収入（非課税売上高）　1,500,000円

ニ　補助金収入

交付要綱において課税仕入れに使途が特定されているもの　18,000,000円

交付要綱において人件費として使途が特定されているもの　15,000,000円

ホ　一般寄附金収入　5,000,000円

ヘ　配当金収入（出資に係るもの）　1,400,000円

ト　保険金収入　2,100,000円

(2)　課税仕入れ（支払対価の合計額）　73,500,000円

(3)　中間申告税額

イ　消費税　500,000円

ロ　地方消費税　125,000円

(4)　前課税期間の状況

イ　資産の譲渡等の対価の額の合計額（税抜金額）　76,000,000円

ロ　課税仕入れ等に係る特定収入以外の特定収入　7,000,000円

(5)　前々課税期間の状況

イ　資産の譲渡等の対価の額の合計額(税抜金額)　74,000,000円

ロ　課税仕入れ等に係る特定収入以外の特定収入　6,500,000円

(注) 前課税期間及び前々課税期間において通算調整割合による調整を行っていません。

【説　明】

消費税法においては，国，地方公共団体のほか，公共法人等(各種公庫，公団，事業団，社団法人，財団法人，学校法人，社会福祉法人，宗教法人等の法別表第3に掲げる法人及び法別表第3に掲げる法人とみなされる法人をいう。) 及び人格のない社団等についても，一般の民間企業と同様に，課税資産の譲渡等について納税義務が求められており，各種の税額控除や申告，納付等の制度が適用されます。

国，地方公共団体，公共法人，公益法人及び人格のない社団等は，本来，市場経済の法則が成り立たない事業を行っていることが多く，通常，税金，補助金，会費，寄附金等の対価性のない収入(「特定収入」という。) を恒常的な財源として得ている実態にあります。したがって，たとえ課税売上げがあっても，その価格は，このような対価性のない収入により恒常的に課税仕入れの一部を賄うことを前提として決定されることといえます。

国の事業や地方公共団体の行う事業，また公共法人や公益法人が行う事業により支出する内容が消費税の課税仕入れに該当する場合には，これらの事業体の収入がほとんど消費税の課税対象外であるため，その事業遂行上生ずる課税仕入れに係る消費税額は還付されることとなります。

この還付については，一般の営利事業者の消費税の負担と比較して仕入税額控除の調整をすべきものと考えることができます。

そこで，消費税においては，公益法人等のその課税期間の特定収入割合が５％以下の場合及び簡易課税制度を選択適用する場合を除いて，その課税期間における特定収入から支出した課税仕入れに係る消費税額について仕入税額控除を制限することとしています。

これらの選択と課税関係をチャートで示すと次頁のとおりです。

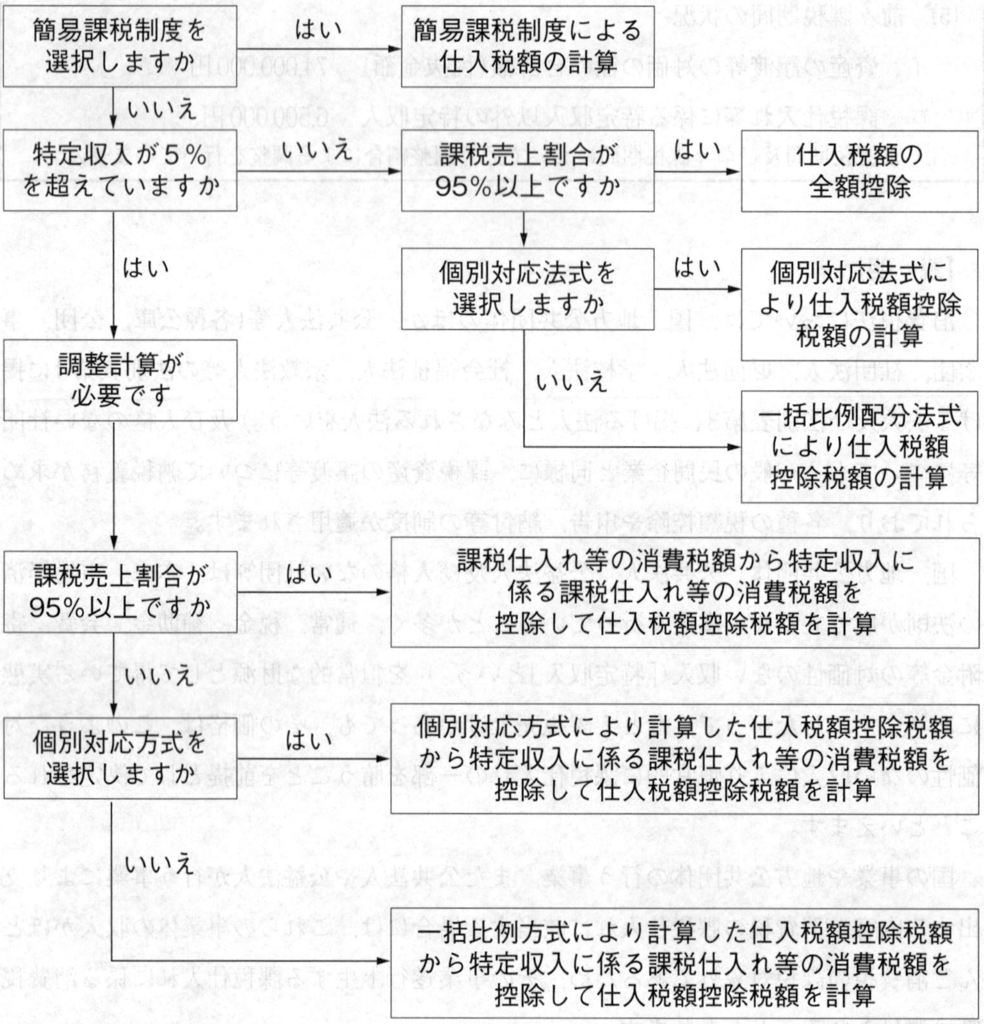
簡易課税制度を
選択しますか
はい
簡易課税制度による
仕入税額の計算
いいえ
特定収入が５％
を超えていますか
いいえ
課税売上割合が
95％以上ですか
はい
仕入税額の
全額控除
個別対応法式を
選択しますか
はい
個別対応法式に
より仕入税額控除
税額の計算
いいえ
一括比例配分法式
により仕入税額
控除税額の計算
はい
調整計算が
必要です
課税売上割合が
95％以上ですか
はい
課税仕入れ等の消費税額から特定収入に
係る課税仕入れ等の消費税額を
控除して仕入税額控除税額を計算
いいえ
個別対応方式を
選択しますか
はい
個別対応方式により計算した仕入税額控除税額
から特定収入に係る課税仕入れ等の消費税額を
控除して仕入税額控除税額を計算
いいえ
一括比例方式により計算した仕入税額控除税額
から特定収入に係る課税仕入れ等の消費税額を
控除して仕入税額控除税額を計算

1　特定収入と仕入税額

特定収入とは，資産の譲渡等の対価以外の収入で，次に掲げるもの以外のものをいいます。

⑴　借入金及び債券発行収入で，法令においてその返済又は償還のための補助金，負担金その他これらに類するものの交付を受けることが規定されているもの以外のもの(「借入金等」という。)

⑵　出資金

⑶　預金，貯金及び預り金

⑷　貸付金回収

⑸　返還金及び還付金

⑹　次に掲げる収入

イ　法令又は交付要綱等において，次に掲げる支出以外の支出(「特定支出」という。)のためにのみ使用することとされている収入

①　課税仕入れに係る支払対価の額に係る支出

②　課税貨物の引取価額に係る支出

③　借入金等の返済金又は償還金に係る支出

ロ　国又は地方公共団体が合理的な方法により資産の譲渡等の対価以外の収入の使途を明らかにした文書において，特定支出のためにのみ使用することとされている収入

以上のことから具体的に特定収入を示すと次のものが該当します。

⑴　租税

⑵　補助金

⑶　交付金

⑷　寄附金

⑸　出資に対する配当金

⑹　保険金

⑺　損害賠償金

⑻　資産の譲渡等の対価に該当しない負担金，他会計からの繰入金，会費等，喜捨金等

したがって，特定収入のうち消費税の仕入税額控除の対象となるものは，およそ次

の収入です。

⑴　借入金及び債券発行収入で，法令においてその返済又は償還のための補助金，負担金その他これらに類するものの交付を受けることが規定されているもの

⑵　次に掲げる支出のためにのみ使用することとされている収入

イ　課税仕入れに係る支払対価の額に係る支出

ロ　課税貨物の引取価額に係る支出

⑶　租税

⑷　補助金

⑸　交付金

⑹　寄附金

⑺　出資に対する配当金

⑻　保険金

⑼　損害賠償金

⑽　資産の譲渡等の対価に該当しない負担金，他会計からの繰入金，会費等，喜捨金等

これらの課税仕入れに充当することができる特定収入について，その使途が特定されているもの（課税仕入れ専用特定収入）とその使途が特定されていないが課税仕入れのために支出されたもの（使途不特定の特定収入）に区分し，次頁に示したとおりその課税期間の課税仕入れの消費税額のうち課税仕入専用特定収入対応分は全額仕入税額から除外し，使途不特定の特定収入に対応する仕入税額を次のとおり資産の譲渡等の対価の額との比率であん分し，そのあん分した金額を仕入税額から除外してその課税期間の仕入控除税額を計算します。

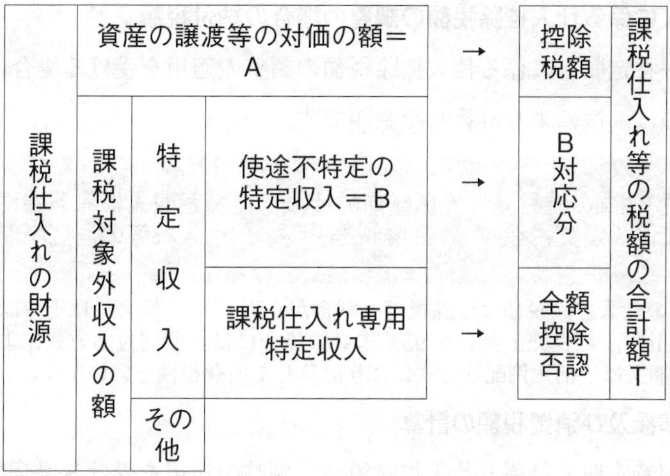

B対応分＝（仕入税額の合計額T－全額控除否認額）× $\frac{B}{A+B}$

控除税額＝仕入税額の合計額T－B対応税額

2　簡易課税制度選択法人及び特定収入割合5%未満の法人

特定収入に係る仕入控除税額の調整の対象となる事業者は，国，地方公共団体(特別会計を設けて行う事業に限る。)，公共法人・公益法人(公共法人等)及び人格のない社団等です。

これらの法人のうち次に掲げる法人は，特定収入に係る仕入控除税額の調整の特例制度の適用対象から除かれます。

(1)　その課税期間の仕入控除税額の計算について簡易課税制度の適用を受ける場合

(2)　その課税期間における特定収入割合が５％以下である場合

なお，特定収入割合とは，その課税期間における資産の譲渡等の対価の額(税抜金額）の合計額にその課税期間の特定収入の額の合計額を加算した金額のうちにその特定収入の額の合計額の占める割合をいいます。

$$\frac{\text{その課税期間の特定収入の額の合計額}}{\text{その課税期間における資産の譲渡等の対価の額＋その課税期間の特定収入の額の合計額}}$$

（注）　分母の資産の譲渡等の対価の額（税抜金額）は，対価の返還等の金額を控除する前の金額によります。

３　特定収入に係る仕入控除税額の調整の場合の納付税額

公益法人等が特定収入に係る仕入控除税額の調整の適用を受ける場合における納付すべき消費税額は，次により計算した金額です。

その課税期間の課税売上げに係る消費税額 －（調整前の仕入控除税額（注） － 特定収入に係る課税仕入れ等の消費税額）

（注）　調整前の仕入控除税額は，課税売上割合が95％以上の場合にはその課税期間の仕入税額の合計額，課税売上割合が95％未満の場合には，個別対応方式により計算した仕入控除税額又は一括比例配分方式により計算した消費税額をいいます。

４　課税標準額及び消費税額の計算

公益法人等が特定収入に係る仕入控除税額の調整の適用を受ける場合であっても課税標準及びこれに係る消費税額の計算は一般の営利法人と変わるところはありません。このケースにおける課税売上高及びその消費税額の計算を示せば次のとおりです。

$$(84,000,000\text{円} + 6,300,000\text{円}) \times \frac{100}{105} = 86,000,000\text{円}$$

$$86,000,000\text{円} \times 4\,\% = 3,440,000\text{円}$$

なお，この公益法人には非課税売上として受取利息1,500,000円があり，上記課税売上高86,000,000円に加算した金額87,500,000円が資産の譲渡等の対価の額となります。

これらの計算は次頁の「消費税の課税標準額及び消費税額の計算書」で行います。

売上区分		事業者間（外税）取引		総額表示対象取引	
		本体価格A	消費税額等B	税込価格C	消費税額等D
棚卸資産等売上高	①			84,000,000	
資産の賃貸料収入	②				
サービス対価の額	③				
みなし譲渡の対価の額	④				
その他の資産の譲渡等の対価	⑤			6,300,000	
課税標準額と消費税額（申告書①及び②）へ	⑥	千円	円	(①～⑤)×100/105 86,000,000	(⑥C×4%) 円
	⑦	課税標準額（⑥A+⑥C）（千円）		消費税額（⑥B×80%+⑥D）(円)	
		86,000			3,440,000
⑥に係る対価の返還等の金額（申告書⑤）へ	⑧	税込合計額		税額（⑧B×4/105）	
	⑨	税抜本体価額（⑧B×100/105）			
課税売上高（⑥A・⑥C×100/105－⑨）	⑩	（付表2①）へ			86,000,000
輸出免税売上高	⑪	（付表2②）へ			
非課税資産の輸出の金額	⑫	（付表2③）へ			
課税資産の譲渡等の対価の額 ⑩＋⑪＋⑫	⑬	（付表2④⑤）へ			86,000,000
非課税資産の譲渡等の対価の額	⑭	（付表2⑥）へ			1,500,000
資産の譲渡等の対価の額の合計額 ⑬＋⑭	⑮	（付表2⑦）へ			87,500,000
課税売上割合（⑬÷⑮）	⑯				98.2857142%
貸倒回収額	⑰	（付表2㉒）へ			
貸倒発生額	⑱				

5　特定収入割合の計算

このケースにおける特定収入割合は，資産の譲渡等の対価以外の収入41,500千円（補助金収入，一般寄附金収入，配当金収入，保険金収入）のうち交付要項において人件費（課税仕入れ以外の支出）として使途が特定されている15,000千円を控除した後の金額は26,500千円であり，これが特定収入となり，これに資産の譲渡等の対価の額の合計額87,500,000円を加算した金額114,000,000円を基礎として次により計算した割合をいいます。この割合が５％を超えることとなるので課税仕入れ等の税額の調整が必要となります。

$$\frac{26{,}500{,}000\text{円}}{114{,}000{,}000\text{円}} = 23.2\% > 5\%$$

この特定割合収入は次の計算書（国税庁ホームページ掲載）により計算することができます。

●　特定収入の金額とその内訳書　1

特定収入割合の計算書

		資産の譲渡等の対価以外の収入の合計額	特定収入 A	Aのうち課税仕入れに係る特定収入	A－B Aのうち使途不特定の特定収入
租税	①				
補助金・交付金等	②	33,000,000	18,000,000	18,000,000	
他会計からの繰入金	③				
寄付金	④	5,000,000	5,000,000		5,000,000
出資に対する配当金	⑤	1,400,000	1,400,000		1,400,000
保険金・損害賠償金	⑥	2,100,000	2,100,000		2,100,000
会費・入会金	⑦				
喜捨金	⑧				
債務免除益	⑨				
借入金	⑩				
出資の受入れ	⑪				
貸倒回収金	⑫				
	⑬				
	⑭				
合計額	⑮	41,500,000	26,500,000	18,000,000	8,500,000

（出典　介護サービス事業者のための消費税の実務）

特定収入割合の計算書

内　　　　容		金　額　等
資産の譲渡等の対価の額の合計額（課税標準額及び消費税額の計算書⑮）	①	87,500,000
特定収入の合計額（特定収入の金額とその内訳書1⑮のA）	②	26,500,000
分母の金額（①＋②）	③	114,000,000
特定収入割合（②÷③）	④	23.24%
④が5%以下の場合		
④が5%超の場合		課税仕入れ等の税額調整必要

（出典　『介護サービス事業者のための消費税の実務』）

当期の調整割合の計算書

内　　　　容		金　　額
資産の譲渡等の対価の額の合計額（課税標準計算書⑭＋⑨）	①	87,500,000
課税仕入れ等に係る特定収入以外の特定収入（内訳書1⑮C）	②	8,500,000
分母の金額（①＋②）	③	96,000,000
調整割合（②÷③）	④	0.08854167

（出典　『介護サービス事業者のための消費税の実務』）

調整後控除対象仕入税額計算書　3（課税売上割合95%以上）

内　　　　容		金　　額
全額控除による調整前の課税仕入れ等の税額の合計額	①	2,800,000
課税仕入れ等に係る特定収入（内訳書1⑮B）	②	18,000,000
②×4／105（1円未満の端数切捨）	③	685,714
（①－③）	④	2,114,286
調整割合（当期の調整割合の計算書④）	⑤	0.08854167
課税仕入れ等に係る特定収入以外の特定収入に係る税額 ④×⑤（1円未満の端数切捨）	⑥	187,202
特定収入に係る課税仕入れ等の税額（③＋⑥）	⑦	872,916
控除対象仕入税額（①－⑦）	⑧	1,927,084
⑧がプラスの場合には，付表2⑳及び申告書④へ		
⑧がマイナスの場合には，付表2㉑に加算，申告書③に加算		

（出典　『介護サービス事業者のための消費税の実務』）

６　仕入控除税額

このケースにおいて，特定収入のうちその使途が特定されている特定収入18,000,000円から計算される消費税額685,714円は全額控除否認の税額となります。

次に，特定収入のうち使途が特定されていない特定収入（寄付金5,000千円，配当金1,400千円及び保険金2,100千円）の合計額8,500千円については，全体の課税仕入れの税額2,800千円（73,500千円×4/105）から使途特定の特定収入に係る消費税額685,714円を控除し，これに調整割合（注）を乗じた金額を当期の仕入税額から控除します。したがって，このケースにおける仕入控除税額は次のとおりとなります。

2,800,000円－685,714円－187,202円＝1,927,084円

（注）　調整割合は次により計算します。

$$\frac{8{,}500{,}000\text{円}}{87{,}500{,}000\text{円}+8{,}500{,}000\text{円}} = 8.854167\%$$

７　納付税額

以上の１から６までの計算により納付税額は次のとおりとなります。

(1)　消費税額

3,440,000円－1,927,084円＝1,512,900

1,512,900円－500,000円＝1,012,900円

(2)地方消費税額

1,512,900円×25%－125,000円＝253,200円

(3)　納付税額

1,012,900円＋253,200円＝1,266,100円

● 付表2　課税売上割合・控除対象仕入税額等の計算表

付表2　課税売上割合・控除対象仕入税額等の計算表

課税期間	24.4.1～25.3.31	氏名又は名称	公益財団法人　藤沢社会福祉センター

区分	項目	番号	金額
	課税売上額（税抜き）	①	860,000,000円
	免税売上額	②	
	非課税資産の輸出等の金額、海外支店等へ移送した資産の価額	③	
	課税資産の譲渡等の対価の額（①＋②－③）	④	※申告書の⑮欄へ 860,000,000
	課税資産の譲渡等の対価の額（④の金額）	⑤	860,000,000
	非課税売上額	⑥	1,500,000
	資産の譲渡等の対価の額（⑤＋⑥）	⑦	※申告書の⑯欄へ 861,500,000
	課税売上割合（④／⑦）		〔98.2857142%〕※端数切捨て
	課税仕入れに係る支払対価の額（税込み）	⑧	※注2参照 73,500,000
	課税仕入れに係る消費税額（⑧×4／105）	⑨	※注3参照 2,800,000
	課税貨物に係る消費税額	⑩	0
	納税義務の免除を受けない（受ける）こととなった場合における消費税額の調整（加算又は減算）額	⑪	
	課税仕入れ等の税額の合計額（⑨＋⑩±⑪）	⑫	2,800,000
	課税売上高が5億円以下、かつ、課税売上割合が9.5%以下の場合（⑫の金額）	⑬	1,927,084
課税売上高が5億円超又は課税売上割合が95%未満の場合　個別対応方式	⑫のうち、課税売上げにのみ要するもの	⑭	
課税売上高が5億円超又は課税売上割合が95%未満の場合　個別対応方式	⑫のうち、課税売上げと非課税売上げに共通して要するもの	⑮	
課税売上高が5億円超又は課税売上割合が95%未満の場合　個別対応方式	個別対応方式により控除する課税仕入れ等の税額〔⑭＋（⑮×④／⑦）〕	⑯	
課税売上高が5億円超又は課税売上割合が95%未満の場合	一括比例配分方式により控除する課税仕入れ等の税額（⑫×④／⑦）	⑰	
控除税額の調整	課税売上割合変動時の調整対象固定資産に係る消費税額の調整（加算又は減算）額	⑱	
控除税額の調整	調整対象固定資産を課税業務用（非課税業務用）に転用した場合の調整（加算又は減算）額	⑲	
差引	控除対象仕入税額〔(⑬、⑯又は⑰の金額)±⑱±⑲〕がプラスの時	⑳	※申告書の④欄へ
差引	控除過大調整税額〔(⑬、⑯又は⑰の金額)±⑱±⑲〕がマイナスの時	㉑	※申告書の③欄へ
	貸倒回収に係る消費税額	㉒	※申告書の③欄へ

●　消費税申告書

第27－(1)号様式

平成　年　月　日　　藤沢　税務署長殿

収受印

納税地	藤沢市鵠沼2-3-4 (電話番号　012 - 0000 - 3456　)
(フリガナ) 名称又は屋号	公益法人財団《コウエキホウジンザイダン》　藤沢社会福祉《フジサワシャカイフクシ》センター
(フリガナ) 代表者氏名又は氏名	藤沢《フジサワ》　ときお《トキオ》　㊞
経理担当者氏名	

※税務署処理欄

一連番号		翌年以降送付不要	
所管	要否	整理番号	
申告年月日	平成　年　月　日		
申告区分	指導等	庁指定	局指定
通信日付印	確認印	省略年月日	
年　月　日		年　月　日	
指導年月日	相談	区分1	区分2	区分3
平成				

自 平成 24年 4月 1日
至 平成 25年 3月 31日

課税期間分の消費税及び地方消費税の(　確定　)申告書

中間申告の場合の対象期間　自 平成　年　月　日　至 平成　年　月　日

平成九年四月一日以後終了課税期間分（一般用）

この申告書による消費税の税額の計算

項目		金額（十兆 千 百 十 億 千 百 十 万 千 百 十 一円）	
課税標準額	①	86000000	03
消費税額	②	3440000	06
控除過大調整税額	③		07
控除税額　控除対象仕入税額	④	1927084	08
控除税額　返還等対価に係る税額	⑤		09
控除税額　貸倒れに係る税額	⑥		10
控除税額　控除税額小計(④+⑤+⑥)	⑦	1927084	
控除不足還付税額(⑦−②−③)	⑧		13
差引税額(②+③−⑦)	⑨	1512900	15
中間納付税額	⑩	500000	16
納付税額(⑨−⑩)	⑪	1012900	17
中間納付還付税額(⑩−⑨)	⑫	00	18
この申告書が修正申告である場合　既確定税額	⑬		19
この申告書が修正申告である場合　差引納付税額	⑭	00	20
課税売上割合　課税資産の譲渡等の対価の額	⑮	86000000	21
課税売上割合　資産の譲渡等の対価の額	⑯	87500000	22

この申告書による地方消費税の税額の計算

地方消費税の課税標準となる消費税額　控除不足還付税額(⑧)	⑰		51
地方消費税の課税標準となる消費税額　差引税額(⑨)	⑱	1512900	52
譲渡割額　還付額(⑰×25%)	⑲		53
譲渡割額　納税額(⑱×25%)	⑳	378200	54
中間納付譲渡割額	㉑	125000	55
納付譲渡割額(⑳−㉑)	㉒	253200	56
中間納付還付譲渡割額(㉑−⑳)	㉓	00	57
この申告書が修正申告である場合　既確定譲渡割額	㉔		58
この申告書が修正申告である場合　差引納付譲渡割額	㉕	00	59
消費税及び地方消費税の合計(納付又は還付)税額	㉖	1266100	60

㉖＝(⑪＋㉒)－(⑧＋⑫＋⑲＋㉓)・修正申告の場合㉖＝⑭＋㉕
㉖が還付税額となる場合はマイナス「－」を付してください。

付記事項					
割賦基準の適用		有		無	31
延払基準等の適用		有		無	32
工事進行基準の適用		有		無	33
現金主義会計の適用		有		無	34

参考事項				
課税標準額に対する消費税額の計算の特例の適用		有	○ 無	35
控除税額の計算方法	課税売上高5億円超又は課税売上割合95%未満		個別対応方式	41
			一括比例配分方式	
	上記以外	○	全額控除	

①・②の内訳			
課税標準額	4%分	86,000	千円
	旧税率分　3%分		千円
			千円
消費税額	4%分		円
	旧税率分　3%分	3,440,000	円
			円
基準期間の課税売上高			円

還付を受けようとする金融機関等			
	銀行 金庫・組合 農協・漁協		本店・支店 出張所 本所・支所
	預金	口座番号	
ゆうちょ銀行の貯金記号番号	－		
郵便局名等			

※税務署整理欄

税理士署名押印	㊞ (電話番号　－　－　)

- 税理士法第30条の書面提出有
- 税理士法第33条の2の書面提出有

8　通算調整割合の計算

特定収入に係る課税仕入れ等の税額の調整方法は，特定収入が収納された課税期間において使途に応じ支出される場合には，適切に調整されますが，例えば，寄附金，特別会費等の特定収入を収納した課税期間後の課税期間において会館建設といった課税仕入れが行われると，特定収入に係る課税仕入れ等の税額の調整が適正に行われないことになります。

特定収入のあった課税期間と特定収入を原資として課税仕入れが行われた課税期間とが異なる場合にも，適切な調整を行うため，調整対象固定資産に係る仕入控除税額の調整に準じ，特定収入割合が著しく変動した場合には，さらに調整を行う必要があります。

すなわち，特定収入に係る課税仕入れ等の税額を計算する場合において，その課税期間の調整割合が通算調整割合に比して20％以上増加又は減少したとき（過去2年間において通算調整割合による調整を行っている場合を除く。）は，さらに調整を行うこととされ，この判定のために通算調整割合の計算書（国税庁ホームページ掲載）により通算調整割合を計算することとされています。

通算調整割合の計算書

内　容			金　額
当該課税期間	調整割合（当期の調整割合計算書④）	①	0.08854167
	資産の譲渡等の対価の額の合計額 （課税標準額及び消費税額の計算書⑮）	②	87,500,000
	課税仕入れ等に係る特定収入以外の特定収入 （内訳書1⑮C）	③	8,500,000
前課税期間	資産の譲渡等の対価の額の合計額 （前課税期間の課税標準額及び消費税額の計算書⑮）	④	76,000,000
	課税仕入れ等に係る特定収入以外の特定収入 （前課税期間の内訳書1⑮C）	⑤	7,000,000
前々課税期間	資産の譲渡等の対価の額の合計額 （前々課税期間の課税標準額及び消費税額の計算書⑮）	⑥	74,000,000
	課税仕入れ等に係る特定収入以外の特定収入 （前々課税期間の内訳書1⑮C）	⑦	6,500,000
当該課税期間	３年間通算資産の譲渡等の対価の額の合計額 （②＋④＋⑥）	⑧	237,500,000
	３年間通算課税仕入れ等に係る特定収入以外の特定収入 （③＋⑤＋⑦）	⑨	22,000,000
	分母の金額（⑧＋⑨）	⑩	259,500,000
	通算調整割合（⑨÷⑩）	⑪	0.08477842
	①－⑪（マイナスは△記入）	⑫	△0.376%
	⑫≧20%又は⑫≦△20%の場合は，通算調整割合による調整計算が必要です。 ケース4では調整不要です。		

（出典　『介護サービス事業者のための消費税の実務』）

【ケース5】　公益法人(特定収入割合5%超：課税売上割合95%未満)

【設　例】

1　納税地　　千葉県習志野市谷津４－５－６

2　法人名　　公益財団法人習志野ケアセンター

3　代表者　　谷津俊紀

4　基本金　　３億円

5　業種目　　医療事業及び介護事業

6　課税期間　平成24年4月1日から平成25年3月31日

7　申告資料

(1)　課税売上高及び各種補助金等の収入内訳

①　料金収入(課税売上高)　126,000,000円

②　備品売却収入(課税売上高)　4,000,000円

③　預金利息収入(非課税売上高)　1,500,000円

④　地代収入(非課税売上高)　4,800,000円

⑤　土地売却収入　50,000,000円

⑥　補助金収入

交付要綱において課税売上げにのみ要する課税仕入れに使途が特定されているもの　28,000,000円

交付要綱において課税売上げと非課税売上げに共通して要する課税仕入れに使途が特定されているもの　15,000,000円

交付要綱において人件費として使途が特定されているもの　10,000,000円

⑦　一般寄附金収入　3,000,000円

⑧　配当金収入(出資に係るもの)　1,100,000円

⑨　保険金収入　2,500,000円

(2)　課税仕入れ(支払対価の合計額)

①　課税売上げにのみ要する課税仕入れ　50,000,000円

②　課税売上げと非課税売上げに共通して要する課税仕入れ　30,000,000円

③　非課税売上げにのみ要する課税仕入れ　4,200,000円

(3)　中間申告税額

①　消費税　　　750,000円

②　地方消費税　187,500円

(4)　前課税期間の状況

①　資産の譲渡等の対価の額の合計額(税抜金額)　115,305,710円

②　課税仕入れ等に係る特定収入以外の特定収入　7,000,000円

(5)　前々課税期間の状況

①　資産の譲渡等の対価の額の合計額(税抜金額)　111,003,821円

②　課税仕入れ等に係る特定収入以外の特定収入　5,500,000円

(注)　前課税期間及び前々課税期間において通算調整割合による調整を行っていません。

【説　明】

1　課税売上割合が95%未満の場合の公益法人の仕入税額控除

その課税期間の課税売上高が５億円超又は課税売上割合が95%未満である場合には，その課税期間の仕入に係る消費税額の全額の控除が認められないことは一般の営利法人の消費税の計算と変わるところはありません。

課税売上割合が95%未満の場合には，個別対応方式又は一括比例配分方式のいずれかを選択して仕入控除税額を計算します。この場合において，一括比例配分方式を選択した場合には，その選択した年から継続して２年間強制適用とされていますので注意が必要です。

2　個別対応方式

課税売上割合が95%未満の課税期間の仕入控除税額を個別対応方式より計算する場合には，次により計算した金額をその課税期間の仕入控除税額から差し引いて，最終的な仕入控除税額を計算することとされています。

(1)　課税売上げにのみに要する課税仕入れ等のためにのみ使途が限定されている特定収入の合計額×$\frac{4}{105}$

(2)　課税・非課税の共通用の課税仕入れ等のためにのみ使途が特定されている特定収入の合計額×$\frac{4}{105}$×課税売上割合

(3)　（調整前の個別対応方式による仕入控除税額－(1)の金額－(2)の金額）×調整割合

当期の仕入控除税額は次により計算します。

個別対応方式による調整前仕入控除税額－((1)の金額+(2)の金額+(3)の金額)

3　一括比例配分方式

課税売上割合が95%未満の課税期間の仕入控除税額を一括比例配分方式より計算する場合には，次により計算した金額をその課税期間の仕入控除税額から差し引いて，最終的な仕入控除税額を計算することとされています。

(1)　課税仕入れ等に係る特定収入の合計額×$\frac{4}{105}$×課税売上割合

(2)　(調整前の一括比例配分方式による仕入控除税額－(1)の金額)×調整割合

当期の仕入控除税額は次により計算します。

一括比例配分方式による調整前仕入控除税額－((1)の金額+(2)の金額)

4　課税標準額から納付税額までの計算

このケースにおける課税標準額から納付すべき消費税額までの計算を計算書で示すと次のとおりとなります。

課税標準額及び消費税額の計算書

売上区分		事業者間（外税）取引		総額表示対象取引	
		本体価格A	消費税額等B	税込価格C	消費税額等D
棚卸資産等売上高	①			126,000,000	
資産の賃貸料収入	②				
サービス対価の額	③				
みなし譲渡の対価の額	④				
その他の資産の譲渡等の対価	⑤			4,000,000	
課税標準額と消費税額（申告書①及び②）へ	⑥	千円	円	（①～⑤）×100/105 130,000,000	（⑥C×4%）円
	⑦	課税標準額 （⑥A＋⑥C）（千円） 123,809,000		消費税額 （⑥B×80%＋⑥D）（円） 4,952,360	
⑥に係る対価の返還等の金額（申告書⑤）へ	⑧	税込合計額		税額 （⑧B×4/105）	
	⑨	税抜本体価格額 （⑧B×100/105）			
課税売上高（⑥A・⑥C×100/105－⑨）	⑩	（付表2①）へ		123,809,523	
輸出免税売上高	⑪	（付表2②）へ			
非課税資産の輸出の金額	⑫	（付表2③）へ			
課税資産の譲渡等の対価の額 ⑩＋⑪＋⑫	⑬	（付表2④⑤）へ		123,809,523	
非課税資産の譲渡等の対価の額	⑭	（付表2⑥）へ		56,300,000	
資産の譲渡等の対価の額の合計額 ⑬＋⑭	⑮	（付表2⑦）へ		180,109,523	
課税売上割合（⑬÷⑮）	⑯			68.7412419609%	
貸倒回収額	⑰	（付表2㉒）へ			
貸倒発生額	⑱				

特定収入の金額とその内訳書　1

		資産の譲渡等の対価以外の収入の合計額	特定収入 A	Aのうち課税仕入れ等に係る特定収入 B	A－B Aのうち使途不特定の特定収入 C
租税	①				
補助金・交付金等	②	53,000,000	43,000,000	43,000,000	
他会計からの繰入金	③				
寄付金	④	3,000,000	3,000,000		3,000,000
出資に対する配当金	⑤	1,100,000	1,100,000		1,100,000
保険金・損害賠償金	⑥	2,500,000	2,500,000		2,500,000
会費・入会金	⑦				
喜捨金	⑧				
債務免除益	⑨				
借入金	⑩				
出資の受入れ	⑪				
貸倒回収金	⑫				
	⑬				
	⑭				
合計額	⑮	59,600,000	49,600,000	43,000,000	6,600,000

（出典　『介護サービス事業者のための消費税の実務』）

特定収入割合の計算書

内　容		金　額　等
資産の譲渡等の対価の額の合計額 （課税標準額及び消費税額の計算書⑮）	①	180,109,523
特定収入の合計額（特定収入の金額とその内訳書1⑮のA）	②	49,600,000
分母の金額（①＋②）	③	229,709,523
特定収入割合（②÷③）	④	21.5925%
④が5％以下の場合		
④が5％超の場合		課税仕入れ等の税額調整必要

（出典　『介護サービス事業者のための消費税の実務』）

特定収入の金額とその内訳書 2
（個別対応方式を採用している場合）

		資産仕入れ等に係る特定収入の合計額（内訳書1のB） D	Dの金額のうち	
			課税売上げにのみ要する特定収入 E	課税・非課税共通に要する特定収入 F
租税	①			
補助金・交付金等	②	43,000,000	28,000,000	15,000,000
他会計からの繰入金	③			
寄付金	④			
出資に対する配当金	⑤			
保険金・損害賠償金	⑥			
会費・入会金	⑦			
喜捨金	⑧			
債務免除益	⑨			
借入金	⑩			
出資の受入れ	⑪			
貸倒回収金	⑫			
	⑬			
	⑭			
合計額	⑮	43,000,000	28,000,000	15,000,000

（出典　『介護サービス事業者のための消費税の実務』）

当期の調整割合の計算書

内　　容		金　額
資産の譲渡等の対価の額の合計額（課税標準計算書⑭＋⑨）	①	180,109,523
課税仕入れ等の税額に係る特定収入以外の特定収入（内訳書1⑮C）	②	6,600,000
分母の金額（①＋②）	③	186,709,523
調整割合（②÷③）	④	0.0353490272

（出典　『介護サービス事業者のための消費税の実務』）

調整後控除対象仕入税額計算書　4
課税売上割合95％未満：個別対応方式

内　　容		金　額
個別対応方式による調整前の課税仕入れ等の税額の合計額 　課税売上げにのみ要する仕入税額 　　50,000,000円×4/105＝1,904,761円 　課税・非課税共通に要する仕入税額 　　30,000,000円×4/105×0.68741241＝785,614円	①	2,690,375
課税売上げにのみ要する特定収入（内訳書２⑮E）	②	28,000,000
②×4/105（１円未満の端数切捨）	③	1,066,666
課税・非課税共通に要する特定収入（内訳書２⑮F）	④	15,000,000
④×4/105（１円未満の端数切捨）	⑤	571,428
課税売上割合（準ずる割合を含み，課税標準計算書⑮）	⑥	68.7412419609％
⑤×⑥	⑦	392,806
③＋⑦（課税仕入れ等の税額のうち特定収入によるもの）	⑧	1,459,472
①－⑧	⑨	1,230,903
調整割合（当期の調整割合の計算書④）	⑩	0.0353490272
⑨×⑩ （課税仕入れ等に係る特定収入以外の特定収入に係る税額）	⑪	43,511
特定収入に係る課税仕入れ等の税額（⑧＋⑪）	⑫	1,502,983
控除対象仕入税額（①－⑫）	⑬	1,187,392
⑬がプラスの場合　　付表２⑳及び申告書④へ		1,187,392
⑬がマイナスの場合　　付表２㉑及び申告書③に加算		

（出典　『介護サービス事業者のための消費税の実務』）

通算調整割合の計算書

内　　容			金　　額
当該課税期間	調整割合（当期の調整割合計算書④）	①	0.035349027
	資産の譲渡等の対価の額の合計額 （課税標準額及び消費税額の計算書⑨＋⑭）	②	180,109,523
	課税仕入れ等に係る特定収入以外の特定収入 （内訳書1⑮C）	③	6,600,000
前課税期間	資産の譲渡等の対価の額の合計額 （前課税期間の課税標準額及び消費税額の計算書⑨＋⑭）	④	115,305,710
	課税仕入れ等に係る特定収入以外の特定収入 （前課税期間の内訳書1⑮C）	⑤	7,000,000
前々課税期間	資産の譲渡等の対価の額の合計額 （前々課税期間の課税標準額及び消費税額の計算書⑨＋⑭）	⑥	111,003,821
	課税仕入れ等に係る特定収入以外の特定収入 （前々課税期間の内訳書1⑮C）	⑦	5,500,000
当該課税期間	３年間通算資産の譲渡等の対価の額の合計額（②＋④＋⑥）	⑧	406,419,054
	３年間通算課税仕入れ等に係る特定収入以外の特定収入 （③＋⑤＋⑦）	⑨	19,100,000
	分母の金額（⑧＋⑨）	⑩	425,519,054
	通算調整割合（⑨÷⑩）	⑪	0.044886357
	①－⑪（マイナスは△記入）	⑫	△0.954%
	⑫≧20%又は⑫≦△20%の場合は，通算調整割合による調整計算が必要です。 ケース5では調整不要です。		

（出典　『介護サービス事業者のための消費税の実務』）

納付税額の計算

1　課税資産の譲渡等に係る消費税額　4,952,360円

2　課税仕入れ等の消費税額　1,187,392円

3　納付税額

⑴　消費税額

4,952,360円－1,187,392円－750,000円＝3,014,900円　3,014,900円

⑵　地方消費税額

(4,952,360円－1,187,392円≒3,764,900円)×25％－187,500円＝753,700円

（百円未満切捨）

⑶　納付税額

3,014,900円＋753,700円＝3,768,600円　3,768,600円

●　付表２　課税売上割合・控除対象仕入税額等の計算表

付表２　課税売上割合・控除対象仕入税額等の計算表

課税期間	24.4.1～25.3.31	氏名又は名称	公益財団法人　習志野ケアーセンター

区分	項目		金額
	課税売上額（税抜き）	①	123,809,523円
	免税売上額	②	
	非課税資産の輸出等の金額、海外支店等へ移送した資産の価額	③	
	課税資産の譲渡等の対価の額（①＋②－③）	④	※申告書の⑮欄へ 123,809,523
	課税資産の譲渡等の対価の額（④の金額）	⑤	123,809,523
	非課税売上額	⑥	56,300,000
	資産の譲渡等の対価の額（⑤＋⑥）	⑦	※申告書の⑯欄へ 180,109,523
	課税売上割合（④／⑦）		〔 68.7412419%〕　※端数切捨て
	課税仕入れに係る支払対価の額（税込み）	⑧	※注2参照 84,200,000
	課税仕入れに係る消費税額（⑧×4／105）	⑨	※注3参照 3,207,619
	課税貨物に係る消費税額	⑩	0
	納税義務の免除を受けない（受ける）こととなった場合における消費税額の調整（加算又は減算）額	⑪	
	課税仕入れ等の税額の合計額（⑨＋⑩±⑪）	⑫	3,207,619
	課税売上高が5億円以下、かつ、課税売上割合が95%以上の場合（⑫の金額）	⑬	
課税売上高が5億円超又は課税売上割合が95%未満の場合／個別対応方式	⑫のうち、課税売上げにのみ要するもの	⑭	
課税売上高が5億円超又は課税売上割合が95%未満の場合／個別対応方式	⑫のうち、課税売上げと非課税売上げに共通して要するもの	⑮	
課税売上高が5億円超又は課税売上割合が95%未満の場合／個別対応方式	個別対応方式により控除する課税仕入れ等の税額〔⑭＋（⑮×④／⑦）〕	⑯	1,187,392
課税売上高が5億円超又は課税売上割合が95%未満の場合	一括比例配分方式により控除する課税仕入れ等の税額（⑫×④／⑦）	⑰	
控除税額の調整	課税売上割合変動時の調整対象固定資産に係る消費税額の調整（加算又は減算）額	⑱	
控除税額の調整	調整対象固定資産を課税業務用（非課税業務用）に転用した場合の調整（加算又は減算）額	⑲	
差引	控除対象仕入税額〔（⑬、⑯又は⑰の金額）±⑱±⑲〕がプラスの時	⑳	※申告書の④欄へ 1,187,392
差引	控除過大調整税額〔（⑬、⑯又は⑰の金額）±⑱±⑲〕がマイナスの時	㉑	※申告書の③欄へ
	貸倒回収に係る消費税額	㉒	※申告書の③欄へ

● 消費税申告書

第27－(1)号様式

平成　年　月　日　　千葉西　税務署長殿

（収受印）

納税地	千葉県習志野市谷津4-5-6（電話番号　047 － 0000 － 6453　）
（フリガナ）名称又は屋号	公益法人財団《コウエキホウジンザイダン》　習志野《ナラシノ》ケアセンター
（フリガナ）代表者氏名又は氏名	谷津《ヤツ》　俊紀《トシノリ》　㊞
経理担当者氏名	

※税務署処理欄				
一連番号			翌年以降送付不要	
所管	要否	整理番号		
申告年月日	平成　年　月　日			
申告区分	指導等	庁指定	局指定	
通信日付印	確認印	省略年月日		
年　月　日		年　月　日		
指導年月日		相談	区分1	区分2	区分3
平成					

自 平成 24 年 4 月 1 日
至 平成 25 年 3 月 31 日

課税期間分の消費税及び地方消費税の（　確定　）申告書

中間申告の場合の対象期間　自 平成　年　月　日　至 平成　年　月　日

この申告書による消費税の税額の計算		十兆千百十億千百十万千百十一円	
課税標準額	①	123809000	03
消費税額	②	4952360	06
控除過大調整税額	③		07
控除税額　控除対象仕入税額	④	1187392	08
控除税額　返還等対価に係る税額	⑤		09
控除税額　貸倒れに係る税額	⑥		10
控除税額　控除税額小計（④+⑤+⑥）	⑦	1187392	
控除不足還付税額（⑦－②－③）	⑧		13
差引税額（②+③－⑦）	⑨	3764900	15
中間納付税額	⑩	750000	16
納付税額（⑨－⑩）	⑪	3014900	17
中間納付還付税額（⑩－⑨）	⑫	00	18
この申告書が修正申告である場合　既確定税額	⑬		19
この申告書が修正申告である場合　差引納付税額	⑭	00	20
課税売上割合　課税資産の譲渡等の対価の額	⑮	123809523	21
課税売上割合　資産の譲渡等の対価の額	⑯	180109523	22
この申告書による地方消費税の税額の計算			
地方消費税の課税標準となる消費税額　控除不足還付税額（⑧）	⑰		51
地方消費税の課税標準となる消費税額　差引税額（⑨）	⑱	3764900	52
譲渡割額　還付額（⑰×25％）	⑲		53
譲渡割額　納税額（⑱×25％）	⑳	941200	54
中間納付譲渡割額	㉑	187500	55
納付譲渡割額（⑳－㉑）	㉒	753700	56
中間納付還付譲渡割額（㉑－⑳）	㉓	00	57
この申告書が修正申告である場合　既確定譲渡割額	㉔		58
この申告書が修正申告である場合　差引納付譲渡割額	㉕	00	59
消費税及び地方消費税の合計（納付又は還付）税額	㉖	3768600	60

㉖＝(⑪＋㉒)－(⑧＋⑫＋⑲＋㉓)・修正申告の場合㉖＝⑭＋㉕
㉖が還付税額となる場合はマイナス「－」を付してください。

付記事項	割賦基準の適用	有	○	無	31
付記事項	延払基準等の適用	有	○	無	32
付記事項	工事進行基準の適用	有	○	無	33
付記事項	現金主義会計の適用	有	○	無	34
参考事項	課税標準額に対する消費税額の計算の特例の適用	有	○	無	35
参考事項　控除税額の計算方法	課税売上高５億円超又は課税売上割合95％未満	○	個別対応方式		41
			一括比例配分方式		
	上記以外		全額控除		

①・②の内訳　課税標準額	4％分	123,809	千円
	旧税率分　3％分		千円
			千円
①・②の内訳　消費税額	4％分		円
	旧税率分　3％分	4,952,360	円
			円
基準期間の課税売上高			円

還付を受けようとする金融機関等	銀行・金庫・組合・農協・漁協　本店・支店・出張所・本所・支所
	預金　口座番号
	ゆうちょ銀行の貯金記号番号　－
	郵便局名等
※税務署整理欄	

税理士署名押印	㊞（電話番号　－　－　）

	税理士法第30条の書面提出有
	税理士法第33条の2の書面提出有

平成九年四月一日以後終了課税期間分（一般用）

＜参考文献＞

山本守之著　『Q&A　消費税の課否判定と仕入税額控除』(新版)　税務経理協会(2011)

拙著　『総説　消費税法』　財経詳報社 改訂版(2006)

拙著　『新消費税の申告対策』　中央経済社 第4版(2004)

東京国税局法人税課長　横尾貞昭
東京国税局消費税課長　芳賀忠雄　共著　『消費税　課否判定早見表』　大蔵財務協会(1998)

斎藤文雄編　『介護サービス事業者のための消費税の実務』　大蔵財務協会(2000)

国税庁

タインズ(Tains)

著者紹介

岩下　忠吾（いわした　ちゅうご）

昭和48年　税理士登録。

日税連税制審議会専門委員を経て，日本税務会計学会・法律部門担当副学会長，租税訴訟学会理事，日本税務研究センター資産税事例研究員，東京税理士会会員相談室委員，千葉県税理士会税法研究所主任研究員，東京地方税理士会税法研究所主任研究員，早稲田大学法科大学院講師，岩下税理士事務所所長。

主な著書

消費税実務事例100（税務経理協会）
非上場株式の評価＆活用の税務（税務経理協会）
非上場株式等の納税猶予特例を活用する（税務経理協会）
新しい同族会社の事業承継（税務経理協会）
相続税・贈与税の実務全書（共著：税務経理協会）
事業承継・財産承継の税務（税務経理協会）
中小企業の最新事業承継税制（中央経済社）
土地の評価計算と実務対応（中央経済社）
土地・株式の評価と明細書の書き方（中央経済社）
中小企業の事業承継（財経詳報社）
総説　相続税・贈与税（財経詳報社）
総説　消費税法（財経詳報社）
一問一答　相続税・贈与税の実務（財経詳報社）
詳細 相続税 資料収集・財産評価・申告書作成の実務（日本法令）

著者との契約により検印省略

平成24年7月10日　初　版　発　行

取引別／業種区分別
消費税の課否チェックリスト
－簡易課税・申告書記載例－

著　者　岩　下　忠　吾
発行者　大　坪　嘉　春
印刷所　税経印刷株式会社
製本所　株式会社三森製本所

発行所　東京都新宿区下落合2丁目5番13号　株式会社 税務経理協会
郵便番号　161－0033　振　替 00190-2-187408　電話　(03) 3953－3301（編集部）
FAX (03) 3565－3391　(03) 3953－3325（営業部）
URL http://www.zeikei.co.jp/
乱丁･落丁の場合はお取替えいたします。

ISBN978－4－419－05877－7　C2034